Wirtschaft im Vorderen Orient

Steffen Wippel (Hg.)

Wirtschaft im Vorderen Orient

Interdisziplinäre Perspektiven

Klaus Schwarz Verlag • Berlin

Bibliographische Information der Deutschen Bibliothek
Die Deutsche Bibliothek verzeichnet diese Publikation in der
Deutschen Nationalbibliographie; detaillierte bibliographische
Daten sind im Internet unter *http://dnb.ddb.de* abrufbar.

Umschlagabbildung: Panorama von Kairo;
Mit freundlicher Genehmigung des Fotografen:
© Martin Steiger

© Klaus Schwarz Verlag Berlin
Alle Rechte vorbehalten / All rights reserved
Erstausgabe
1. Auflage 2005
Umschlaggestaltung: JPP Berlin
Satz: textintegration.de
Druck: AZ Druck, Kempten im Allgäu
Printed in Germany

ISBN 3-87997-633-3

Inhalt

Wirtschaft im Vorderen Orient:
Zu Potenzialen, Defiziten und Perspektiven der
wissenschaftlichen Forschung in Deutschland

Anlass dieses Sammelbandes ist der Schwerpunkt der Frankfurter Buch-
messe 2004, der keinem einzelnen Land, sondern gleich einer ganzen
Weltregion gewidmet war.[1] Die arabische Welt war im Oktober 2004 Eh-
rengast der laut Eigenbeschreibung weltgrößten Veranstaltung für Buch,
Multimedia und Kommunikation. Beauftragt mit der Durchführung des
Messeauftritts wurde die in Tunis ansässige panarabische Kulturorganisa-
tion *Arab League Educational, Cultural and Scientific Organization*
(ALECSO). Um über die Region zu informieren, präsentierten sich die 22
Mitgliedsländer der Arabischen Liga in einem vielfältigen Literatur- und
Kulturprogramm auf der Buchmesse. Verlage aus aller Welt hatten die
Möglichkeit, Titel arabischer Autorinnen und Autoren in Übersetzung
und aktuelle Sach- und Fachbücher über die Länder der arabischen Welt
auszustellen.

Erst spät hatte sich die ALECSO für ihre Teilnahme entschieden. Der
Vertrag mit der Buchmesse wurde im August 2003 geschlossen. Im
Herbst 2003 sprach mich Hans Schiler, der Inhaber des gleichnamigen
Verlags an, ob ich nicht anlässlich dieses Ereignisses einen Sammelband,
der sich mit Fragen der Wirtschaft im Vorderen Orient beschäftigt, he-
rausgeben wolle. Nun mahlen die wissenschaftlichen Mühlen bekannter-
maßen nicht allzu rasch, so dass ich erhebliche Zweifel hegte, ob es zu
schaffen sei, in weniger als einem dreiviertel Jahr einen solchen Band fertig zu stellen. Der Versuch hat, mit vereinigten Kräften, aller Beteiligten
geklappt und im Folgenden versammelt sich ein ansehnliches Spektrum
von Untersuchungen zur Wirtschaft der Region.

Zur Lage der institutionalisierten auf Wirtschaft
und Orient bezogenen Forschung in Deutschland

Eines der Anliegen dieses Bandes, neben dem aktuellem Anlass der
Buchmesse, ist es, das vorhandene Potenzial von zugleich auf Wirtschaft
und den Vorderen Orient bezogener Forschung in Deutschland aufzuzei-

---

1   Die folgenden Informationen stammen aus *www.3sat.de/kulturzeit/news/49036* und
    www.frankfurter-buchmesse.de (Zugriffe vom 9.6.2004).

gen.[2] Dies erfolgt vor dem Hintergrund insgesamt quantitativ einge-
schränkter Beschäftigung mit der Wirtschaft im Vorderen Orient in der
deutschen Forschungslandschaft. So bestehen kaum Stellen, die dauerhaft
institutionell etabliert wären und sich mit wirtschaftlichen Fragen der Region befassen. Auch wenn die wenigen diese Stellen einnehmenden Wissenschaftler Hervorragendes zum Untersuchungsgebiet leisten, so können
sie doch nicht alle Themenfelder und Länder der weit gespannten Region,
die neben den Mitgliedern der Arabischen Liga weitere Staaten umfasst,
abdecken. Diese Defizite sind besonders augenfällig im Vergleich mit anderen großen Wissenschaftsnationen und auch angesichts der zwar nicht
immensen, aber doch nicht zu vernachlässigenden Wirtschaftsbeziehungen der Exportnation Bundesrepublik Deutschland mit den Ländern des
weiteren Nahen Ostens und Nordafrikas.[3]

Angesichts aktueller Sparzwänge besteht in den „großen" Fächern generell – nicht allein in den Wirtschaftswissenschaften – die Neigung, auf
schon bisher eher mit Misstrauen und als verspielte „Exotica" betrachtete
regionale Studien zu verzichten und sich auf ein Kernangebot in Forschung und Lehre zu beschränken, das sich auf Entwicklungen in den
westlichen Gesellschaften konzentriert.[4] Schon vor medialen und politischen Großereignissen wie dem 11. September 2001 und dem Irakkrieg
2003 konnte daher in einer vom Wissenschaftskolleg zu Berlin durchgeführten, umfassenden Studie zum Stand der im weiteren Sinne islamwissenschaftlichen Forschung in Deutschland konstatiert werden: „In Zeiten
der viel beschworenen Globalisierung wird auf diese Weise das deutsche

---

2   Vgl. im folgenden Rudolph (1999), S. 5 ff. Einen Überblick über die im weiten Sinne
    „islamwissenschaftlich" orientierte Forschung in Deutschland gibt ebd., S. 63 ff. (hier
    insbes. S. 76 ff.). Weitere Informationen stammen von den Internetseiten der betreffen-
    den Universitäten und anderen Institutionen.
3   2002 betrug bspw. der Warenaustausch Deutschlands mit der Region Mittelmeer-
    raum/Naher Osten 32,5 Mrd. €; dies entsprach knapp 3% des gesamten deutschen Au-
    ßenhandels bzw. 22% des deutschen Handels mit Entwicklungsländern (18% der Impor-
    te, 27% der Exporte) (eigene Berechnungen nach BMZ 2003a). 1,0% der deutschen Di-
    rektinvestitionen im Ausland (Neuanlagen von Beteiligungskapital, langfristigen Fi-
    nanzkrediten und übrigen Anlagen) gingen in Mitgliedsländer der Arabischen Liga (1,3
    Mrd. €) bzw. 1,4% in die weiteren Vorderen Orient (d.h. zzgl. Türkei, Israel, Iran, Pa-
    kistan, Afghanistan; 1,7 Mrd. €); die Anteile an den auf Entwicklungsländer einschließ-
    lich der Türkei entfallenden Direktinvestitionen betrugen 26% bzw. 33% (eigene Be-
    rechnungen nach Deutsche Bundesbank 2002). 2001 erhielten der Mittelmeerraum und
    der Nahe Osten 18% der Zusagen und 17% der Nettoauszahlungen (688 bzw. 544 Mio.
    €) der deutschen bilateralen öffentlichen Entwicklungszusammenarbeit (BMZ 2003b).
4   Vgl. entsprechend laut Freitag 2004 für die Geschichtswissenschaften die Konzentration
    auf Deutschland und Europa und das Fehlen bzw. die Abwanderung von Nahost-, Afri-
    ka- oder Südasienhistorikern in die Regionalwissenschaften.

Wissenschaftssystem in wichtigen, besonders politikrelevanten Bereichen intellektuell provinzialisiert."[5] Angesichts der institutionellen Schwächen der deutschen gegenwartsbezogenen Orientforschung wurde der Erhalt ihrer Leistungsfähigkeit als Hauptproblem thematisiert. Bestehende Defizite hinsichtlich der Erforschung der weiten „muslimischen Peripherie" (z.B. des subsaharischen Afrikas, selbst des Maghreb) können damit erst recht nicht aufgefangen werden.

Eine breitere gegenwartsbezogene Orientforschung begann sich in Deutschland erst ab Ende der 1960er Jahre zu entwickeln, in besonderem Maße angestoßen durch das geografische Institut an der Universität Erlangen. Kennzeichnend für sie ist eine interdisziplinär angelegte Forschung und Lehre.[6] Eine erste umfassende Bestandsaufnahme des in Entstehung begriffenen Forschungsbereichs entstand damals im Auftrag der Stiftung Volkswagenwerk (VW),[7] die sich in der Folge um die Einrichtung politik- und wirtschaftswissenschaftlicher Arbeitsgebiete an den Universitäten verdient machte. Noch in der ersten Hälfte der 1980er Jahre wurden mit Mitteln der Stiftung im Rahmen regionaler und interdisziplinärer Schwerpunktbildungen Fachgebiete für die Beschäftigung mit der Wirtschaft dieses Raumes an der Freien Universität (FU) Berlin (1980) und der Universität Erlangen (1984) eingerichtet.[8] „Keiner der anderen Professoren ... für Volkswirtschaft, die regional auf den Vorderen Orient spezialisiert sind, leitet einen Arbeitsbereich, in dem diese Spezialisierung dauerhaft institutionalisiert wäre."[9] 2001 ging Prof. Dr. Dieter Weiss, der das Fachgebiet Volkswirtschaft des Vorderen Orients an der FU Berlin leitete, in Ruhestand, und die Stelle wurde trotz mehrfacher Appelle, den Fortbestand zu sichern, gestrichen. Damit besetzt nur noch Prof. Dr. Şefik Alp Bahadır eine explizit der Wirtschaft des modernen Orients gewidmete Professur am Institut für Wirtschaftswissenschaft der Friedrich-Alexander-Universität Erlangen-Nürnberg. Zu ihren Aufgaben in der Lehre zählt aber auch die allgemeine volkswirtschaftliche Ausbildung im Rahmen von Magister- und Lehramtsstudiengängen.

Des Weiteren beschäftigte sich bisher Prof. Dr. Volker Nienhaus, der allerdings 2004 die Stelle des Präsidenten der Philipps-Universität Marburg angenommen hat, auf der Professur für Wirtschaftslehre, insbeson-

---

5   Rudolph 1999, S. 8.
6   Vgl. Rudolph 1999, S. 15, 31 ff. Folgende Aufzählung erhebt nicht den Anspruch umfassend zu sein.
7   Es handelt sich um die Studie von Büren 1974.
8   Vgl. Büttner/Weiss o.J., S. 2 und 12 f.
9   Büttner/Weiss o.J., S. 13.

dere Wirtschaftspolitik (Lehrstuhl für Wirtschaftspolitik II) an der Ruhr-Universität Bochum schwerpunktmäßig mit der Wirtschaft der arabischen und islamischen Welt. Zugleich ist er Mitglied des Direktoriums und war lange Jahre Geschäftsführender Direktor des interdisziplinären Instituts für Entwicklungsforschung und Entwicklungspolitik (IEE) der Universität; unter seiner maßgeblichen Mitwirkung wurde dort 2002, zunächst für zwei Jahre, das Center of Excellence „Economics, Islam and Development" eingerichtet. An der Universität Trier arbeitet der Inhaber des Lehrstuhls für Volkswirtschaftslehre im Schwerpunkt Internationale Wirtschaftsbeziehungen/ Entwicklungstheorie und -politik, Prof. Dr. El-Shagi El-Shagi, immer wieder zu Fragen der Region. Nicht zu vergessen ist die 1999 erfolgte Wiederbesetzung des Fachgebiets Wirtschaft und Sozialgeografie am interdisziplinär ausgerichteten Orientalischen Institut der Universität Leipzig durch Prof. Dr. Jörg Gertel. Damit wird eine entsprechende Spezialisierung im Rahmen des Magisterstudiengangs Arabistik ermöglicht und eine in DDR-Zeiten begründete Tradition fortgeführt, die einen Abschluss als Diplom-Arabist/Ökonom erlaubt hatte.[10]

Außerhalb des Bereichs der Universitäten unterhält die Hochschule Bremen den von Prof. Dr. Alexander Flores geleiteten Studiengang „Angewandte Wirtschaftssprachen und Internationale Unternehmensführung (Wirtschaftsarabistik)", der eine praktische – vor allem auf Sprache und allgemeine Länderkunde bezogene – Ausbildung ermöglicht. An der Fachhochschule für Technik und Wirtschaft Berlin vertritt Prof. Dr. Ulrich Wurzel den Studiengang „Master of International and Development Economics", der regelmäßig zu Wirtschaftsproblemen der arabischen Welt veröffentlicht. Wichtige außeruniversitäre Einrichtungen, an denen auch auf Wirtschaft und Entwicklung im Vorderen Orient bezogene Forschung betrieben wird, bestehen mit dem Deutschen Orient-Institut (DOI) in Hamburg und dem Zentrum für Entwicklungsforschung (ZEF) sowie dem Deutschen Institut für Entwicklungspolitik (DIE) in Bonn. Daneben erfolgen immer wieder Stellungnahmen, Veröffentlichungen und Untersuchungen einzelner Fachwissenschaftler, dies jedoch nicht systematisch und andauernd.[11]

Insgesamt machen sich Wirtschaftswissenschaftler auch unter den zumeist akademisch am Vorderen Orient interessierten Mitgliedern der

---

10 Zu der weitgehend in den 1970er eingeführten Kombination aus regionalwissenschaftlichem Studium und Fachspezialisierung vgl. Hafez 1995, S. 80 ff. Zentren der Lehre und Forschung zu Nahost und Westasien in der DDR waren Leipzig und Berlin.

11 An den großen deutschen Wirtschaftsforschungsinstituten ist die Wirtschaft des Vorderen Orients m.W. kein kontinuierlicher Forschungsgegenstand.

„Deutschen Arbeitsgemeinschaft Vorderer Orient für gegenwartsbezogene Forschung und Dokumentation" (DAVO) rar. Noch 1998 wurden die
Ökonomen unter den 2% Mitgliedern (von insgesamt 422) aus den „sonstigen Fachrichtungen" aufgeführt.[12] Im Herbst 2003 kamen knapp 5%,
d.h. 33 der inzwischen 686 DAVO-Mitglieder gemäß der von ihnen angegebenen Hauptdisziplin aus den Wirtschaftswissenschaften (im Vergleich zu 1998 eine Zunahme um 26 Personen).[13]

Neben ausgebildeten Ökonomen befassen sich jedoch auch Vertreter
anderer Disziplinen, vor allem aus Politik, Geographie und Ethnologie,
mit wirtschaftlichen Fragestellungen in der Region. Dies stellt zum einen
eine begrüßenswerte Bereicherung in Hinsicht auf Perspektiven, Methoden und konzeptionelle Ansätze dar. Zum anderen haben sich diese Fächer zwangsläufig der Themen angenommen, die seitens der Wirtschaftswissenschaften nicht genügend beachtet werden – dies nicht zuletzt aufgrund der geringen Wertschätzung von Regionalstudien im Fach insgesamt, aber auch wegen der disziplinären Abgeschlossenheit, die ausge-
prägter als in anderen sozialwissenschaftlichen Fächern erscheint (sofern
viele der von der wirtschaftswissenschaftlichen Orthodoxie geprägten,
rein quantitativ arbeitenden Ökonomen ihr Fach überhaupt noch als Teil
der Sozialwissenschaften verstehen!). Besonders zu nennen sind hier, neben anderen, die Arbeiten zu Rentenstaat und Rentenökonomie aus dem
Haus von Prof. Dr. Peter Pawelka (Arbeitsbereich Vorderer Orient des Institut für Politikwissenschaft an der Eberhard-Karls-Universität Tübingen), der dort auch den Diplomstudiengang Internationale Volkswirtschaftslehre mit dem regionalkundlichen Fach Vorderer Orient betreute.

In der Zusammenschau mit weiteren regionalwissenschaftlichen bzw.
regional orientierten Fachgebieten und außeruniversitären Einrichtungen,
an denen zu politik-, sozial- und wirtschaftswissenschaftlichen Fragen
und Problemen der Region und teilweise darüber hinaus gearbeitet wird,
lassen sich vor allem im Berliner Raum (mit der Freien und der Humboldt-Universität, der Universität Potsdam, der Stiftung Wissenschaft und

---

12 Vgl. G. Meyer 2003, S. 5 f. und 1998, S. 19. Zurückgerechnet aus den Angaben für
2003 waren 1998 wohl sieben Mitglieder, d.h. 1,7%, Wirtschaftswissenschaftler.

13 Das Gros der Mitglieder stammt mit etwa einem Drittel aus den allgemeinen sprach-
und kulturwissenschaftlich orientierten Orient- und Islamwissenschaften. 1998 waren
14% Politologen und 11% Geographen, 2003 betrugen die Anteile jeweils 18% bzw.
9%. Zum Vergleich: der Verein für Socialpolitik hat zur Zeit 3227 persönliche Mitglieder, davon sind über 1000 Professoren, überwiegend aus Deutschland und den Wirtschaftswissenschaften (s. *www.socialpolitik.org*; 19.6.2004)

Politik (SWP) und dem Zentrum Moderner Orient (ZMO)[14] etc.) sowie an den mittel- und oberfränkischen Universitäten (mit den einschlägigen Fächern und Schwerpunkten in Erlangen, Bamberg, Bayreuth, Eichstätt) Kompetenzcluster erkennen. Die Stärkung solcher regionaler Zentren orientwissenschaftlicher Forschung wird auch in der jüngeren Studie des Berliner Wissenschaftskollegs empfohlen.[15]

Auch für den Bereich der Wirtschaft gilt, was seitens des Berliner Wissenschaftskollegs für die gegenwartsbezogene Orientforschung insgesamt festgestellt wurde:

> „Angesichts der Überfülle möglicher Themen verläuft die Forschung innerhalb der – an ihrer Ausstattung gemessen 'kleinen' – [hier breit definierten, S.W.] Islamwissenschaften entlang individueller, personengebundener Schwerpunkte. Insofern unterliegt die Entwicklung der einzelnen Forschungsschwerpunkte großen, nicht zuletzt biographie- und karrierebedingten Schwankungen, die in manchen Fällen dazu führen, daß mit dem Weggang oder der Emeritierung des Lehrstuhlinhabers ganze Forschungsbereiche absterben. Die Fluidität islamwissenschaftlicher Forschung verstärkt sich dadurch, daß ein beträchtlicher Teil der Arbeit von Nachwuchswissenschaftlern auf der Basis von zeitlich befristeten Projekten oder Anstellungsverträgen geleistet wird. Insofern erzeugt die Bestandsaufnahme mit der darin genannten Vielzahl an Personal und Schwerpunkten einen irreführenden Eindruck von Fülle und Kontinuität. Verdeckt wird dadurch, wie schwankend die Grundlagen sind, auf denen diese Forschungen betrieben werden und wie sehr sie von Kontinuitätsbrüchen bedroht sind."[16]

Dem ist hinzuzufügen, dass die in den 1980er Jahren besetzten Lehrstühle altersbedingt bereits verwaist sind bzw. der Abgang der Lehrstuhlinhaber innerhalb der nächsten Dekade abzusehen ist.[17] Eine ähnliche Aufmerksamkeit der Wissenschaftspolitik hinsichtlich dem Erhalt oder gar dem Ausbau einer solchen Spezialisierung wie Ende der 1970er/Anfang der 1980er Jahre ist – zumindest von außen für den politikfernen Beobachter

---

14 Das zunächst bis 2007 bestehende ZMO zeichnet sich durch Disziplinen, Zeiten und Räume übergreifende Grundlagenforschung mit kultur- und sozialwissenschaftlicher Ausrichtung aus. Regional wurde hier in den letzten Jahren u.a. vergleichsweise ausgiebig zum Maghreb und zu – sonst meist vernachlässigten – Regionen übergreifenden Süd-Süd-Beziehungen (Indischer Ozean, transsaharischer Raum/Nordwestafrika) gearbeitet.

15 Es handelt sich um die bereits mehrfach angeführte Studie von Rudolph 1999. Auf S. 12 f. wird dort allerdings vor allem der Ausbau der Standorte Berlin und Hamburg empfohlen.

16 Wolf Lepenies, Rektor des Wissenschaftskollegs zu Berlin, Vorsitzender des Arbeitskreises Moderner und Islam in Rudolph 1999, S. 6.

17 Vgl. allgemein auch Rudolph 1999, S. 48 f.

– nicht zu erkennen, dies trotz der damaligen Zeit vergleichbarer dramatischer Ereignisse in der betreffenden Region. Auch das neue Hochschulrahmengesetz führt zu keiner Verbesserung der Lage: zwar erlaubt es möglicherweise – nach anfänglich gegenteiligen Befürchtungen – eine entspanntere Handhabung zeitlicher Obergrenzen für befristete Einstellungen im Rahmen von Drittmittelprojekten (wobei die Umsetzung je nach Land und Universität noch abzuwarten bleibt). Doch erschwert es durch die Konzentration auf die Juniorprofessuren, die gemäß bisherigen Ausschreibungen eher in Kernbereichen der einzelnen Fächer eingerichtet werden, spezialisierteren jüngeren Wissenschaftlern und solchen, die die übliche Altersgrenze bereits überschritten haben, die Verfolgung einer wissenschaftliche Laufbahn. Hinzu kommt des Weiteren, dass auch außerhalb der Universitäten in diesem Bereich keine Ausstattung mit dauerhaften Stellen für Wissenschaftliche Mitarbeiter abzusehen ist.

Diese institutionellen Missstände können schon personell nicht von den genuin regionalwissenschaftlich ausgerichteten Fächern aufgefangen werden. Auch die Schaffung disziplinübergreifender „area studies" wird in der wissenschaftstheoretischen Debatte schon lange nicht mehr als adäquat angesehen. Statt dessen wird für den Erhalt der regional orientierten Studien innerhalb der Mutterdisziplinen plädiert, einerseits um die dort vorherrschenden eurozentrischen Sichtweisen zu durchbrechen, andererseits um den Anschluss an theoretische und konzeptionelle Debatten zu wahren und letztendlich die empirischen Ergebnisse der Forschung auf unterschiedlichen regionalen Feldern und in unterschiedlichen kulturellen Kontexten miteinander konfrontieren zu können. Gleichzeitig empfahl bspw. die Studie des Wissenschaftskollegs aber auch die Interdisziplinarität zu fördern und die Distanz zwischen den im weiteren Sinne islamwissenschaftlichen und nahostbezogenen Teildisziplinen und ihren unterschiedlichen methodischen Ausrichtungen zu überbrücken, nach Komplementaritäten und Übereinstimmungen zu suchen sowie den Austausch zu fördern.[18]

Vernachlässigt wurde bislang auch der Aufbau von Regionalinstituten im Ausland: Neben dem Orient-Institut der Deutschen Morgenländischen Gesellschaft in Beirut/Istanbul besitzt die Bundesrepublik keine weiteren

---

18 Zu den Empfehlungen vgl. Rudolph 1999; Lackner/Werner 1999. Vgl. auch das Plädoyer von Freitag 2004 und 2002 für die Bündelung und die interdisziplinäre Arbeitsweise von Regionalspezialisten, ohne dabei allerdings ihre Rückbindung an die Theorien- und Methodendiskussionen ihrer Fachdisziplinen, „selbst wenn sich diese gelegentlich sperren", zu vernachlässigen und diesen umgekehrt aus der interdisziplinären Arbeit gewonnene methodische und konzeptionelle Anregungen anzubieten.

derartigen Einrichtungen im Vorderen Orient. Hingegen verfügt bspw. Frankreich in etwa der Hälfte der arabischen Länder über eigene Forschungsinstitute oder Zweigstellen. In absehbarer Zeit werden allein aus finanziellen Gründen Neugründungen kaum zu erwarten sein. Sicher wäre es daher sinnvoll, Möglichkeiten zu prüfen, trotz der unterschiedlichen wissenschaftlichen Kulturen und Systeme (z.B. bei der Forschungsstellen- und -förderungspolitik) die europäische Öffnung (und ggf. Kofinanzierung) bestehender Einrichtungen und den wissenschaftlichen Austausch weiter voranzutreiben.

Zur disziplinären Offenheit und zum „cultural turn" in der wirtschaftswissenschaftlichen Analyse

Als auffälliges Merkmal der Mitte Juni 2004 in den Wirtschaftssachverständigenrat berufenen Professorin Beatrice Weder di Mauro wurde der faktenorientierte, pragmatische Ansatz, der sich nicht vorneherein ideologisch von angebotstheoretischen Überzeugungen leiten lasse, hervorgehoben. Anders als viele ihrer Fachkollegen gebe sie zu, dass die Ökonomie als Wissenschaft oft an ihre Grenzen stoße – zum Beispiel dann, „wenn es um den Zusammenhang von Hass, Armut und Terrorismus" gehe.[19] Diese Charakterisierung spiegelt eine weit verbreitete Unzufriedenheit – innerhalb und außerhalb der Disziplin – mit dem orthodoxen Gedankengut und den mechanistischen Erklärungsweisen der etablierten Wirtschaftswissenschaft wieder. In deren Folge wurden in den letzten Jahren bspw. zahlreiche außerhalb des neoklassischen Gedankengebäudes stehende institutionen- und evolutionsökonomische Ansätze[20] entwickelt, die jedoch nur langsam an Bedeutung gewinnen.

Um solch weitgreifenden Zusammenhängen wie den gerade erwähnten nachzugehen, haben sich in den 1990er Jahren viele sozialwissenschaftliche Teildisziplinen bis hin zur Geographie und besonders auch Teile der Politikwissenschaften einem „cultural turn" geöffnet.[21] Kulturalistische Sichtweisen ermöglichen Erklärungsmuster für politische, soziale und ökonomische Vorgänge, die sich zuvor dem Zugriff der herkömmlichen Analyse in den jeweiligen Disziplinen entzogen. Definiert werden kann der „cultural turn" als Wende hin zu einer stärkeren Ausrichtung der

---

19 So Der Tagesspiegel vom 18.6.2004.
20 Als jüngere Überblicksdarstellungen s. bspw. Voigt 2002 und Herrmann-Pillath 2002.
21 Zu Inhalt und Geschichte des „cultural turn" und daraus abgeleiteten wissenschaftspolitischen Forderungen s. im Folgenden Lackner/Werner 1999; Bahadir 1998.

Forschung auf Fragen der Kultur und vor allem der Bedeutungsdimensionen der jeweiligen Gegenstände. Kultur wird dabei nicht essentialistisch als statischer Bestimmungsfaktor menschlichen Verhaltens, sondern als dynamischer, sozial und historisch verorteter Prozess der Produktion von Sinn und Bedeutung angesehen, der aus zwischenmenschlichen Aktionen hervorgeht. Soziale Formationen werden zunächst einmal als von den beteiligten Akteuren konstruierte, imaginierte Gemeinschaften verstanden, die allerdings handfeste Wirkungen haben. Ebenso wird die enge, quasi-deterministische Verbindung von Raum und Kultur in Frage gestellt.

Mit der Frage nach spezifischen kulturellen Prägungen sind heute besonders geistes- und sozialwissenschaftliche Disziplinen, insbesondere aber die auf „sensible" Regionen spezialisierten *area studies* wie die gegenwartsbezogene Orientforschung konfrontiert. Hingegen sind in den Wirtschaftswissenschaften die Versuche, sich kulturbezogenen Frage- und Problemstellungen, die sich aus der Befassung mit nichtabendländischen Regionen und Gesellschaften ergeben, zu öffnen oder die kulturelle Bedingtheit ihrer eigenen Ansätze zu reflektieren, eher zaghaft geblieben. Am ehesten ist dies in den Bereichen möglich, die kritisch an historische, institutionalistische oder system- und evolutionstheoretische Forschungsansätze anknüpfen.[22] Die Kritik gilt auch nicht denjenigen, die sich an deutschen Universitäten intensiv und dauerhaft mit der Wirtschaft im Vorderen Orient auseinandersetzen:[23] So haben bspw. die langjährigen Inhaber der rein ökonomischen Lehrstühle in Berlin, Erlangen und Bochum politische und kulturelle Kontexte und Einbettungen des wirtschaftlichen Handelns entgegen der dominierenden wirtschaftswissenschaftlichen Tradition nie ausgeblendet und sich über die letzten 25 Jahre auch immer wieder Fragen von Wirtschaft und Kultur (bzw. speziell Religion) gestellt.[24]

Eine direkte Übertragung von theoretischen und konzeptionellen Ansätzen, die ausgehend von Strukturen und Verhaltensweisen in westlichen

---

22 Vgl. auch Lackner/Werner 1999, S. 35 f. Mögliche Aspekte sind zum Bsp., betrachtet man u.a. Voigt 2002 und Herrmann-Pillath 2002: kulturelle Normen, Werte und Traditionen als Verhalten kanalisierende und begrenzende Institutionen und ihre Veränderungen; Kultur als Determinante wirtschaftlicher Dynamik; die Historizität von Ereignissen einschließlich Pfadabhängigkeiten, Variations- und Selektionsprozesse und Nichtlinearitäten; die Emergenz von Ordnung und Sinnstrukturen; Akteure und ihre Netzwerke; räumliche Bezüge und Strukturen wirtschaftlichen Handelns; Macht in Institutionen und Netzwerken.

23 Dies gilt entsprechend sicher ebenso für andere auf außereuropäische Ökonomien ausgerichtete Arbeitsgebiete.

24 Vgl. bspw. Nienhaus 1982; Weiss 1993; Bahadır 2000.

Gesellschaften entwickelt wurden,[25] auf andere Regionen ist jedoch nicht ohne weiteres möglich. Vielmehr gilt es, die Spezifizität der jeweiligen Prozesse anzuerkennen und – bei aller notwendigen Beschränkung eines Untersuchungsthemas – systemische Betrachtungen anzustreben, die umfassende Erklärungen wirtschaftlicher Phänomene ermöglichen und Komplikationen der partialanalytischen Analyse und rein quantitativer Modelle und Messgrößen vermeiden helfen. Versuche, wirtschaftliches Handeln und seine Auswirkungen zu verstehen und zu erklären, ohne die gesellschaftlichen Kontexte einzubeziehen, sind unvollständig; insbesondere den Konnex von Wirtschaft und Kultur gilt es zu beachten. Wichtig ist dabei, auf endogene Verhältnisse bzw. Sichtweisen der handelnden und betroffenen Akteure selbst einzugehen.

Ein Problem des Disziplin überschreitenden Arbeitens besteht darin, nicht in allen Ansätzen vollständig zu Hause sein und jegliche aktuelle Diskussionen, Weiterentwicklungen und theoretische Verästelungen verfolgen zu können. Gerade in einer traditionell von der Beschäftigung mit Kultur entfernteren Wissenschaft läuft man Gefahr, bei der Berücksichtigung kultureller Dimensionen des wirtschaftlichen Handelns in die Falle von Kulturdeterminismus und -essentialismus zu geraten.[26] Angebracht ist es vielmehr, auf Wechselwirkungen zwischen Kultur und bspw. Wirtschaft – bei durchaus unterschiedlichen Zeithorizonten der Entwicklungspfade – zu achten und fließende anstatt starrer Zuschreibungen vorzunehmen. Dabei darf jedoch nicht vergessen werden, dass sich für die Akteure vor Ort „Kultur" häufig erst mal als etwas Gegebenes darstellt, das in das eigene wirtschaftliche Handeln einfließt bzw. dafür in Wert gesetzt wird, und diese auch durchaus selbst gegenüber anderen kulturalistisch voreingenommen sind. Der Vorbehalt negiert auch nicht kulturelle Differenzen, unterschiedliche, „kulturell" geprägte Verhaltensweisen, Normen, Traditionen, die bestehen, auch wenn sie sich in stetem Wandel befinden, und zu Problemen der interkulturellen Interaktion führen.

Die kulturelle Wende kann dann durch eine räumliche Wende ergänzt werden, deren Anbruch in den Sozialwissenschaften ebenfalls festgestellt

---

25 Lackner/Werner 1999, S. 33 ff. verweisen auf die Entstehungsbedingungen der „systematischen Wissenschaften der Moderne" wie der Soziologie, der Wirtschaftswissenschaften und teilweise der Politologie im 19. Jh. als Formen nationaler historischer Selbstverständigung, die andere Räume, Kulturen und Zeiten ausklammerten und bis heute oft noch die Überwindung rigider Grenzziehungen erschweren.

26 Vgl. dazu besonders kritisch Hüsken 2001. Er verweist (S. 403, FN 71) dort auch auf Th. Meyer 1997, der zu dem Ergebnis kommt, dass die Kulturen der Welt sich keineswegs durch scharfe, eindeutige Gegensätze in der Geltung zentraler Grundwerte unterscheiden.

werden kann. Dabei ist auch Raum als ein sozialer Gegenstand zu betrachten, der in gesellschaftlichen Prozessen ständig neu geformt wird. Die Berücksichtigung all dieser im weitesten Sinne kulturellen Zusammenhänge darf natürlich nicht bedeuten, die „harten" ökonomischen Daten zu übergehen, genauso wenig wie die politische Sphäre, mit der das ökonomische Handeln intensiv interagiert – schließlich spielen gerade in sehr interventionistischen Regimen, wie den nahöstlichen, Machtinteressen individueller und kollektiver Akteure eine große Rolle bei der Ausgestaltung der Wirtschaftsordnung und beim Erfolg oder Misserfolg diesbezüglicher Reformbemühungen. Eine besondere Beachtung verdient die Entstehung neuer Strukturen, neuer „Ordnung" als Rahmen und Resultat individuellen (wirtschaftlichen) Handelns. Doch Strukturen befinden sich im wiederkehrenden Wandel und verfestigen sich oft nur zeitweilig. Umgekehrt können sich Entwicklungsblockaden kumulieren, die sich wiederum in plötzlichen Brüchen entladen können.

All dies erfordert eine stärkere Annäherung der Theorie an die vielgestaltige Empirie, ebenso die Hinnahme der „fuzziness" gesellschaftlicher Phänomene. Auch aus diesen Überlegungen lässt sich erneut ein Plädoyer dafür ableiten, die Beziehungen zwischen den regional definierten Wissenschaften, die sich aufgrund ihres Gegenstandsbereichs kulturalistischen Perspektiven nicht verschließen können, und den klassischen „systematischen" Disziplinen wie den Wirtschaftswissenschaften auf methodischer und institutioneller Ebene auszubauen. Dies wird nur langsam vonstatten gehen; erste Schritte dazu gibt es, bspw. im Disziplinen und Regionen übergreifend angelegten ZMO, an dem allerdings Ökonomen bislang kaum vertreten sind.

Die Diskussionspapiere des Fachgebiets Volkswirtschaft des Vorderen Orients

Ein weiterer Anlass des vorliegenden Bandes, an den die Vertreter des Verlags erinnerten, ist das nun 15-jährige Bestehen und das Herannahen der hundertsten Ausgabe der „Diskussionspapiere" (DKP) des früheren Fachgebietes Volkswirtschaft des Vorderen Orients an der FU Berlin. Initiiert wurde die Reihe 1990 von Dr. Marin Trenk, der damals am Fachgebiet als Wissenschaftlicher Mitarbeiter tätig war. Dieser hatte einen stark wirtschaftsanthropologisch geprägten Ansatz in das Fachgebiet eingebracht. Aufgrund der vielen Feldforschungsarbeiten, die dort entstanden, kam die Idee auf, die mühsam erarbeiteten und durchaus lesenswerten

Arbeiten von Studierenden und Mitarbeitern des Fachgebietes einer breiteren Öffentlichkeit nicht vorenthalten zu wollen. Nachdem die ersten Ausgaben in der Universitätsdruckerei vervielfältigt worden waren, übernahm der auf Literatur vom und zum Vorderen Orient spezialisierte Verlag *Das Arabische Buch* die Publikationsreihe, die der Lehrstuhlinhaber Prof. Dr. Dieter Weiss und Dr. Marin Trenk gemeinsam herausgaben. Methodischer Hintergrund der Reihe war anfangs das in der Lehre am Fachgebiet entwickelte „forschungsorientierte Lernen". Zunächst wurden Studierende im Hauptstudium inhaltlich dazu angeregt und methodisch darauf vorbereitet, empirische, kleinräumig angelegte Feldforschungsaufenthalte vor Ort durchzuführen. In der Folge bestand ein wichtiges Element darin, die daraus hervorgehenden Ergebnisse – mit beträchtlichem Betreuungsaufwand – in eine druckreife Form zu bringen und sie auch einem breiteren Publikum zugänglich zu machen, nicht zuletzt auch in Vorbereitung auf berufliche Erfordernisse der Ergebnispräsentation.[27] Anregende Beiträge lieferten auch Nebenfachstudenten, die – oft in Ergänzung ihrer anderen islam- und nahostwissenschaftlichen Fächer – am Fachgebiet studierten. Dabei ging es nicht nur um Probleme des Methodenpluralismus oder der wissenschaftssprachlich adäquaten Artikulierung von Ergebnissen, zentral war die „Endogenisierung" des wissenschaftlichen Zugangs, also die Berücksichtigung lokaler Sicht- und Verhaltensweisen bzw. der kulturellen Kontexte, um einen eurozentrischen Blickwinkel zu vermeiden.

1994 gab Marin Trenk seine Herausgeberschaft auf und ich konnte 1997 seine Nachfolge als Mitherausgeber der Reihe übernehmen. Ein weiteres Anliegen der Herausgeber war es immer, Beiträge, die oft umfangreicher als übliche Zeitschriftenartikel waren, ohne gleich Buchformat zu erreichen, rasch und mit einem geringen Aufwand publizieren zu können. Dabei wurde immer großen Wert auf eine intensive Redaktion der Beiträge gelegt. Nach der Auflösung des Verlags *Das Arabische Buch* übernahm der ebenfalls auf die Region spezialisierte *Klaus Schwarz Verlag* die Reihe, die dort weiterhin von Hans Schiler verlegerisch betreut und inzwischen über seinen neu gegründeten Verlag vertrieben wird. Der Verlegerseite sei an dieser Stelle für die langjährige fruchtbare Zusammenarbeit gedankt.

---

27 Ausführlich zu Konzept und Methodik Trenk/Weiss 1992, insb. S. 5, 7 (der Band war ursprünglich als Heft 20 der DKP vorgesehen) und 1994. S.a. Büttner/Weiss o.J., S. 8 f.

Heute, nach nunmehr 95 Ausgaben (Stand 2004[28]), zeichnet sich die Reihe der DKP durch eine breite Vielfalt von disziplinären Herangehensweisen und fachlichen Perspektiven aus. Der Feldforschungscharakter, die Konzentration auf kleinräumige Fragen, das tiefe Bohren, der andere Blick charakterisiert eine große Anzahl der vorliegenden Studien, oft von Autoren, die gerade ihr Studium abgeschlossen haben und möglicherweise am Beginn einer wissenschaftlichen Laufbahn stehen. Ebenso vertreten sind breiter angelegte Fragestellungen von hoher politischer Aktualität und Beiträge „gestandener" Vertreter ihres Faches. Immer wieder geht es um eine Einbettung wirtschaftlicher Fragen in politische, soziale, kulturelle und geographische Kontexte. Zugleich zeigt sich eine räumliche Offenheit der Reihe auch zu dem Vorderen Orient benachbarten Regionen und eine thematische Vielfalt, die über rein wirtschaftliche Fragen zum Vorderen Orient hinausgeht. Ein Überblick über die von 1990 bis 2004 erschienenen DKP zeigt folgende Verteilung nach Ländern und Regionen sowie nach Themenbereichen:[29]

Gut 40% der Arbeiten beschäftigten sich mehr oder weniger mit dem Vorderen Orient (arabische Welt einschließlich Israel, Türkei, Iran), der geographische Schwerpunkt der Arbeiten lag dabei auf den Staaten im Niltal, insbesondere Ägypten, ohne den Mashrek und den Maghreb zu vernachlässigen. 18% der DKP beschäftigten sich mit asiatischen Schwellen- und Entwicklungsländern außerhalb des Vorderen Orients, 12% mit dem subsaharischen Afrika. Ein nennenswerter Anteil der DKP war geographisch nicht eindeutig zuordenbar; 13% setzten sich mit europäischen Ländern – von den Transformationsökonomien in Mittel-, Ost- und Südosteuropa bis hin zur wirtschaftsethnologischen Studie in Berlin – auseinander. Insgesamt dürften etwa zwei Drittel der Arbeiten muslimisch geprägte Gesellschaften zum Gegenstand haben.

---

28 Die bisher erschienenen DKP führt die Aufstellung im Anhang dieses Bandes auf; aktualisierte Liste siehe unter *www.klaus-schwarz-verlag.com/schiler/diskussion.htm; www.schiler.de* (Rubrik „wiss. Reihen") oder *ourworld.compuserve.com/homepages/WippelFriedrich/dkp.htm.*
29 Die Verteilung folgt einer groben, zum Teil mehrfachen Zuordnung der DKP.

DKP: Untersuchte Länder und Regionen

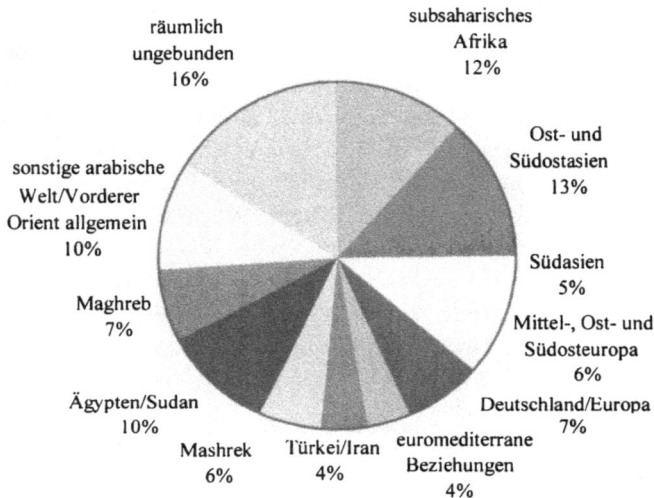

räumlich
ungebunden
16%

subsaharisches
Afrika
12%

sonstige arabische
Welt/Vorderer
Orient allgemein
10%

Ost- und
Südostasien
13%

Südasien
5%

Maghreb
7%

Mittel-, Ost- und
Südosteuropa
6%

Ägypten/Sudan
10%

Deutschland/Europa
7%

Mashrek
6%

Türkei/Iran
4%

euromediterrane
Beziehungen
4%

Eigene Darstellung.

Etwa 28% der DKP setzen sich thematisch mit sozialen, kulturellen und religiösen Aspekten des Wirtschaftens (einschließlich Fragen einer „islamischen Wirtschaft") sowie darin eingebetteten Überlebensökonomien und informellen Wirtschaftsaktivitäten auseinander. Bei 21% der Studien geht es um wirtschaftspolitische Fragen – Reform-, Strukturanpassungs- und Investitionspolitiken einschließlich Untersuchungen einzelner Wirtschaftssektoren –, 19% beschäftigen sich mit dem spannungsreichen Feld der Entwicklungszusammenarbeit. Knapp ein Drittel der Arbeiten sind weiteren, spezielleren thematischen Fragestellungen (bspw. der Regionalisierung von Wirtschaftsbeziehungen, Menschenrechten und der Humanentwicklung, währungspolitischen Fragen, Wissenschaft und Bildung) gewidmet.

DKP: behandelte Themenbereiche

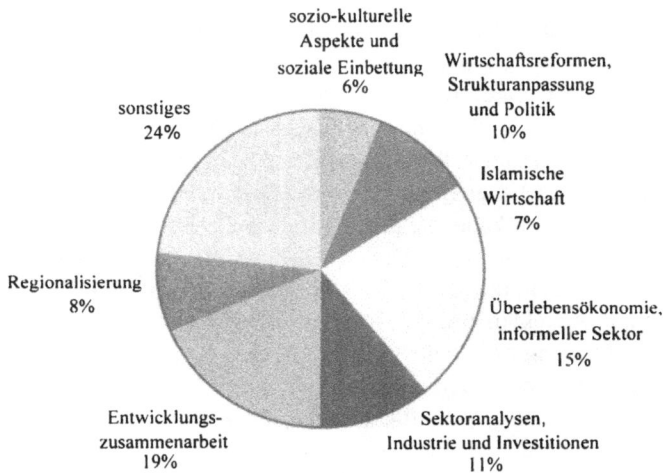

sozio-kulturelle
Aspekte und
soziale Einbettung
6%

Wirtschaftsreformen,
Strukturanpassung
und Politik
10%

sonstiges
24%

Islamische
Wirtschaft
7%

Regionalisierung
8%

Überlebensökonomie,
informeller Sektor
15%

Entwicklungs-
zusammenarbeit
19%

Sektoranalysen,
Industrie und Investitionen
11%

Eigene Darstellung.

Zur Vielfalt und Spannbreite der Beiträge und Autoren des Sammelbands

Der Band will einen Einblick geben in Entwicklungen und Probleme der Wirtschaft im Vorderen Orient und das wirtschaftliche Handeln der dort Lebenden, seine Bedingungen und seine Folgen. Nachdem mich Hans Schiler angesprochen hatte, gingen die gemeinsamen Vorüberlegungen für einen Sammelband dahin, meist noch jüngere Wissenschaftler, die in Deutschland tätig sind und keine feste Stellung an Hochschulen oder außeruniversitären Forschungseinrichtungen besitzen, mit ihren Beiträgen zu versammeln. Mindestkriterium für die Teilnahme war, dass die Autoren kurz vor dem Abschluss ihrer Doktorarbeit stehen und Publikationserfahrung aufweisen; „nach oben" ist der Kreis der beteiligten Autoren, die oft langjährige Projekterfahrung besitzen, offen. Absicht ist es, zu zeigen, dass sich auch außerhalb der fest (in Positionen) „etablierten" Forschung und Lehre vielfältig und dauerhaft mit wirtschaftlichen Fragen arabischer und angrenzender Länder beschäftigt wird. Als Plädoyer in eigener Sache kann die Hoffnung auf eine weitere Unterstützung von Forschung im Überschneidungsbereich von Wirtschaft und Vorderem Orient herhalten, gerade auch bei der finanziellen Förderung von Drittmittelprojekten, die beim Überschreiten disziplinärer Grenzen bisweilen schwierig zu erhalten ist.

Ein solches Unterfangen kann natürlich weder umfassend noch repräsentativ sein. Manche Kolleginnen und Kollegen konnten in der Vorbereitungsphase nicht angesprochen werden; andere konnten wegen ausreichender anderer Verpflichtungen von vornherein nicht teilnehmen. Wiederum andere mussten aufgrund von Krankheit, Stellenwechsel oder anderer unvorhergesehener Ereignisse ihren Beitrag kurzfristig wieder absagen. Sicher ist auch kaum zu erwarten, dass die Beiträge allen oben genannten forschungsmethodischen Desiderata gerecht werden können. Dennoch ist es gelungen, ein weites Spektrum von Disziplinen, Ländern, Themen und Aspekten einschließlich einer regionalen, methodischen und fachlichen Öffnung exemplarisch abzudecken.

Es freut mich besonders, dass es gelungen ist, Autoren, die schon in der Reihe der DKP veröffentlicht haben, für diesen Band erneut zu gewinnen, darunter Ulrike Schultz, die Autorin des ersten Diskussionspapiers von 1990 über „Die Last der Arbeit und der Traum vom Reichtum. Frauengruppen in Kenia zwischen gegenseitiger Hilfe und betriebswirtschaftlichem Kalkül", die dieses Thema wieder aufnimmt und in vergleichender Perspektive weiterentwickelt. Des Weiteren sind – neben dem Herausgeber selbst – Anja Zorob, geb. Englert, die 2000 eine Studie über „Die Große Arabische Freihandelszone. Motive und Erfolgsaussichten der neuen Initiative für eine intra-arabische Integration aus arabischer Sicht" veröffentlichte (DKP 73), und Noha El Mikawy vertreten, die 2002 fragte: „Contemporary Islamic Thought in Egypt: Should it be taken seriously?" (DKP 87).[30]

Die Vielfalt der Disziplinen, die sich mit Wirtschaft im Vorderen Orient befassen, ebenso wie die regionale Verdichtung von Forschungsstätten in Deutschland spiegelt sich auch unter den Autoren dieses Sammelbandes wieder. So reichen die seitens der Autoren vertretenen Fächer von den Wirtschafts- über die Politikwissenschaften und die Geographie bis zur Islamwissenschaft, der Ethnologie und der Geschichte. Häufig haben die Autoren während ihres Studiums eine Ausbildung in mehreren dieser Fächer oder in weiteren genossen. In ihre Untersuchungen beziehen sie sich nicht nur auf theoretische und konzeptionelle Überlegungen im Rahmen ihrer eigenen „Mutterdisziplinen", sondern ziehen zur Steigerung des Erklärungswertes auch geeignete Ansätze benachbarter Fächer heran.

---

30 Vgl. die Übersicht im Anhang des Buches.

Gemeinsam ist allen die Betrachtung wirtschaftlicher Sachverhalte. „Klassische" wirtschaftswissenschaftliche Analysen zu Allokation und Wachstum befinden sich kaum darunter. Fruchtbar und spannungsreich erscheint mir – und hoffentlich auch dem Leser – nicht nur die Gegenüberstellung unterschiedlicher Herangehensweisen und Perspektiven, sondern auch die Konfrontation unterschiedlicher Stile der Darstellung von Ergebnissen; teilweise spiegeln die unterschiedlichen Schreibstile auch die nationale Herkunft von Autoren wieder. Darüber hinaus vertreten die Autoren in ihren aktuellen akademischen Positionen – und meist auch schon im Rahmen ihres Studiums – die örtlichen Schwerpunkte deutscher orient- und wirtschaftsbezogener Forschung im Berliner Raum, in Franken, Bochum, Tübingen, Bonn und Hamburg.

Die vorliegenden Studien untersuchen beispielhaft eine Vielzahl arabischer Länder, in erster Linie aus dem Mashrek: dazu gehören neben Ägypten auch Staaten wie Syrien oder Jordanien, die sonst weniger im Fokus der Betrachtung liegen. Besonders hervorzuheben ist der Beitrag zu einem Land auf der Arabischen Halbinsel, dem Jemen, das außerhalb des üblichen Fokus liegt. Trotz seiner Bedeutung im Rahmen der euromediterranen Partnerschaft wird auch der Maghreb in der deutschen Forschung eher vernachlässigt; er ist mit Schwerpunkt auf Marokko in diesem Sammelband vertreten. Der Türkei, die ebenfalls zum Vorderen Orient gezählt werden kann, ist eine weitere Studie gewidmet, die zugleich ihre relative wirtschaftskulturelle Nähe zu manchen nordmediterranen und mittel- und osteuropäischen Ländern belegt. Andere arabische Länder befinden sich in Übergangssituationen zu benachbarten Regionen und situieren sich häufig selbst gleichzeitig in mehreren Weltgegenden: so liegt ein Vergleich der angrenzenden Länder Sudan und Kenia nahe, und ein weiterer Artikel zeigt die engen ökonomischen und menschlichen Verflechtungen zwischen Marokko, Mauretanien und dem Senegal auf.

Auch inhaltlich wird in diesem Sammelband bewusst eher ein breites Spektrum aufgezeigt, als es zu begrenzen. Die Themen reichen von den zentralen Fragen der Wirtschaftsreformen und der immer wieder gestellten Frage danach, warum diese in vielen Staaten der Region regelmäßig scheitern, über die Herausformung von Wirtschaftsregionen und ihre unscharfen Grenzen bis hin zur engen Durchdringung von kultureller und religiöser Sphäre und der ökonomischen Welt der Akteure und zur sozialen und moralischen Einbettung ihres wirtschaftlichen Handelns. Zum einen ist auffällig, dass das Politische (wie autoritäre, patrimoniale Regime oder zwischenstaatliche Konflikte) in den Beiträgen von besonderer

Wichtigkeit ist. Dies gilt z.B. bei Regionalisierungsvorhaben und ganz eindeutig bei ordnungspolitischen Fragen. Darüber hinaus ist besonders augenfällig, dass in vielen der Beiträge das Kulturelle eine zentrale Rolle einnimmt. Die Einbeziehung lokaler Sichtweisen und der Fokus auf lokal verankerte bzw. angepasste Verhaltensweisen ist ein Anspruch, der weitere der Beiträge, auch wenn sie nicht aus ethnologisch geprägter Feldforschung stammen, vereint. Dabei bemühen sich die vorliegenden Artikel, nicht in die Falle der „Essentialisierung" von Kultur zu geraten.

Die untersuchten Themen und Fragestellungen sind aktuell und zeigen gleichzeitig längerfristige Tendenzen wirtschaftlicher Entwicklungen und Probleme im Vorderen Orient auf, ohne der aufgeregten medialen und politischen Tagesaktualität und ihren Katastrophenmeldungen zu islamistischem Terror, Nahostkonflikt, Irak oder Ölfrage zu verfallen. Dennoch müssen die großen und kleinen Wirtschaftsakteure in regional und global durchaus turbulenten Umwelten ihr Wirtschaftsleben regeln. Nüchtern und abwägend, unaufgeregt, aber nicht unengagiert und unkritisch gehen die hier versammelten Autoren ihren Fragestellungen nach und gelangen zu eindrucksvollen Ergebnissen. Zusammen mit ihnen hoffe ich, dass damit nicht nur die akademische Erkenntnis – in kleinsten Schritten – fortgeschrieben und bereichert wird, sondern dass damit auch ein Beitrag zum Ziel der Buchmesse geleistet wird, die arabische Welt und die benachbarten Länder der Region besser kennen zu lernen.

Die Vorstellung der einzelner Buchbeiträge

Die ersten drei Beiträge des vorliegenden Bandes untersuchen die Bemühungen um Wirtschaftsreformen in arabischen Ländern. Im Falle Ägyptens und des Jemen steht die enge Verquickung von wirtschaftlichem Reformbedarf und politisch bedingten Reformhindernissen im Vordergrund. Auch am syrischen Beispiel lässt sich erkennen, wie mühselig die Umsetzung von Reformplänen ist.

Ägypten ist ein gutes Fallbeispiel für Reformen, die trotz großem internationalem Interesse und internationaler Involvierung stagnieren. Die Tatsache, dass die internationalen Geber mehr an der Stabilität des Landes als an einer starken Wirtschaft und einer freien Gesellschaft interessiert sind, reicht jedoch nicht aus um zu erklären, warum es keinen internen Antrieb für benötigte institutionelle Reformen gegeben hat. Die Politikwissenschaftlerin Noha El-Mikawy (Bonn) bietet in ihrem Beitrag „Institutionelle Reform und Wachstum in Ägypten" eine Erklärung an, die auf der Erkenntnis basiert, dass es sich dabei um einen hoch sensiblen Prozess handelt, der auf früheren Entscheidungen beruht. Erklärtes Ziel ist ein Wachstumsmodell, das nicht mehr von staatlichen Interventionen und Renteneinkommen dominiert wird, sondern auf Privatinvestitionen beruht. Aufgabe der regierenden Elite ist es, bürokratische und politische Reformen zu unternehmen. Die Änderung des Wachstumsmodells bringt jedoch eine Vielzahl schmerzhafter Veränderungen mit sich, schmerzhaft deshalb, weil ihre Notwendigkeit über viele Jahre hinweg ignoriert wurde und nun auf Widerstand stößt. Dieser Widerstand wird noch verstärkt durch eine Angst vor Reformen, die ihrerseits durch die regionale Instabilität und die innergesellschaftlichen Spannungen weiter genährt wird. Um dies zu erklären, werden die verschiedene Entwicklungsmodelle Ägyptens und die neueren Reformansätze beleuchtet.

Der Jemen ist das ärmste Land in der arabischen Welt und sah sich in den 1990er Jahren großen politischen und ökonomischen Herausforderungen gegenüber. Nach einem schwierigen Staatsbildungsprozess infolge der politischen Vereinigung im Jahr 1990 war das Land einer akuten Wirtschaftskrise ausgesetzt, deren Ausmaß einschneidende Maßnahmen und ein weit reichendes Strukturanpassungsprogramm unter der Aufsicht der internationalen Finanzinstitutionen erforderte. Der Beitrag des Politikwissenschaftlers Holger Albrecht (Tübingen), „*Wirtschaftskrise und Strukturanpassung: Die Jemenitische Methode*", beleuchtet die Struktur und Performanz der jemenitischen Wirtschaft in den 1990er Jahren und hinterfragt die Ergebnisse der angestrengten Reformen. Während durch externe Hilfen der Gebergemeinschaft eine schnelle makroökonomische Stabilisierung erreicht wurde, blieben strukturelle Reformen und die Schaffung von Rahmenbedingungen, die eine nachhaltige Entwicklung befördern könnten, weitgehend aus. Exemplarisch dafür stehen die angekündigten Maßnahmen im Rahmen eines Privatisierungsprogramms und der Schaffung eines investitionsfreundlichen Wirtschaftsklimas. Diese Wirtschaftspolitik erscheint zunächst aus ökonomischer Sicht inkohärent, ist jedoch rational aus der Sicht eines autoritären politischen Regimes, das bestrebt ist, trotz Wirtschaftsreformen die für den Machterhalt funktionalen Kontrollmechanismen über die eigene Binnenökonomie nicht aufzugeben.

Die Volkswirtin und Islamwissenschaftlerin Anja Zorob (Bochum) untersucht die „*Entwicklung und Defizite des wirtschaftlichen Reformprozesses in Syrien*". Syrien erlebte wie die meisten Staaten des Nahen Ostens und Nordafrikas bis zum Beginn der 1990er Jahre zwei wirtschaftliche Reformphasen. Der Umfang der ergriffenen Maßnahmen fiel jedoch vergleichsweise gering aus. Außerdem wurden die Reformen der zweiten Phase ab der Mitte der 1980er Jahre im Gegensatz zu den arabischen Nachbarn ohne Unterstützung der internationalen Finanzorganisationen durchgeführt. Darüber hinaus zeichneten sich die Reformmaßnahmen durch ein hohes Maß an Gradualität und Selektivität aus. Seit dem Amtsantritt von Bashar al-Asad als syrischer Staatspräsident im Sommer 2000 hat sich der Umfang der Reformen stark ausgeweitet. Im Gegensatz zu früheren Reformen wurde von der syrischen Regierung ein offizielles wirtschaftliches Reformprogramm erarbeitet und der Öffentlichkeit vorgestellt. Allerdings werden die ab 2000 angestoßenen Änderungen in den rechtlichen und regulatorischen Rahmenbedingungen für wirtschaftliches Handeln durch Verzögerungen in der Implementierung behindert. Darüber hinaus weist das Reformprogramm der Regierung in Bezug auf Inhalte und Konzeption erhebliche Mängel auf und vermittelt daher wenig Glaubwürdigkeit. Impulse für eine umfassende Ausweitung und Vertiefung des syrischen Reformprozesses, die notwendig wären, um die zahlreichen in- und externen Herausforderungen zu meistern, welchen sich die syrische Volkswirtschaft derzeit gegenüber sieht, erhoffen sich in- und ausländische Beobachter indes durch Freihandelsabkommen mit den arabischen Staaten und der Europäischen Union.

Das zuletzt angesprochene Phänomen der Regionalisierung berühren auch die folgenden beiden Artikel. Dabei stehen räumliche und kulturelle Aspekte im Mittelpunkt.

Der Beitrag „*Der Maghreb im Wandel der Zeit: Wirtschaftliche, kognitive und räumliche Dimensionen regionaler Integration*" des Volkswirts Steffen Wippel (Berlin) untersucht die räumlichen Bezüge des wirtschaftlichen Handelns. Dabei zeigt sich, dass der Maghreb kein eindeutig definierter Raum mit klaren Formen und Inhalten ist, sondern ein sich immer wieder wandelndes Ergebnis sozialer Prozesse mit interner Differenzierung und unscharfen Außengrenzen. Als politische und wirtschaftliche Einheit, die es auch institutionell zu integrieren gilt, stellt er weitgehend eine „Erfindung" des 20. Jhs. dar. Darüber hinaus wandelte sich seine Bedeutung in Bezug auf andere regionale Zugehörigkeiten und Orientierungen der dazugehörenden Länder. Mehrfach wurden Versuche unternommen, dieses Vorhaben umzusetzen; bislang scheiterten sie regelmäßig. Handelsintensitäten weisen jedoch auf erheblich engere Verflechtungen innerhalb des Maghreb hin, als es auf den ersten Blick erscheint.

Ebenso steht der enttäuschenden institutionellen Realität der kontinu- ierliche Diskurs über die Notwendigkeit und Möglichkeit der Maghreb- Einheit gegenüber. Ende des letzten Jahrzehnts öffnete sich der Maghreb ideell und institutionell zusehends nach mehreren Seiten und konstituierte sich als zugleich (trans)mediterran, (trans)arabisch und (trans)saharisch verorteter Raum. Für die Zukunft wichtig sind realitätstaugliche instituti- onelle Vereinbarungen; dabei ist es angesichts sich rasch verändernder Wirtschaftsströme sinnvoll, auf organisatorische Offenheit, Durchlässig- keit und Flexibilität zu achten.

Der Aufsatz des Ökonomen und Islamwissenschaftlers Heiko Schuß (Erlangen), „*Die Wirtschaftskultur der Türkei – ein Hemmnis bei der In- tegration in die Europäische Union?*", stellt die Ergebnisse mehrerer em- pirischer Untersuchungen zur Wirtschaftskultur der Türkei vor und stellt die Frage, ob wirtschaftskulturelle Faktoren ein mögliches Hindernis auf dem Weg der Türkei in die EU sein könnten. Die Schwerpunkte der Ana- lyse liegen auf den Fragen der Wirksamkeit der kulturellen Faktoren auf das türkische Wirtschaftsleben, der Kontinuität oder des Wandels dieser Faktoren und ihrer politischen Gestaltbarkeit sowie auf dem Vergleich mit den Wirtschaftskulturen der alten und neuen Mitgliedstaaten der EU. Dabei wird unter anderem auf die Wertkonstrukte Leistungsmotivation, Kollektivismus, Autoritarismus, etatistische Werte, Unsicherheitsvermei- dung, kurzfristige Orientierung und Religiosität näher eingegangen.

Im Vergleich zu europäischen Ländern ergibt sich, dass die Türkei zumeist im Rahmen des in der EU vorzufindenden Wertespektrums liegt, schließlich umfasst die EU im Hinblick auf die vorgestellten kulturellen Faktoren bereits heute eine große Bandbreite von Ländern. Die wirt- schaftskulturellen Faktoren in der Türkei unterscheiden sich zwar von de- nen in West- und Nordeuropa, sind aber denen in einigen süd- und osteu- ropäischen Ländern sehr ähnlich. Mit Blick auf die Wirtschaftskultur sind daher die Integrationschancen der Türkei ähnlich hoch anzusetzen wie für die Staaten, die im Rahmen der Süd- und Osterweiterung der EU beitraten.

Fragen von Wirtschaft und Kultur betrachten ebenfalls die weiteren Beiträge. Der Einfluss kulturell geprägter Verhaltensweisen und Wertvor- stellungen auf das wirtschaftliche Handeln wirkt sich auch auf die inter- kulturelle Zusammenarbeit aus: dabei geht es insbesondere um die gegen- seitigen Wahrnehmungen der Kooperationspartner und um vollbrachte Anpassungsleistungen an lokale Kontexte. Interkulturelle Divergenzen stehen durchaus institutionelle Lösungen gegenüber, die sie gemeinsam handhabbar machen.

Die Studie des Geographen Nicolai Scherle (Eichstätt), „*Kooperationsalltag im bilateralen Kontext: deutsch-marokkanische Fallbeispiele aus dem Tourismussektor*", geht aus einem interkulturellen Forschungsprojekt hervor, das integraler Bestandteil eines anwendungsbezogenen und interdisziplinären Projektverbunds war. Dessen zentrales Forschungsanliegen bestand darin, beispielhaft Chancen und Risiken einer interkulturellen Zusammenarbeit im Tourismussektor zu untersuchen. Konstitutiv ist in diesem Zusammenhang der konzeptionelle Ausgangspunkt des Projekts, dass Erfolg bzw. Misserfolg einer grenzüberschreitenden Zusammenarbeit nicht ausschließlich auf ein rein ökonomisches Kooperationsverständnis zurückzuführen ist, sondern vielmehr auch deren kulturelle Durchdringung berücksichtigen sollte.

Da Marokko mit der Verabschiedung eines ambitionierten Masterplans den internationalen Tourismus verstärkt forcieren möchte, könnten sich durchaus interessante Geschäftsperspektiven nicht zuletzt für klein- und mittelständische Tourismusunternehmen ergeben, die eine bilaterale Kooperation intendieren. Der Beitrag stellt einerseits zentrale Reformen und Ziele der marokkanischen Tourismuspolitik vor dem Hintergrund des Masterplans von Marrakesch vor, andererseits geht er auf ausgewählte Konfliktfelder ein, mit denen deutsche und marokkanische Tourismusakteure in der Praxis ihrer alltäglichen interkulturellen Interaktion konfrontiert werden.

Laut Christian Riedel, Geograph und Ökonom, haben sich moderne Franchise-Systeme in den letzten 50 Jahren mit einer beachtlichen Geschwindigkeit um den ganzen Erdball ausgebreitet und dabei in den 1990er Jahren auch den Nahen Osten erreicht. Sein Beitrag „*Interkulturelle Unternehmenskooperationen in Jordanien, Das Beispiel Franchiseverträge*" deckt am Beispiel Jordaniens die Bedingungen, Akteure und Abläufe auf, unter denen die Franchise-Beziehungen entstanden sind und sich seither vergleichsweise erfolgreich entwickelt haben. Besonders zu berücksichtigen sind dabei die außen- und innenpolitischen Rahmenbedingungen wie das Strukturanpassungsprogramm des IWF, der Nahost-Konflikt, die Ereignisse des 11. September 2001 und die aktuelle Lage im Irak, die großen Einfluss auf die meist amerikanisch-jordanischen Franchise-Kooperationen haben. Anhand typischer Entwicklungsetappen werden typische Problemfelder interkultureller Zusammenarbeit wie die Partnerfindung, standardisierte Betriebsabläufe oder mikropolitische Konflikte kontrastiv vorgestellt. Abschließend lässt sich feststellen, dass das Franchising durchaus bemerkenswerten Einfluss auf die soziale Praxis des Wirtschaftslebens in Jordanien hat, da es zu lokalen Aneignungsprozessen kommt.

Der Beitrag der Islamwissenschaftlerin und Ethnologin Michaela Kehrer (Berlin/Kairo) mit dem Titel *„Transnationale Konsumgüterunternehmen in Ägypten: Lokale Kultur im globalen Marketing"* analysiert Marketingstrategien transnationaler Unternehmen aus einer ethnologischen Perspektive. Der Zugang erfolgt über Interviews, die im Zeitraum zwischen Frühjahr 2001 und Herbst 2002 mit Mitarbeitern der ägyptischen Marketingabteilungen transnationaler Konsumgüterunternehmen sowie Mitarbeitern von zuarbeitenden Werbeagenturen und Marktforschungsinstituten geführt wurden. An dieser dem lokalen Markt am stärksten zugewandten Schnittstelle zwischen Produzent und Konsument wird die geläufige These einer Vereinheitlichung lokaler Konsumentenkulturen im Sinne einer „Coca-Colaisierung" in Frage gestellt. Vielmehr wird anhand von Beispielen der Produkt- und Kommunikationspolitik aufgezeigt, wie sich transnationale Unternehmen auf die kulturellen Sinn- und Bedeutungsgefüge der ägyptischen Konsumenten einlassen.

Wirtschaftsaktivitäten, die sich außerhalb der formellen Kreisläufe entfalten, widmen sich die beiden abschließenden Beiträge. Dabei wird zum einen eine historische Perspektive eingenommen, die langfristige Entwicklungen und Verflechtungen mit der religiösen Sphäre betont, zum andern herrscht eine wirtschaftsanthropologische Sichtweise vor, die der moralökonomischen Einbettung wirtschaftlichen Handelns nachgeht. Beide Beiträge befassen sich zudem mit *gender*-bezogenen Fragen.

Die Historikerin Laurence Marfaing (Berlin) untersucht in ihrem Beitrag *„Von der Pilgerfahrt nach Fès zum Handel in Marokko: Senegalesische Händler und Händlerinnen in Casablanca"* die enge Verquickung von Pilgerfahrt und Handel im Sahara-Sahel-Raum. Gegenstand sind zunächst die historischen Hintergründe dieser Beziehungen; im Weiteren geht es um die Frage, wie diese zum gegenwärtigen Aufschwung des informellen Handels beitragen. So besteht zwischen dem Senegal und Marokko seit Jahrhunderten, bedingt auch durch die Verbreitung der Bruderschaft der Tijaniyya, ein enger Zusammenhang zwischen dem religiösen Bereich und der Nutzung ökonomischer Möglichkeiten. Die Pilgerfahrt vom Senegal nach Fès, dem religiösen Zentrum Marokkos, brachte intensive Handelsbeziehungen mit sich. Im Laufe der Zeit nahm das Gewicht des Handels gegenüber der Pilgerfahrt sogar zu. Zwar hat sich seit den 1920er Jahren das Geschehen von Fès nach Casablanca verlagert, doch die Religion stellt nach wie vor, wenn auch in veränderter und abgeschwächter Form, ein zentrales Element im Rahmen der Handelskontakte dar. Heute stehen hinter deren Dynamik ursächlich informelle Strukturen und Netzwerke, die historisch gewachsen sind. Methodisch behandelt der Artikel die Entfaltung und Entwicklung der senegalesisch-marokkanischen Beziehungen seit Ende des 19. Jahrhunderts unter Konzentration auf die Phänomene der Translokalität und der Entstehung sozialer Räume. Neben der langfristigen Entwicklung können damit auch das Neuartige der gegenwärtigen Kontakte und ihre Auswirkungen erfasst werden.

Schließlich vergleicht Ulrike Schultz (Berlin), Volkswirtin und Soziologin, in ihrem Beitrag „Itega *und* Sandug: *Spar- und Kreditgruppen als Teil der Frauenökonomie in Kenia und Sudan*" das wirtschaftliche Verhalten von Frauen in zwei Ländern am Rande der arabischen Welt. Dabei geht sie im Wesentlichen der Frage nach, inwieweit das Sparen in die Moralökonomie eingebettet ist. Auch wenn sich Spargruppen in Kenia und im Sudan *(sandugs)* auf den ersten Blick bezüglich ihrer Organisationsstruktur und in der Bedeutung für ihre Mitglieder ganz erheblich unterscheiden, sind beide eingebettet in moralökonomische Normen und Institutionen. Auch *sandugs* sind keine rein ökonomische Institutionen, sondern in ihnen wird das Verhältnis von individuellen Nutzen und gegenseitiger Verpflichtung immer wieder neu ausgehandelt. Allerdings sind strikte Gegenseitigkeit und generalisierte Reziprozität im Sudan getrennt institutionalisiert, während sie in Kenia unter dem Dach der Frauengruppe eine Einheit bilden. Spar- und Kreditgruppen haben sich darüber hinaus als sehr leistungsfähig im Hinblick auf die Unterstützung der ökonomischen Unabhängigkeit von Frauen erwiesen. Während sich in Kenia die Frauen durch das gemeinsame Sparen, ihre finanziellen Spielraum bewahren, erschließen sich sudanesische Frauen über *sandugs* neue Handlungsspielräume.

* * *

Herzlicher Dank geht zuletzt nochmals für die kollegiale Zusammenarbeit und intensive Betreuung des Bandes an die Verlegerseite, namentlich an Hans Schiler und Tim Mücke, die das Buchprojekt anregten, bei der sprachlichen Bearbeitung der Beiträge mitwirkten, die Formatierung der Texte übernahmen und sich routiniert wie immer um die rasche und rechtzeitige Publikation und um ihre Finanzierung kümmerten. Dies gilt vor allem angesichts des restriktiven Zeitrahmens, innerhalb dem das Buchprojekt zu realisieren war. Mein Dank gilt daher auch den Autoren für die rasche und weitgehend pünktliche Lieferung ihrer vielfältigen und anregenden Beiträge.[31] Die Verantwortung für die Konzeption des Buches kann ich als Herausgeber wie üblich allerdings nur allein übernehmen.

Steffen Wippel, Berlin / Falkensee im September 2004

Literatur

Bahadır, Şefik Alp (Hg.): Kultur und Region im Zeichen der Globalisierung, Wohin treiben die Regionalkulturen?, Neustadt an der Aisch 2000.

Bahadir, Sefik Alp: Kultur und Region im Zeichen der Globalisierung, Diskussionspapier zur Vorbereitung des 14. Interdisziplinären Kolloquiums des Erlanger Zentralinstituts für Regionalforschung im Herbst/Winter 1998 sowie eines Sonderforschungsbereichs/Kulturwissenschaftlichen Forschungskollegs der Universitäten Erlangen-Nürnberg, Bamberg und Bayreuth, [Erlangen 1998] (*www.orient.uni-erlangen.de/kultur/papers/bahadir1.htm*; 18.7.2002).

BMZ – Bundesministerium für wirtschaftliche Zusammenarbeit und Entwicklung: Außenhandel der Bundesrepublik Deutschland mit Entwicklungsländern, Stat-09a.xls/27.11.2003(a) (*www.bmz.de/infothek/hintergrundmaterial/statistiken/stat_09a.pdf*; 19.6.2004).

Dass.: Regionale Verteilung der bilateralen öffentlichen Entwicklungszusammenarbeit (ODA) der Bundesrepublik Deutschland, Stat-03f.xls / 12.11.2003(b) (*www.bmz.de/infothek/hintergrundmaterial/statistiken/stat_03f1.pdf*; 19.6.2004).

Büren, Rainer: Gegenwartsbezogene Orientwissenschaft in der Bundesrepublik Deutschland: Gegenstand, Lage und Förderungsmöglichkeiten, Göttingen 1974.

Büttner, Friedemann/Weiss, Dieter: Zur Zukunft der Arbeitsgebiete Politik und Volkswirtschaft des Vorderen Orients an der Freien Universität Berlin, vervielf. Memorandum, Berlin, o.J.

Deutsche Bundesbank: Deutsche Direktinvestitionen im Ausland nach Ländergruppen und Ländern im Jahr 2002 (S. 200) (*www.dihk.de/inhalt/download/direktinv_laender_02.xls*; 19.6.2004).

Freitag, Ulrike: Zwischenruf, Grundlegend, in: Frankfurter Rundschau vom 8.6. 2004 (*www.fr-aktuell.de/ressorts/kultur_und_medien/forum_humanwissenschaften/?cnt=450257*; 11.6.2004).

Dies.: Herausforderungen an die außereuropäischen Regionalwissenschaften, Vortrag auf der Tagung „Perspektiven geisteswissenschaftlicher Forschung", 5. Dezember 2002, Friedrichstadtkirche am Französischen Dom, Gendarmenmarkt, Berlin-Mitte (*http://195.37.93.199/Freitag/Perspektiven.htm*; 19.5. 2004).

---

31 Ich danke im Besonderen Heiko Schuß und Anja Zorob, die sich der Mühe unterzogen haben, meine eigenen Ausführungen in diesem Band gegenzulesen.

Hafez, Kai: Orientwissenschaft in der DDR, zwischen Dogma und Anpassung, 1969-1989, Hamburg 1995.

Herrmann-Pillath, Carsten: Grundriß der Evolutionsökonomik, München 2002.

Hüsken, Thomas: Überlegungen zur interkulturellen Kommunikation und zum interkulturellen Management in Projekten der deutschen staatlichen Entwicklungszusammenarbeit, in: Steffen Wippel/Inse Cornelssen (Hrsg.), Entwicklungspolitische Perspektiven im Kontext wachsender Komplexität, Festschrift für Prof. Dr. Dieter Weiss, München/Bonn/London 20012, S. 379-417.

Lackner, Michael/Michael Werner: Der cultural turn in den Humanwissenschaften. Area Studies im Auf- oder Abwind des Kulturalismus?, Werner Reimers Stiftung, Schriftenreihe Suchprozesse für innovative Fragestellungen in der Wissenschaft, Heft 2, Bad Homburg 1999.

Meyer, Günter: Zehn Jahre DAVO – Rückblick und Perspektiven der gegenwartsbezogenen Orientforschung in der Bundesrepublik Deutschland, in: DAVO Nachrichten 18, Dezember 2003, S. 5-8.

Ders.: Struktur der DAVO-Mitglieder, in: DAVO Nachrichten 7, Februar 1998, S. 18-20.

Meyer, Thomas: Identitäts-Wahn – Die Politisierung des kulturellen Unterschieds, Berlin 1997.

Nienhaus, Volker: Islam und moderne Wirtschaft, Einführung in Positionen, Probleme und Perspektiven, Graz/Wien/Köln 1982.

Rudolph, Ekkehard: Bestandsaufnahme, Kultur- und sozialwissenschaftliche Forschung über die muslimische Welt in der Bundesrepublik Deutschland, hrsg. vom Arbeitskreis Moderne und Islam, Deutsches Orient-Institut, Hamburg 1999[32].

Trenk, Marin/Dieter Weiss (Hrsg.): Zur Methodik selbstorganisierten forschenden Lernens – studentische Erfahrungen bei empirischen Feldstudien in Entwicklungsländern, in: Das Hochschulwesen (1994)3, S. 142-146.

Dies. (Hrsg.): Bei fremden Freunden, Studentische Feldforschungserfahrungen in Drittweltländern, Münster/Hamburg 1992.

Voigt, Stefan: Institutionenökonomik, München 2002.

Weiss, Dieter: Entwicklung als Wettbewerb von Kulturen, Betrachtungen zum Nahen und zum Fernen Osten, Diskussionspapiere 26, Fachgebiet Volkswirtschaft des Vorderen Orients, Fachbereich Wirtschaftswissenschaft, Freie Universität Berlin, Berlin 1993.

---

[32] Die Übersicht „Lehr- und Forschungseinrichtungen in Deutschland" ist auch abgedruckt in DAVO Nachrichten 11, Februar 2000, S. 74-80, der Abschnitt „Empfehlungen für eine zukünftige Forschungsförderung der Islamwissenschaften" in DAVO Nachrichten 10, September 1999, S. 54-59.

Institutionelle Reform und Wachstum in Ägypten

Noha El-Mikawy

Institutionen und Wachstum

Heute gibt es einen breiten Konsens, dass Institutionen wichtig für Entwicklung sind (Douglass North, Mancur Olson, Elinor Ostrom, Hernando de Soto, Jack Knight, Stephan Haggard, Philip Keefer). Faktisch geht diese Argumentation auf Max Webers Arbeit über Bürokratie und die protestantische Ethik zurück. Institutionen sind die geschriebenen und ungeschriebenen Regeln (Normen und Sitten), die die wechselseitigen Beziehungen zwischen Individuen und Gruppen organisieren. Bis hierhin reichen die Gemeinsamkeiten in der Literatur, die sich mit Entwicklung befasst. Unterschiede bestehen beim Fokus der Analysen. Manche konzentrieren sich auf Regeln und vertragliche Beziehungen, die Transaktionen hauptsächlich kurzfristig beeinflussen. Andere konzentrieren sich auf „Policy"-Prozesse, Organisationen und Normen, die auf Entwicklung mittel- bis langfristig einwirken. Unklarheit herrscht, wenn es um die Erklärung geht, warum manche Systeme ihre Institutionen langsamer als andere reformieren. Dieser Beitrag präsentiert eine Erklärung für die, trotz großem internationalem Interesse und internationaler Involvierung, langsame institutionelle Reform in Ägypten.

Dieser Beitrag wird eine Erklärung anbieten, die über das Offensichtliche hinausgeht. Das Offensichtliche ist, dass internationale Partner zu unverbindlich im Hinblick auf Reformprozesse sind, weil sie fürchten, dass das Land durch Reformen eventuell in Chaos fällt. Es reicht jedoch nicht aus zu behaupten, dass die Schuld für stagnierende Reformen bei den internationalen Gebern liegt, die mehr an Ägyptens Stabilität als an einer starken Wirtschaft und einer freien Gesellschaft interessiert sind. Ein solches Argument kann nicht erklären, warum es keinen internen Antrieb für benötigte institutionelle Reformen gegeben hat.

Die Erklärung, die hier gegeben wird, basiert auf der Erkenntnis, dass institutionelle Reform ein hoch sensibler Prozess ist, der auf früheren Entwicklungsentscheidungen basiert. Um von staatlich dominiertem und durch Renten gekennzeichnetem Wachstum auf Wachstum durch Privatinvestitionen umzuschalten, muss die regierende Elite zwei Reformschritte unternehmen, die in den bisherigen Entwicklungsmodellen Ägyptens ignoriert wurden. Es handelt sich um bürokratische und politische Reformen. Diese Änderung des Wachstumsmodells bringt eine Vielzahl schmerzhafter Veränderungen mit sich, schmerzhaft deshalb, weil die Notwendigkeit dieser Veränderungen über viele Jahre hinweg ignoriert wurde und sie nun auf Widerstand stoßen. Dieser Widerstand wird noch verstärkt durch eine Angst vor Reformen, die ihrerseits durch die regionale Instabilität und die innergesellschaftlichen Spannungen weiter genährt wird.

Ägyptens Entwicklungsmodelle

Um die Verzögerung institutioneller Reformen zu verstehen, ist es wichtig, den Werdegang der gegenwärtigen ägyptischen Reformansätze zu benennen.

Ein schlecht gemanagter „Entwicklungsstaat"

Nach Leftwich ist ein „Entwicklungsstaat" charakterisiert durch: eine entschlossene Elite, die ein Entwicklungsprojekt hat; einen relativ autonomen Staat, der effektiv mit privaten Interessen(-gruppen) umgeht (d.h. diese weder bedroht noch ignoriert); eine starke, kompetente und isolierte Staatsbürokratie; eine schwache oder untergeordnete Zivilgesellschaft und teilweise vorhandene Repressionen, die durch die gute staatliche Wirtschaftsleistung gerechtfertigt werden.[1] W.O. Huff hat das Element der Überzeugungsmacht, insbesondere gegenüber dem Privatsektor, hinzugefügt. Dieses unterstreicht die Legitimation der Regierung, die dazu führt, dass Interessengruppen der Strategie des Staates folgen. Der Entwicklungsstaat ist ein Interventionsstaat, der verschiedene Instrumente der Intervention in der Wirtschaft einsetzt. Dies sind z.B. öffentliche Investitionen in Bildung, Infrastruktur, gezielte öffentliche Unterstützung spezieller Industrien, selektive Kreditpolitik und die Festsetzung von Leistungszielen für den Privatsektor. Solche Instrumente, rechtzeitig und kompetent angewendet, zusammen mit guter Leistung im Hinblick auf Wachstum und Produktivität, überzeugen und veranlassen den Privatsektor zu kooperieren und dabei auch einige repressive Maßnahmen gegen die Zivilgesellschaft zu akzeptieren.[2]

In den 1950er und 60er Jahren übernahm die ägyptische Führung dieses Modell nicht, obwohl sie ein Entwicklungsprojekt hatte, das viele Ägypter der Unter- und Mittelschicht ansprach und dem Staat die Recht-

---

1   Vgl. Leftwich 1994; Letwich 1995.
2   Vgl. Huff 2001.

fertigung für repressive und korporatistische (d.h. starke staatliche Kontrolle der Interessenvertretungen) Maßnahmen gegen die Zivilgesellschaft ermöglichte. Andere Aspekte des Entwicklungsstaates wurden nicht wirklich im nasseristischen Staat angewendet. Der nasseristische Staat schaffte eine institutionelle Struktur, die den Staat zum einzigen Motor der Wirtschaft machte, insbesondere in den frühen 60er Jahren. Um die damit einhergehende ständige Aufgabenerweiterung zu bewältigen, erweiterte die Regierung den Bürokratieapparat. Die Leistungen der Bürokratie entsprachen angesichts der sich ausweitenden wirtschaftlichen Rolle der Regierung jedoch nicht den Erwartungen. Staatsbeamte wurden nicht aufgrund ihrer Verdienste bzw. ihres Fachwissens eingestellt, zudem wurden sie nicht gut bezahlt.[3] Obwohl es in den letzten zehn Jahren Handousa zufolge „überraschend" viele Reformen gegeben hat, hat die hartnäckige Protektion der großen und inkompetenten Bürokratie weiterhin zu geringer Produktivität und schwachem Wachstum beigetragen.[4] Nassers Entwicklungsmodell fehlte es an einem starken und kooperativen Privatsektor und einer kompetenten Bürokratie, die die Wirtschaft effektiv managen konnte; beide Komponenten wären für einen erfolgreichen „Entwicklungsstaat" notwendig gewesen.

Warum hat das „Entwicklungsstaat-Modell" es nicht geschafft nachhaltiges Wachstum und Entwicklung zu produzieren? Schlechtes ökonomisches Ressourcenmanagement ist ein Grund.[5] Obwohl die ägyptische Führung seit Mitte der 40er Jahre die Industrie und Landwirtschaft förderte, zeigten beide Sektoren im Laufe der Zeit schwache Wachstumsraten und beständig geringe Produktivität. Der Industriesektor war durch schlecht geführte öffentliche Unternehmen und verzerrte Preisstrukturen belastet. Resultat dessen war die Verschwendung kostbarer Rohstoffe (Baumwolle) und die Produktion von nicht wettbewerbsfähigem Eisen und Stahl und nicht wettbewerbsfähigen Gebrauchsgütern. Andererseits haben das hohe Bevölkerungswachstum und die zunehmende Verstädterung dazu geführt, dass sehr fruchtbarer Boden durch weniger fruchtbaren ersetzt wurde.[6] Somit war der Landwirtschaftssektor mit nicht sinnvollen Ausgaben für Bewässerungsprogramme und Projekten zur Landgewinnung belastet. Diese Investitionen führten zu einem Stillstand. Ressour-

---

3   Vgl. Ayubi 1997.
4   Vgl. Handousa 1994.
5   Vgl. Owen/Sevket.
6   Der Bevölkerungsdruck hat im Rahmen der Ideologie der Nahrungsmittelautarkie zu Preispolitiken in der Landwirtschaft geführt, die kleinere Landbesitzer zur Getreideproduktion zwangen, während der Gartenbau den großen Landbesitzern vorbehalten blieb.

cenmissmanagement setzte sich auch in den 70er und 80er Jahren fort. Die ägyptische Führung entschied sich für eine Einkommensumverteilung durch Preiskontrollen und Subventionen. Zusammen mit einer Schutzzollpolitik kennzeichnete die Periode von 1975 bis 1992 einen Hang zum Reformstau.[7]

Es gibt auch eine normative Erklärung. Das nasseristische Modell brachte tiefes Misstrauen gegenüber ausländischen Investitionen und gegenüber dem internationalen Markt mit sich. Daher kam es auch zu der bis in die 90er Jahre vorherrschenden Aversion gegenüber dem Import von landwirtschaftlichen Produkten und gegenüber der Lockerung des protektionistischen Modells der Import substituierenden Industrien (ISI).[8] Heba Handousa deutet auf einen weiteren negativen normativen Nebeneffekt des gescheiterten Entwicklungsmodells in Ägypten hin. Sie argumentiert, dass mangelnde Investitionen in Humankapital und mangelnde Pflege des Unternehmergeistes zu einem hartnäckigen Hindernis für durch Investitionen getriebenes Wachstum wurden. Weiterhin argumentiert sie, dass die Staatsinterventionen im Bereich der Institutionen, wie sie in den 60er Jahren praktiziert wurden, einen entscheidenden Einfluss auf wirtschaftliche, politische und soziale Beziehungen hatten – dies, indem sie die normale Entwicklung inländischer kapitalistischer Unternehmen unterbrach, weil sie demokratische Partizipation am Entscheidungsprozess verhinderte und weil eine negative Einstellung gegenüber individueller Initiative, Risikobereitschaft und Profiten gefördert wurde. Der bürokratische Staat mit seinen rigiden und zentralisierten Regeln und Regulierungen, sein Mangel an Transparenz und seine internen Widersprüche verwurzelten sich tief.[9]

Beide Argumente, sowohl Missmanagement von Ressourcen, als auch die Vernachlässigung von Humankapital und der unternehmerischen Dimension basierten auf der Entscheidung der regierenden Elite alle und niemanden gleichzeitig zu befriedigen. Iliya Harik nennt dies ein „integratives Modell", was er als Modell definiert, das eher auf Verteilung als auf Produktion, eher auf Gerechtigkeit als auf Produktivität basiert. Das Entwicklungsprojekt dieses Staates war ein Balanceakt, man nahm allen etwas und gab allen etwas, ohne an Profit, Wachstum und Produktivität zu denken. Es war ein ISI-Modell, getrieben nicht von Wachstum und Produktivität, sondern von so genannten „social benefits". Diese umfass-

---

7   Vgl. Handousa 1994; Uttam 2003.
8   Vgl. Owen/Sevket 1998.
9   Vgl. Handousa 1994, S.11.

ten: a) Arbeitsplätze für alle Absolventen des frei zugänglichen Ausbildungssystems, obgleich diese Arbeitsplätze unterbezahlt waren; b) Konsumgüter für alle, auch wenn diese Güter unter Wert verkauft wurden, was zu Marktverzerrungen führte und den Staatshaushalt belastete; c) soziale Leistungen für die Unter- und Mittelklasse, auch wenn diese schlecht organisiert und von geringer Qualität waren; und schließlich d) Autarkie, auch wenn diese nicht nachhaltig war.[10]

Das ökonomische Liberalisierungs- und politische Deliberalisierungsmodell

Die Staatsführung realisierte die Notwendigkeit für Veränderungen bereits in den späten 60er Jahren, aber der Zufluss von „rent revenues" in den 70er Jahren und bis Mitte der 80er Jahre verringerte den Druck für ein weiteres Jahrzehnt. Die unverhofften Renteneinkommen (aus Tourismus, Öl, Suezkanal, Überweisungen von Gastarbeitern) erlaubten der ägyptischen Regierungselite mit einem Mosaik an institutionellen Anreizen bis weit in die 80er Jahre zu überleben. Dieses Mosaik veränderte nicht den oben beschriebenen Charakter des Missmanagements. Einzig und allein führte es neue Gesetze und Regulierungen ein, die privaten Investoren erlaubten, bei zusätzlichen Steuerfreiheiten in früher dem Staat vorbehaltenen Sektoren zu investieren, z.B. in Tourismus und Landgewinnung.[11]

Die unverhofften Staatseinkünfte begannen in den 80er Jahren aufgrund verschiedener Ursachen zu leiden: aufgrund des Preisverfalls am Weltmarkt (Öl), durch Terrorismus (Tourismus) und durch die neue Politik der Großmächte (externe Hilfe). Daher sah sich die regierende Elite genötigt, Wachstum auf private Investition zu gründen und nicht mehr auf durch Renten finanzierte Staatsausgaben und Staatskonsum. Aber diese Wende war von zwei Schwächen gekennzeichnet. Die Wachstumsraten litten weiterhin unter einem nicht wettbewerbsfähigen Industrie- und Dienstleistungssektor. Diese schleppende Entwicklung wurde zusätzlich verstärkt durch eine, Wachstum behindernde, Anti-Produktions-Haltung.[12] Darüber hinaus kreierte die Welle ökonomischer Liberalisierung einen Komplex privater Interessen, die bei einer politischen Liberalisierung nichts gewinnen konnten, da sie von den teilweise liberalisierten, teilweise von Monopolen beherrschten Sektoren profitieren. Das politi-

---

10 Vgl. Harik 1997.
11 S. Abdel Hamid/Ziad 2004.
12 Vgl. Uttam 2003.

sche System blieb zu wenig liberalisiert, als dass Druck hätte entstehen können, der diese Verzerrungen beseitigt hätte.

Ägyptens Reformversuche?

Die Geschichte der letzten 20 Jahre – nicht nur im Falle Ägyptens, auch in vielen anderen Fällen – zeigt wie schwierig politische Reformen sein können, wenn sie von ökonomischer Liberalisierung begleitet werden. Manche Wissenschaftler äußern Zweifel an der Wahrhaftigkeit der Welle der Demokratisierung.[13] Verschiedene Ausgaben des *Journal of Democracy* argumentieren, dass die Welle der Demokratisierung hybride, nicht liberal-demokratische Regime produziert hat. Auf die gleiche Weise argumentiert Larry Diamond, dass ein auffallendes Element der dritten Welle der Demokratisierung die Tatsache ist, dass durch sie mehr Pseudo-Demokratien als Demokratien entstanden sind. Von den 104 (nach Diamonds Zählung) bzw. 121 (Freedom House-Zählung) Ländern, die Ende 2001 als demokratisch galten, waren mehr als die Hälfte nicht liberal.[14]

Das besondere an Ägypten ist, dass es gezwungen ist, sein Entwicklungsmodell zu verändern, weil Probleme sich auftürmen, sich die Einnahmenstruktur der Wirtschaft verändert und es dabei nicht mit diesen Problemen fertig wird. Diese Probleme sind u.a. Bevölkerungswachstum, hohe Arbeitslosigkeit und die schwache Kapazität des Privatsektors, Arbeitsplätze zu schaffen. Dies bewirkt für die Wirtschaft enormen Druck, hohe Wachstumsraten zu erreichen und zu erhalten. Ägyptens Wachstumsstrategie in den vergangenen 50 Jahren reichte von Phasen des Wachstums, die auf Staatsinvestitionen und Konsum zur Importsubstitution basierten, bis zu Phasen des Wachstums durch arabische und ausländische Investitionen und Renteneinkommen. Aber die stark fluktuierenden ägyptischen Renten zwangen die regierende Elite zu einem neuen Ansatz für Wachstum, nämlich des Wachstums durch private Investitionen.

Um auf durch private Investitionen getriebenes Wachstum umzuschalten, muss die regierende Elite zwei weitere Arten von Reformen, die bisher nicht vorgenommen wurden, ernsthaft durchführen. Es handelt sich

---

13 Vgl. Diamond 2002.
14 Diamond 2002, S. 26. In 31 Staaten wurden Wahlen abgehalten, aber sie gelten nicht als liberal, in 17 herrschen Mischformen (Diamond nennt diese „competitive authoritarian"), weitere 25 werden als „electoral authorian in a more hegemonic way" eingestuft (d.h. Wahlen werden nur als Fassade abgehalten, aber es gibt einen gewissen Spielraum für politische Opposition, gesellschaftliche Organisationen und Medienkritik).

um bürokratische und politische Reformen. Diese Änderung des Wachstumsmodells bringt eine schmerzvolle Reihe weiterer Veränderungen mit sich. Schmerzhaft deswegen, weil Probleme über Jahre hinweg ignoriert wurden und Veränderungen nun nur zähflüssig vollzogen werden können. Das auf Privatinvestitionen basierende Wachstumsmodell machte es notwendig, dass Ägypten seine Regulierungen, besonders im Investitionsbereich, überarbeiten musste, um Privatinvestitionen zu fördern. Dies geschah durch eine Reihe von Investitionsgesetzen (1971, 1974, 1989, 1997), die den Privatinvestoren Steuerfreistellungen gewährten und ihnen den Einstieg in die Landgewinnung, den Tourismus, das Baugewerbe etc. ermöglichten.[15] In letzter Zeit gehen die Ansichten im Hinblick auf Ägyptens schwankende Wachstumsraten davon aus, dass es notwendig ist, die institutionelle Umgebung zu verbessern, als Grundlage für Wert schöpfende Produktion und qualitativ hochwertige Dienstleistungen. Dies ist für Ägypten der beste Weg, um das Problem der Arbeitslosigkeit anzugreifen und nachhaltiges Wachstum zu erreichen.

Der institutionelle Rahmen, der für durch den Privatsektor angestoßenes Wachstum nötig ist, ist einer, der Transaktionskosten senkt, indem die Leistungen der Bürokratie verbessert werden und die Berechenbarkeit und Verlässlichkeit von Entscheidungen gesteigert wird, indem die politischen und staatsbürgerlichen Freiheiten gestärkt werden. Bisher wurde nur eine widersprüchliche institutionelle Vermischung erreicht und das unter starker Beteiligung des Staates, im Stile eines Krisenmanagements, das sich dafür entschied graduelle Veränderungen vorzunehmen, Einschnitte zu vermeiden und damit auf Kosten von Berechenbarkeit, Verantwortlichkeit und Freiheit erfolgte. Die folgenden Abschnitte zeigen wie dies geschah.

Reform von Regulierungen

Es gibt verschiedene Wege, auf denen die Staaten versuchen zum Ziel von mehr Privatinvestitionen zu gelangen. Sie können Wirtschaftszweige bzw. zumindest einige der Sektoren öffnen, in denen vorher Privatinvestitionen nicht möglich waren (Fall 1). Im Dickicht von wettbewerbsfördernden neuen regulierenden Maßnahmen können sie wiederum strategisch ausgesuchte Unternehmen erneut beschützen (Fall 2). Reformen von Regulierungen können auch die Ausweitung der gesetzlichen Grundlage bestehender Regulierungen mit sich bringen, wenn informelle Gesetzmäßigkeiten und Praktiken kodifiziert werden (Fall 3). Neue Regulie-

---

15 Vgl. Abdel Hamid/Ziad 2004.

rungen könnten schließlich die Befugnisse der Bürokratie erweitern (Fall 4). Im Falle der strategischen Protektion von Unternehmen und bei der bürokratischen Ausdehnung von neuen Regulierungen erhöht die Regierung ihre Kontrollmöglichkeiten mehr als bei den anderen beiden Fällen.[16]

Seit Mitte der 70er Jahre gab es in Ägypten eine Mixtur von institutionellen Veränderungen. Diese umfassten eine neue Politik der Öffnung von Sektoren für Privatinvestitionen (infitah) und neue Gesetze und Gesetzesänderungen, die Privatinvestitionen und Privatbesitz verstärkten. Außerdem rationalisierte man das Management des öffentlichen Sektors (Investitionsgesetz, Unternehmensgesetz, Gesetz zum Schutz geistigen Eigentums) durch neue Gesetze und Gesetzesänderungen, die mehr Wettbewerb in manchen Sektoren ermöglichten (im Tourismus, in der Telekommunikation und vor kurzem auf dem Arbeitsmarkt) und die staatliche Kontrolle, insbesondere der Zivilgesellschaft, zementierten. Das Resultat eines Vierteljahrhunderts institutioneller Reformen ist eine Ansammlung von Vereinbarungen im Bereich der Institutionen.[17] Ägypten hat wettbewerbsfördernde Regulierungen unternommen. Zum einen wurden Gesetze verabschiedet, die dem Privatsektor erlaubten in Bereichen zu investieren, in denen dies bisher nicht möglich war. Zum anderen deregulierten neue Gesetze Sektoren, in denen der Privatsektor vorherrschend war (z.B. in der Landwirtschaft). Ein weiteres Charakteristikum der Reformen in Ägypten war die Überregulierung in dem Sinne, dass die bürokratische Kontrolle weiter ausgedehnt wurde, während die Bürokratie jedoch ineffizient blieb und der Ermessensspielraum (der dem Premierminister zusteht) sich nicht an einer klaren Vision bzw. klaren Leistungsvorgaben orientierte. Der neuste Trend der Reformen ist die gesetzliche Neuregulierung in Bereichen, die bisher nicht oder nur unzureichend durch gesetzliche Regelungen reguliert waren (z.B. Kapitalmärkte und geistige Eigentumsrechte).

All die oben beschriebenen Maßnahmen haben aber nicht zu einem Investitionsrahmen geführt, in den die Investoren Vertrauen haben. Untersuchungen zu den ägyptischen Investitionsbedingungen in den letzten sieben Jahren belegen zwar Verbesserungen im Bereich der Punktzahlen, zeigen aber auch, dass Ägypten bei den Ranglistenplätzen zurückfällt, was belegt, dass sich Ägyptens Position im Vergleich zu anderen Ländern verschlechtert hat (vgl. Anhang, Daten zur „regulatory quality"). Die oben

---

16 Vgl. Uttam 2003.
17 Vgl. Handousa 1994.

beschriebene Vermischung von Regulierungen ist nur ein Teil der Erklärung. Wie im Folgenden beschrieben wird, ist der Mangel an Reformen im Bereich der Bürokratie ein weiterer Punkt.

Reform der bürokratischen Institutionen

Eine Reform der bürokratischen Institutionen beinhaltet eine Verbesserung der Fähigkeit, Regulierungen anzuwenden und auszulegen, und außerdem wird eine geregelte Kontrolle durch die Öffentlichkeit sichergestellt (keine irregulären Zahlungen, die Ressourcen aufbrauchen und Transaktionskosten steigen lassen). Reforminstrumente können wie folgt aussehen: die Abschaffung von Abteilungen, die Fortbildung von Personal in bestehenden Abteilungen oder die Neuschaffung von Parallelabteilungen, die die Arbeit zufrieden stellend erledigen, um dadurch eine Reform der gesamten in Frage stehenden Bürokratiestruktur zu vermeiden.

Ägypten hat wenig getan, um die Bürokratie zu reformieren, und die Zahlen bestätigen dies. Die Indikatoren des Global Competitiveness Report (GCR)[18] und des Arab World Competitiveness Report (AWCR)[19] oder der Datensatz von Kaufmann et al. zeigen ein erschreckendes Bild von Ineffizienz und Korruption. Es ist erschreckend, weil diese Ergebnisse aufgrund von Befragungen führender Geschäftsleute zustande gekommen sind, obwohl diese eigentlich so einflussreich sein müssten, dass sie die beste Behandlung seitens der Bürokratie erhalten müssten. Man fragt sich, wie die Resultate aussehen würden, wenn es sich um Befragte von mittleren, kleinen und kleinsten Unternehmen gehandelt hätte.

Im Hinblick auf die Leistung der Regierung zeigt der Datensatz von Kaufmann et al. eine leichte Verbesserung von Ägyptens Punktzahl von -0,36 (1996) auf -0,32 (2002), die eine Rangverbesserung (in einer Rangfolge, bei der 100 den besten Rang darstellt) von 41 auf 46 brachte. Gleichwohl wurde die Leistung in den späten 90er Jahren als besser wahrgenommen, bevor sie sich 2000 und 2002 verschlechterte (Anhang Daten zur Kategorie „government effectiveness"). Geschäftsleute, die auf die Umfrage des Arab Competitiveness Reports antworteten, erkannten Defizite vor allem in vier Problembereichen: belastende administrative Regulierungen, verschwenderische Staatsausgaben, falsch eingesetzte Subventionen durch die Regierung und inkompetente Beamte. Im Bereich der Korruption verweisen der GCR und der AWCR auf weit verbreitete Vetternwirtschaft, Steuerhinterziehung und irreguläre Zahlungen.

---

18 S. World Economic Forum 2002.
19 S. World Economic Forum 2003.

Es hat seit den späten 70er Jahren mehrere offizielle Ankündigungen gegeben, die die Notwendigkeit der Reformierung der Verwaltungsstrukturen feststellten. Trotzdem hat sich offensichtlich nicht genug für einen wirklichen Umbruch und einen neuen Anfang getan. Durch den erhöhten Reformdruck in Hinblick auf die Verwaltungsstrukturen, insbesondere auf die wirtschaftlich relevanten, gab es dreierlei Reformversuche: bei der Fortbildung von Personal (in Trainingszentren für Führungskräfte), der Abschaffung bestehender Einheiten (im Wirtschaftsministerium) und der Schaffung von Paralleleinheiten, die besser ausgebildet und besser bezahlt werden (Berater und Assistenten in verschiedenen Ministerien, z.B. im Wirtschafts-, Außenhandels-, Finanz- und Industrieministerium).

Die Ergebnisse dieser Reformen waren bis jetzt bescheiden. Fortbildungsmaßnahmen haben zwar Spuren hinterlassen, allerdings letztlich wohl verschwindend geringe Wirkung gezeigt. Die Abschaffung bestimmter Einheiten wurde von einigen als Schaffung eines Vakuums angesehen, so wie im Falle des Wirtschaftsministeriums, wo die Abschaffung nach Ansicht einiger Beobachter der gesamten Wirtschaft einen Koordinator genommen hat. In anderen Fällen hatte die Abschaffung von Abteilungen positive Auswirkungen, z.B. in der Investitionsbehörde. Die Schaffung von Parallelstrukturen erhöhte die Fähigkeiten bestimmter Ministerien, hat dabei aber den Kern der Beamtenschaft untrainiert und demotiviert zurückgelassen; ein spill-over-Effekt von den neu geschaffenen Parallelstrukturen zum ministerialen Beamtenapparat muss noch stattfinden. Das Thema der Einstellung und Motivation zur Arbeit muss noch angegangen werden, indem man Arbeitsplatzbeschreibungen generalüberholt, Einstellungsmethoden ändert, Anreiz- und „Bestrafungssysteme" entwickelt und die Leistungsüberprüfung verbessert.[20]

Der politische Wille scheint hier in Ägypten besonders schwach ausgeprägt zu sein. Die regierende Elite mischt sich nur widerwillig in die Angelegenheiten des Staatsapparates ein (nicht zu verwechseln mit dem öffentlichen Sektor, bei dem durch Frühpensionierungen eine große Zahl an Lohnempfängern eingespart wurde). In den frühen 90er Jahren schien es so, als ob es einen Einstellungsstopp des Staatsapparates gab, aber die Regierung nahm angesichts chronischer Arbeitslosigkeit und seit 2001 steigender Unzufriedenheit die Einstellungen wieder auf. Es gibt keinen Ausweg aus der Notwendigkeit den Staatsapparat zu rationalisieren. Und obwohl dies Transaktionskosten senken würde, würde es der regierenden Elite den letzten Trumpf im Hinblick auf die Arbeitslosigkeit nehmen

---

20 Vgl. Handoussa 2003.

(zusammen mit dem öffentlichen Sektor arbeiten 35% der arbeitsfähigen Bevölkerung in Staatsdiensten).

Die Verteilungsprobleme hemmen den politischen Willen die Bürokratie zu reformieren. In der Theorie sollte eine Reform immer politisch durchsetzbar sein, wenn sie unterm Strich soziale Vorteile bringt. Wenn diese Vorteile dazu genutzt werden die Verluste der betroffenen Gruppen zu kompensieren, kann gezeigt werden, dass es immer möglich ist, eine Koalition von Profiteuren, die die Reform tragen, zu formen, so argumentiert Stephen Haggard.[21] Trotzdem sind Kompensationen nicht leicht zu finden und dies macht die Betroffenen höchst misstrauisch. Auf der anderen Seite werden mögliche Gewinner nicht sicher sein, ob sie gewinnen, auch wenn dies schließlich so sein wird.[22] Die Bürokratiereform ist für diese Probleme ein treffendes Beispiel.

Institutionelle Reformen zur Steigerung der Verantwortlichkeit

Institutionelle Reformen zur Steigerung der Verantwortlichkeit (accountability) sind vielleicht eine der komplexesten und politisch heikelsten Maßnahmen. Sie sind komplex, weil sie mehrere Prozesse miteinander verflechten: den Prozess der Gesetzgebung, den politischen Wettbewerbsprozess (Auswahl und Neubesetzung von politischen Führern) und den Prozess der Durchsetzung von Gesetzen, falls sie gebrochen werden. Institutionelle Reform, die diese drei Prozesse von Verantwortlichkeit beachtet, muss einen langen Weg gehen, um die Transparenz und die Vorhersagbarkeit von wirtschaftlicher Reform zu gewährleisten.[23] Ägyptens Vergangenheit im Hinblick auf diese drei Prozesse von Verantwortlichkeit ist durchwachsen. Der Wettbewerbsprozess schnitt dabei am schlechtesten ab, gefolgt vom Gesetzgebungsprozess, obwohl zu dem letztgenannten Bereich kein quantitativer Indikator existiert.

Gesetzgebung:
Der Gesetzgebungsprozess ist bedeutend, weil eine Reform des Wachstumsumfeldes unter anderem die Überarbeitung von Gesetzen und Regulierungen erfordert. Diese Überarbeitung ordnet Ressourcen neu, sie stellt mehr als nur technische Veränderungen dar, sie ist ein politischer Prozess. Es ist entscheidend, wer bei diesem Prozess die politische Handlungs-

---

21 Vgl. Haggard 1997, S. 123.
22 Vgl. Haggard 1997, S. 123 f.
23 Der Weltbank Bericht „Better Governance for the Middle East and North Africa" (World Bank 2003) nennt dies Mechanismen von interner und externer Verantwortlichkeit.

und Meinungsführung hat, und in Ägypten, das ein präsidentielles System ist, übernimmt die Exekutive die Führung, wenn es zu Reformen von Regulierungen kommt.

Die gesetzgebende Gewalt liegt nach der ägyptischen Verfassung beim Parlament und beim Präsidenten der Republik. Fast alle Gesetzentwürfe werden in Ägypten durch die Exekutive eingebracht, dann ans Parlament weitergeleitet, das diese durch Abstimmung bestätigt, schließlich werden sie an den Präsidenten geleitet, der sie durch Veröffentlichung in Kraft setzt. Es ist gängige Praxis geworden, dass Gesetzentwürfe (Entwürfe der Exekutive) zunächst an den Shura-Rat, zur Einholung seiner Meinung, geleitet werden. Nach der ägyptischen Verfassung (Art. 194 und 195) soll dieser seine Ansicht zu Gesetzesänderungen und neuen Gesetzentwürfen äußern, insbesondere zu Gesetzen, die die Verfassung oder die soziale und ökonomische Entwicklung betreffen, und zu internationalen Abkommen.

Es gibt eine Vielzahl von Sachverhalten, die dazu beitragen können, die Effektivität dieses Gesetzgebungsprozesses zu steigern. Dazu zählen die Koordination zwischen den verschiedenen Einheiten der Exekutive, die technischen Kompetenzen, die Beteiligten des privaten Sektors und der Gesellschaft als Ganzem. Diese können zur konsensualen oder konfliktreichen Natur des Gesetzgebungsprozesses beitragen. Ebenso können die technischen Ressourcen, die den Parlamentskomitees zur Verfügung stehen, deren Fähigkeit zur späteren Prüfung der Gesetzesvorschläge extrem verbessern.

Am wichtigsten sind jedoch das politische Umfeld und die Regeln, die die Beziehung zwischen Exekutive und Legislative bestimmen, da diese die Höhe der Opportunitätskosten aller Beteiligten im Hinblick auf ihr Engagement beeinflussen. Als kollektive Einheit sind Parlamentskomitees in ihrer Zusammensetzung überwiegend der Regierungspartei zugeneigt. Daher wird die Parteilinie vertreten, egal was ein Komitee tut, seien es Anhörungen zum Gesetzentwurf, die Konsultation von Experten oder die Einholung der Meinungen von Interessengruppen. Einzelne Parlamentarier haben keinen Zugang zu Informationen und zu schlechte technische Möglichkeiten um auf eigene Faust zu agieren; sie sind außerdem überlastet mit ihrer Rolle als Dienstleister ihres Wahlbezirks. Schließlich wird das ganze Parlament von einer Mehrheit beherrscht, die es als ihre Aufgabe ansieht, die legislativen Prioritäten der Spitze der Exekutive zu unterstützen und dabei nicht die eigenen Vorrechte der Legislative einfordert.[24]

Politischer Wettbewerb:
Gesetzesänderungen, neue Gesetzentwürfe und Regulierungen werden meistens durch ein Ministerium initiiert und unter dessen Federführung in Abstimmung mit dem Präsidenten der Republik im Parlament eingereicht. Daher müsste Verantwortlichkeit in diesem Fall einen Prozess beinhalten, der es ermöglicht, das politische Urteil der „Politikmacher" anzufechten und, wenn es sein muss, diese zu ersetzen. Letztgenannte Option bedürfte einer Wahlmöglichkeit zwischen verschiedenen im Wettbewerb zueinander stehender Parteien.

Politischer Wettbewerb findet seinen Ausdruck in zwei Mechanismen. Der eine Mechanismus betrifft die Auswahl der politischen Führung, die in Ägypten durch die Wahl einer Partei erfolgt, die dann eine Mehrheit im Parlament stellen muss, um den Präsidenten der Republik für das folgende Referendum zu nominieren. Der Präsident ist als starker Kopf der Exekutive ermächtigt, den Premierminister und die Minister zu ernennen. Ägypten weist bei diesen Prozessen eine schwache Bilanz auf. Quantitative Indikatoren bei Kaufmann et al. zeigen, dass Ägypten seit 2000 jeweils im unteren Viertel des 100 Länder umfassenden Weltbank-Datensatzes zu finden war.[25] Sieht man sich die Punktzahlen an, zeigt sich, dass Ägypten konstant negative Werte aufwies.[26] Dies rührt daher, dass die politischen Parteien in Ägypten schwach sind und die regierende Partei seit Wiedereinführung der Mehrparteiendemokratie 1976 stets mindestens über eine Zweidrittelmehrheit verfügte. Bei den Präsidentschaftswahlen sah das Bild nicht besser aus. Eingeschränkt durch die Verfassung stellen Präsidentschaftswahlen keinen Wettbewerb, da die Bevölkerung eine „ja-nein"-Entscheidung in einem Referendum trifft, bei dem es nur einen (vom Parlament nominierten) Kandidaten gibt. Da im Parlament immer eine komfortable Mehrheit derselben Regierungspartei (die sich 1979 von Misr zu NDP umbenannte) bestand, gab es auch im Parlament nie Anzei-

---

24 Vgl. El-Mikawy 1999.

25 Seit 1998 hat Ägypten stets einen Platz im Mittelfeld eingenommen wenn es um die Qualität der Regulierungen, die Rechtsstaatlichkeit, die Kontrolle von Korruption und die Effektivität der Regierung ging, trotzdem hat sich sein Rang von 1996 bis 2002 verschlechtert (vgl. Anhang).

26 Im Gegensatz dazu war Ägyptens Punktzahl im Bereich der Rechtsstaatlichkeit stets positiv, überstieg dabei aber nie 0,25. Die Effektivität der Regierung und des Regulationsrahmens verließ den negativen Bereich 1998 und 2000, um 2002 wieder dort zu landen (vgl. Anhang).

chen für einen Wettbewerb um die Nominierung des Präsidentschaftskandidaten.

Der andere Mechanismus, der politischen Wettbewerb erzeugt, ist die Auswechslung von Mitgliedern der Exekutive durch das Parlament oder durch öffentlichen Druck der Medien.[27] Die Öffentlichkeit in Ägypten hat nur zwei Möglichkeiten, Politiker zu ersetzen. Zunächst kann sie Druck auf die Parlamentarier ausüben und diese dazu bringen, Minister in Frage und die Vertrauensfrage zu stellen. Oder die Öffentlichkeit kann Druck in Form von Medienkampagnen (hier insbesondere durch die schreibenden Medien) auf Mitglieder der Exekutive ausüben. Beide Fälle sind gelegentlich aufgetreten, haben dabei aber nur selten zum Austausch von Politikern geführt. In den Fällen, in denen dies erfolgte (z.B. Innenminister Zaki Badr, Premierminister Atef Sidqi), bemühte sich das Regime die Auswechselung als freiwilligen Rücktritt oder normale Kabinettsumbildung darzustellen, um nicht den Anschein zu erwecken, der Medienkampagne nachgegeben zu haben.

Zwei weitere, miteinander verknüpfte Bereiche haben den politischen Wettbewerb negativ beeinflusst: politische Rechte und administrative Strukturen. Politische Rechte erfordern Freiheitsrechte, die die Meinungsfreiheit und Vereinigungsfreiheit erweitern. Obwohl diese von der Verfassung gewährt werden, werden diese Rechte oft dadurch beschnitten, dass allgemein die Ansicht besteht, dass die nationale Sicherheit in Gefahr sei und dass daran politische Aktivisten (Individuen oder Organisationen) schuld seien, solange ihre Unschuld nicht bewiesen ist. Das beste Beispiel hierfür ist das Gesetz, dass die Bildung zivilgesellschaftlicher Organisationen regelt. Dieses Gesetz erfordert noch immer eine ministerielle Genehmigung, die oft mit einer Sicherheitsüberprüfung verbunden ist, bevor eine Organisation ihre Arbeit aufnehmen darf.

Eine hochgradig zentralisierte Verwaltungsstruktur hat negative Auswirkungen auf den politischen Wettbewerb. Diese Form der politischen

---

27 Bezug nehmend auf Dollars und Kraays Behauptung, dass Wachstum ausreicht, um das Leben der Armen zu verbessern, haben Luebker, Smith und Weeks eingewendet, dass das Wachstum nicht neutral in seiner Verteilung erfolgen wird. Es kommt sehr auf die Sozialstruktur und die Machtverhältnisse des Landes an (Luebker/Smith/Weeks 2002; Dollar/Kraay 2000). Das bedeutet, dass Wachstum mit institutionellen Reformen einhergehen muss, die die Armen bevorzugen (Rodrik 2000). Die Argumentation geht nun dahin, dass eine Öffnung des Handelssystems zu Gunsten des Wachstums nicht ausreichend ist. Politische Entscheidungen zu Gunsten der Armen (z.B. Ausgaben für Bildung, Infrastruktur, Korruptionsbekämpfung) sind genauso wichtig. Diese Entscheidungen mögen mit öffentlichem Druck beschleunigt werden, was wiederum die Verantwortlichkeit und Transparenz von wirtschaftlichen Entscheidungen erhöht.

Struktur behindert die Möglichkeiten der Bürger, die Bürokratie zur Verantwortung zu ziehen, indem sie ihnen die Möglichkeit nimmt, Provinzregierungen (Gouverneure) und Kommunalregierungen in Frage zu stellen und auszutauschen. Die Provinzgouverneure werden vom Präsidenten der Republik ernannt und sind oft ehemalige Mitglieder des Sicherheitsapparats von Militär und Polizei. Dies reduziert die allgemeinen Möglichkeiten des politischen Systems, da der Nährboden für eine von der Allgemeinheit gewählte Führung fehlt. Aber entscheidend ist hier vor allem, dass dadurch der Glaube der Menschen an die Veränderbarkeit sie betreffender täglicher Lebensumstände verloren geht. Dasselbe gilt für die Politik auf kommunaler Ebene.

Obwohl Kommunalwahlen (auf Stadt- und Nachbarschaftsebene) existieren, ist der Wettbewerb um die Posten auf die verschiedenen Mitglieder der Regierungspartei beschränkt. Die politischen Parteien sind oft schwach vertreten bzw. kaum an der Kandidatur bei Kommunalwahlen (im Gegensatz zu den nationalen Wahlen) interessiert. Der Öffnung der Provinz- und Kommunalwahlen für mehr Wettbewerb wird oft entgegengehalten, dass dann die Möglichkeit bestünde, dass ein radikalislamischer Führer die Macht erlange. Ebenso wird vorgebracht, dass eine Person gewählt werden könnte, die nicht in der Lage sei mit der islamischen Gefahr umzugehen (sofern diese Person nicht aus dem Innern des Sicherheitsapparats stammt).

Strafverfolgungsmechanismen:
Schließlich gibt es einen Prozess, der die Durchsetzung von Gesetzen erzwingt, falls Marktteilnehmer oder administrative Kräfte diese Gesetze verletzen. Strafverfolgung funktioniert in diesem Sinne, um die Ordnung aufrecht zu erhalten und das Gesetz vor Verletzungen seitens der Gesellschaft oder der Regierung zu schützen. Dafür bedarf es effektiver Polizeiarbeit und einer unabhängigen und effizienten Rechtsprechung. Wenn es um richterliche Unabhängigkeit geht, hat Ägypten eine bessere Punktzahl beim Datensatz von Kaufmann als bei den vorher genannten Bereichen. Die Auswirkung der Rechtsprechung auf Wachstum hat jedoch mit anderen ebenso wichtigen Faktoren zu tun, darunter a) der Anzahl der Tage, bis man eine geschäftliche Auseinandersetzung beigelegt hat, b) den Kosten von geschäftlichen Streitschlichtungen, c) der Verfügbarkeit von ausgebildeten Richtern und Anwälten in den Bereichen Investitionen und Handel. Der Weltbankbericht über Regierungsführung im Nahen Osten und Nordafrika hat die Leistungen von Gerichten im Bereich der Ver-

tragsstreitigkeiten verglichen. Die Klärungsrate bei Fällen des Geschäfts-
lebens liegt in Ägypten bei 36%, verglichen dazu in Japan bei 80%. Im
Hinblick auf die Zeitdauer bis zum Abschluss eines Verfahrens verschlechterte sich die durchschnittliche Dauer von zwei Jahren in den 70er
Jahren auf sechs Jahre in den 90er Jahren. In Ägypten brauchte es durchschnittlich 240 Tage, bis ein Vertrag in Kraft treten konnte, und damit
länger als in Tunesien (7 Tage) und in Jordanien (147 Tage).[28]

Die Frage des Rechtsbewusstseins muss als Faktor angesehen werden,
der möglicherweise die Leistung der Rechtsprechung beeinflusst. Das generelle Bewusstsein für rechtliche Probleme unter Juristen bzw. bei Personen, die die Gesetze ausführen (Richtern, Anwälten, juristischen Bera-
tern, Polizisten), bedarf insbesondere im Bereich der wirtschaftlichen Aktivitäten weiterer Nachforschungen. Die Einstellungen zu Rechtmäßigkeit
und Unternehmensführung formen eine normative und kognitive Sicht in
der Öffentlichkeit, unter Akteuren des Wirtschaftslebens und NGOs, die
ebenfalls die Leistung der Rechtsprechung beeinflusst. Positive Einstellungen zur Rechtmäßigkeit tragen dazu bei, Vorfälle der Rechtsverletzung
zu vermeiden und damit Streitfälle zu reduzieren. Unter dem Eindruck,
dass die Rechtsprechung entweder zu langsam oder zu voreingenommen
gegenüber den Reichen ist, werden die Menschen eventuell dazu tendieren, Gerechtigkeit selbst schaffen zu wollen, sei es friedlich oder auf ge-
walttätige Art und Weise. In diesen Fällen leidet die Wirtschaft.[29]

Schlussfolgerung

Wie kann nun ein wirklicher Wandel trotz des oben beschriebenen Erbes
von Fehlentwicklungen und halbherzigen Reformversuchen stattfinden?
Es gibt zwei Möglichkeiten. Einerseits haben sich die Vermittler der Reformen als sehr schwach herausgestellt, seitdem das Experiment des
Mehrparteienstaates 1976 wieder eingeführt wurde. Politische Parteien
sind weder fähig die Basis zu mobilisieren noch einen anderen Entwick-
lungsplan als den der regierenden Elite anzubieten. Meistens beschränken
sich die politischen Parteien als Opposition auf Zeitungen, die Kritik am
gegenwärtigen Regime verbalisieren. Da diese politischen Parteien die
Zweidrittelmehrheit im Parlament nicht behindern dürfen, und weil die
parlamentarische Führung weiterhin die Vorrechte des Staatsoberhauptes
schützt anstatt einen ausgleichenden Pol zu schaffen, verliert der Wahl-

---

28   World Bank 2003, S.93.
29   Vgl. Abdel Fattah 2002.

kampf an Reiz und Bedeutung sowohl für die politischen Parteien als auch für die Wählerschaft.[30] Frischer Wind muss diesen Wahlprozess wieder beleben.

Die zweite Antwort liegt darin, dass die Vermittler der staatsbürgerlichen Rechte gleichsam schwach geblieben sind. Die Forderung nach staatsbürgerlichen Freiheiten verzögert sich aufgrund der Schwäche der zivilgesellschaftlichen Organisationen ebenso wie der schwachen liberalen Botschaft im Bildungssystem. In einem bedeutenden Artikel in den frühen 90er Jahren behauptete Mostafa K. Al-Sayyed, dass der Respekt gegenüber Meinungsunterschieden innerhalb ägyptischer Zivilgesellschaftsorganisationen fehlt. Die Ereignisse der 90er Jahre haben dies ausreichend bewiesen. Politische Parteien wie die Wafd- und die Labour-Partei konnten dem Führungswechsel nicht ohne Anzeichen von Intoleranz und eines Mangels an Konsens innerhalb der Parteien begegnen. Liberalismus wird außerdem geschwächt durch den Mangel an früher Vermittlung in den Klassenzimmern. Kritische, untersuchende und Problem lösende Fähigkeiten haben nur die, die bezweifeln, dass man sich die übermittelten Informationen nur einprägen muss. Aber leider beruht der größte Teil der Schulbildung auf Einprägung.

Wenn beide Vermittler von demokratischen und liberalen Praktiken zu schwach sind, um Veränderungen von unten zu bewirken, können Veränderungen nur durch die regierende Elite bewirkt werden und zwar dann, wenn eine Reformgruppe gegen die bestehenden Hardliner, die vom Status Quo profitieren, mobil macht. Solch eine Art Veränderung wurde erwartet, als das Ministerkabinett einige Personen aufwies, die die Notwendigkeit institutioneller Veränderungen verstanden. Der Außenhandelsminister, der Minister für Information und Telekommunikation, der Jugendminister und der Finanzminister sind Personen innerhalb der regierenden Elite, die einen technischen Hintergrund und eine persönliche Überzeugung von der Notwendigkeit von Veränderungen haben, ob es nun den wirtschaftlichen oder den gesellschaftliche Bereich, den Bereich der Information oder den Finanzbereich betrifft. Das Emporkommen des Sohnes des Staatspräsidenten hat die Hoffnung auf Veränderung innerhalb des Systems verstärkt. In öffentlichen Reden, ob auf der Internationalen Buchmesse in Kairo oder anderswo, vermittelte er die Bereitschaft zur Offenheit gegenüber den Zwängen der Globalisierung und zu Neuerungen. Seine Intention, die Strukturen der regierenden Partei zu erneuern und durch neues und junges Blut aufzufrischen, ist nicht unbemerkt

---

30   Vgl. El-Mikawy 1999.

geblieben. Positives kommt im Hinblick auf die Bereitschaft zu Veränderungen von wenigen innerhalb der regierenden Elite. Frauen erhielten Rechte (s. bspw. die ägyptische Staatsbürgerschaft für Kinder von Frauen, die mit Ausländern verheiratet sind, sowie die Ernennung von Frauen zum Richteramt), ein nationaler Rat für Menschenrechte sowie ein nationaler Rat für Frauen wurden errichtet, Kapitalmarktgesetze, die dazu beitragen sollen, den Kapitalmarkt transparenter zu machen, wurden erlassen, und spezielle Rechtshöfe für Investitionsdispute sind in Planung.

Diese Veränderungen laufen noch lange nicht auf einen Bruch mit der Vergangenheit hinaus. Diesen verhindert vor allem die Angst vor Reformen. Die regierende Elite fürchtet sich vor Reformen und verbreitet die Angst auch bei den internationalen Partnern. Angst vor innergesellschaftlichem Chaos und Angst vor Machtverlust schaffen eine Situation, in der die Reformer die Kontrolle über den Reformprozess behalten wollen, dabei misstrauen sie den eigenen Leuten und behalten sich die Möglichkeit vor, vom Reformweg abzuweichen, wann immer sie es für nötig erachten.

Diese Angst wird verstärkt durch zwei weitere Faktoren: die politische Radikalisierung in der Region und die Polarisierung von sozialen Beziehungen in Ägypten. Die politische Radikalisierung in der Region wurde ausgelöst durch die Verschlechterung der Situation in den palästinensischen Autonomiegebieten und im Irak. Die soziale Polarisierung wurde bewirkt durch das schleppende Wirtschaftswachstum und die Unfähigkeit der Wirtschaft, die halbe Million Arbeitsplätze zu schaffen, die jährlich gebraucht wird. Sozioökonomische Polarisierung schafft eine strukturelle Bedingung, in der staatsbürgerliche Freiheiten durch radikale Forderungen gefährdet würden, eine Entwicklung, die die Zivilgesellschaft spalten und die Entschlossenheit der moderaten Reformer schwächen könnte.

Polarisierung trägt dazu bei, dass auch die reformierenden Splittergruppen der regierenden Elite ihre Unterstützung entziehen. Genauso wichtig ist die Tatsache, dass die sozioökonomische Polarisierung Druck auf die regierende Elite ausübt, das schlechte Management der Wirtschaft fortzusetzen wird und schnellschussartig zu versuchen, die Armutsproblematik zu lösen. Ein Beispiel sind erneute Subventionen für Lebensmittel, um die Inflation zu dämpfen, und die Wiederaufnahme von Einstellungen in den Staatsdienst, auch wenn dies die Zahlungsbilanz belastet, vor allem wenn der Staat unter dem Druck der WTO oder anderer regionaler Handelsverpflichtungen steht, Tarife zu reduzieren und sinkende Zolleinnahmen hinzunehmen. Es zeigt sich, wie sehr politische und wirtschaftliche Reformen miteinander verbunden sind.

	Egypt P. Rank	Egypt Estimate	Morocco P. Rank	Morocco Estimate	Tunisia P. Rank	Tunisia Estimate	Jordan P. Rank	Jordan Estimate	Turkey P. Rank	Turkey Estimate	Mexico P. Rank	Mexico Estimate	Poland P. Rank	Poland Estimate
Voice & Accoun														
2002	22,20	-0,87	40,40	-0,30	22,70	-0,83	38,40	-0,41	36,40	-0,47	59,60	0,33	83,30	1,11
2000	24,10	-0,81	35,10	-0,44	26,20	-0,71	45,00	-0,19	29,80	-0,65	55,00	0,09	83,80	1,12
1998	25,10	-0,83	34,00	-0,53	20,90	-0,92	44,00	-0,19	20,40	-0,92	45,00	-0,17	77,00	1,01
1996	26,70	-0,70	29,30	-0,60	33,00	-0,50	48,70	-0,14	38,20	-0,39	42,90	-0,21	76,40	0,95
Pol Stability														
2002	34,10	-0,35	39,50	-0,14	53,00	0,24	31,40	-0,44	27,00	-0,61	50,80	0,22	69,70	0,71
2000	49,10	-0,05	51,50	0,13	78,80	0,86	54,50	0,25	18,20	-0,99	45,50	-0,08	76,40	0,83
1998	42,40	-0,11	52,10	0,13	70,30	0,61	49,10	0,05	15,20	-1,06	24,80	-0,53	78,20	0,85
1996	36,60	-0,25	29,90	-0,36	57,90	0,28	59,80	0,36	12,20	-1,03	34,80	-0,27	67,10	0,53
Gov Effectiv														
2002	46,90	-0,32	61,30	0,07	71,60	0,65	66,00	0,36	50,50	-0,20	61,90	-0,27	71,10	0,61
2000	67,90	0,35	58,70	0,08	88,00	1,32	71,20	0,43	55,40	-0,06	69,60	0,15	70,70	0,39
1998	60,10	0,01	71,00	0,29	82,50	0,85	77,00	0,63	41,00	-0,34	69,40	0,38	83,10	0,86
1996	41,90	-0,36	60,30	-0,10	74,90	0,39	67,00	0,09	61,50	-0,06	52,00	0,27	77,70	0,47
Regulat Quality														
2002	38,10	-0,45	55,20	0,02	53,60	-0,02	58,20	0,10	56,70	0,08	68,00	0,49	71,10	0,67
2000	50,30	0,10	64,90	0,42	74,60	0,65	76,80	0,67	56,80	0,24	76,20	0,66	73,00	0,60
1998	49,50	0,16	55,40	0,25	67,40	0,50	71,20	0,59	80,40	0,86	75,50	0,78	77,70	0,18
1996	40,30	-0,18	49,20	-0,06	52,50	-0,01	53,00	0,00	71,30	0,39	74,00	0,46	69,10	0,20
Rule of Law														
2002	57,70	0,09	59,30	0,11	61,30	0,27	62,90	0,33	55,20	0,00	52,10	-0,11	70,60	0,65
2000	62,70	0,23	65,90	0,33	70,30	0,48	71,90	0,57	60,50	0,07	45,90	-0,38	74,10	0,64
1998	64,90	0,17	70,80	0,54	69,70	0,44	73,00	0,60	65,90	0,19	40,50	-0,37	72,40	0,57
1996	63,90	0,22	62,70	0,18	59,60	0,06	63,30	0,19	58,40	0,02	55,40	-0,22	69,90	0,44
Control Corrupt														
2002	47,90	-0,29	58,20	-0,04	67,00	0,35	59,30	0,00	43,80	-0,38	52,10	-0,19	69,10	0,39
2000	54,30	-0,19	71,20	0,36	76,60	0,70	62,00	0,13	47,80	-0,30	44,00	-0,39	73,40	0,47
1998	56,30	-0,25	62,30	-0,10	68,30	0,11	71,60	0,20	65,60	-0,01	41,00	-0,46	77,00	0,49
1996	62,70	0,11	64,70	0,21	58,00	-0,04	56,70	-0,09	61,30	0,08	39,30	-0,31	72,70	0,38

Quelle: Kaufmann et al. (2002)

Literatur

Abdel Fattah, Nabil (2002): al-Wa'y al-Qanuni wa Tanmiyat al-Thaqafah al-Siyasiyah fi Misr, in: al-Dimoqratiyah, #7, Summer, S. 31-42.

Abdel Ghani, Mostapha (2002): Ishkaliyat al-Dimoqratiyah fi al-Fatrah al-Nasseriyah, in: al-Dimoqratiyah, #7, Summer, S. 145-156.

Abdel Hamid, Doha & Ziad Bahaaeddin (2004): A Race to the Top or the Bottom?, in: al-Ahram Weekly, 18-24 March, S. 7.

Abu Shnief, Heba & Heba Handousa (2003): Institutional Reform to Encourage Investment, in: Noha El-Mikawy & Heba Handoussa (Hrsg.), Institutional Reform and Economic Development in Egypt. Cairo: American University in Cairo Press, S. 133-158.

Ayubi, Nazih (1997): Etatisme Versus Privatization, in: Heba Handoussa (Hrsg.), Economic Transition in the Middle East: Global Challenges and Adjustment Strategies. Cairo: AUC, S. 125-166.

Diamond, Larry (2002): „Elections Without Democracy: Thinking About Hybrid Regimes", in: Journal of Democracy, Vol. 13, #2, April 2002, S. 21-35

Dollar, David & Aart Kraay (2001): Trade, Growth, and Poverty. Working Papers – International Economics. Trade, capital flows #2615, Washington, D.C.: World Bank

El-Mikawy, Noha (1999): The Building of Consensus in Egypt's Transition Process., Cairo: American University in Cairo Press.

El-Mikawy, Noha & Marsha Posusney (2003): Labor Representation in the Age of Globalization: Trends and Issues in Non-Oil-Based Arab Economies, in: Heba Handousa & Z. Tzannatos (Hrsg.), Employment Creation and Social Protection in the Middle East and North Africa. Cairo: American University in Cairo Press, S. 49-95.

El-Mikawy, Noha & Heba Handoussa (2003): Institutional Reform and Economic Development in Egypt. Cairo: American University in Cairo Press.

Ghoneim, Ahmed (2003): Institutional Reform to Promote Exports: Egypt and the EU, in: Noha El-Mikawy & Heba Handoussa (Hrsg.), Institutional Reform and Economic Development in Egypt. Cairo: American University in Cairo Press, S. 105-132.

Haggard, Stephan (1997): Democratic Institutions, Economic Policy and Development, in: Christopher Clague (Hrsg.), Institutions and Economic Development. Baltimore: John Hopkins University Press, S. 121-152.

Handoussa, Heba (2003): Recommendations, in: Noha El-Mikawy & Heba Handoussa (Hrsg.), Institutional Reform and Economic Development in Egypt. Cairo: American University in Cairo Press, S. 159-164.

Handousa, Heba (1994): The Role of the State: The Case of Egypt. ERF Working Paper #9404, Cairo: Economic Research Forum.

Harik, Iliya (1997): Economic Reform Policy in Egypt. Gainesville: University Press of Florida.

Huff, W.O. (2001): Credibility and Reputation in the Developmental State, in: World Development, Vol. 29, #4, S. 711-724.

Kaufman, Robert, Aart Kraay & Pablo Zoido-Lobaton (2002): Governance Matters. Washington, D.C.: World Bank.

Kienle, Eberhard (2001): A Grand Illusion. London: I.B. Tauris.

Limam, Imad (2003): Challenges and Reform of Economic Regulation in MENA Countries. Cairo: American University in Cairo Press.

Leftwich, Adrian (1994): Governance, the State and the Politics of Development, in: Development and Change, Vol. 25, S. 363-386.

Letwich, Adrian (1995): Bringing Politics Back in: Towards a Model of the Developmental State, in: Journal of Development Studies, Vol. 31, S. 400-427.

Luebker, Malte, Graham Smith & John Weeks (2002): Growth and the Poor: A Comment on Dollar and Kraay, in: Journal of International Development, Vol. 14, S. 555-571.

Owen, Roger & Sevket Pamuk (1998): A History of Middle East Economics in the Twentieth Century. London: I.B. Tauris.

Rodrik, Dani (2000): Can Integration Into the World Economy Substitute for a Development Strategy?, Paper für einen Vortrag auf der Weltbank ABCDE-Europa Konferenz in Paris.

Roussillon, Alain (1998): Republican Egypt Interpreted: Revolution and Beyond, in: Carl F. Petrie & M.W. Daly (Hrsg.), The Cambridge History of Egypt, Vol. 2: Modern Egypt from 1517 to the End of the Twentieth Century. Cambridge: Cambridge University Press, S. 334-393.

Springborg, Robert & Clement Henry Moore (2001): Globalization and the Politics of Development in the Middle East. Cambridge: Cambridge University Press.

Uttam, Jitendra (2003): The Political Economy of Regulatory Challenges and Reforms in the MENA Region, in: Imed Limam (Hrsg.), Challenges and Reforms of Economic Regulation in MENA Countries. Cairo: American University in Cairo Press, S. 13-56.

Wahba, Murad (1994): The Role of the State in the Egyptian Economy 1945-1981. Reading: Ithaca Press.

World Bank (2003): Better Governance for Development in the Middle East and North Africa. Washington D.C.: The World Bank.

World Economic Forum (2003): Arab World Competitiveness Report. New York: Oxford University Press.

World Economic Forum (2002): Global Competitiveness Report. New York: Oxford University Press.

Wirtschaftskrise und Strukturanpassung: Die Jemenitische Methode

Holger Albrecht

Jemen – an der politischen und wirtschaftlichen Peripherie

Wenn der arabische Vordere Orient zu den peripheren Weltregionen zu zählen ist, so ist der Jemen ein Staat am Rande der Peripherie: Gemäß der Klassifikation internationaler Organisationen gehört er zu den unterentwickelten Ländern und verzeichnet das niedrigste Pro-Kopf-Einkommen der arabischen Länder; absolute Armut und Analphabetentum sind weit verbreitet. Hier gibt es keine Öl-Bonanza in einem Ausmaß wie in den benachbarten Golfstaaten. Industrie, Bergbau und verarbeitendes Gewerbe sind unterentwickelt, und auch die Landwirtschaft – die traditionelle Basis der Volkswirtschaft – eignet sich nicht als Wachstumsmotor.

Neben der ökonomischen Unterentwicklung heben Arbeiten über den Jemen immer wieder die politische Instabilität und eine angenommene Schwäche des Zentralstaates hervor. Berichte über den Jemen lesen sich oft wie ein manifestes politisches Krisenszenario: die teils militärischen Auseinandersetzungen zwischen den beiden jemenitischen Staaten bis zur politischen Vereinigung 1990, außenpolitische Isolation während des Irakkonflikts 1991, Grenzstreitigkeiten mit Saudi Arabien und um die Hunaish-Inseln im Roten Meer, die Wirtschaftskrise in den frühen 1990er Jahren, der Bürgerkrieg 1994, eine angespannte Sicherheitslage mit autonomen tribalen und islamistischen Kräften.

Trotz dieser strukturellen Herausforderungen, der ökonomischen und politischen Krisen hält sich das Regime von Präsident Ali Abdullah Saleh seit nunmehr 25 Jahren an der politischen Macht. Dieser Beitrag untersucht die Wirtschaftsstruktur des Jemen, die ökonomische Krise und die Entwicklung in den 90er Jahren vor dem Hintergrund ihrer politischen Implikationen. Wie gelang es dem politischen Regime, die sich zuspitzende Wirtschaftskrise der 90er Jahre zu meistern? Welche Wirtschaftsbereiche standen im Vordergrund der Reformen und welche sozio-ökonomischen Veränderungen brachten sie mit sich? Im folgenden Abschnitt soll jedoch zunächst ein kurzer Überblick über die sozio-ökonomischen Entwicklungsprojekte der beiden jemenitischen Staaten, *Jemenitische Arabische Republik* (JAR, Nordjemen) und *Demokratische Volksrepublik Jemen* (DVRJ, Südjemen), bis zur politischen Vereinigung 1990 aufgezeigt werden.

Nord vs. Süd: Konkurrierende Entwicklungsprojekte?

Nahezu unbemerkt von der Weltöffentlichkeit vollzog sich im Jemen im Jahre 1990 ein ähnlicher Prozess wie in Deutschland im selben Jahr: die Vereinigung der beiden jemenitischen Staaten, Jemenitische Arabische Republik und Demokratische Volksrepublik Jemen. Auch die ökonomischen Vorzeichen schienen vergleichbar zu sein, denn Nord- versus Südjemen repräsentierten auf den ersten Blick völlig gegensätzliche Entwicklungsmodelle: in der JAR ein revolutionär-kapitalistisches Wirtschaftssystem, dessen Binnenökonomie vornehmlich durch die Landwirtschaft und tribale Strukturen geprägt war und dessen Haupteinnahmequelle seit Mitte der 70er Jahre aus den Rücküberweisungen der Arbeitsmigranten aus den reichen Golfstaaten bestand.[1] Im Südjemen hatte sich 1967 ein politisches System etabliert, das anti-koloniale und sozial-revolutionäre Systeme, wie in Ägypten, Syrien oder Irak, mit dem Anspruch zu übertreffen versuchte, ein marxistisches Experiment auf arabischem Boden durchzuführen.[2]

Die Unterschiede zwischen den beiden jemenitischen Staaten wurden vornehmlich im Politischen deutlich, vor allem in der Organisation politischer Macht und im Grad der autoritären Durchdringung der Gesellschaft, die im Südjemen weitaus umfassender ausgestaltet war als im Nordjemen, wo sich starke tribale Kräfte ein hohes Maß an politischer Autonomie gegenüber der staatlichen Zentralmacht zu bewahren vermochten. Überraschenderweise überwogen aber gerade im ökonomischen Bereich die Gemeinsamkeiten zwischen den beiden jemenitischen Entitäten; die angenommene Dichotomie zwischen ‚kapitalistischem' Norden und ‚sozialistischem' Süden ist ein Märchen aus 1001 Nacht:[3] Nicht nur im Süden, sondern auch im Nordjemen hielt der Staatssektor eine überragende Stellung in der Binnenökonomie. „Indeed, available data on private and public participation reveals common patterns of spending. The North's state sector invested more than did the private sector, while the South's policy

---

1 Zur sozio-ökonomischen Entwicklung im Nordjemen in den 70er Jahren siehe Hofmann 1982, S. 19-46, und El Mallakh 1986.

2 Über den Südjemen vgl. Hofmann 1982, S. 47-64, und Lackner 1985.

3 Darüber hinaus hat Manfred Wenner nachgewiesen, dass im Südjemen nicht nur bei der Wirtschaftspolitik, sondern auch im Hinblick auf gesellschaftliche Strukturen die Einflüsse marxistischer Ideologie überschätzt wurden. Ähnlich wie im Nordjemen überdauerten auch im Süden tribale Beziehungsmuster und personalisierte Bindungen die vorgegebene sozialistische Ideologie (Wenner 1988).

statements belied the increasing role of domestic and foreign private firms" (Carapico 1993, S. 10).

Beide Staaten hatten eine strukturell negative Außenhandelsbilanz: 1982 standen im Nordjemen kaum nennenswerten Exporten von 5 Mio. US $ Importe über knapp 2 Mrd. US $ gegenüber (Claus / Hofmann 1984, S. 59); in der DVRJ wurden im selben Jahr Exporte über 161 Mio. US $ gegenüber Importen in Höhe von gut 1 Mrd. US $ getätigt (Ismael / Ismael 1986, S. 107). Finanziert wurden diese starken Außenhandelsdefizite in beiden Ländern hauptsächlich durch die privaten Transfers der Gastarbeiter (Nord: ca. 1,2 Mrd. US $; Süd: 480 Mio. US $), durch offizielle staatliche Transfers[4] (Nord: 445 Mio. US $; Süd: 30 Mio. US $) und durch Kredite (Nord: 232 Mio. US $; Süd: 136 Mio. US $).

Hier wird deutlich, dass nicht nur die JAR, sondern auch der Südjemen ökonomisch bereits vor 1990 stark von externen Einnahmen, v.a. Migrantenüberweisungen, abhängig war.[5] Demnach vollzog sich im Laufe der 70er Jahre in beiden Ländern ein weit gehender ökonomischer Strukturwandel, der scheinbar ‚kapitalistische', respektive ‚marxistische' Entwicklungsmodelle zur bloßen politischen Rhetorik degradierte. Die ehemals bestimmenden Wirtschaftssektoren Landwirtschaft (Nordjemen) bzw. Handel (Südjemen mit der Hafenstadt Aden) wurden durch externe Ressourcen abgelöst. Die Einnahmen wurden jedoch kaum für den Aufbau der beiden Volkswirtschaften in produktive Wirtschaftsbereiche und Industrien reinvestiert: Im Norden kurbelten sie vor allem den privaten Konsum an (privater Wohnungsbau, Konsumgüter, Qat als Genussmittel); im Süden führten sie zum Aufbau eines großen bürokratischen Apparats und Staatssektors.

Die ökonomischen Rahmenbedingungen waren in beiden jemenitischen Staaten vor der Vereinigung 1990 also keinesfalls so unterschiedlich, wie es die politische Rhetorik vermuten ließe: „Ideologies differed from plans, and plans from outcomes. At best, the North's capitalist orientation and the South's socialism represented tendencies or goals, for both were really ‚mixed' economies" (Carapico 1993, S. 12).

---

4 Hier handelt es sich um Entwicklungshilfeleistungen und meist politisch motivierte Überweisungen, vornehmlich aus den reichen arabischen Golfstaaten. Der Nordjemen wurde finanziell v.a. von Saudi Arabien unterstützt. Der Süden erhielt über Jahrzehnte hinweg finanzielle und militärische Hilfen aus der Sowjetunion und den Ostblockstaaten. Die Angaben über die staatlichen Transfers berücksichtigen lediglich offizielle Zahlungen; de facto waren die Überweisungen z.T. erheblich umfangreicher.

5 Zur politischen Ökonomie der jemenitischen Arbeitsmigration in die ölreichen Golfstaaten siehe Chaudhry 1997; Reissner 1985, S. 29-42; Wenner 1990, S. 73-80; Ismael / Ismael 1986, S. 79-109; El Mallakh 1986, S. 40-51.

Andererseits waren es ökonomische Faktoren, die ganz entscheidend zur politischen Einheit beitrugen: Beide Staaten manövrierten sich im Laufe der 80er Jahre in eine ökonomische Sackgasse. Die Haushalte waren auf Sand gebaut, da ihnen eine ausreichende steuerliche Basis[6] fehlte und die Ausgaben immer mehr anstiegen (bürokratischer Apparat, Militärausgaben), obwohl nicht einmal dringend notwendige Investitionen in Infrastruktur und Industrien getätigt wurden. Zur Finanzierung der Außenhandelsdefizite und der chronisch negativen Staatshaushalte wurden sowohl extern als auch intern immer mehr Kredite aufgenommen. Dadurch stieg die Auslandverschuldung bedenklich an, und auch die Währungen kamen immer mehr unter Druck.

Einen Ausweg aus der sich anbahnenden Wirtschaftskrise versprach in den 80er Jahren allein die Erschließung neuer Einnahmequellen: 1984 entdeckte die amerikanische *Hunt Oil Company* in der Nähe von Ma'rib die ersten jemenitischen Erdölvorkommen (Reissner 1985, S. 67ff.). Weitere Quellen wurden im unzugänglichen Nordosten des Landes und in der Grenzregion der beiden jemenitischen Staaten vermutet. Die Abschöpfung dieser Ressourcen erforderte jedoch aufgrund der geographischen Lage der Quellen eine enge Kooperation der beiden jemenitischen Staaten – ein entscheidender ökonomischer Anreiz für die politische Vereinigung.

Eine weitere ökonomische Hoffnung bestand darin, dass die jemenitische Diaspora in ihrem vereinigten Heimatland substantielle Investitionen und Kapitalrückflüsse einbringen könnten (Detalle 1997a, S. 23). Diese und andere Faktoren generierten hohe Erwartungen an eine positive Wirtschaftsentwicklung im vereinigten Jemen: „Yemen's economic prospects on the eve of the unification in May 1990 were fairly bright" (Addleton 1991, S. 11).

Die 90er Jahre: Krisen und Reform

Am 22. Mai 1990 vereinigten sich die Arabische Republik Jemen und die Demokratische Volksrepublik Jemen zur Republik Jemen (Schmidt 1994; Halliday 1994; Burrowes 1992). Tatsächlich markierte dieses Datum weniger den Schlusspunkt unter eine politische Transition, sondern vielmehr erst den Start des eigentlichen Staatsbildungsprozesses und zugleich den Beginn eines Jahrzehnts der Krisen, wie sie der Jemen wohl selten in seiner Geschichte zu überstehen hatte. Allerdings waren es zunächst politi-

---

6 1979/80 kamen 77 % des gesamten Steueraufkommens aus Importzöllen (Hartmann 1982, S. 23).

sche Ereignisse, die die Wirtschaftsentwicklung und ihre Wahrnehmung im In- und Ausland in den Hintergrund drängten.

Nur wenige Monate nach der Vereinigung leistete sich die neu formierte jemenitische Administration einen außenpolitischen Fehlstart nach Maß: Unter dem Eindruck pro-irakischer Demonstrationen der eigenen Bevölkerung enthielt sich die Salih-Administration, die in der zweiten Jahreshälfte 1990 einen nicht-ständigen Sitz im UN-Sicherheitsrat inne hatte, bei Abstimmungen gegen das Regime Saddam Hussains der Stimme. Diese ablehnende Haltung gegen den US-geführten Militäreinsatz von 1991 hatte zur Folge, dass viele der über eine Million Arbeitsmigranten in den Golfstaaten, die sich vom Irak bedroht sahen, aus ihren Gastländern ausgewiesen wurden (Hartmann 1995; Van Hear 1994).

Positive Schlagzeilen machte das Land mit einem politischen Liberalisierungskurs, der 1993 zu Parlamentswahlen führte, die v.a. bei westlichen Beobachtern als relativ frei und fair gepriesen wurden – verbunden mit der Hoffnung, dass der Jemen möglicherweise das erste arabische Land werden könnte, in dem sich demokratische Herrschaftsstrukturen etablieren könnten (Glosemeyer 1993; Schmidt 1998; Carapico 1998). Diese Hoffnung – so zeigte nicht erst die weitere politische Entwicklung – war jedoch nicht fundiert. Tatsächlich dienten die politische Liberalisierung und die sich in diesem Zusammenhang generierenden Institutionen, wie Parlament und Wahlen, lediglich als Plattform für konkurrierende Elitensegmente in der staatlichen Administration. Nord und Süd waren zwar geographisch vereinigt worden, doch nicht so die politischen Regime, die einen erbitterten Machtkampf ausfochten, der 1994 im Bürgerkrieg mündete und vom militärisch überlegenen Norden zu seinen Gunsten entschieden wurde (Kostiner 1996; Saif 2004).

Nach dem Ende des Bürgerkrieges vermittelte der Fokus auf die wirtschaftliche Performanz und Entwicklung des neuen jemenitischen Gemeinwesens ein erschreckendes Bild. Die ökonomischen Chancen, die eine Vereinigung in Aussicht gestellt hatte, wurden nicht materialisiert – im Gegenteil: Strukturbedingte ökonomische Rahmenbedingungen, die aus den 80er Jahren vererbt waren, sowie die krisenhaften Entwicklungen in den frühen 90er Jahren hinterließen eine nahezu bankrotte Volkswirtschaft. Nachdem zumindest der Nordjemen in den 80er Jahren noch zufrieden stellende Wachstumsraten zu verzeichnen hatte,[7] sank das reale BIP zwischen 1991 und 1994 jährlich um durchschnittlich 0,2 %, obwohl

---

7 Zwischen 1980 und 1986 wuchs das Bruttoinlandsprodukt in der JAR um durchschnittlich 5,6 % (Wenner 1990, S. 73).

seit 1993 die Erdölförderung substanziell erweitert werden konnte (Enders et al. 2002, S. 52). Bei starkem Bevölkerungswachstum sanken die Pro-Kopf-Einkommen in den 90er Jahren sogar noch deutlicher: 1995 lag das jährliche Pro-Kopf-Einkommen bei ca. 260 US $, gegenüber etwa 460 US $ im Jahre 1982 (Claus / Hofmann 1984, S. 17). Damit gehörte der Jemen Mitte der 90er Jahre zu den ärmsten Ländern der Erde.

Für die politischen Entscheidungsträger bereitete jedoch nicht die sich immer mehr verbreitende Armut die größte Sorgen, sondern vielmehr die gesamte makro-ökonomische Entwicklung. Das Ausmaß der sich zuspitzenden Wirtschaftskrise in der ersten Hälfte der 90er Jahre wird vor allem an der Entwicklung der Staatsfinanzen, des Außenhandels und der externen Schulden deutlich.

Tabelle 1: Jemenitischer Staatshaushalt, 1990-1995 (in % des BIP)

	1990	1991	1992	1993	1994	1995
Einnahmen	19,8	23,1	16,1	14,9	12,8	19,5
Öl und Gas	7,5	9,4	4,7	4,2	3,7	9,3
Steuern	8,2	9,2	8,8	8,5	6,9	8,0
Ausgaben	32,3	30,1	28,9	29,5	29,0	25,6
Löhne	9,2	10,2	10,0	10,7	9,7	7,3
Militärausgaben	8,4	8,9	8,9	8,3	9,7	6,7
Entwicklung	8,7	4,0	3,4	3,5	2,6	3,1
Haushaltsbilanz	-12,5	-7,0	-12,8	-14,7	-16,2	-6,1
Finanzierung extern	2,7	1,6	0,2	0,2	0,1	-0,2
Finanzierung intern	8,8	4,4	11,7	13,9	15,7	5,3

Quelle: Enders et al. 2002.

Eine der größten Sorgen stellte der stark defizitäre Staatshaushalt dar: Zwischen 1990 und 1994 wuchs das Haushaltsdefizit von 12,5 % auf 16,2 % des BIP an. Bereits in den frühen 90er Jahren war die Abhängigkeit des Haushalts von externen Einnahmen aus dem Erdölexport erkennbar – und damit die Anfälligkeit gegenüber nicht kontrollierbaren Entwicklungen auf dem Weltenergiemarkt.[8] Die Steuereinnahmen stagnierten über diese Periode und brachen im Jahr des Bürgerkriegs merklich ein; hinzu kam, dass sich immer noch etwa drei Viertel der Steuereinnahmen aus indirek-

---

8 So brachen z.B. die Ölpreise 1994 auf ca. 15 $ pro Fass gegenüber 1990 (22 $) förmlich weg (Enders et al. 2002, S. 17).

ten Steuern generierten. So fielen die Gesamteinnahmen von knapp 20 % (1990) auf unter 13 % des BIP (1994). Bei den Ausgaben schlugen vor allem Löhne im öffentlichen Sektor[9] und Militärausgaben, die 1994 fast 10 % des BIP ausmachten, zu Buche. Staatliche, entwicklungsfördernde Investitionen fielen von 8,7 % auf 2,6 % des BIP. Darüber hinaus wurden wichtige Grundnahrungsmittel, Benzin und verschiedene Medikamente implizit stark subventioniert, indem der Staat Importlizenzen für diese Güter zum offiziellen Wechselkurs ausstellte, der jedoch weit unter dem parallelen Marktkurs lag.[10]

Finanziert wurde das Haushaltsdefizit vor allem intern, d.h. fast ausschließlich über die Zentralbank. Seit 1992 schnellten die Inflationsraten in die Höhe, und der jemenitische Rial (JR) gab immer mehr nach. Bereits 1990 gab es multiple Wechselkurse, allerdings mit geringen Margen (offizieller Kurs: 12 JR = 1 US $, Parallelkurs: 13 JR = 1 US $). Während bis Anfang 1995 am offiziellen Wechselkurs festgehalten wurde, verlor der Rial auf dem parallelen Markt 700 % gegenüber Mai 1990 und fiel auf 103 JR für 1 US $.[11]

Tabelle 2: Außenhandel und Kapitalbilanz, 1990-1995 (in Mio. US $)

	1990	1991	1992	1993	1994	1995
Außenhandels-bilanz	-341	-700	-796	-920	302	-11
Exporte	1.384	1.197	1.095	1.167	1.824	1.937
Rohöl	1.203	1.011	819	834	1.615	1.735
Importe	1.726	1.897	1.891	2.087	1.522	1.948
Dienstleistungs-bilanz	-739	-661	-852	-917	-475	-411
Transfers	1.241	1.078	1.071	1.067	1.117	1.104
Kapitalbilanz	356	88	-36	74	-641	-876

Quelle: Enders et al. 2002.

Die Schwäche des Rial war nicht allein dafür verantwortlich, dass sich die

---

9 Löhne und Gehälter stiegen als direkte Folge der politischen Vereinigung sprunghaft an, da die Bürokratien der beiden Staaten einfach paritätisch addiert wurden. Harmonisiert wurden lediglich die Löhne, jedoch nicht die bürokratischen Aufgabenbereiche, was sowohl negative politische (Ineffizienz und permanente intra-elitäre Konflikte) als auch wirtschaftliche (hohe Ausgaben) hatte.

10 Die gesamten Subventionen stiegen substanziell von etwa 10 % (1991) auf 18,4 % des BIP an; vgl. Enders et al. 2002, S. 69.

11 Zur Krise der jemenitischen Währung, die sich bereits in den 80er Jahren abzuzeichnen begann, siehe ausführlich Al-Maytami 1997.

außenwirtschaftlichen Rahmenbedingungen in der ersten Hälfte der 90er Jahre rapide verschlechterten. Der Jemen hatte seine Einkommensbasis 1990 zwar bereits signifikant durch den Export von Rohöl erweitert[12] und war nicht mehr allein von den Überweisungen der Arbeitsmigranten abhängig, doch blieben diese externen Einnahmequellen ein zweischneidiges Schwert: Nahezu die gesamte Exportbasis stützte sich auf Erdöl, da Industrie und verarbeitendes Gewerbe kaum vorhanden oder unterentwickelt waren und die Landwirtschaft lediglich für den eigenen Binnenmarkt produzierte. Durch die geringen Preise für Rohöl auf dem Weltenergiemarkt und weiter ansteigende Importe schnellte das Außenhandelsdefizit 1993 auf fast 1 Mrd. US $. Gleichzeitig pendelten sich die Gastarbeiterüberweisungen, die 80-95 % der gesamten externen Transfers ausmachten, auf einem niedrigeren Niveau ein als Ende der 80er Jahre, als noch bis zu 1,5 Mrd. US $ ins Land flossen (Okruhlik / Conge 1997; Hartmann 1995). Allerdings verbesserten sich die diplomatischen Beziehungen mit den Golfstaaten in den darauf folgenden Jahren etwas, und der Jemen trat wieder als wichtiger Exporteur von Arbeitskräften auf, wenn auch nicht im selben Ausmaß wie noch in den 80er Jahren.

Tabelle 3: Jemenitische Auslandsschulden, 1990-1995

	1990	1991	1992	1993	1994	1995
Offizielle Auslandsschulden:						
in Mrd. US $	9,9	10,3	10,5	10,7	10,9	11,0
in % des BIP	105,7	129,5	127,9	138,5	167,1	170,1
Schuldendienst						
(in % d. Exporte):	46,7	91,3	89,1	80,8	46,8	42,1
Obligationen	28,6	17,9	17,2	13,2	3,3	6,6
Getätigte Zahlungen						
Währungsreserven						
Zentralbank:	424	680	323	147	357	525
in Mio. US $	2,8	4,2	2,2	0,9	2,9	3,1
in monatlichen Importen						

Quelle: Enders et al. 2002.

Vielleicht die größte Belastung für die jemenitische Wirtschaft in der ers-

---

12 Anfang der 90er Jahre förderte der Jemen etwa 200.000 b/d Rohöl, konnte die Produktion dann aber auf aktuell etwa 450.000 b/d steigern. Dies mutet reichlich wenig an im Vergleich zu den großen arabischen Ölproduzenten, ist aber durchaus substanziell für den Jemen mit seiner weitaus geringeren Wirtschaftskraft; zum Öl- und Gassektor siehe Kopp 1999.

ten Hälfte der 90er Jahre bildeten die Auslandsschulden: Der Jemen hatte sich in die Schuldenfalle manövriert. Bereits 1990 bewegten sich die Staatsschulden mit 105,7 % des BIP auf einem hohen Niveau. Bis 1995 stiegen sie zwar absolut nur moderat von 9,9 Mrd. auf 11 Mrd. US $ an, doch gemessen an der stagnierenden Binnenökonomie machte dies bereits über 170 % des jährlichen BIP aus. Einen Großteil der Schulden hatte man aus den Verpflichtungen der ehemaligen DVRJ gegenüber ihres Patrons Sowjetunion, später Russland, 'geerbt' (1995 ca. 6,8 Mrd. US $). Doch es wurde bald allen Beteiligten klar, dass das vereinigte Jemen nicht in der Lage sein würde, die Verbindlichkeiten zurückzuzahlen, zumal der Staat nicht einmal mehr in der Lage war, seinen Schuldendienst zu begleichen: Dieser entsprach 1992 und 1993 um die 90 % der Exporte, doch die tatsächlich getätigten Zahlungen bewegten sich um die 17 %, bevor die Salih-Administration den Schuldendienst 1994 praktisch einstellte, so dass sich die offiziellen Zahlungsrückstände 1995 auf 6,4 Mrd. US $ akkumulierten (Enders et al. 2002, S. 12). Kein Zweifel: Der Jemen war Mitte der 90er Jahre de facto zahlungsunfähig und hatte kaum noch Währungsreserven zur Verfügung.

Die Wirtschaftspolitik der Salih-Administration war in der ersten Hälfte der 90er Jahre geprägt von einigen wenigen ad-hoc-Maßnahmen und zu inkohärent, um diese strukturellen Probleme anzugehen. Die hier kurz skizzierte Wirtschaftskrise war jedoch so akut, dass sofort gehandelt werden musste und umfassende Reformen unabdingbar waren. Das Land hatte 1995 also keine andere Möglichkeit, als die internationalen Finanzinstitutionen (Weltbank, IWF) und die internationale Gebergemeinschaft um Hilfe zu bitten.

Die politische Ökonomie der Wirtschaftsreformen

Das seit 1995 im Jemen etablierte Reformprogramm war ungemein weit reichend und folgte dem Schema, das die internationalen Finanzinstitutionen (IFI) gemeinhin für Strukturanpassungsprogramme in der Dritten Welt bereithält.[13] Ziele waren die Stabilisierung der Staatsfinanzen, der Währung und der Außenhandelsbilanz, die Diversifizierung der Einkommensstruktur sowie eine allgemeine Liberalisierung der Ökonomie, d.h. die Schaffung eines investitionsfreundlichen Wirtschaftsklimas, die Promotion der Privatwirtschaft und die Öffnung des Außenhandelsregimes –

---

13 Zum wirtschaftlichen Reformprogramm im Jemen siehe v.a. Detalle 1997a, Sakbani 1998, Al-Maytami 1999, Enders et al. 2002, Albrecht 2002a.

kurz: mehr Marktwirtschaft neo-liberaler Provenienz. Das von den IFI angebotene Reformpaket beinhaltete drei Säulen: eine kurz- bis mittelfristige makro-ökonomische Stabilisierung, eine umfassende neo-liberale Strukturanpassung und die Abfederung und Bekämpfung von dadurch hervorgerufenen sozialen Härten und Armut.

Aus einer politischen Logik heraus stellt sich ein solch umfassendes Programm als zweischneidiges Schwert für ein autoritäres Regime wie das im Jemen dar: Natürlich hatte die Saleh-Administration ein substanzielles Interesse daran, die eigene Volkswirtschaft zu stabilisieren und hohe Wachstumsraten zu erzielen, da eine erfolgreiche Wirtschaftspolitik in politische Legitimität umgewandelt werden kann. Andererseits kann es nicht im Interesse eines autoritären Regimes sein, eine tief greifende Liberalisierung der Ökonomie durchzuführen, da dies einen umfassenden Kontrollverlust des Staates über einen herrschaftsrelevanten Bereich, wie die eigene Binnenökonomie, bedeuten würde. Trotz vorhandener Bedenken rief die Saleh-Administration 1995 IWF, Weltbank und die bilaterale Geber an, die seit 1996 ihr Engagement im Jemen erheblich steigerten und das Land fortan zu einem Schwerpunkt von extern induzierten Wirtschaftsreformen in der Dritten Welt machten. Gleichzeitig wurden die Verhandlungen mit dem Pariser Klub und mit Russland über den externen Schuldenberg wieder aufgenommen.

Anfang 1996 stellte der IWF einen Sofortkredit über 193 Mio. US $ für erste ad-hoc-Maßnahmen in den ersten 15 Monaten des Reformprogramms zur Verfügung. Mittelfristig wurde ein Paket geschnürt bestehend aus einer *Enhanced Structural Adjustment Facility* (ESAF, 366 Mio. US $) und einer *Extended Fund Facility* (EFF, 146 Mio. US $). Die Weltbank bewilligte im April 1996 einen *Economic Recovery Credit* (ERC) über 80 Mio. US $. 1996 und 1997 handelte die Regierung mit dem Pariser Klub zwei Umschuldungsabkommen aus, die einen Schuldenerlass von insgesamt 6 Mrd. US $ einbrachten. Um einige soziale Härten des Reformprogramms abzufedern und die grassierende absolute Armut zu bekämpfen, lancierte die UNDP ein *Poverty Alleviation Program* (PAP, 40 Mio. US $); die Weltbank und andere multinationale Geber richteten einen *Social Fund for Development* (SFD, erste Stufe: 76 Mio. US $) ein.

1996 und 1997 schienen einige schnell erfolgende Maßnahmen die grundsätzliche Reformbereitschaft der jemenitischen Regierung herauszustreichen. Bereits Ende 1994 wurde der Rial stark abgewertet und damit der offizielle Wechselkurs an den Marktkurs angeglichen. Mitte 1996 folgten eine weitere Abwertung, die Vereinheitlichung der beiden Kurse und die Freigabe des jemenitischen Rial. Dieser erfuhr insgesamt eine Abwertung von 12 Rial pro US $ (1990) auf etwa 125 Rial pro US $ (Mitte 1996), erholte sich dann aber in den folgenden Jahren und ist seit Dezember 1996 frei konvertibel.[14] Um den Inflationsdruck abzuschwächen, beendete die Regierung die Praxis, das Defizit des Staatshaushalts über die Zentralbank zu finanzieren, und entwickelte 1995 ein nicht-inflationäres Finanzierungssystem. Die zwölf Handelsbanken hatten bis Mitte 1997 ihren Kapitalstock zu verdoppeln. Bis Dezember 1997 senkte die Zentralbank die Mindestzinssätze von 25 % auf 11 %.

Bei dem Versuch, die Basis der Staatseinnahmen zu erweitern, wurde seit 1996 der Anteil der direkten Steuern am gesamten Steueraufkommen substanziell erhöht. Im gleichen Jahr wurde das Gesetz über die Einkommensteuer novelliert und eine einheitliche Unternehmenssteuer (35 %) eingeführt. Allerdings blieb der Anteil der Steuerbasis an den gesamten Staatseinnahmen schwach, was hauptsächlich an den Lücken beim Steuereinzug liegt. Hier blieb eine umfassende Steuerreform, zum Beispiel die Einführung einer einheitlichen Mehrwertsteuer, aus.[15]

Mehr Transparenz auf der Ausgabenseite wurde zunächst dadurch erreicht, dass die bisher versteckte Subventionierung von Weizen, Mehl und Ölprodukten durch explizite Subventionsausgaben ersetzt wurde – 1996 immerhin 13 % des BIP (Enders et al. 2002, S. 21). In den folgenden Jahren wurden die Subventionen stufenweise abgebaut: Subventionen auf Weizen und Mehl fielen von 7,5 % (1996) auf 0,4 % des BIP (1999); Subventionen für Ölprodukte wurden zunächst von 10,7 % (1995) auf 5,5 % (1996) und nur noch 0,7 % des BIP (1998) zurück gefahren, dann aber wieder leicht angehoben (1999: 2,1 % des BIP; Enders et al. 2002, S. 33). Ungelöst blieb jedoch das Problem der Löhne und Gehälter, die einen enorm hohen Anteil am Staatshaushalt ausmachten. Die Regierung schreckte hier aus Angst vor öffentlichen Protesten vor einschneidenden Maßnahmen zurück. Allerdings wurden die Löhne kaum angehoben, was inflationsbedingt starke Einkommenseinbußen bei den staatlichen Angestellten hervorrief und indirekt die Staatskasse entlastete. Die Folgen für die Performanz der Bürokratie und des öffentlichen Sektors waren jedoch fatal, sind die Angestellten dort doch stark unterqualifiziert und unterbezahlt.

---

14 Der Rial gab bis Ende 1998 noch einmal leicht auf etwa 140 Rial pro US $ und im darauf folgenden Jahr auf 160 Rial pro US $ nach (Enders et al. 2002, S. 27).
15 Über die ambitionierten Reformpläne für das Steuer- und Zollsystem siehe Sakbani 1998, S. 7.

Auf der anderen Seite erfuhr das Außenhandelsregime zwischen Januar und März 1996 einschneidende Veränderungen: Die bisher notwendigen Importlizenzen wurden abgeschafft, genauso wie Importverbote für einzelne Güter (Ausnahmen: Früchte, Gemüse und Kaffee). Der Höchstsatz für Importzölle wurde auf 30 % (seit Oktober 1997: 25 %) gesenkt und einige Prozeduren vereinfacht. Gleichzeitig wurden inländische Produkte mit einer Produktionssteuer belegt, um mehr Wettbewerb mit importierten Gütern zu garantieren. Die staatliche Kontrolle und Lizensierung von Exporten wurde ebenfalls aufgehoben. Insgesamt initiierte die Regierung eine relativ liberale Außenhandelspolitik und bemühte sich um eine Mitgliedschaft in der WTO, bei der der Jemen seit 1999 Beobachterstatus genießt.

Insgesamt zeigte das Saleh-Regime vor allem 1996 einen viel versprechenden Reform-Aktionismus, der auch den Vorgaben der IFI zu genügen schien.[16] Diese ersten Reformmaßnahmen korrelierten mit einer verbesserten ökonomischen Performanz, so dass das Land schnell als ‚Erfolgsgeschichte' neo-liberaler Wirtschaftsreformen gepriesen wurde.

Tabelle 4: Ausgewählte Wirtschaftsdaten, 1994-1999

	1994	1995	1996	1997	1998	1999
BIP – Wachstum (in %):						
real zu Marktpreisen	-3,6	7,9	2,9	8,1	5,3	3,8
reales Öl-BIP	43,7	20,0	13,5	7,5	2,7	6,2
reales nicht-Öl BIP	-9,6	5,5	0,5	8,2	5,9	3,2
Staatshaushalt, Bilanz (in % des BIP)	-15,7	-5,2	0,6	-1,8	-7,9	-0,4
Einnahmen	12,8	19,5	35,9	32,8	26,4	31,8
Ausgaben	29,0	25,6	39,8	34,7	32,7	32,1
Geldmengenzuwachs (**broad money**)	34,7	20,4	8,6	10,7	11,7	13,8

---

16 Diese Reformbereitschaft wurde auf höchster politischer Ebene kommuniziert: Im Oktober verkündete Präsident Saleh die „Revolution gegen die Korruption" (Detalle 1997, S. 38). Im Mai 1995 diskutierte die Regierungspartei AVK auf einer eigens einberufenen Konferenz über den Reformprozess. Als deutliches Indiz für die Reformbereitschaft der Regierung wurde die Berufung des parteilosen Ökonom und Technokraten Faraj Bin Ghanim zum Ministerpräsidenten nach den Präsidentschaftswahlen vom 27. April 1997 gedeutet.

	1994	1995	1996	1997	1998	1999
Außenhandel, Zahlungsbilanz (in Mio. US $)	-779	-38	-625	116	-463	320
Exporte	1.824	1.937	2.263	2.274	1.501	2.466
Importe	-1.522	-1.948	-2.294	-2.407	-2.228	-2.440
Dienstleistungen (netto)	-475	-411	-370	-470	-398	-489
Transfers (netto)	1.117	1.104	1.188	1.256	1.254	1.314
Kapitalbilanz (netto)	-641	-876	-397	34	-154	11
Währungsreserven Zentralbank:	357	525	937		853	1.351
in Mio. US $	2,9	3,1	4,6	1.152	4,2	6,0
in monatlichen Importen				5,3		

Quelle: Enders et al. 2002.

In Tabelle 4 wird deutlich, dass das jemenitische Bruttoinlandsprodukt in der zweiten Hälfte der 90er Jahre zum Teil kräftig zulegte. Auch die anderen Daten weisen zunächst eine deutliche wirtschaftliche Stabilisierung aus: Die Defizite des Staatshaushalt wurden verringert; 1996 konnte sogar ein leichtes Plus verzeichnet werden. Inflationäre Tendenzen konnten ebenfalls eingedämmt werden. Die Zahlungsbilanzen waren entweder leicht im positiven Bereich oder moderat im Minus; besonders augenscheinlich ist hier, dass sich seit den Umschuldungsabkommen die Kapitalbilanzen spürbar entspannten. Größere wirtschaftliche Stabilität verhießen auch die Währungsreserven, die sowohl absolut als auch im Verhältnis zu den Importen leicht, aber kontinuierlich anstiegen.

Die Kehrseite des staatlichen Sparkurses waren eine voranschreitende Verarmung breiter Bevölkerungsschichten durch die Reduzierung von Subventionen und eine ansteigende Arbeitslosigkeit. Verschärfend wirkte sich die Tatsache aus, dass das über Jahre stagnierende Wirtschaftswachstum auch in den ersten Reformjahren nicht mit dem hohen Bevölkerungswachstum Schritt halten konnte, so dass die Pro-Kopf-Einkommen stagnierten oder sogar weiter zurück gingen. Eine Haushaltsbefragung brachte 1998 zu Tage, dass etwa 42 % der Bevölkerung unter der Armutsgrenze lebten; 18 % waren nicht in der Lage, die absolut notwendigen Nahrungsmittel und andere alltägliche Ausgaben zu tätigen.[17]

Die Verarmung breiter Bevölkerungsschichten trug in den späten 90er

---

17 Andere Indikatoren weisen den Jemen als einziges arabisches Land aus, das zu den ‚least developed countries' (LLDC) gezählt wird: Die Kindersterblichkeitsrate liegt bei 7,9 %; die Lebenserwartung liegt bei 56 Jahren; nur etwa 45 % der Erwachsenen können lesen und schreiben (World Bank 2004).

Jahren wesentlich dazu bei, dass das wirtschaftliche Reformprogramm und die internationalen Finanzinstitutionen im Jemen stark diskreditiert wurden. Es kam auch immer wieder zu zum Teil gewalttätigen Protesten gegen den Wegfall der staatlichen Subventionen auf Grundnahrungsmittel und Benzin. Im Zentrum der öffentlichen Kritik standen darüber hinaus die niedrigen staatlichen Löhne und die Privatisierung von Staatsbetrieben. Spätestens seit der Jahrtausendwende erkannten die Regierung und die IFI die politische Sprengkraft der vorherrschenden sozialen Probleme und räumten der sozialen Abfederung des Reformprogramms und der Armutsbekämpfung eine übergreifende Priorität ein. Dies wurde zum Beispiel im zweiten Fünf-Jahres-Plan für den Zeitraum 2001-2005 als eines der wichtigsten wirtschaftspolitischen Ziele festgeschrieben, und auch die Hilfsprogramme der Weltbank und bilateraler Geber tragen der Armutsbekämpfung seit einigen Jahren verstärkt Rechnung.[18]

Hatte die erfolgreiche makro-ökonomische Stabilisierung auch noch so große soziale Kosten hervorgebracht, so bargen diese doch gerade für das Saleh-Regime eine politische Chance in den Verhandlungsprozessen mit den Agenten der wirtschaftlichen Strukturanpassung von Weltbank und IWF. Diese begnügten sich nicht mit der Implementierung der ersten Stabilisierungsphase, sondern forderten eine umfassende ökonomische Transformation hin zu einer Marktökonomie: Bekämpfung der Korruption, Privatwirtschaft als Motor der Ökonomie, der Rückzug des Staates aus der Wirtschaft, Abbau des bürokratischen Apparates, Dezentralisierung, umfassende legale Reformen und Rechtssicherheit sind mithin die wichtigsten Eckpunkte eines Reformpakets, dessen Umsetzung gerade für einen autoritären Staat weit reichende politische Implikationen hätte – nämlich einen definitiven Kontrollverlust über die eigene Binnenökonomie und damit über die eigene Gesellschaft. Dies war sicherlich nicht im Sinne des Saleh-Regimes, und der Reform-Widerstand aus der Bevölkerung ist zu einem Großteil auch der des politischen Regimes. Somit ist der Widerstand innerhalb der Bevölkerung und Teilen der politischen Eliten das Hauptargument für die schleppende – oder gar nicht realisierte – Implementierung einzelner Reformschritte.

Allerdings geht der Widerstand gegen zentrale Bestandteile der Strukturanpassung weit über das hinaus, was durch den Verweis auf soziale

---

18 Immer noch gilt der Sozialfonds für Entwicklung (SfE) als das wichtigste – und auch erfolgreichste – Rahmenprojekt zur Bekämpfung sozialer Unterentwicklung. Die dritte Stufe des SfE wird im Laufe des Jahres 2004 abgeschlossen; über Erfolg und Reichweite des Programms siehe Weltbank 2004.

Härten und Widerstand innerhalb der Bevölkerung zu begründen wäre. Bereits für die ersten Reformjahre identifiziert Renaud Detalle eine Politik der Regierung „putting short-term political interests above the imperative of economic reforms" (Detalle 1997b, S. 41). Das Militär und der bürokratische Apparat, der zum einen auf Grund seiner Ineffizienz als eines der größten Reformhindernisse identifiziert wurde, zum andern jedoch eine wichtige Machtbasis für das Regime darstellte, blieben von einschneidenden Reformen weitgehend verschont. Andererseits hatten gerade die politischen Eliten die Zeichen der Zeit erkannt und betätigten sich verstärkt auch als wirtschaftliche Akteure: Weltbank und IWF wollten einen Privatsektor, also sollten sie ihn auch bekommen – allerdings einen Privatsektor jemenitischer Prägung, d.h. Militärs und Bürokraten wurden zu Unternehmern. Geschützt durch die politisch Mächtigen – d.h. großteils durch sich selbst – begannen sie, sich in allen Wirtschaftsbereichen zu engagieren, vom lukrativen Qat-Anbau über die Kontrolle von Industrie- und Bauunternehmen bis hin zum einträglichen Schmuggel-Geschäft von Waren, die über die kaum kontrollierbare Grenze zu Saudi Arabien ins Land geschafft wurden (Albrecht 2002a).

Wie das Strukturanpassungsprogramm à la Jemen durchgeführt wurde, soll anhand zweier Bereiche illustriert werden: Privatisierung und der ökonomische Wiederaufbau Adens. Beide gelten als Kernziele der Strukturanpassung im Jemen, deren Implementierung aber entscheidend behindert oder im Sinne der polit-ökonomischen Rahmenbedingungen angepasst und für die Interessen der politischen Elite nutzbar gemacht wurde.

Privatisierung

Die Privatisierung von staatlichen Unternehmen stand von Anfang an weit oben auf der jemenitischen Reformagenda.[19] Bereits Ende 1994 legte sich die Regierung darauf fest, über 100 Staatsbetriebe zu privatisieren, also etwa 70 % aller staatlichen Unternehmen. Der Erlös aus den Verkäufen von zumeist unrentablen Betrieben bzw. deren Schließung sollte entscheidend zur Entlastung des Staatshaushaltes beitragen und die Verschuldung der öffentlichen Hand reduzieren: Internen Quellen zufolge wurde die Verschuldung der Staatsbetriebe 1997 in etwa auf 200 % ihres eigentlichen Wertes geschätzt; die staatliche Subventionierung der Unternehmen machte 1996 knapp 9 % der Staatsausgaben aus (Albrecht 2002a, S. 69f.).

In den ersten Reformjahren gab es Anzeichen dafür, dass sich die Re-

---

19 Vgl. zum Folgenden v.a. Albrecht 2002b.

gierung tatsächlich auf das Abenteuer Privatisierung einzulassen schien. Zunächst wurden institutionelle Voraussetzungen geschaffen und Gesetzesinitiativen auf den Weg gebracht. Als für Privatisierungen zuständige Behörde wurde das *Technical Privatization Office* (TPO) geschaffen.[20] Dieses war zunächst dem Planungsministerium unterstellt, arbeitete dann ab 2000 als eigenständige Behörde, die direkt einer Regierungskommission (*High Committee for Privatization*) – bestehend aus sieben Fachministern und dem Premierminister als Vorsitzendem – unterstellt war. In den von Privatisierungen betroffenen Ministerien (z.B. Industrie, Öl, Landwirtschaft) wurden *Privatization Steering Committees* eingerichtet. Als wichtigster Schritt, um die institutionellen und legalen Rahmenbedingungen für Privatisierung zu schaffen, galt jedoch die Initiative, ein Privatisierungsgesetz auf den Weg zu bringen. Bereits Ende 1995 lag ein erster Entwurf für ein Privatisierungsgesetz (Nr. 45 von 1999) vor; eingebracht wurde es ein Jahr später, doch dauerte bis Oktober 1999, bis es vom Parlament ratifiziert wurde.

Die sich immer weiter hinausziehende Ratifizierung des Gesetzes ist ein untrügliches Indiz für den massiven Widerstand, der der Privatisierung von staatlichen Unternehmen entgegen gebracht wird. Dabei muss man unterscheiden zwischen *diffusem* und *manifestem* Widerstand: In weiten Teilen der Bevölkerung gibt es gerade gegen Privatisierung diffuse, aber latente Vorbehalte, da hier eine der Hauptursachen für soziale Härten des Reformprogramms vermutet werden. Wie in anderen Reformökonomien der Dritten Welt auch, verbindet die öffentliche Meinung Privatisierung mit wachsender Arbeitslosigkeit und dem ‚Ausverkauf' nationaler Werte an ‚kapitalistische', profitorientierte Privatunternehmer oft aus dem Ausland. Im Jemen werden diese Vorbehalte und der öffentliche Widerstand ganz offen innerhalb der Medien kommuniziert – ein deutliches Zeichen dafür, dass dies zumindest mit dem stillschweigenden Einverständnis des Regimes, das die meisten Medien kontrolliert, geschieht.

Es ist wenig überraschend, dass es auch innerhalb der politischen Eliten massiven – und oft manifesten – Widerstand gegen die Privatisierung gibt. Die Tatsache, dass das Parlament die Ratifizierung des Privatisierungsgesetzes lange blockierte, ist kein Indiz für eine wachsende Unabhängigkeit dieser politischen Institution, sondern vielmehr für den fehlenden Willen zur Privatisierung innerhalb des Regimes. Zum Teil massiver

---

20 Das TPO bestand bereits seit Anfang der 90er Jahre, hatte jedoch nicht die notwendigen Kompetenzen und auch nicht die finanzielle Ausstattung, um die ihm zugedachten Aufgaben als Privatisierungsagentur erfüllen zu können.

Widerstand gegen die Privatisierung kommt auch aus den Ministerien, die für die Staatsbetriebe zuständig sind: Hier droht der Verlust von Pfründen, Kompetenzen und Kontrollkapazitäten. Neuen Aufwind erhielten die Reformgegner aus dem bürokratischen Apparat dadurch, dass das TPO seit 2000 nicht mehr dem Planungsministerium, sondern einem Ministerkomitee unterstellt ist – also großteils jenen Akteuren, die ein Interesse daran haben, die Implementierung von Privatisierungen zu verhindern. Jemenitische Unternehmer und potenzielle Investoren weisen außerdem darauf hin, dass der Staat lediglich verlustträchtige oder gar bankrotte Unternehmen zum Verkauf anbiete.

Ungeachtet dieser Widerstände bewilligte die Weltbank im Oktober 1999 ein *Privatization Support Project* (PSP, siehe dazu ausführlich World Bank 1999), über das 70 meist kleinere Betriebe und sechs größere staatliche Unternehmen durch das TPO privatisiert werden sollten.[21] Das Ergebnis der jemenitischen Privatisierungspläne ist nach zehn Jahren Wirtschaftsreformen jedoch mehr als ernüchternd: Im Sommer 1995 wurden sechs kleinere Unternehmen privatisiert. Die Tatsache, dass fünf davon an einen einzigen Bieter veräußert wurden, zeugt nicht gerade von Transparenz (Detalle 1997b, S. 40). Die Implementierung des PSP kam nicht über das Beratungsstadium hinaus. Trotz intensiver Verhandlungen und politischem Druck durch die IFI war das Regime nicht bereit, die Implementierung des PSP zu gewährleisten, so dass das Programm im April 2001 ohne zählbare Ergebnisse eingestellt wurde. Die Einschätzung der Weltbank in einem internen Papier spricht Bände:

„Privatization can be controversial in the Middle East Region as in other areas of the world due to concerns of vested interests and other stakeholders in regard to potential losses, transparency, and other issues. In this case, major efforts had been made during project preparation to build wide-spread commitment and support in Yemen for Privatization and its potential benefits, but considerable opposition among elected officials and their constituents remained." (World Bank 2003, S. 3)

---

21 Der Großteil der kleinen Betriebe ist im ehemaligen Südjemen angesiedelt. Fast alle arbeiten mit Verlusten oder haben die Produktion vollständig eingestellt; einige von ihnen erlitten während des Bürgerkriegs 1994 massive Schäden, d.h. eine Implementierung des PSP würde de facto die Liquidierung vieler Betriebe bedeuten. Obwohl viele der Unternehmen seit Jahren den Betrieb eingestellt haben, werden Löhne und Gehälter der Angestellten in der Regel weiter bezahlt.

Aden

Kurz nach dem Ende des Bürgerkrieges verbreitete das politische Regime reformerische Aufbruchstimmung, indem es Aden zur zukünftigen Wirtschaftshauptstadt des Landes erklärte. Aden war mit seiner strategischen Lage und dem Handelshafen einst ein wichtiger Warenumschlagsplatz in der Region und besaß einen der bedeutendsten Häfen der Welt. In den 70er und 80er Jahren verlor der Hafen nach der zeitweiligen Schließung des Suez-Kanals und durch eine Verlagerung der Handelsrouten an Bedeutung. Einer der Kernpunkte der zukünftigen Wirtschaftsentwicklung war es, Aden als bedeutenden Warenumschlagplatz und Handelszentrum zu reaktivieren. Dafür sollte der Hafen erweitert, Lager-Kapazitäten geschaffen und eine Freihandelszone für die Ansiedlung von Industrien eingerichtet werden.

1993 erließ die Regierung ein *Free Zones Law*, das die Schaffung von Freihandelszonen im Land regulieren sollte, und etablierte die *Free Trade Zones Authority* (FTZA), eine Behörde, die für deren Entwicklung und Management zuständig sein sollte. Im Fall Adens konnten jedoch die notwendigen Investitionen für den Wiederaufbau nicht durch den Staat geleistet werden konnten. Deshalb wurde im November 1995 ein BOOT-Abkommen (*build-own-operate-transfer*) mit der *Yemen Investment and Development International* (*Yeminvest*) abgeschlossen. *Yeminvest* gehört der jemenitischen Bin Mahfouz-Familie, Besitzerin der größten saudischen Privatbank, und investierte 400 Mio. US $ in die Entwicklung des Hafens und der Freihandelszone. Finanziell überfordert holte das Unternehmen die PSA Corporation (*Port of Singapore Authority*) mit ins Boot, die mittlerweile eine 60%-ige Mehrheitsbeteiligung an dem BOOT-Projekt hält.

Die Entwicklung des Aden-Projektes konnte bisher die hohen Erwartungen nicht erfüllen. Positive Ergebnisse beschränkten sich auf den Ausbau des Hafens und des Container-Terminals, der im März 1999 eingeweiht wurde. Nach den Anschlägen auf das amerikanische Kriegsschiff *USS Cole* (Oktober 2000) und den französischen Öltanker *Limburg* (Oktober 2002) ging die Anzahl der abgefertigten Schiffe jedoch gravierend zurück.[22] In der ausgewiesenen Freihandelszone haben sich bisher noch keine Unternehmen niedergelassen, was v.a. an den bürokratischen Hürden liegt. Obwohl die Freihandelszone unter privatem Management steht,

---

22 Vgl. Yemen Times, Vol. 13, 20.-26.01.2003.

müssen sich potenzielle Investoren bei der FTZA registrieren lassen.[23] Für Investoren außerhalb der Freihandelszone ist die *General Investment Authority* (GIA) zuständig. Auch hier – mehr aber noch bei anderen staatlichen Behörden, wie der *Public Land Authority* – beklagen jemenitische Unternehmer zum Teil unüberwindbare Hürden, die private Investitionen de facto unmöglich machen.

Ökonomische Möglichkeiten und Investitionschancen werden nach politischen – und nicht nach ökonomischen – Kriterien verteilt. Die größten Investitionshindernisse liegen nicht bei den legalen Voraussetzungen, sondern in der Anwendung der bestehenden Gesetze und bei der Korruption innerhalb des bürokratischen Apparates. Im Jemen fehlt eine unabhängige Rechtsprechung, d.h. Rechtssicherheit für wirtschaftliche Verfahren, weshalb sich private Unternehmer kaum auf das ‚Abenteuer Jemen' einlassen, so sie nicht über das notwendige politische ‚Backing' verfügen: Laut einer internen Studie des GIA-Zweigs in Aden wurden dort in den 90er Jahren insgesamt 1039 Investitionsprojekte lizensiert – doch nur 171 davon wurden wirtschaftlich aktiv, davon lediglich drei mit einer ausländischen Mehrheitsbeteiligung (Albrecht 2002a, S. 77). Um diese Investitionshindernisse zu beseitigen, lancierte die Weltbank im Oktober 2002 ein *Port Cities Development Program*, das v.a. auf den Ausbau der Infrastruktur in Aden und die Beseitigung von Investitionshindernissen für lokale Privatunternehmer angelegt ist (World Bank 2002). Dieses scheint jedoch aufgrund des offensichtlich fehlenden politischen Willens ein investitionsfreundliches Wirtschaftsklima zu schaffen, zum Scheitern verurteilt.

Ein weiteres Indiz dafür, dass der Staat ganz offensichtlich nicht bereit ist, seine Kontrollkapazitäten über wirtschaftlich sensible Bereiche abzugeben, findet sich in den Verhandlungen um den geplanten Wiederaufbau der Adener Ölraffinerie. Diese ist technisch veraltet und benötigt dringend Investitionen in einer Größenordnung, die vom Staat nicht getragen werden kann. Deshalb genoss die Raffinerie absolute Priorität unter den Großprojekten im Rahmen des staatlichen Privatisierungsprogramms. Tatsächlich waren im Jahr 2000 die Vorbereitungen für die Beteiligung eines privaten Investors relativ weit voran geschritten, doch auch hier gab es Widerstände v.a. aus dem Ölministerium selbst, so dass das Vorhaben im Juni 2001 eingestellt wurde.

---

23 Über das Genehmigungsverfahren sowie die Entwicklung der Adener Freihandelszone siehe www.aden-freezone.com.

Jemen im 21. Jahrhundert: Stabilität statt Entwicklung

Nach Einschätzung der Weltbank gehören Korruption, ökonomisches Missmanagement und fehlende Bereitschaft zur Privatisierung zu den Haupthindernissen für eine nachhaltige ökonomische Entwicklung, und ihre Einschätzung zehn Jahre nach dem Beginn der Reformen ist ernüchternd: „Affecting meaningful improvement in these areas is likely to be a long-term process requiring structural, regulatory and institutional changes" (World Bank 2002, S. 7). Das angekündigte Ziel, im Jemen die blühenden Landschaften einer Marktökonomie zu errichten, ist so weit entfernt wie zu Beginn der Reformen. Im Gegenteil: Der Anteil des Staatssektors am Bruttoinlandsprodukt, an den Einnahmen, Exporten und Investitionen hat in den 90er Jahren sogar noch zugenommen. Das Land ist weiterhin von externen Einnahmen abhängig und bleibt damit äußerst anfällig für kurzfristige wirtschaftliche Schocks; ökonomische Diversifikationsstrategien sind entweder gescheitert oder gar nicht in Angriff genommen worden und werden auch kurz- bis mittelfristig keine greifbaren Ergebnisse erzielen.

Der auf den ersten Blick erratischen Wirtschaftspolitik des Jemen, die zwischen Reformbereitschaft und Widerstand schwankt, wohnt eine eigene, politische Logik inne: Die Regierung ist dann reformbereit, wenn es gilt, mit Hilfe der internationalen Gemeinschaft akute Wirtschaftskrisen zu meistern und die Wirtschaft zu stabilisieren. Reformen treffen jedoch dann auf massiven Widerstand, wenn sie – wie Privatisierung und die Schaffung eines investitionsfreundlichen Wirtschaftsklimas – dazu geeignet sind, ökonomische Strukturen dahingehend zu verändern, dass das politische Regime Kontrollkapazitäten über die eigenen Binnenökonomie und Wirtschaftsprozesse einzubüßen droht. Der Widerstand gegen zentrale Bereiche der Reformen kommt nicht aus einigen kleinen isolierten elitären Zirkeln, sondern ist das Ergebnis einer Interessenpolitik, die aus dem Machtzentrum gesteuert wird: Parlament und Ministerien bilden im Jemen keine unabhängigen Machtzentren innerhalb des Staates. Wenn der Wille zur Reform im Zentrum der Macht um Präsident Saleh und seine engsten Berater vorhanden wäre, dann würden entsprechende Reformschritte und Maßnahmen auch implementiert werden.

Das Saleh-Regime entpuppte sich hier erneut als autoritärer ,Überlebenskünstler', dem es seit seiner Etablierung 1979 nicht nur gelungen ist, eine Vielzahl an politischen Krisen zu meistern (Saif 2004), sondern auch die Ökonomie in seine Überlebensstrategie mit einzubeziehen. Bereits

1997 hatte Robert Burrowes erkannt, dass die Ankündigung von Wirtschaftsreformen einen in den frühen 90er Jahren angedeuteten Kurs der politischen Liberalisierung als Legitimationsstrategie abgelöst hatte: „It's the economy, stupid" (Burrowes 1997).

Die Reformen bedeuten keine umfassende Neuorientierung der jemenitischen Wirtschaftsstruktur. Gleichzeitig wurde aber eine Entwicklung deutlich, die die sozio-ökonomischen Rahmenbedingungen im Jemen tatsächlich fundamental verändert hat. Seit den 90er Jahren ist es dem Regime gelungen, einen stetig wachsenden Anteil der Einkommen zu kontrollieren. War der Jemen bis Ende der 80er Jahre hauptsächlich auf die Einkommen aus den Migrantenüberweisungen angewiesen, so verloren diese im Verhältnis zu den staatlich kontrollierten Öleinnahmen und Entwicklungshilfezahlungen an Bedeutung (Okruhlik / Conge 1997; Destremau 2000; Albrecht 2002a und b). Nicht die gesellschaftlichen Kräfte – organisiert in primordialen Stammesstrukturen – sind es, die einen Großteil der Einkommen kontrollieren, sondern der Staat. Dieser verteilt die Einkommen innerhalb der Gesellschaft, setzt ökonomische Spielregeln und Rahmenbedingungen und entscheidet über die Möglichkeiten, an ökonomischen Prozessen und Aktivitäten zu partizipieren. Somit folgt Wirtschaftspolitik im Jemen nicht den Prämissen einer nachhaltigen ökonomischen Entwicklung,[24] sondern dem Diktat des politischen Machterhalts – und in diesem Sinne blickt das politische Regime des Jemen durchaus auf zehn erfolgreiche Reformjahre zurück.

Literatur

Addleton, Jonathan: Economic Prospects in a United Yemen, in: Journal of South Asian and Middle Eastern Studies, Bd. XIV, Nr. 4, 1991, S. 2-14.

Albrecht, Holger: 1001 Reform im Jemen: Wirtschaftsreformen, Staat und Machterhalt, Hamburg und Münster 2002a.

Albrecht, Holger: The Political Economy of Reform in Yemen. Privatisation, Investment, and the Yemeni Business Climate, in: Asien, Afrika, Lateinamerika, Bd. 30, 2002b, S. 131-150.

Al-Maytami, Abd al-Wahid: La réforme économique au Yémen: résultats et implications, in: Rémy Leveau / Franck Mermier / Udo Steinbach (Hrsg.), Le Yémen Contemporain, Paris 1999, S. 339-364.

Al-Maytami, Mohammed: Crise du riyal yéménite... et spéculation, in: Monde Arabe, Maghreb-Machrek, Nr. 155, 1997, S. 45-54.

---

24 So hat z.B. Blandine Destremau nachgewiesen, dass die sich entwickelnden rentieristischen Strukturen im Jemen und auch die Wirtschaftsreformen zu einer Verschärfung sozialer Ungleichheit und absoluter Armut geführt haben (Destremau 2000).

Burrowes, Robert: 'It's the Economy, Stupid': The Political Economy of Yemen and the 1997 Elections, in: E. G. Joffé / M. J. Hachemi / E. W. Watkins (Hrsg.), Yemen Today: Crisis and Solutions, London 1997, S. 202-212.

Burrowes, Robert: The Yemen Arab Republic's Legacy and Yemeni Unification, in: Arab Studies Quarterly, Bd. 1, Nr. 4, 1992, S. 41-68.

Carapico, Sheila: Pluralism, Polarization, and Popular Politics in Yemen, in: Bahgat Korany / Rex Brynen / Paul Noble (Hrsg.), Political Liberalization and Democratization in the Arab World, Vol. 2: Comparative Experiences, Boulder 1998, S. 241-266.

Carapico, Sheila: The Economic Dimension of Yemeni Unity, in: Middle East Report, Sept.-Oct. 1993, S. 9-14.

Chaudhry, Kiren Aziz: The Price of Wealth. Economies and Institutions in the Middle East, Ithaca und London 1997.

Claus, Burghard / Michael Hofmann: The Importance of the Oil-Producing Countries of the Gulf Cooperation Council for the Development of the Yemen Arab Republic and the Hashemite Kingdom of Jordan, Berlin 1984.

Destremau, Blandine: Revenues Exogènes, Logiques Endogènes: Développement et Dépendance au Yémen, in: Revue Tiers Monde, Nr. 163, 2000, S. 573-595.

Detalle, Renaud: Ajuster sans douleur? La méthode yéménite, in: Monde Arabe, Maghreb-Machrek, Nr. 155, 1997a, S. 20-36.

Detalle, Renaud: The Political Economy of Reform, in: E. G. Joffé / M. J. Hachemi / E. W. Watkins (Hrsg.), Yemen Today: Crisis and Solutions, London 1997b, S. 35-43.

El Mallakh, Ragaei: The Economic Development of the Yemen Arab Republic, London 1986.

Enders et al.: Yemen in the 1990s: From Unification to Economic Reform, Washington D.C. 2002.

Gazzo, Yves: The Specifics of the Yemeni Economy, in: Rémy Leveau / Franck Mermier / Udo Steinbach (Hrsg.), Le Yémen Contemporain, Paris 1999, S. 319-337.

Glosemeyer, Iris: The First Yemeni Parliamentary Elections in 1993. Practising Democracy, in: Orient, Bd. 34, Nr. 3, 1993, S. 439-451.

Halliday, Fred: Spaltung und Vereinigung auf Jemenitisch, in: Blätter für deutsche und internationale Politik, Bd. 39, Nr. 2, 1994, S.1493-1502.

Hartman, Rainer: Yemeni Exodus from Saudi-Arabia: The Gulf Conflict and the Ceasing of the Workers' Emigration, in: Journal of South Asian and Middle Eastern Studies, Bd. 27, Nr. 2, 1995, S. 38-52.

Hofmann, Michael: Entwicklungspotential und Entwicklungsstrategien der südarabischen Staaten Jemenitische Arabische Republik, Demokratische Volksrepublik Jemen, Sultanat Oman, Berlin 1992.

Kopp, Horst: Oil and Gas in Yemen: Development and Importance of a Key Sector Within the Economic System, in: Rémy Leveau / Franck Mermier / Udo Steinbach (Hrsg.), Le Yémen Contemporain, Paris 1999, S. 365-379.

Kostiner, Joseph: Yemen. The Tortuous Quest for Unity, 1990-94, London 1996.

Lackner, Helen: P.D.R. Yemen. Outpost of Socialist Development, London 1985.

Okruhlik, Gwenn / Patrick Conge: National Autonomy, Labor Migration and Political Crisis: Yemen and Saudi Arabia, in: Middle East Journal, Bd. 51, Nr. 4, 1997, S. 554-565.

Reissner, Johannes: Die beiden Jemen. Einigungsbemühungen und Petrodollars, Ebenhausen 1985.

Sakbani, M. M.: Analysis of Yemen's Economic Reform Program, Les Cahiers du Monde Arabe, No. 142, Louvain-la-Neuve 1998.

Saif, Ahmed Abdulkareem: The Yemeni Politics of Survival 1978-2003, Paper presented at the Fifth Mediterranean Social and Political Research Meeting, Florence & Montecatini Terme 24-28 March 2004, organised by the Mediterranean Programme of the Robert Schuman Centre for Advanced Studies at the European University Institute.

Schmidt, Renate: Jemen: Einheit und Demokratie im Süden Arabiens?, in: Schmidt, Renate (Hrsg.), Naher Osten. Politik und Gesellschaft, Potsdam 1998, S. 159-179.

Schmidt, Renate: Jemen: Einmal Einheit und zurück, in: WeltTrends, Nr. 3, 1994, S. 120-132.

Van Hear, Nicholas: The Socio-Economic Impact of the Involuntary Mass Return to Yemen in 1990, in: Journal of Refugee Studies, Bd. 7, Nr. 1, 1994, S. 18-38.

Wenner, Manfred: Ideology Versus Pragmatism in South Yemen, 1968-1986, in: Peter J. Chelkowski / Robert J. Pranger (Hrsg.), Ideology and Power in the Middle East, Durham 1988, S. 259-273.

Wenner, Manfred: The Yemen Arab Republic. Development and Change in an Ancient Land, Boulder 1990.

World Bank: Yemen: Port Cities Development Program – Project Appraisal Document (Report No. 25226-YEM), Washington D.C. 2002.

World Bank: Yemen: Privatization Support Project – Project Appraisal Document (Report No. 19376-YEM), Washington D.C. 1999.

World Bank: Yemen: Privatization Support Project – Project Completion Note (Report No. 26146), Washington D.C. 2003.

World Bank: Yemen: Social Fund for Development III Project – Project Appraisal Document (Report No.: 26885), Washington D.C. 2004.

Entwicklung und Defizite des wirtschaftlichen Reformprozesses in Syrien

Anja Zorob

Einführung

Wirtschaftliche Reformen in der Arabischen Republik Syrien zeichneten sich in der Vergangenheit durch ein hohes Maß an Gradualität und Selektivität aus. Sie folgten keinem vorher festgelegten Programm und verfügten über kein definitives Transformationsziel. Seit dem Amtsantritt von Bashar al-Asad, der seinem Vater im Sommer 2000 als syrischer Staatspräsident nachfolgte, hat sich der Umfang der Reformmaßnahmen stark ausgeweitet. Im Gegensatz zu früheren Reformen wurde darüber hinaus von der syrischen Regierung ein offizielles wirtschaftliches Reformprogramm erarbeitet und der Öffentlichkeit über die staatlichen Medien vorgestellt. Vom Kabinett verabschiedet und dem Parlament zur Abstimmung vorgelegt wurde dieses Programm allerdings bislang nicht.

Die Untersuchung beginnt mit einer Analyse der beiden Reformphasen, die Syrien in den 1970er Jahren und ab der Mitte der 1980er Jahre durchschritten hat. Besonders berücksichtigt werden sollen dabei allgemeine Kennzeichen, Hintergründe und die Wirkung der durchgeführten Reformmaßnahmen. Daran schließt sich eine Darstellung der Maßnahmen der laufenden dritten Reformphase an, die bereits vor dem Amtsantritt Bashar al-Asads einsetzte, sich aber erst mit der Übernahme grundlegend beschleunigte. Im darauf folgenden Abschnitt sollen zum einen die Inhalte des offiziellen wirtschaftlichen Reformprogramms einer kritischen Betrachtung unterzogen werden. Zum anderen gilt es die Defizite und Hemmfaktoren der laufenden Phase mit einem Rückbezug zu den früheren Reformphasen heraus zu arbeiten und den Herausforderungen der Zukunft für die syrische Volkswirtschaft gegenüber zu stellen.

Wirtschaftliche Reformen bis zum Beginn der 1990er Jahre: Umfang und Wirkungen

Syrien erlebte wie die meisten Staaten des Nahen Ostens und Nordafrikas seit dem Beginn der 1970er Jahre zwei wirtschaftliche Reformphasen. Der Umfang der innerhalb beider Reformphasen ergriffenen Maßnahmen fiel jedoch in Syrien vergleichsweise gering aus. Während sich die anderen arabischen Mittelmeerdrittländer in ihrer zweiten Reformphase für eine Zusammenarbeit mit den internationalen Finanzorganisationen entschieden, lehnte Syrien die Einmischung eines externen Akteurs ab und führte die Reformen unter eigener Regie durch. Die Reformen kamen praktisch zum Erliegen, als sich die syrische Wirtschaft Anfang der 1990er Jahre von ihrer vorausgehenden schweren Krise zu erholen begann.

Die erste Reformwelle: Infitah der 1970er Jahre

Ein als „Korrekturbewegung" bezeichneter Militärputsch brachte 1970 in Syrien den realpolitischen Flügel der Arabischen Sozialistischen Baath-Partei unter General Hafiz al-Asad an die Macht. Der neue Staatspräsident sollte für die nächsten 30 Jahre die Geschicke des Landes in seinen Händen halten. Für al-Asad war primär von Bedeutung, nach außen die Auseinandersetzung mit Israel fortzuführen und im Innern seine Macht zu festigen. Dazu beitragen sollte vor allem der Aufbau eines schlagkräftigen Militär- und Sicherheitsapparats.[1] Wirtschaftliche Ziele wurden diesen Prämissen untergeordnet. Das „strategische Gleichgewicht" mit Israel, dem am weitesten entwickelten Staat der Region, galt offiziell als Orientierung für das Ausmaß politischer, sozialer und kultureller wie auch wirtschaftlicher Entwicklung.[2] Für die Finanzierung von Rüstung und Entwicklung galt es als notwendig, eine Aussöhnung mit den arabischen Ölstaaten zu vollziehen. Daneben sollte der einheimische private Sektor reaktiviert und das im Ausland angelegte private syrische Kapital in die Heimat gelockt werden.[3]

Tab. 1: Wichtigste Maßnahmen des Infitah der 1970er Jahre

Bereiche	Zeitliche Abfolge	Maßnahmen
Außen-handel	1970	Abschaffung der Zölle für ausgewählte Importgüter aus den Mitgliedstaaten des Gemeinsamen Arabischen Marktes (GAM)
	1971	Einführung des Systems der „Ausnahmeimporte" (Importquoten)
	1971	Erlaubnis zum „Import ohne Devisentransfer" (Finanzierung über Auslandsguthaben der Importeure)

---

1 Für eine ähnliche Argumentation siehe Hinnebusch (1993), S. 182 f.
2 Siehe Perthes (1990), S. 82 f.
3 Siehe Hinnebusch (1993), S. 183.

Bereiche	Zeitliche Abfolge	Maßnahmen
Investitionen	1969	Gründung von Freihandelszonen
	1969	Erlaubnis für auslandssyrische und arabische Investoren zum Erwerb von Immobilien, Eröffnung von Devisenkonten, Schutzgarantien etc.
	1971	Beitritt zur *Inter-Arab Investment Guarantee Corporation*
	1971	Ratifizierung des *Agreement on Arab Capital Movement among Arab States*
	1974	Erlaubnis für Unternehmen des privaten Sektors, mit ausländischen Investoren Joint-Venture-Betriebe zu gründen
	1974	Erlaubnis für die Beteiligung ausländischer Unternehmen an öffentlichen Ausschreibungen über private syrische Mittelsmänner
	1974	Ratifizierung des *Agreement on Settlement of Arab Investment Disputes*
	1974	Öffnung des Ölsektors für die Vergabe von Bohrkonzessionen an ausländische Unternehmen
	1977/78	Ratifizierung bilateraler Investitionsschutzabkommen mit Deutschland, Frankreich, der Schweiz und den Vereinigten Staaten von Amerika
	1977/78	Erlaubnis zur Gründung gemischter Unternehmen im Tourismus- und Transportsektor (Steuerbefreiungen, Befreiung von Außenhandels-, Devisen- und Arbeitsrechtbestimmungen)

Quelle: Eigene Zusammenstellung.

Die „wirtschaftliche Öffnung" *(infitah iqtisadi)* bzw. erste Reformphase beschränkte sich auf eine Reihe investitionsfördernder Maßnahmen und die Lockerung von Außenhandelsbeschränkungen (siehe *Tabelle 1*). Die Investitionsförderung zielte vor allem auf arabische und auslandssyrische Investoren. Sie erhielten die Erlaubnis, in Syrien Immobilien zu erwerben, sowie Garantien gegen Enteignung und, unter bestimmten Voraussetzungen, für den Transfer von Kapital und Gewinnen. Daneben ratifizierte Syrien eine Reihe von Abkommen für den Schutz und die Förderung von Investitionen auf intra-arabischer Ebene und im bilateralen

Rahmen mit einigen westlichen Staaten.[4] Primäres Ziel dieser Maßnahmen war jedoch nicht die Förderung privater arabischer Investitionen in Syrien, sondern die Aussöhnung mit den konservativen arabischen Ölstaaten und potenziell das Engagement öffentlicher Unternehmen aus diesen Staaten. Eine Liste von Bedingungen, welche potenzielle Investoren zu erfüllen haben, stellte sicher, dass Investitionsprojekte mit den Interessen der syrischen Regierung in Einklang stehen.[5]

Der private Sektor im Inland konnte vornehmlich von einigen Import fördernden Maßnahmen profitieren. Dazu zählte die Einführung von Importquoten bzw. des so genannten „Systems der Ausnahmeimporte", anhand dessen registrierte Importeure Güter in bestimmten Mengen einführen konnten, die außerhalb dieses Rahmens einem Importverbot unterlagen. Des Weiteren erhielten private Unternehmen die Erlaubnis für Importe „ohne Devisentransfers", womit die Nutzung der Anlagen syrischer Unternehmer in ausländischen Banken ermöglicht werden sollte. Neben den Import fördernden Maßnahmen wurden Bestimmungen zum Aufbau von gemischten Gesellschaften im Tourismus- und Transportsektor erlassen, die jedoch nur die Gründung von zwei einzelnen Unternehmen hervorbrachten.[6]

Im Ergebnis waren die Maßnahmen der ersten Reformphase in ihrem Umfang äußerst begrenzt und dienten primär einer Erweiterung der sozialen Basis bzw. der Schaffung von Loyalitäten gegenüber der politischen Führung des Landes. Private Eigentumsrechte wurden in der Verfassung von 1973 garantiert und der private Sektor konnte entsprechend der gewünschten „staatlich-privaten Arbeitsteilung" in Handel, Dienstleistungen, Bau und Teilen der Leichtindustrie tätigen werden.[7] Die führende Rolle des öffentlichen Sektors in der syrischen Volkswirtschaft wurde dadurch jedoch nicht angetastet. Die wichtigen bzw. „strategischen" Teile in Industrie und Handel sowie der Finanzsektor, die innerhalb der 1960er Jahre verstaatlicht worden waren, blieben unter vollständiger staatlicher Kontrolle.[8]

Darüber hinaus erfuhren der öffentliche Wirtschaftssektor und die staatliche Bürokratie in den 1970er Jahren eine enorme Ausweitung und trugen deshalb entscheidend zum wirtschaftlichen Boom bei, den Syrien

---

4   Ausführlicher zu den einzelnen Maßnahmen siehe insbes. al-Ḥamaš (1992).
5   Siehe Perthes (1995), S. 50.
6   Ausführlicher zu diesen beiden Unternehmen siehe Pölling (1994), S. 14 f.
7   Siehe Heller (1974), S. 56.
8   Ausführlicher zur „sozialistischen Phase" der 1960er Jahre siehe Perthes (1995), S. 36-41.

in den 1970er Jahren mit einem Wachstum des Bruttoinlandsprodukts (BIP) von fast 9 % jährlich erlebte (siehe *Tabelle 2*).[9] Finanziert wurden die hohen zivilen ebenso wie Rüstungsausgaben zu großen Teilen aus dem Zufluss von „Renten".[10] Die größte Rolle spielte die „strategische Rente" in Form ziviler Entwicklungs- und Finanzhilfe, die Syrien von den arabischen Ölstaaten zusätzlich zu militärischen Unterstützungsleistungen als Ausgleich für die Funktion als Frontstaat zu Israel erhielt. Die zivile arabische Hilfe betrug nach offiziellen Angaben im Zeitraum 1973-78 rund 600 Mio. $, bevor sie in den Jahren 1979-81 auf 1,6 Mrd. $ pro Jahr anstieg. Hinzu kamen Nettoeinnahmen von jährlich etwa 400 Mio. $ aus dem eigenen Ölgeschäft und Gebühreneinnahmen aus dem Transport irakischen Öls über syrisches Staatsgebiet.[11] Die erste Reformphase endete, als sich die syrische Regierung aufgrund politischer Entwicklungen und eines wachsenden Handelsbilanzdefizits in der zweiten Hälfte der 1970er Jahre gezwungen sah, die Importerleichterungen wieder rückgängig zu machen.

Tab. 2: Wachstumsraten des BIP und der Bevölkerung in Syrien, 1970-2002 (in %)

	1970-79	1980-81	1982-89	1990-95	1996-2000	2001-02
Wachstumsrate des BIP (im Jahresdurchschnitt)	8,8	10,8	0,8	8,0	3,2	5,0
Bevölkerungswachstum (im Jahresdurchschnitt)	3,3	3,3	3,3	3,2	2,6	2,4

Quelle: Eigene Berechnungen basierend auf World Bank 2002, 2004.

Die Krise der 1980er Jahre und die zweite Reformwelle

Nachdem die syrische Volkswirtschaft in den ersten beiden Jahren der 1980er Jahre nochmals um mehr als 10 % jährlich wuchs, fiel das Wachs-

---

9   Die zivile Beschäftigung beim Staat weitete sich in den 1970er Jahren um mehr als das Dreifache aus, ausführlicher dazu siehe Ayubi (1990), S. 134-36.

10 Renten werden als Einkommen definiert, die von außen zufließen ohne dass ihnen eine entsprechende gesellschaftliche Investitions- oder Arbeitsleistung gegenübersteht, ausführlicher zu Begriff und Formen der Rente und der Theorie des „modernen Rentierstaats" siehe insbes. Pawelka (1993).

11 Neben den oben dargestellten „politischen" und „Lagerenten" profitierte die Wirtschaft in den Jahren des Ölbooms von den von syrischen Gastarbeitern in den Ölstaaten erarbeiteten Deviseneinkommen. Ausführlicher zu den unterschiedlichen Rentenzuflüssen siehe Perthes (1994).

tum des BIP im Zeitraum 1982-89 auf unter 1 % im Jahresdurchschnitt (siehe *Tabelle 2*). Der zu Beginn der 1980er Jahre einsetzende Verfall der internationalen Ölpreise und die zunehmende außenpolitische Isolierung Syriens wirkten sich negativ auf die syrischen Rentenzuflüsse aus, die zu einem großen Teil den Boom des vorausgehenden Jahrzehnts finanziert hatten. Die zivilen arabischen Hilfsgelder verringerten sich im Zeitraum 1982-87 auf etwa 670 Mio. $ jährlich. In den Jahren 1988 und 1989 überstiegen die Rückzahlungen die Neuzuflüsse.[12] Internationale Organisationen stellten ihre Unterstützung zur Mitte des Jahrzehnts ein und westliche Geber verhängten daneben wirtschaftliche Sanktionen gegen Syrien.

Des Weiteren sanken die Devisenerlöse aus dem Tourismusgeschäft, die Einkünfte aus dem Transport irakischen Öls kamen zum Erliegen und die Überweisungen der syrischen Gastarbeiter in den Golfstaaten nahmen als eine indirekte Folge der fallenden Ölpreise ab.[13] Darüber hinaus wurde Syrien in der ersten Hälfte der 1980er Jahre Nettoimporteur von Öl und Ölprodukten.[14] Um der Krise zu begegnen, wurden zunächst öffentliche Sparmaßnahmen verhängt. Diese beinhalteten die Kürzung von Subventionen und staatlichen Investitionen ebenso wie eine restriktive Lohnpolitik und einen generellen Einstellungsstopp.[15] Die Vertiefung der Krise konnte dadurch jedoch nicht aufgehalten werden. Zwar wurde Syrien 1986 wieder zum Nettoölexporteur. Die hohe Abhängigkeit von Rohölexporten führte schließlich dazu, dass der Ölpreissturz im selben Jahr im Verbund mit den Auswirkungen einer lang anhaltenden Dürre Syrien an den Rand der Zahlungsunfähigkeit brachte.[16]

Der Rückgang der Rentenzuflüsse und die daraus folgende Krise offenbarten somit die strukturellen Defizite der syrischen Volkswirtschaft. Die aufgeblähte staatliche Bürokratie und ein ineffizienter öffentlicher Wirtschaftssektor waren neben den hohen Rüstungsausgaben für das Land untragbar geworden.[17] Die starke Importabhängigkeit der einheimischen Industrie, die ursprünglich mit dem Ziel aufgebaut worden war, eben das Gegenteil zu erreichen, zog massive Produktionseinbrüche und damit in Verbindung wachsende Angebotsknappheiten auf dem syrischen

---

12 Eigene Berechnungen basierend auf van den Boogaerde (1991), Tab. 26, S. 66.
13 Siehe Meyer (1987), S. 40-42; Perthes (1994), S. 417-18.
14 Bis die Förderung auf den Ölfeldern um Deir-ez-Zor aufgenommen wurde, musste Leichtöl importiert werden, um es mit dem in Syrien geförderten Schweröl zu vermischen, siehe Perthes (1995), S. 25, Anmerkung 10.
15 Siehe Dalila (1989), S. 414-16; Perthes (1990), S. 112-14.
16 Ausführlicher zum weiteren Verlauf der Krise siehe insbes. Sukkar (1994), S. 27-28.
17 Für eine ähnliche Argumentation siehe Hinnebusch (1995), S. 311-12.

Markt nach sich, da aufgrund der Devisenknappheit notwendige Produktionsinputs nicht mehr eingeführt werden konnten.

Tab. 3: Ausgewählte Maßnahmen der zweiten Reformphase
bis zum Beginn der 1990er Jahre

Bereiche	Zeitliche Abfolge	Maßnahmen
Außenhandel	1984/85	Erlaubnis zur Eröffnung von Devisenkonten in der syrischen Handelsbank (Deviseneinlagen aus ausländischer Geschäftstätigkeit) zur Finanzierung bestimmter Importe
	1985	Erlaubnis für privaten Sektor zum Import von Rohmaterialien, Ersatzteilen und Maschinen für die Industrieproduktion finanziert über externe Kreditvereinbarungen (Wiederaufnahme der Importe ohne Devisentransfer)
	1987	Erlaubnis für privaten Sektor zur Einfuhr von landwirtschaftlichen Maschinen, Ausrüstung und anderem Material finanziert über externe Kreditvereinbarungen
	1987	Erlaubnis für private Exporteure, 50 % ihrer Exportdevisenerlöse für die Finanzierung ihrer Importe von Rohmaterialien, Ausrüstungsgütern und Ersatzteilen für die Industrie einzubehalten; Umtauschpflicht der restlichen 50 % bei der syrischen Handelsbank zum offiziellen oder „Förder"-Kurs
	1987	Ausweitung der Einbehaltungsmöglichkeit auf 75 % der Exportdevisenerlöse für Exporteure bestimmter landwirtschaftlicher und Industriegüter für Importe des eigenen Produktionsbedarfs und Güter der „permitted list"
	1988	Erlaubnis für Unternehmen des öffentlichen Sektors, Exportdevisenerlöse auf Konten bei der syrischen Handelsbank für die Finanzierung von Importen der „permitted list" einzubehalten
	1989	Ausweitung der „permitted exports"-Liste
	1989	Senkung der Zölle für Nahrungsmittel, ausgewählte andere Produkte bei gleichzeitiger Abwertung des „Zolldollars" von 4,05 LS/$ auf 11,25 LS/$

Bereiche	Zeitliche Abfolge	Maßnahmen
	1989/90	Erlaubnis für privaten Sektor zum Import bestimmter Grundnahrungsmittel finanziert über Exportdevisenerlöse oder Gastarbeiterüberweisungen
	1989/90	Änderung des Wechselkurses für die Umtauschpflicht von 25 % der Exportdevisenerlöse vom „Förder"-Kurs zum „Nachbarstaaten"-Kurs
	1990	Erlaubnis für Exporteure des privaten und gemischten Sektors, ihre Devisenerlöse (über die syrische Handelsbank) an Importeure zu verkaufen
	1990	Erlaubnis für privaten Sektor zum Import von industriellen Rohmaterialen (deren Einfuhr vorher ausschließlich staatlichen Außenhandelsorganisationen vorbehalten war) finanziert über Exportdevisenerlöse oder Gastarbeiterüberweisungen
Wechselkurs	1986	Einführung des „Förderkurses" zu 22/23 LS/$
	1987	Abschaffung des „Parallel"- und „Touristen"-Kurses
	1988	Abwertung des „offiziellen" Wechselkurses von 3,95 LS/$ auf 11,25 LS/$
	1989	Einführung des „Nachbarstaatenkurses" von 40/42 LS/$
	1991	Abwertung des „Nachbarstaaten"-Kurses von 40/42 LS/$ auf 42/43 LS/$
Investitionen	1985	Beschluss Nr. 186/1985: Förderung privater Tourismusinvestitionen
	1986	Leg. Dekret Nr. 10/1986: Zulassung gemischter Agro-Gesellschaften
	1988	Verabschiedung einer „Negativliste" über die dem öffentlichen und gemischten Sektor vorbehalten Industriezweige, damit implizite Öffnung aller anderen Branchen für private Investitionen
	1991	Investitionsgesetz Nr. 10/1991: Förderung in- und ausländischer Investitionen (Steuerbefreiungen, Ausnahmen von Außenhandelsbestimmungen etc.)
Preise, Steuern, Subventionen		Kürzung von Subventionen auf Güter des Grundbedarfs und für landwirtschaftliche Produktionsmittel

Bereiche	Zeitliche Abfolge	Maßnahmen
		Anhebung der staatlichen Ankaufspreise für landwirtschaftliche Erzeugnisse, Lockerung staatlicher Ankaufsmonopole, Freigabe der Preise für best. Erzeugnisse
	1991	Gesetz Nr. 20/1991: Einkommensteuergesetz (Senkung der Steuersätze etc.)

Quelle: Eigene Zusammenstellung.

Ab der Mitte der 1980er Jahre wurde neben der Fortsetzung der staatlichen Spar- und Stabilisierungspolitik mit der Durchführung von Liberalisierungsmaßnahmen begonnen (siehe *Tabelle 3*). Wie eingangs erwähnt, führte Syrien die Reformen der zweiten Phase im Gegensatz zu den anderen Staaten der Region in eigener Regie durch. Einen Kernbereich der Liberalisierungsschritte stellte wie in der ersten Reformphase der Bereich des Außenhandels dar. Staatliche Einfuhrmonopole wurden gelockert und einige Importverbote aufgehoben, so dass vor allem private Unternehmen in Industrie und Landwirtschaft ihren Bedarf an Maschinen, Ersatzteilen und Inputs sichern konnten, ohne auf Devisenbestände der staatlichen Handelsbank zurückgreifen zu müssen. Darüber hinaus wurden mit der Wechselkursabwertung sowie der Möglichkeit für Exporteure, 50 % und später 75 % ihrer Exportdevisenerlöse für die Finanzierung ihrer eigenen Importe einzubehalten und den Rest der Devisenerlöse zum Förder- bzw. Nachbarstaatenkurs bei der syrischen Handelsbank einzutauschen, erste Schritte einer Exportförderung eingeleitet.[18]

Einen weiteren wichtigen Bereich der zweiten Reformphase betrifft die Förderung der Landwirtschaft. Neben den oben dargestellten Maßnahmen der Exportförderung wurden staatliche Ankaufsmonopole für landwirtschaftliche Erzeugnisse gelockert, die Ankaufspreise angehoben und Preise, außer für „strategische" Erzeugnisse, liberalisiert. Daneben wurden Anreize für die landwirtschaftliche Produktion verbessert durch die Zulassung von gemischten Agro-Gesellschaften mit einer staatlichen Beteiligung von 25% des Aktienkapitals.[19] Neben der Zulassung gemisch-

---

18 Ausführlicher zu den Außenhandels-, Wechselkurs- und anderen Reformen siehe insbes. al-Imady (1994); International Monetary Fund (1985), (1990); Sukkar (1994), S. 32-35.

19 Zu den diesen Unternehmen gewährten Vergünstigungen zählen Ausnahmen von den Außenhandels-, Zoll- und Devisenbestimmungen sowie Steuer- und Gebührenbefreiungen. Darüber hinaus wurden die Unternehmen von der im Agrarsektor üblichen Pla-

ter Agro-Gesellschaften wurde mit dem Beschluss Nr. 186 von 1985 ein Gesetz für private Investitionen im Tourismussektor erlassen.[20] Des Weiteren wurden 1988 die Industrien per Liste festgelegt, die ausschließlich dem öffentlichen und gemischten Sektor vorbehalten bleiben sollten. Implizit wurde damit dem privaten Sektor der Zugang zu allen anderen Industrien geöffnet.[21] 1991 folgte schließlich das Investitionsgesetz Nr. 10, dessen Erlass seinerzeit von in- und ausländischen Beobachtern als ein „entscheidender Wendepunkt" im syrischen Reformprozess bezeichnet wurde. Das Gesetz richtet sich an im In- und Ausland lebende syrische, arabische und ausländische Staatsbürger. Sie sollen vorzugsweise in Landwirtschaft, Industrie und Transport sowie in jedes andere vom Investitionsrat erlaubte Projekt investieren. Zu den Privilegien des Gesetzes zählen die von den geltenden Außenhandelsbestimmungen ausgenommene, zoll- und abgabenfreie Einfuhr der für die Projektdurchführung notwendigen Ausrüstungsgüter und zeitlich befristete Befreiungen von Steuern und Abgaben.[22]

Die Ergebnisse der zweiten Reformwelle

In der ersten Hälfte der 1990er Jahren erholte sich die syrische Volkswirtschaft von der Krise des vorangegangenen Jahrzehnts. Im Zeitraum 1990-95 wuchs das BIP um 8% im Jahresdurchschnitt (siehe *Tabelle 2*). Diese Entwicklung basierte auf mehreren Faktoren, wozu insbesondere der massive Ausbau der syrischen Ölexporte zählt. Die Erdölförderung, die zur Mitte des vorangegangenen Jahrzehnts noch weniger als 200 000 barrel per day (b/d) betragen hatte, weitete sich bis 1995 auf etwa das Dreifache

---

nungspflicht und der Ablieferungspflicht an staatliche Stellen befreit; ausführlicher zu den Bestimmungen des Dekrets Nr. 10/1986 und ihrer praktischen Umsetzung in den ersten Jahren nach dem Erlass siehe Hopfinger (1996).

20 Die Bestimmungen dieses Beschlusses beinhalten u.a. Steuer- und Gebührenbefreiungen sowie Erleichterungen bezüglich der Einfuhr des zum Aufbau und der Instandhaltung von Tourismuseinrichtungen notwendigen Materials, siehe Schneider/Jeffreys (1995), S. 75.

21 Ausführlicher hierzu siehe Sukkar (1994), S. 32 f.

22 Der Mindestwert eines Investitionsvorhabens ist auf 10 Mio. LS (syrische Lira) festgesetzt; Gewinne können nach den Bestimmungen des Investitionsgesetzes Nr. 10 jährlich, das eingesetzte Kapital nach dem Ablauf von fünf Jahren rücktransferiert werden, unter der Voraussetzung, dass dieser Betrag nicht den Wert des ursprünglich in Devisen eingeführten Kapitals übersteigt, siehe L'Office Arabe de Presse et de Documentation (ofa) (o.J.): *Investment Incentive Law No. 10 & Preambles*; Pölling (1994), S. 19 ff.; Schneider/Jeffreys (1995), S. 71 ff.

aus.[23] Dadurch konnten die Ölexporte stark erhöht werden. 1995 beliefen sie sich auf etwa 2,5 Mrd. US $ und zeichneten für 62% der gesamten Exporte verantwortlich.[24] Neben dem Ölsektor trug der Aufschwung der landwirtschaftlichen Produktion, der dank der Liberalisierungsmaßnahmen und guten Witterungsbedingungen Ende der 1980er Jahre einsetzte, zu den Wachstumssteigerungen bei.

Darüber hinaus kam Syrien zu Beginn der 1990er Jahre erneut in den Genuss umfangreicher finanzieller Hilfen, welche die Regierung als „Entlohnung" für die Teilnahme an der Koalition gegen den Irak im Zweiten Golfkrieg erhielt. Nach OECD-Angaben betrug die öffentliche Nettofinanzhilfe im Zeitraum 1990-95 durchschnittlich 435 Mio. US $ jährlich mit einem wachsenden Anteil nicht-arabischer Geber.[25] Neben der offiziellen Hilfe sollen die arabischen Golfstaaten Syrien des Weiteren mit „unverbuchten" Mitteln bedacht haben, die auf ein bis zwei Mrd. US $ geschätzt werden.[26]

Mit dem Aufschwung geriet der Prozess der wirtschaftlichen Öffnung ins Stocken. Es scheint, dass die neuen Rentenzuflüsse insbesondere aus dem Ausbau der eigenen Ölproduktion, die eine Unabhängigkeit von der „Konditionalität" wie im Falle von Hilfszahlungen von westlichen Gebern sicherten, von der syrischen Führung genutzt wurde, weitere Maßnahmen der Liberalisierung und Strukturanpassung aufzuschieben. Nach dem Erlass des Investitionsgesetzes Nr. 10 von 1991 wurden nur noch marginale Reformen durchgeführt.[27] Demetsprechend markierte das viel diskutierte Investitionsgesetz den Abschluss der zweiten Reformphase und nicht, wie von vielen erwartet, den Wende- oder Startpunkt für die Einleitung umfassender Strukturreformen.[28] Die syrische Regierung dementierte seinerzeit indes, dass der Reformprozess zum Stillstand gekommen sei. Offizielle Vertreter betonten, lediglich an dem graduellen Ansatz bei der Implementierung von Reformen festhalten zu wollen, um

---

23 International Monetary Fund (2000), Table 4, S. 14.; ausführlicher zur Entwicklung der syrischen Ölindustrie bis zur Mitte der 1990er Jahre siehe Schneider/Jeffreys (1995), S. 31 ff.; Perthes (1995), S. 24 f.
24 1986 betrugen die Ölexporte etwa 600 Mio. US $, eigene Berechnungen basierend auf *UN Comtrade Statistics Database*.
25 Eigene Berechnungen basierend auf Organisation for Economic Co-operation and Development, mehrere Jahrgänge.
26 Siehe Perthes (2000), S. 234.
27 Dazu zählten vornehmlich Maßnahmen zur Vereinheitlichung der Wechselkurse. Daneben bemühte sich die syrische Regierung um die Lösung ihrer Schuldenprobleme mit der Weltbank und verschiedenen bilateralen Gebern, ausführlicher insbes. zu den Wechselkursanpassungen siehe Bergmann (2000), S. 27 und 39 ff.
28 Für eine ähnliche Argumentation siehe Sukkar (2001), S. 3 f.

unerwünschte Auswirkungen für die Bevölkerung zu vermeiden. Internationale Beobachter brachten die Zurückhaltung in der Durchführung weiterer Reformen mit der Stagnation im Nahost-Friedensprozess in Zusammenhang. Solange weder Fortschritte in den Friedensverhandlungen mit Israel erzielt würden noch ein interner Regimewechsel in Syrien stattfände, wären substanzielle wirtschaftliche oder politische Reformen nicht zu erwarten.[29]

Ein Vergleich der Maßnahmen der ersten und zweiten Reformphase zeigt, dass die Reformen der zweiten Phase ab der Mitte der 1980er Jahre nicht nur wesentlich umfangreicher ausfielen. Sie führten daneben zu einer maßgeblichen Ausweitung der Rolle des privaten Sektors. Im Zeitraum 1992-97 erwirtschaftete der private Sektor im Durchschnitt 61 % des BIP, beschäftigte 72 % aller Erwerbstätigen, kam für 57 % der Investitionen auf, führte 58 % der Importe ein und war für 69 % der Nichtölexporte verantwortlich.[30] Darüber hinaus bewirkten die Maßnahmen der zweiten Reformwelle eine teilweise, wenn auch „lop-sided" Veränderung in der Struktur der syrischen Volkswirtschaft, da die Landwirtschaft, anstatt wie gewöhnlich Industrie und Dienstleistungen, in ihrem Beitrag zum BIP und Anteil an der Erwerbsbevölkerung zugenommen hat.[31] Ihr Anteil weitete sich von durchschnittlich 20 % des BIP in der ersten Hälfte der 1980er Jahre auf 28-31 % im Zeitraum 1990-95 aus.[32] Bei Weizen und vielen anderen Erzeugnissen erreichte Syrien zu Beginn der 1990er Jahre erstmals den Stand der Selbstversorgung. Die landwirtschaftlichen Exporte erfuhren eine beachtliche Ausweitung und zeichneten in guten Erntejahren für 18-20 % der gesamten syrischen Exporte verantwortlich.[33]

Im Gegensatz zur Landwirtschaft nahm der Anteil der Industrie am BIP in der ersten Hälfte der 1990er Jahre gegenüber dem vorherigen Jahrzehnt leicht ab. Insbesondere in der verarbeitenden Industrie haben die Reformen der zweiten Phase offensichtlich wenig dazu beitragen können, die Leistung und internationale Wettbewerbsfähigkeit zu verbessern.[34] Der Anteil des verarbeitenden Gewerbes am BIP betrug in den Jahren

---

29 Siehe Perthes (1998), S. 116.
30 International Monetary Fund (1999), S. 6.
31 Siehe Bolbol (2002), S. 10.
32 Eigene Berechnungen basierend auf Central Bureau of Statistics: *Statistical Abstract*, mehrere Jahrgänge; siehe dazu auch Bolbol (2002), Tab. 5, S. 9.
33 1995 exportierte Syrien landwirtschaftliche Erzeugnisse im Wert von etwa 770 Mio. US $ im Vergleich zu 170 Mio. US $ im Jahr 1987, eigene Berechnungen basierend auf *UN Comtrade Statistics Database*.
34 Für eine ähnliche Argumentation siehe Bolbol (2002), S. 3 f.

1995 bis 1997 im Durchschnitt nicht mehr als 6 %.[35] Darüber hinaus bediente die verarbeitende Industrie in den 1990er Jahren unverändert überwiegend die Nachfrage auf dem Binnenmarkt. Ende der 1980er Jahre war es zwar zu einem enormen Anstieg der privaten Fertigerzeugnisexporte gekommen. Dafür verantwortlich zeichneten jedoch maßgeblich bilaterale Zahlungsabkommen mit den ehemaligen Ostblockstaaten. Als diese Abkommen ausgesetzt wurden, verringerten sich die privaten Exporte verarbeiteter Erzeugnisse 1992 schlagartig und konnten sich seitdem nicht wieder erholen.[36]

Das auffälligste Kennzeichen der zweiten Reformphase ist ihr vorsichtiger, gradueller und selektiver Ansatz. Des Weiteren folgten die unterschiedlichen Schritte der zweiten Reformwelle keinem vorher festgelegten Programm und wurden statt dessen nach Meinung von Beobachtern zum größten Teil ad hoc ergriffen.[37] Daher erstaunt es nicht, dass auch über ein bestimmtes Transformationsziel in der öffentlichen Debatte zumindest von offizieller Seite nicht gesprochen wurde. Zu Beginn der 1990er Jahre verkündete die politische Führung zwar das System des so genannten „wirtschaftlichen Pluralismus", innerhalb dessen der private und gemischte Sektor als „gleichberechtigte" Partner neben dem öffentlichen Sektor anerkannt werden. Die Erklärungen zum Konzept dieses Systems beinhalten jedoch weder Anspielungen auf eine Entwicklung zur Marktwirtschaft noch wird die „Komplementarität" der Sektoren mit einer umfassenden Beschneidung der Rolle des öffentlichen Sektors gleichgesetzt. Im Gegenteil müsse der öffentliche Wirtschaftssektor das Monopol in bestimmten „strategischen" Industrien beibehalten.[38]

Eine Privatisierung staatlicher Betriebe galt als Tabu. Daneben wurde zwar die Exportförderung als Ziel erklärt und einige Maßnahmen wie die Möglichkeit zur Einbehaltung von 75 % der Exportdevisenerlöse und die Wechselkursabwertung wurden durchgeführt. Diese reichten jedoch nicht aus, um eine angemessene Angebotsreaktion zu stimulieren. Verantwortlich dafür zeichneten Faktoren wie die weiterhin extrem komplizierten, intransparenten rechtlichen und regulatorischen Rahmenbedingungen für die private Geschäftstätigkeit ebenso wie das generelle Festhalten an der Importsubstitution. Hohe Zölle, mannigfaltige nicht-tarifäre Handels-

---

35 Eigene Berechnungen basierend auf International Monetary Fund (1999).
36 Der Anteil der Fertigerzeugnisexporte beider Sektoren an den gesamten Exporten verringerte sich von 35 % durchschnittlich in den Jahren 1989 bis 1991 auf 13 % im Zeitraum 1992-97; eigene Berechnungen basierend auf Bolbol (2002), Tab. 8, S. 12.
37 Für eine ähnliche Argumentation siehe as-Sammān, S. 53-56.
38 Zum Konzept des „wirtschaftlichen Pluralismus" siehe insbes. Abū Faḫr (1995).

hemmnisse und darunter insbesondere zahlreiche Importverbote sicherten eine umfassende Abschottung von ausländischem Wettbewerb.

Der Führungswechsel und die laufende dritte Reformphase

Im Zeitraum 1996-2000 verringerte sich das Wachstum des BIP auf im Durchschnitt 3,2 % jährlich (siehe *Tabelle 2*). Fallende Ölpreise und eine schwere Dürre offenbarten die nach wie vor starke Abhängigkeit des Wachstums der syrischen Volkswirtschaft von Renten und rentenähnlichen Ressourcen. Des Weiteren verpufften die Anreize des Investitionsgesetzes Nr. 10 von 1991, da komplementäre Maßnahmen zur Verbesserung des Investitionsklimas ausblieben. Die privaten Investitionen entwickelten sich in der zweiten Hälfte der 1990er Jahre rückläufig und der öffentliche Sektor übernahm erneut die Führung. Wachsende öffentliche Investitionen konnten den Rückgang auf Seiten der privaten Unternehmen jedoch nicht ausgleichen. Die Investitionsquote, die 1994 mit der ersten Euphorie, welche das Investitionsgesetz ausgelöst hatte, 30 % des BIP erreichte, verringerte sich bis zum Jahr 2000 auf unter 18 % des BIP.[39] Vor diesem Hintergrund erfuhr der syrische Reformprozess einen neuen Schub. Er beschleunigte sich, nachdem die Regierung unter Premierminister Miro im März 2000 ihre Arbeit aufnahm und Dr. Bashar al-Asad wenige Monate später seinem Vater Hafiz al-Asad im Amt des Staatspräsidenten nachfolgte.[40] In seiner Rede zur Amtseinführung vor dem Parlament im Juli 2000 erklärte der neue Präsident wirtschaftliche und administrative Reformen zu Prioritäten seiner Regentschaft und betonte die Notwendigkeit, eine klare Strategie für die wirtschaftliche und soziale Entwicklung des Landes zu entwerfen.[41]

Die Reformen, die vor dem Amtsantritt der ersten Regierung Miro auf den Weg gebracht wurden, umfassten vor allem Maßnahmen im Bereich des Außenhandels neben Schritten zur Wechselkursvereinheitlichung (siehe *Tabelle 4*). Dazu zählte der Abbau der Steuerbelastungen für den Export einiger wichtiger Agrarerzeugnisse und der Beginn mit der Senkung der Zölle auf Güter aus den arabischen Nachbarstaaten, die im

---

39 Eigene Berechnungen basierend auf Central Bureau of Statistics: *Statistical Abstract*, mehrere Jahrgänge.

40 Der neue Präsident wurde am 17. Juli 2000 vereidigt, nachdem ihn die Bevölkerung eine Woche zuvor in einem öffentlichen Referendum mit 97,29% der Stimmen zum Staatspräsidenten gewählt hatte, siehe u.a. Dawoud (2000).

41 Vgl. President Bashar Hafez Assad's Inauguration Speech [www.sana-syria.com/english/reports/New%20Reports/syria.htm].

Rahmen der *Großen Arabischen Freihandelszone (GAFTA)* erfolgte. Das Durchführungsprogramm zur Errichtung der GAFTA wurde im Februar 1997 von 18 Mitgliedern der Arabischen Liga (AL) unterzeichnet und schreibt eine Senkung der Zölle um jährlich 10 % vor sowie die Beseitigung aller nicht-tarifären Handelshemmnisse.[42] Allerdings machte Syrien von dem im Durchführungsprogramm verankerten Recht Gebrauch, temporäre Ausnahmen von den Zollsenkungen sowohl für Industriegüter als auch einige Agrarerzeugnisse im Rahmen des so genannten „landwirtschaftlichen Kalenders" zu beantragen.[43] Mit dem Nachbarstaat Libanon schloss Syrien zusätzlich ein bilaterales Freihandelsabkommen ab, das den vollständigen Abbau der Zölle der beiden Partner innerhalb von vier Jahren vorsieht.[44]

Tab. 4: Wichtigste Maßnahmen der laufenden dritten Reformphase (1998-2003)

Bereiche	Zeitliche Abfolge	Maßnahmen
Außen-handel	Feb 98	Beginn Zollsenkungen im Rahmen von GAFTA
	Jan 99	Beginn der Implementierung eines bilateralen FHA mit Libanon
	Jul 99	Beseitigung der Exportsteuern für Baumwolle und Baumwollprodukte
	Jul 99	Befreiung von Baumwollprodukten und ausgewählten anderen Agrarerzeugnissen von landwirtschaftlicher Produktionssteuer
	Jul 99	Beitritt zu TIR-Konvention

42 Ausführlicher zu den Inhalten des GAFTA-Durchführungsprogramms siehe Englert (2000).

43 Die Ausnahmen umfassten über 200 Industriegüter nach sechsstelliger HS-Nomenklatur, für welche Syrien ein generelles Importverbot beibehielt. Entgegen der Bestimmungen des GAFTA-Durchführungsprogramms scheint Syrien auch bei Agrarerzeugnissen viele Importverbote beibehalten zu haben und dies neben den erlaubten saisonalen Befreiungen vom Zollabbau für ausgewählte Früchte und Gemüse (landwirtschaftlicher Kalender); ausführlicher zu den syrischen Ausnahmen siehe Economic and Social Commission for Western Asia (2001), S. 16-19.

44 Für Industriegüter begann der graduelle Abbau der Zölle 1999, für Agrargüter im Jahr 2000; nicht-tarifäre Beschränkungen sollten laut Vorschriften des Abkommens mit sofortiger Wirkung beseitigt werden, siehe Economic and Social Commission for Western Asia (2001), S. 30-32.

Bereiche	Zeitliche Abfolge	Maßnahmen
Außen-handel	Feb 00	Befreiung ausgewählter Agrarerzeugnisse von land-wirtschaftlicher Produktionssteuer
	Jul 00	Aufhebung des Verbots für private Importe von Auto-mobilen
	Okt 00	Einführung der Zollrückvergütung für importierte In-puts für Exporte der Textil- und Lebensmittelindustrie
	Mai 01	Reduzierung der Importzölle für Rohmaterialien zur Weiterverarbeitung in der syrischen Industrie von 6%-20% auf 1%
	Mai 01	Einführung des HS-Systems
	Jul 01	Beseitigung der Exportsteuern auf Agrarerzeugnisse
	Aug 01	Anwendung des nicht-kommerziellen Nachbarstaaten-kurses auf Umtauschpflicht von 25 % der Exportdevi-senerlöse
	Jul 02	Beseitigung der landwirtschaftlichen Produktionssteuer für Agrarexporte
	2002	Abschaffung der Exportlizenzierung
	Mai 02	Ausweitung der Frist für Repatriierung und Umtausch-pflicht der Exportdevisenerlöse auf einheitlich 1 Jahr
	Sep 02	Senkung der Pflicht zum Umtausch von 25 % auf 10 % der Exportdevisenerlöse
	Sep 02	Abschaffung des Monopols der Importagenten
	Dez 02	Einrichtung einer Kreditlinie von 0,5 Mrd. US $ bei der syrischen Handelsbank für die Finanzierung von Impor-ten (zum nicht-kommerziellen Nachbarstaatenkurs) von Rohmaterialien für die Exportproduktion (Höchstgren-ze 600.000 US $ pro Klient)
	Jul 03	Beschluss Nr. 1100 des Wirtschaftsministers: Aufgabe der Exportbindung, Beseitigung der Umtauschpflicht von 10 % der Exportdeviseneinkünfte; Möglichkeit zum Verkauf der Exportdeviseneinkünfte an die syri-sche Handelsbank zum nicht-kommerziellen Nachbar-staatenkurs
	2001/2002/2003	Abschaffung der Zölle und nicht-tarifären Handels-hemmnisse auf Importe aus ausgewählten arabischen Staaten im Rahmen bilateraler FHA

Bereiche	Zeitliche Abfolge	Maßnahmen
Devisen / Wechsel-kurs	Jan 99	Anpassung des Budgetwechselkurses von 45,45/45,50 LS/$ auf 46,45/46,50 LS/$
	Mai 99	Ausweitung der Deadline für Repatriierung und Umtauschpflicht der Exportdevisenerlöse auf 6 Monate (a-rab. Staaten) bzw. 9 Monate (Rest der Welt)
	Dez 99	Abschaffung des „Förder"-Wechselkurses
	Mrz 00	Dekret Nr. 6/2000: Anpassung des Dekrets Nr. 24/1986, Legalisierung des Devisenbesitzes, Reduzierung der Strafen für unerlaubten Devisenhandel
	Jan 01	Beginn des An- und Verkaufs von Devisen durch die syrische Handelsbank zum „nicht-kommerziellen" Nachbarstaatenkurses, der sich am täglichen Kurs der Lira in Amman und Beirut orientiert; Verkauf beschränkt auf bestimmte Transaktionen wie medizinische Behandlung im Ausland
	Mai 02	Möglichkeit zur Überweisung von Pensionen in Devisen an im Ausland lebende Syrer (durch die syrische Handelsbank)
	Aug 02	Einräumung der vollständigen Freiheit in der Führung von Devisenkonten an der syrischen Handelsbank einschl. Rücktransfer der Einlagen ins Ausland
	Sep 02	Ausweitung des Verkaufs von Devisen zum nicht-kommerziellen Nachbarstaatenkurs (500 US $ pro Jahr und Person für Reisen ins Ausland)
	Sep 02	Vereinheitlichung der drei unterschiedlichen Wechselkurse für die Kalkulation der Zollaufschläge („Zolldollar") auf den Nachbarstaatenkurs
	Okt 02	Anhebung der Höchstgrenzen für Verkauf von Devisen zum nicht-kommerziellen Nachbarstaatenkurs (2.000 US $ für Reisen außer nach Jordanien und Libanon, 20.000 US $ für medizinische Behandlung im Ausland)
	Mrz 03	Anwendung des nicht-kommerziellen Nachbarstaatenkurses auf alle nicht-kommerziellen Transaktionen
	Jul 03	Dekret Nr. 33/2003: Abschaffung der Dekrete 24/1986 und 6/2000, Abschaffung der Gefängnisstrafen für Devisenvergehen

Bereiche	Zeitliche Abfolge	Maßnahmen
Banken / monetäre Politik	Jun 00	Erlaubnis zur Eröffnung ausländischer privater Banken in den syrischen Freizonen
	Apr 01	Gesetz Nr. 28/2001: Erlaubnis zur Gründung privater Banken in Syrien
	Apr 01	Gesetz Nr. 29/2001: Garantie des Bankgeheimnisses
	Sep 01	Beschluss Nr. 2060: Durchführungsbestimmungen für das Gesetz Nr. 28/2001
	Mrz 02	Gesetz Nr. 23/2002: Gründung des *Credit and Monetary Council (CMC)*
	Mai 03	Beschluss des CMC: Senkung der Kredit- und Depositenzinsen
	Sep 03	Leg. Dekret Nr. 59/2003: Anti-Geldwäsche-Gesetz
Investitionen	Mai 00	Gesetz Nr. 7/2000: Anpassung des Investitionsgesetzes Nr. 10/1991
	2001	Einrichtung von Investitionsbüros auf Ebene der Provinzverwaltungen
	Jul 02	Beitritt zur *Multilateral Investment Guarantee Agency (MIGA)*
	Sep 02	Beschluss zur Gründung neuer Freizonen
	Feb 03	Dekret Nr. 40/2003: Neue Vorschriften für Investitionen in den syrischen Freizonen, insbes. Öffnung aller Dienstleistungsbereiche und Erlaubnis zur Gründung privater Freizonen
Sonstiges	Feb 01	Gesetz Nr. 6/2001: Neues Mietrecht, Aufhebung des alten Mietrechts von 1952 und dessen Anpassungen von 1970
	Feb 01	Dekret Nr. 36/2001: Erlaubnis zur Gründung privater Universitäten
	Aug 01	Neues Copyright-Gesetz
	Nov 03	Gesetz Nr. 24/2003: Neues Einkommen- und Körperschaftssteuergesetz
	Nov 03	Gesetz Nr. 25/2003: Gesetz zur Bekämpfung der Steuerhinterziehung

Quelle: Eigene Zusammenstellung.

Zu den ersten Maßnahmen der neuen Regierung zählte im Frühjahr 2000 die Aufhebung des legislativen Dekrets Nr. 24 von 1986, womit der Besitz von Devisen und wertvollen Metallen legalisiert wurde. Die Strafen auf den Devisenhandel außerhalb des Bankensystems wurden von vorher bis zu 15 Jahren auf maximal drei Jahre Haft reduziert.[45] Dem folgte im Mai 2000 mit dem Erlass des Gesetzes Nr. 7 die seit Jahren diskutierte Anpassung des Investitionsgesetzes Nr. 10.

Die neuen Bestimmungen umfassen die Erlaubnis für ausländische Investoren, in Syrien Grund und Boden zu erwerben und eine gesetzliche Garantie gegen Konfiskation und Enteignung. Daneben weitet das Gesetz den Zeitraum der Befreiung von Steuern und Abgaben auf max. 13 Jahre aus. Des Weiteren wurden zum ersten Mal Holding-Unternehmen zugelassen und die Steuer für Kapitalgesellschaften, die nach Ablauf der Befreiungsfrist erhoben wird, auf max. 25% der Gewinne festgesetzt. Außerdem können Investoren ihr eingesetztes Kapital nach Ablauf von fünf Jahren zum Marktwert bei der Liquidation rücktransferieren..[46] Neben der Fortsetzung Export fördernder Maßnahmen wie der Einführung der Möglichkeit zur Zollrückvergütung und der Senkung der Einfuhrzölle für Rohmaterialien, begann die syrische staatliche Handelsbank im Januar 2001 mit dem An- und Verkauf von Devisen zum so genannten „nichtkommerziellen Nachbarstaatenkurs". Der neue Wechselkurs wird von der Handelsbank täglich neu festgesetzt und orientiert sich am freien Kurs der syrischen Lira auf den Märkten der Nachbarstaaten in Beirut und Amman.[47]

Des Weiteren erfolgten im Jahr 2000/2001 die ersten Schritte für eine Öffnung des Finanzsektors. Zunächst wurde privaten Banken erlaubt, in den sieben Freizonen Syriens tätig zu werden, woraufhin bis Ende 2000 vier libanesische Banken eine Lizenz erhielten.[48] Im April 2001 unterzeichnete der Staatspräsident das Gesetz Nr. 28 für die Zulassung privater Banken in Syrien. Die Bestimmungen des Gesetzes sehen die Gründung privater oder gemischter Aktiengesellschaften mit einer staatlichen Beteiligung von 25% am Kapital der Bank vor. Die Beteiligung arabischer und

---

45 Siehe International Monetary Fund (2000a), S. 13.
46 Nach den Bestimmungen des Gesetzes Nr. 10 durfte dieser Betrag den Wert des ursprünglich in Devisen eingeführten Kapitals nicht übersteigen, zum Gesetzestext siehe Ministry of Economy and Foreign Trade: „Law No. (7): Promulgates Law No. 10", [http://www. syrecon.org/announce.php?view_item=22&lang=e], 12.06.2002.
47 Der Verkauf von Devisen beschränkte sich zunächst auf ausgewählte nicht-kommerzielle Zwecke wie Pilgerfahrt und Reisen für eine medizinische Behandlung ins Ausland, siehe *Syria Times*, 23.01.2001: „News in Brief"; International Monetary Fund (2002), S. 915-21; *The SCB Review*, Vol. II, Issue 2, January-February 2001.
48 *Syria Times*, 7.12.2000: „Private Bank Operations start at Syria Free Zone".

ausländischer Investoren ist auf 49% des Aktienkapitals begrenzt.[49] Dem Gesetz für die Gründung privater Banken folgte wenige Tage später der Erlass des Gesetzes Nr. 29 zur Garantie des Bankgeheimnisses.[50] Eine weitere Gesetzesänderung, der neben der Zulassung privater Banken unter in- und externen Beobachtern hohe Bedeutung beigemessen wurde, bildete die Erlaubnis zur Gründung privater Universitäten. Diese Neuerung beendete das etwa 40 Jahre währende Monopol der Baath-Partei über die Gestaltung der Hochschulbildung.[51]

Die erste Regierung Miro hatte zwar neue Gesetze und Vorschriften in bis dahin beispiellosem Umfang angestoßen. Die Implementierung der erlassenen Gesetze ließ jedoch auf sich warten, wofür neben anderen Gründen fehlende Durchführungsbestimmungen verantwortlich gemacht wurden.[52] Diese Probleme sollten durch eine neue Regierung behoben werden, die Premierminister Miro nach längeren Spekulationen im Dezember 2001 bestellte und die eine Reihe neuer Mitglieder enthielt, die als reformorientierte Technokraten eingestuft wurden. Im Zuge der Umbildung wurden vier Ministerien und sechs Ministerposten ohne Portfolio abgeschafft. Ein Ministerium, das „Ministerium für Angelegenheiten der syrischen Emigranten", entstand mit der Umbildung neu. Die Regierung umfasste 18 neue Mitglieder. Dazu zählte Dr. Ghassan al-Rifai, der vorher 30 Jahre bei der Weltbank gearbeitet hat und den Posten des Ministers für Wirtschaft und Außenhandel erhielt. Dr. Issam al-Zaim, der in Augen vieler Beobachter als einer der wichtigsten Reformkräfte der ersten Regierung Miro galt, wechselte vom Planungsministerium, das aufgelöst wurde, in das Industrieministerium. Die wachsende Anzahl reformorientierter Kräfte ließ in der Geschäftswelt und unter Beobachtern Hoffnungen auf einen weiteren Antrieb des Reformprozesses keimen.[53]

Die beiden folgenden Jahre erlebten eine Fortsetzung des Reformprozesses, der sich allerdings weiterhin auf bestimmte Kernbereiche be-

---

49 Das Mindestkapital beträgt 1,5 Mrd. LS (etwa 30 Mio. US $); eine einzelne Person darf nicht mehr als 5 % der Anteile halten. Die Gewinne der Banken unterliegen einer einheitlichen Steuer von 25 %, siehe Ministry of Economy and Foreign Trade: „*Law No. 28 on Banks*".
    [http://www.syrecon.org/announce.php? view_item=24&lang=e], 12.06.2002.
50 Siehe Oxford Business Group (2002), S. 161.
51 Siehe Oxford Business Group (2002), S. 16; *The SCB Review*, Vol. II, Issue 3, March-April 2001.
52 Siehe Oxford Business Group (2002), S. 16.
53 Ausführlicher zu Person, Karriere und Vorstellungen des neuen Wirtschaftsministers siehe Oxford Business Group (2002), S. 36-37; ausführlicher zur Kabinettsumbildung siehe *OBG Online Briefing*, Vol. 10, December-4, 30.12.2001: „Syrian President reshuffles Cabinet".

schränkte. Dazu zählte der Bereich der monetären Politik und der Finanzpolitik. Im März 2002 wurde mit dem Erlass des Gesetzes Nr. 23 der so
genannte *Credit and Monetary Council (CMC)* gegründet bzw. wiederbe-
lebt. Diese Institutionen hatte es bereits vor den Nationalisierungen der
1960er Jahre gegeben. Der Rat, dem der Gouverneur der syrischen Zentralbank vorsitzt, soll in Zukunft in ähnlicher Weise wie vor 1960 die
Formulierung und Durchführung der monetären Politik unterliegen.[54] Zu
den ersten Entscheidungen des CMC zählte die ab Juni 2003 geltende
Senkung der Zinssätze auf Depositen um 1 % und für Kredite der Ge-
schäftsbanken um 1,5 %. Die Zinssätze waren bis zu diesem Zeitpunkt
seit 22 Jahren nicht mehr angepasst worden.[55]

Im Bereich der Finanzpolitik stimmte das Parlament im November
2003 einer nicht nur von der syrischen *business community* lange erwarteten Änderung des Einkommen- und Körperschaftssteuergesetzes zu. Das
Gesetz Nr. 24/2003 reduzierte die Höchststeuersätze für Körperschaften
von 63 % auf 35 %, womit eine Angleichung an die Verhältnisse in den
Nachbarstaaten der Region hergestellt wurde.[56] Gleichzeitig mit dem neu-
en Steuergesetz wurde Gesetz Nr. 25 zur Bekämpfung der Steuerhinterziehung verabschiedet. Die syrische Regierung erhofft sich durch die beiden neuen Gesetze der weit verbreiteten Steuerhinterziehungspraxis in ihrem Land Einhalt zu gebieten und die Steuereinkünfte des Staatshaushalts
trotz der niedrigeren Sätze zu erhöhen.[57]

Des Weiteren wurden Maßnahmen zur Wechselkursvereinheitlichung
und zum Abbau restriktiver Devisen- und Außenhandelsbestimmungen
fortgesetzt. Im Bereich der Wechselkurse kam es zur Vereinheitlichung
von drei unterschiedlichen Raten des so genannten „Zolldollars", der für
die Umrechnung der Importwerte zur Kalkulation der Zollaufschläge an-
gewandt wurde, auf den Nachbarstaatenkurs. Mit dem Erlass des Dekrets
Nr. 33/ 2003 wurden darüber hinaus die Gefängnisstrafen für einen Ver-
stoß gegen die Devisenbestimmungen abgeschafft. Die Außenhandelsbestimmungen erfuhren eine Deregulierung durch die Abschaffung der so
genannten „Exportbindung" und des Monopols der Importagenten. Au-

---

54 Ausführlicher zu den Aufgaben des CMC siehe EIU Country Report, May 2002, S. 18-
    19; Ministry of Economy and Foreign Trade: „*Law No. 23 Relevant to the Formation of
    Credit & Monetary Council*",
    [http://www.syrecon.org/ announce.php? view_item=36&lang=e], 12.12.2002.
55 Siehe EIU Country Report, August 2003, S. 18-19.
56 Der neue Höchststeuersatz in der persönlichen Einkommensteuer beträgt 20 %, wobei
    Einkommen unter 5.000 LS pro Monat von der Steuer freigestellt sind.
57 Siehe Tabler, Andrew J. (2004a); *The Syria Report*, No. 13, December 2003: „A New
    Income Tax Law is issued".

ßerdem wurde der Zeitraum für die Durchführung der Zollsenkungen im Rahmen der GAFTA durch eine Entscheidung des Wirtschafts- und Sozialrats der Arabischen Liga Anfang 2002 auf acht Jahre verkürzt. Dies bedeutet, dass Syrien die Zölle auf alle Güter aus den arabischen Nachbarstaaten bis 2005 vollständig beseitigt haben muss. Der für die Ausnahme einer Reihe von Industriegütern von den Zollsenkungen erlaubte Zeitraum endete offiziell im September 2002.[58] Mit Saudi-Arabien, Irak, Jordanien und einigen anderen arabischen Staaten verpflichtete sich Syrien auf einen zwei bis drei Jahre schnelleren Abbau der Zölle und nicht-tarifären Handelshemmnisse im Rahmen bilateraler Freihandelsabkommen. Im Bereich der Investitionen umfassten die Reformmaßnahmen insbesondere den Beitritt Syriens zur *Multilateral Investment Guarantee Agency (MIGA)* im Jahr 2002.[59] Im Februar 2003 folgte die Verabschiedung neuer Vorschriften für Investitionen in den syrischen Freizonen.[60]

Defizite des Reformprozesses und die Herausforderungen der Zukunft

Der Überblick über die Maßnahmen der dritten Reformphase zeigt, dass nicht nur der Umfang der Reformen im Vergleich zur vorhergehenden Reformphase erneut deutlich zugenommen hat. Sie weiteten sich auch auf neue Bereiche wie die Öffnung des Bankensektors aus. Dennoch wurde der vorsichtige und graduelle Ansatz der vorherigen Reformphase innerhalb der dritten und laufenden Reformwelle generell beibehalten. Ein weiteres Kennzeichen der dritten Reformwelle bildet die schleppende Implementierung der neuen Gesetze und Vorschriften. Des Weiteren scheint allen Teilnehmern der Reformdebatte in Syrien klar zu sein, dass sich die syrische Volkswirtschaft in Richtung eines offenen und marktwirtschaftlich orientierten Systems bewegt. Es herrscht jedoch Unklarheit

---

58 Der tatsächliche Abbau der zu Beginn des GAFTA-Implementierungszeitraums zunächst beibehaltenen Importverbote scheint seitdem jedoch nur graduell voranzuschreiten. Dasselbe gilt für die entgegen den GAFTA-Bestimmungen beibehaltenen Importverbote für Agrarerzeugnisse. Vor allem im Jahr 2003 mehrten sich jedoch die Zeitungsmeldungen über die Zulassung jeweils ausgewählter Güter für den Import aus den arabischen Staaten.

59 Siehe Directorate General for Economic and Financial Affairs (2004), S. 116.

60 Die neuen Vorschriften sehen vor, dass in Zukunft über Industrie und Handel hinaus in den syrischen Freizonen alle Dienstleistungsbereiche für Investitionen offen stehen; des Weiteren dürfen zusätzliche Freizonen von privaten Investoren aufgebaut und unterhalten werden, siehe *The Syria Report*, No. 4, 2003: „Private Free Trade Zones to be set up"; *The Syria Report*, News, 09 September 2002: „Two New Free Trade Zones are established".

über die Ausprägung des Transformationsziels auf offizieller Ebene. Damit in Zusammenhang steht, dass ein offizielles Reformprogramm zwar im Gegensatz zur ersten und zweiten Reformphase entworfen und in den staatlichen Medien veröffentlicht wurde. Eine Entscheidung darüber in Regierung und Parlament steht jedoch bislang aus. Dementsprechend scheinen auch die meisten Maßnahmen der laufenden Reformphase eher einem Ad-hoc-Prinzip zu entspringen. Eine Zusammenarbeit mit dem IWF für die Durchführung eines Strukturanpassungsprogramms lehnt Syrien wie in der zweiten Reformphase nach wie vor ab.

Der vorsichtige, graduelle und teilweise inkohärente Ansatz wird besonders deutlich bei den Maßnahmen zum Abbau von Außenhandelsrestriktionen ebenso wie den Devisen- und Wechselkursbestimmungen. So wurde der „nicht-kommerzielle Nachbarstaatenkurs" in ähnlicher Weise wie in den 1980er und 1990er Jahren der „Förder-" und später der „Nachbarstaatenkurs" nach seiner Einführung schrittweise auf bestimmte Transaktionen ausgedehnt. Im Jahr 2002 wurde darüber hinaus der so genannte „Zolldollar" vereinheitlicht und auf den Nachbarstaatenkurs angehoben. Eine Anpassung der Zollsätze, die gleichzeitig notwendig gewesen wäre, um die Zollbelastung für eine Reihe von Gütern nicht effektiv zu erhöhen, scheint jedoch nicht vorgenommen worden zu sein. Die Verringerung des Pflichtteils zum Umtausch der Exportdevisenerlöse von 25 % auf 10 % im September 2002 scheint wiederum ad hoc ergriffen worden zu sein, da sie unmittelbar mit einem kurzfristigen Verfall der syrischen Lira auf den Nachbarmärkten in Verbindung gebracht wurde.[61] Insgesamt steht eine definitive Vereinheitlichung der unterschiedlichen Wechselkurse nach wie vor in relativ weiter Ferne, während sich die Öffnung des syrischen Marktes auf selektive Maßnahmen wie die Verringerung der Zölle für Rohstoffinputs und die Schritte im Rahmen der GAFTA beschränkt.

Ein Beispiel für die schleppende praktische Umsetzung der in der dritten Reformphase angestoßenen Änderungen von Gesetzen und Vorschriften stellt die Zulassung privater Banken dar. Wie in *Abbildung 4* ersichtlich, wurde das Gesetz zur Gründung privater Banken im April des Jahres 2001 erlassen. Bis die ersten zwei privaten Banken ihre Tätigkeit aufnahmen, dauerte es jedoch bis zum Beginn des Jahres 2004.[62] Begründet

---

61 Siehe *The Syria Report*, News, 23.09.2003: „Syrian Pound recovers Some Lost Ground after slipping 15 Percent".

62 Es handelt sich um die *Banque de Syrie et d'Outre-Mer (BSOM)*, deren Hauptanteilseigner die Banque du Liban et d'Outre Mer (BLOM) ist, und die *Banque BEMO Saudi-Fransi*, an welcher die Banque Européen pour le Moyen-Orient (BEMO) und die Saudi-Fransi Bank einen Anteil von 22 % respektive 27 % halten. Im Fall der *BSOM* wurden

lag dies vor allem in Verzögerungen des Lizenzierungsprozesses auf Seiten der syrischen Behörden. Die Bestimmungen zu den formalen Lizenzierungs- und Registrierungsprozeduren für private Banken wurden zwar innerhalb eines halben Jahres nach dem Erlass des Gesetzes Nr. 28 veröffentlicht.[63] Darüber hinaus lagen dem Wirtschaftsministerium bis Mitte Oktober 2001 mehr als 100 Bewerbungen vor.[64] Die Bearbeitung der Anträge musste jedoch zuerst die Wiedereinsetzung des für eine Prüfung der Anträge zuständigen *Credit and Monetary Council* und mit ihm die Anpassung des Geld- und Kreditgesetzes im März 2002 abwarten. Weitere Verzögerungen wurden angeblich vor allem durch politischen Druck verursacht, der darin bestand, den Staatsbanken mehr Zeit für eine Anpassung an die neue Konkurrenzsituation einzuräumen.[65] Die ersten drei Lizenzen wurden schließlich im Mai 2003 erteilt.[66]

Ein Vertreter der Banque BEMO Saudi-Fransi, die als erste private Bank im Januar 2004 ihre Türen öffnete, wurde von *Syria Times* anlässlich einer Banken-Konferenz in Damaskus mit den Worten zitiert, dass die neuen Banken auf kurze Sicht nicht mehr als eine minimale Rolle spielen würden. Sie könnten ihre Dienstleistungen ausweiten, wenn die Regierung ihren Versprechungen in Bezug auf weitere Reformen nachkomme.[67] Vor diesem Hintergrund scheint es auch nicht erstaunlich, dass sich die an zwei der neuen Banken beteiligten libanesischen Institute im Besitz von Familien syrischer Abstammung befinden. Andere libanesische Banken zeigten demgegenüber kein Interesse, sich auf dem syrischen Markt zu etablieren. Begründet wird dies mit der „Halbherzigkeit" der bisher ergriffenen Maßnahmen zur Liberalisierung des Finanzsektors.[68] Die Kritik steht u.a. damit in Verbindung, dass das neue Geld- und

---

38 % der Anteile und bei der *Banque BEMO Saudi-Fransi* 48 % der Anteile über eine öffentliche Zeichnung an private syrische Anteilseigner verkauft, siehe *Syria Times,* 14.01.2004: „Attracting Investment seen as Main Benefits of Opening Private Banks"; *The Syria Report,* No. 14, January 2004: „Private Banks have started Operations".

63 Ministry of Economy and Foreign Trade: *„Licensing & Registration Procedures of Banks Established according to Law No. 28 for the Year 2001",* [http://www.syrecon.org/announce.php? view_item= 25&lang=e], 12.12.2002.

64 Siehe *Zawya.com,* 16.10.2001: „More than 100 Applications filed to set up Private Banks in Syria".

65 Siehe Directorate General for Economic and Financial Affairs (2004), S. 119.

66 Ausführlicher zu den drei Banken, die eine Lizenz erhielten, siehe *The Syria Report,* No. 7, May 2003: „Private Banks enter the Syrian Market after a Forty-year State Monopoly".

67 Siehe *Syria Times,* 14.01.2004: „Attracting Investment seen as Main Benefits of Opening Private Banks".

68 Siehe *The Daily Star online,* 5.12.2003: „Syrians Optimistic about Economic Effect of Opening Up Banking Sector".

Kreditgesetz bezüglich wichtiger Themen wie dem Umgang mit Zinsen und Devisen im Unklaren bleibt und diese lediglich zukünftigen Entscheidungen des CMC unterstellt. Als ein weiterer Mangel des Gesetzes gilt, dass der CMC, der für die Evaluierung und Durchführung der monetären Politik zuständig ist, sich neben dem Zentralbankgouverneur und seinem Stellvertreter vornehmlich aus Vertretern unterschiedlicher Ministerien zusammensetzt, was die Flexibilität dieser Institution einschränkt. Außerdem untersteht die letzte Entscheidungsgewalt trotz der Gründung des CMC nach dem Gesetz weiterhin dem Wirtschaftsminister.[69]

Als klar gilt unter den syrischen Ökonomen und ausländischen Beobachtern, dass die 2001 und 2002 erlassenen Gesetze nur erste Schritte für den Aufbau eines modernen und effizienten Banken- und Finanzsystems bedeuten. Weitere Maßnahmen wie Schuldenclearing und Restrukturierung der bestehenden staatlichen Institute, verbesserte Ausbildung von Fachleuten und eine Stärkung der Unabhängigkeit des CMC müssten folgen.[70] Indes mehren sich die Stimmen unter syrischen Experten, die eine Privatisierung der staatlichen Spezialbanken fordern, da sie keine Chance hätten, mit den privaten Banken auf gleicher Ebene in Konkurrenz zu treten.[71]

An eine Privatisierung der staatlichen Banken oder anderer Unternehmen des öffentlichen Sektors ist allerdings von offizieller Seite nach wie vor nicht zu denken. Zwar soll gemäß der Ziele des von der Regierung entworfenen wirtschaftlichen Reformprogramms die Rolle des Staates in der Wirtschaft reformiert und die Effizienz im öffentlichen Sektor und der staatlichen Bürokratie gesteigert werden. Das zentrale Motto des Programms lautet jedoch „keine Privatisierung und keine Entlassungen". Die staatlichen Unternehmen sollen statt dessen finanzielle und administrative Unabhängigkeit erhalten und in ihrer Tätigkeit den Marktmechanismen unterworfen werden. Was für die öffentlichen Industriebetriebe forciert wird, sind so genannte „private-public partnerships". Diesbezüglich verabschiedete das Kabinett im Juni 2001 einen Gesetzentwurf, der es privaten Unternehmen ermöglicht, das Management verlustreicher staatlicher Betriebe zu übernehmen, während der Staat die Rolle des Ei-

69 Ausführlicher zur Kritik am Gesetz Nr. 23/2002 siehe EIU Country Report, May 2002, S. 18-19.
70 Ausführlicher zu weiteren Reformmaßnahmen im Banken- und Finanzsektor siehe insbes. Sukkar (2002).
71 Exemplarisch dafür siehe The Syria Report, No. 12, November 2003: „Interview – Ali Kanaan".

gentümers beibehält.[72] Ein erster Vertrag dieser Art wurde 2003 unterzeichnet.[73] Weitere Ziele des offiziellen wirtschaftlichen Reformprogramms betreffen neben der Stärkung der Rolle des privaten Sektors und
die Förderung seiner Fähigkeit, auf dem offenen Markt zu bestehen, insbesondere Änderungen im Bereich Banken, monetäre und Finanzpolitik.
Die Zinssätze sollen liberalisiert und die Rolle der Zentralbank gestärkt
werden.

Daneben sollen islamische Banken eingeführt, die staatlichen Banken
restrukturiert und eine Börse aufgebaut werden. Des Weiteren sollen die
Wechselkurse vereinheitlicht, die syrische Lira konvertibilisiert und die
laufenden Zahlungen liberalisiert werden. Im Bereich der Steuerreform
soll gemäß dem Reformprogramm neben der neuen Einkommensteuer in
Zukunft eine Umsatzsteuer eingeführt werden, um die aus der Unterzeichnung von Freihandelsabkommen zu erwartenden staatlichen Ein-
nahmeverluste zu kompensieren, und die Steuerverwaltung reformiert
werden. Andere Reformbereiche umfassen Justiz, Umwelt, wissenschaftliche Forschung, Investitionsförderung und Außenhandelsreformen.[74]

Wie oben bereits erwähnt, wurde dieses Reformprogramm bzw. dessen Entwurf zwar in den staatlichen Medien im Mai 2003 veröffentlicht.
Dennoch wurde es bislang, trotz der Vorlage eines revidierten Entwurfs
Ende 2003, nicht offiziell verabschiedet.[75] Des Weiteren hat das Programm massive Kritik auf sich gezogen. Die Kritik bezog sich insbesondere darauf, dass das Programm ein Gesamtkonzept vermissen und das
eigentliche Reform- bzw. Transformationsziel offen lassen würde. Tatsächlich gleicht das Programm einer reinen Auflistung von Maßnahmen,

---

72 Siehe *Gulf News*, 28.06.2001: „Syria approves Industrial Reform Law".
73 Ein australischer Unternehmer syrischer Abstammung übernahm das Management der
    staatlichen Papierfabrik in Deir-ez-Zor, siehe *OBG Online Briefing*, Vol. 50, April-5,
    27.04.2004: „Squaring the Circle".
74 Zu den Inhalten des wirtschaftlichen Reformprogramms der Regierung siehe *Teshreen*,
    27.05.2003: „Tišrīn tanšur al-musawwada an-nihāʾīya li-barnāmiǧ al-iṣlāḥ al-iqtiṣā-
    dī...muʿaddal an-numūw al-maṭlūb 6 % ... al-marǧaʿīya ... ad-dustūr wal-muʾtamar al-
    quṭrī wa-tauǧīhāt as-sayyid ar-raʾīs Bašār al-Asad" [Teshreen veröffentlicht den endgül-
    tigen Rohentwurf des wirtschaftlichen Reformprogramms ... erforderliches Wachstum
    6 % ... die Autorität ...die Verfassung ... und der Regionalkongress und die Direktiven
    des Präsidenten Bashar al-Asad]; *Teshreen*, 28.05.2003: „Tišrīn tuwāṣil našr al-musaw-
    wada an-nihāʾīya li-barnāmiǧ al-iṣlāḥ al-iqtiṣādī...taḥrīr asʿār al-fāʾida wa-tahfīḍ ma-
    dyūnīyat ad-daula tuǧāh al-markazī" [Teshreen setzt die Veröffentlichung des Rohent-
    wurfs des wirtschaftlichen Reformprogramms fort...Liberalisierung der Zinsen und
    Senkung der staatlichen Verschuldung bei der Zentralbank]; siehe dazu auch *The Syria
    Report*, No. 8, June 2003: „Economic Reform Programme is set".
75 Siehe u.a. *The Syria Report*, No. 13, December 2003: „Government Reform Plans re-
    main Obscure".

die unter bestimmten Reformbereichen zusammengefasst werden. Es fehlen jedoch Hinweise auf die institutionellen Träger und Modalitäten der Durchführung für die einzelnen Maßnahmen ebenso wie Angaben zum „Timing" und „Sequencing" der Reformen. Statt dessen spricht das Programm der Regierung lediglich von einem Zeitraum von fünf Jahren, innerhalb dessen die Maßnahmen durchgeführt werden sollen. Um die Verwirrung zu komplettieren bzw. die geringe Glaubwürdigkeit des Reformprogramms weiter zu dezimieren, wurde zwischenzeitlich verkündet, dass die „administrative Reform" Vorrang vor allem andern genieße bzw. Vorbedingung für die Einleitung jeglicher wirtschaftlicher Reformen sei.[76]

Die Herausforderungen, denen Syrien in den nächsten Jahren gegenübersteht, sind indes enorm. Auf interner Ebene bestehen sie in der Erfordernis hoher realer Wachstumsraten, um das Pro-Kopf-Einkommen, das trotz der relativ reichen Ressourcenausstattung Syriens das niedrigste unter allen Mittelmeerdrittländern darstellt, zu erhöhen und das Problem der wachsenden Arbeitslosigkeit zu bekämpfen. Nach offiziellen Statistiken beträgt die Arbeitslosenquote etwa 11 %.[77] Unabhängige Schätzungen ebenso wie die Schätzungen der nationalen *Agency for Combating Unemployment,* die im Rahmen eines staatlichen Programms zur Bekämpfung der Arbeitslosigkeit im Jahr 2001 ihre Arbeit aufgenommen hat, gehen von einer Rate von 15 % bis über 20 % aus. Darüber hinaus bildet die Arbeitslosigkeit vor allem ein Problem der jungen Bevölkerung. 150 000-200 000 junge Leute stoßen jedes Jahr neu auf den Arbeitsmarkt.[78]

Die externen Herausforderungen bestehen in der notwendigen Integration Syriens in die Weltwirtschaft und damit in Verbindung in dem angestrebten Beitritt zur Welthandelsorganisation (WTO) und den Freihandelsabkommen primär mit den arabischen Staaten und der Europäischen Union. Diese Herausforderungen zu meistern, erfordert die Schaffung der Grundlagen für ein exportorientiertes, nachhaltiges Wachstum, das nicht wie bisher in überwiegendem Maße von externen Faktoren wie der Ent-

---

76 Exemplarisch für die Kritik am wirtschaftlichen Reformprogramm der Regierung siehe Aita (2004); Nyrabia (2003).
77 Siehe *The Syria Report,* News, 9.09.2002: „CBS releases Latest Statistics on Syria's Labour Force".
78 Siehe EIU Country Report, August 2003, S. 22-23; *Zawya.com,* 20.10.2002: „Economy-Syria: High Unemployment but High Hopes". Das Programm zur Bekämpfung der Arbeitslosigkeit sieht die Schaffung von 440 000 Arbeitsplätzen innerhalb von fünf Jahren vor. Zu diesem Zweck sollen Mittel vor allem für die finanzielle Unterstützung privater handwerklicher und kleiner Unternehmen sowie die Ausbildung von Arbeitskräften und Projekte in Wohnungsbau und Infrastruktur bereitgestellt werden.

wicklung der Ölpreise und Witterungsbedingungen abhängig ist. Dafür notwendig sind enorme Anstrengungen für die Steigerung der Produktivität und der Verbesserung der Wettbewerbsfähigkeit syrischer Güter und Dienstleistungen. Abgesehen von Rohöl, Baumwolle und einigen landwirtschaftlichen Erzeugnissen sind syrische Produkte auf dem Weltmarkt bislang kaum konkurrenzfähig. Der Tourismussektor, der in entscheidendem Maße zum zukünftigen Wachstum beitragen soll, befindet sich im Vergleich zu Ländern wie Tunesien und Ägypten immer noch in Kinderschuhen. Dementsprechend herrscht enormer Reformbedarf. Syrische Ökonomen betonen diesbezüglich, dass der bisherige vorsichtige und graduelle Reformansatz zur Erreichung dieser Ziele nicht ausreicht und statt dessen durch ein Konzept umfassender Strukturreformen in allen Bereichen ersetzt werden muss.[79]

Das mit etlichen Mängeln behaftete Reformprogramm der Regierung und offizielle Verlautbarungen, dass am graduellen Reformkurs prinzipiell festgehalten werden müsse, lassen jedoch Zweifel aufkommen, ob die Regierung die notwendigen Reformen in naher Zukunft in die Tat umsetzen kann bzw. will. Unterstützt wird diese These dadurch, dass die letzte Kabinettsumbildung im Dezember 2003 für die meisten Beobachter keine signifikanten Signale für eine Beschleunigung der Reformen und vor allem ihre Implementierung aussandte, obwohl es ähnlich wie bei der vorherigen Regierungsumbildung im Vorfeld hieß, dass ein neues Kabinett berufen werden solle, um den Reformprozess voranzubringen.[80] Die grundlegenden Hemmfaktoren des syrischen Reformprozesses, die den Verlauf der bisherigen Reformphasen maßgeblich beeinflussten, haben indes nach wie vor Bestand.

Obwohl dem jungen Staatspräsident auch drei bis vier Jahre nach seinem Amtsantritt ausgeprägte „reformist instincts" attestiert werden, sind die seit seinem Amtsantritt angestoßenen Reformen und ihre Implementierungsprobleme, das Reformprogramm und die Kabinettsumbildung ein Indiz dafür, dass es innerhalb der syrischen Gesellschaft massive Wider-

---

79 Siehe dazu insbes. Sukkar (2001).
80 Der Anteil der Baath-Partei an den Ministerposten in der neuen Regierung hat sich faktisch erhöht, was vor allem dadurch zustande kam, dass die Zahl der Portfolios insgesamt von 35 auf 30 reduziert wurde. Des Weiteren enthält das neue Kabinett kein signifikantes neues Gesicht so wie dies in den beiden Vorgängerregierungen mit al-Zaim und al-Rifai der Fall gewesen war, ausführlicher zur Kabinettsumbildung und den Mitgliedern der neuen Regierung siehe insbes. *OBG Online Briefing*, Vol. 40, September-5, 26.09.2003: „New Government, Old Problems"; *The Syria Report*, No. 11, October 2003: „The Baath Party keeps the Upperhand in the New Government", S. 2-3.

stände gegen eine umfassende Strukturanpassung gibt.[81] Diese reichen von Mitgliedern der politischen Führungselite über die Beschäftigten des öffentlichen Sektors und der staatlichen Bürokratie bis hin zu Teilen des privaten Sektors, die u.a. den Verlust der Protektion des einheimischen Marktes fürchten. Nicht zu vergessen sind darüber hinaus Parteimitglieder ebenso wie eine ganze Reihe von Wissenschaftlern und Intellektuellen, die zumindest bei der Diskussion um den öffentlichen Sektor gegen eine Strukturanpassung à la IWF und damit die Privatisierung erhebliche ideologische Vorbehalte hegen.

Des Weiteren gibt die politische Situation in der Region, die in der Vergangenheit immer wieder genutzt wurde, um den Aufschub von Reformen zu rechtfertigen, keinen Anlass zur Entspannung. Im Gegenteil hat sich seit der zweiten Intifada der Palästinenser, dem israelischen Angriff auf syrisches Staatsgebiet im Herbst 2003 sowie der Einreihung Syriens in die Reihe der so genannten Schurkenstaaten „beyond the axis of evil" und den neuen US-Sanktionen der politische Druck auf Syrien noch verschärft.[82] Dies wird zur Folge haben, dass Reformen weiter blockiert werden und die Aufrechterhaltung der militärischen Schlagkraft auch in Zukunft umfangreiche finanzielle Mittel verschlingen wird. Diese Faktoren und die Tatsache, dass Syrien wie oben beschrieben eine Zusammenarbeit mit dem IWF zur Umschuldung und Durchführung eines Strukturanpassungsprogramms weiterhin ablehnt, trüben die Aussichten auf eine umfassende Ausweitung und Vertiefung des wirtschaftlichen Reformprozesses.

Vor diesem Hintergrund ruhen die Hoffnungen unter Ökonomen, Intellektuellen und Vertretern der Privatwirtschaft auf dem Anstoß weiterer Reformen durch die Teilnahme Syriens an bilateralen und regionalen Freihandelsvereinbarungen.[83] Dazu zählt die GAFTA und vor allem ein zukünftiges Assoziations- oder „Partnerschaftsabkommen" mit der Europäischen Union (EU) im Rahmen der so genannten „Euro-Mediterranen Partnerschaft". Syrien ist eines der acht arabischen Mittelmeerdrittländer (MDL), die im November 1995 neben der Türkei, Malta, Zypern und Israel zusammen mit den seinerzeit 15 EU-Mitgliedern die Euro-Mediterrane Partnerschaft aus der Taufe hoben. Mit allen anderen arabischen MDL ebenso wie mit Israel hat die EU bereits Partnerschaftsabkommen abgeschlossen. Mit Syrien wurden im Dezember 2003 die Verhandlungen offi-

---

81 Zu den „reformist instincts" siehe EIU Country Report, November 2003, S. 8.
82 Ausführlicher zu den Sanktionen siehe insbes. Tabler (2004).
83 Exemplarisch dafür siehe Abdel Nour (2001), Ḥūrī (2002), Sukkar (2000).

ziell beendet, die Unterzeichnung steht jedoch bislang aus.[84] Die Bestimmungen des Abkommens schreiben den Abbau der tarifären und quantitativen Handelshemmnisse zwischen Syrien und der EU innerhalb eines Zeitraums von höchstens zwölf Jahren vor. Der Freihandel beschränkt sich zunächst auf Industriegüter. Da Syrien bereits seit dem Kooperationsabkommen der 1970er Jahre über zollfreien Zugang zu den Märkten der EU-Staaten verfügt, impliziert dies primär eine Öffnung des syrischen Marktes für die Importe gewerblicher Waren aus der EU. Des Weiteren beinhaltet das Abkommen u.a. die Einräumung reziproker Präferenzen für den Zugang ausgewählter Agrargüter und Vorschriften zu Wettbewerbsrichtlinien, laufenden Zahlungen und den Kapitalverkehr.[85] Darüber hinaus stellt die Partnerschaft mit der EU die Bereitstellung finanzieller und technischer Hilfe insbesondere für die Unterstützung des wirtschaftlichen Reformprozesses in Aussicht.

Eine Untersuchung, welche potenziellen Reformimpulse die GAFTA und das Partnerschaftsabkommen mit der EU in Aussicht stellen, würde den Rahmen dieses Artikels bei weitem sprengen.[86] Hingewiesen sei an dieser Stelle jedoch darauf, dass die beiden Freihandelsabkommen neben den bilateralen Abkommen, die Syrien in den letzten Jahren abgeschlossen hat, gegenwärtig die einzigen Instrumente bilden, die einen Anstoß zur Öffnung des syrischen Marktes für den Wettbewerb aus dem Ausland liefern können. Die Ausführungen über die Reformmaßnahmen der laufenden dritten Phase haben gezeigt, dass über die Zollsenkungen für den Import von Rohstoffinputs und die Beseitigung von Importverboten für einige wenige Güter hinaus kaum Maßnahmen ergriffen wurden, um die hohe Protektion des syrischen Marktes zu reduzieren.

Das wirtschaftliche Reformprogramm der Regierung legt zwar fest, dass die Außenhandelsliberalisierung neben den beiden Freihandelsabkommen auf einem Beitritt zur WTO fußen soll, und Syrien hat im Okto-

---

84 Gegenwärtig liegt eine Unterzeichnung des Abkommens seitens der EU auf Eis, da Großbritannien, Deutschland und die Niederlande eine Verschärfung der Klausel über die Massenvernichtungswaffen durchsetzen wollen, siehe *OBG Online Briefing*, Vol. 47, March-4, 23.03.2004: „No Time to make Time".

85 Ausführlicher zu den Bestimmungen des Partnerschaftsabkommens, das sich grundsätzlich an den in den Abkommen mit den anderen MDL vereinbarten Vorschriften orientieren wird, siehe Zorob (2005); für eine kürzere Zusammenfassung siehe insbes. Hoekman (1999).

86 Für eine ausführlichere Behandlung dieses Themas siehe Zorob, Anja: *Syrien im Spannungsfeld zwischen der Euro-Mediterranen Partnerschaft und der Großen Arabischen Freihandelszone*, Dissertation an der Universität Erlangen-Nürnberg (erscheint voraussichtlich 2005).

ber 2001 offiziell ein WTO-Beitrittsgesuch gestellt. Allerdings scheint die Aufnahme von Beitrittsverhandlungen derzeit aus politischen Gründen in weiter Ferne.[87] Die beiden Freihandelsabkommen liefern jedoch nicht nur den entscheidenden Impuls für die Durchführung von Außenhandelsreformen, sondern erleichtern aufgrund ihrer regionalen Begrenztheit auch ihre Durchsetzbarkeit gegen interne Widerstände.

Darüber hinaus bieten sie einen so genannten „committment mechanism", der durch das Sanktionspotential der Abkommenspartner gegen eine Rücknahme der einmal durchgeführten Beseitigung der Handelshemmnisse absichert und daher die Glaubwürdigkeit der wirtschaftlichen Reformen erhöht. Diese Glaubwürdigkeit stellt jedoch das Kennzeichen dar, welches der syrische Reformprozess bislang in entscheidendem Maße vermissen ließ, was aber unabdingbar ist, um an potenzielle Investoren aus dem In- und Ausland die „richtigen" Signale zu senden.[88]

Über die Verpflichtungen für den Abbau der Handelshemmnisse hinaus liefern die beiden Freihandelsvereinbarungen zahlreiche Impulse für die Ausdehnung der Außenhandelsliberalisierung auf andere als die europäischen und arabischen Partner ebenso wie für weitere Reformen in vielen anderen Bereichen. Diese ergeben sich neben den begrenzten expliziten Verpflichtungen z.B. für die Übernahme der EU-Wettbewerbsrichtlinien vor allem aus den Herausforderungen, die jene Abkommen an die syrische Volkswirtschaft stellen.

Die Herausforderungen bestehen darin, die notwendigen Voraussetzungen zu schaffen, um potenzielle negative Effekte der beiden Freihandelsabkommen eindämmen und die aus der regionalen Integration erwarteten statischen und vor allem dynamischen Gewinne tatsächlich realisieren zu können.[89] Mit anderen Worten handelt es sich dabei um die rasche

---

87 Nach den Angaben des syrischen Wirtschaftsministers üben die Vereinigten Staaten von Amerika und Israel Druck aus, um die Gespräche über das syrische Beitrittsgesuch hinauszuzögern, siehe *The Syria Report*, News, 26.04.2002: „Al Rifai: US, Israel try to delay Discussions on Syria's WTO Bid".

88 Ausführlicher zu „committment mechanism" und der Möglichkeit für die Verankerung („lock-in") wirtschaftlicher Reformen durch regionale Integrationsabkommen siehe insbes. Kennes (2000), S. 71 f. und 107 ff.; World Bank (2000), S. 22 ff.

89 In diesem Zusammenhang lässt sich ohne weiteres argumentieren, dass einige der in der laufenden dritten Reformphase angestoßenen Maßnahmen ebenso wie viele der im Programm der Regierung festgelegten Reformen unmittelbar die Verpflichtungen und zumindest einen Teil der Erfordernisse dieser Abkommen reflektieren; dazu zählt u.a. die Anpassung der Einkommen- und Körperschaftssteuersätze, welche die Privatwirtschaft lange gefordert hatte, um in den Genuss der selben Ausgangsbedingungen wie ihre Konkurrenten aus den anderen arabischen Staaten zu kommen.

und umfassende Ausweitung und Vertiefung des syrischen Reformprozesses. Damit in Zusammenhang steht, dass die Rentenzuflüsse vor allem aus den Ölexporten, die nach unterschiedlichen Schätzungen innerhalb der nächsten zehn bis 15 Jahre aufgrund der begrenzten Ölvorkommen versiegen werden, nicht wie zu Beginn der 1990er Jahre erneut dazu genutzt werden, „Zeit" zu kaufen, sondern statt dessen in die Finanzierung struktureller Reformen und ihre soziale Abfederung investiert werden.

Literatur

Abū Faḫr, Šiblī: *at-Taʿaddudīya al-iqtiṣādīya wat-tiǧāra al-ḫāriǧīya* [Wirtschaftlicher Pluralismus und Außenhandel], al-Ǧumhūrīya al-ʿarabīya as-sūrīya, Wizārat al-iqtiṣād wat-tiǧāra al-ḫāriǧīya, Mudīrīyat at-tiǧāra al-ḫāriǧīya [Syrian Arab Republic, Ministry of Economy and Foreign Trade, Directorate of Foreign Trade], unveröffentlichtes Manuskript, Damaskus 1995.

Aita, Samir: Who is Accountable on Reforms?, in: *The Syria Report,* No. 17, April 2004.

Abdel Nour, Ayman: *Syrian Views of an Association Agreement with the European Union,* EuroMeSCo Papers, No. 14, Lisboa 2001.

Ayubi, Nazih: *Arab Bureaucracies: Expanding Size, Changing Roles*, in: Luciani, Giacomo (Hrsg.): *The Arab State*, London 1990, S. 129-149.

Bergmann, Urs: *From Foreign Exchange Control to a Free Convertible Currency – Monetary Problems of Syria's Economic Transition,* Magisterarbeit in der Philosophischen Fakultät I, Friedrich-Alexander-Universität Erlangen-Nürnberg, Erlangen 2000.

Bolbol, Ali A. (2002): The Syrian Economy: An Assessment of its Macroeconomic and Financial Development, 1974-1999, in: *Journal of Development and Economic Policies,* 4 (2002) 2, S. 1-23.

van den Boogaerde, Pierre: *Financial Assistance from Arab Countries,* International Monetary Fund, Occasional Paper 87, Washington, D.C. 1991.

Central Bureau of Statistics, Office of the Prime Minister, Syrian Arab Republic: *Statistical Abstract,* Damascus, mehrere Jahrgänge.

Dalīla, ʿĀrif: *al-Iṣlāḥ al-iqtiṣādī fī l-quṭr al-ʿarabī as-sūrī* [Wirtschaftliche Reform in Syrien], in: Ramzī, Zakī (Hrsg.): *as-Siyāsāt at-taṣḥīḥīya wat-tanmīya fī l-waṭan al-ʿarabī* [Die Politik der Anpassung und Entwicklung im Arabischen Vaterland], Beirut 1989, S. 407-32.

Dawoud, Khaled: Between Chapters, in: *al-Ahram Weekly,* No. 491, 20-26 July 2000.

Directorate General for Economic and Financial Affairs: Economic Review of EU Mediterranean Partners, in: *European Economy,* No. 6, March 2004.

Economic and Social Commission for Western Asia: *Free Trade Areas in the Arab Region: Where do We go from Here,* New York 2001.

The Economist Intelligence Unit (EIU): *Country Report Syria,* London, mehrere Ausgaben.

Englert, Anja: *Die Große Arabische Freihandelszone. Motive und Erfolgsaussichten der neuen Initiative für eine intra-arabische Integration aus arabischer Sicht,* Diskussionspapiere Nr. 73, Freie Universität Berlin, Fachbereich Wirtschaftswissenschaft, Fachgebiet Volkswirtschaft des Vorderen Orients, Berlin 2000.

al-Ḥamaš, Munīr: *al-Istiṯmār fī Sūrīya. As'ila wa-aǧwiba* [Investitionen in Syrien: Fragen und Antworten], Damaskus 1992.

Heller, Peter B.: The Permanent Syrian Constitution of March 13, 1973, in: *The Middle East Journal,* 28 (1974) 1, S. 53-66.

Hinnebusch, Raymond A.: The Political Economy of Economic Liberalization in Syria, in: *International Journal of Middle East Studies,* 27 (1995), S. 305-20.

Hinnebusch, Raymond A.: *Syria,* in: Niblock, Tim/Emma Murphy (Hrsg.): *Economic and Political Liberalization in the Middle East,* London und New York 1993, S. 170-202.

Hoekman, Bernard: *Free Trade Agreements in the Mediterranean: A Regional Path towards Liberalisation,* in: Joffé, George (Hrsg.): *Perspectives on Development. The Euro-Mediterranean Partnership,* Portland und New York 1999, S. 89-104.

Hopfinger, Hans: *Economic Liberalization in a Centralized System: Agro-Business in Syria as a Major Step Towards a Market Economy,* in: ders. (Hrsg.): *Economic Liberalization and Privatization in Socialist Arab Countries: Algeria, Egypt, Syria and Yemen as Examples,* Gotha 1996, S. 165-85.

Ḥūrī, 'Iṣām: Manāṭiq at-tiǧāra al-ḥurra ka-muḥaffiz lil-iṣlāḥ al-iqtiṣādī wa-munaššiṭ lit-tiǧāra al-bainīya al-'arabīya [Free Trade Zones as a Motivation for Economic Reforms and a Booster for Inter Arab States Trade], Paper presented at the Fifteenth Tuesday Forum on Economic and Social Development in Syria – To make Economic Reforms More Efficient, Mazzeh, Damascus 15.01.2002-16.04.2002.

al-Imady, Mohammed: *Syria's Experience in Trade Liberalization & Policies of Economic Reform,* Ministry of Economy & Foreign Trade, Minister of Economy & Foreign Trade, on the Occassion of the 41st of the Damascus International Fair, Damascus 1994.

International Monetary Fund: *Exchange Arrangements and Exchange Restrictions – Annual Report 2003,* Washington, D.C. 2003.

International Monetary Fund: *Exchange Arrangements and Exchange Restrictions – Annual Report 2002,* Washington, D.C. 2002.

International Monetary Fund (Hrsg.): *Syrian Arab Republic – Recent Economic Developments,* Washington, D.C. 2000.

International Monetary Fund (Hrsg.): *Syrian Arab Republic – Staff Report for the 2000 Article IV Consultation,* Washington, D.C. 2000a.

International Monetary Fund (Hrsg.): *Syrian Arab Republic – Staff Report for the 1999 Article IV Consultation,* Washington, D.C. 1999.

International Monetary Fund: *Exchange Arrangements and Exchange Restrictions – Annual Report 1990*, Washington, D.C. 1990.

International Monetary Fund: *Exchange Arrangements and Exchange Restrictions – Annual Report 1985*, Washington, D.C. 1985.

Kamāl ad-Dīn, M.: al-Qirār /1100/ 'anhā al-'amal bi-niẓām tasdīd al-mustauradāt min qiṭa' at-taṣdīr [Der Beschluss Nr. 1100 beendet das System der Deckung der Importe durch Exportdevisen], in: Iqtissadiya, No. 106, July 2003.

Kennes, Walter: *Small Developing Countries and Global Markets – Competing in the Big League*, Basingstoke, Hampshire.

Meyer, Günter: *Economic Development in Syria since 1970*, in: Allan, J.A. (Hrsg.): *Politics and the Economy in Syria*, London 1987, S. 40-62.

Nyrabia, Mouaffaq: Analysis – Administrative Reform, above Anything Else!, in: *The Syria Report*, No. 11, October 2003.

L'Office Arabe de Presse et de Documentation (ofa): *Investment Incentive Law No. 10 & Preambles*, Damascus o.J.

Organisation for Economic Co-operation and Development: *Geographical Distribution of Financial Flows to Aid Recipients*, Paris, mehrere Jahrgänge.

Oxford Business Group: *Emerging Syria 2002*, London: 2002.

Pawelka, Peter: *Der Vordere Orient und die Internationale Politik*, Stuttgart u.a. 1993.

Perthes, Volker: *Vom Krieg zur Konkurrenz: Regionale Politik und die Suche nach einer neuen arabisch-nahöstlichen Ordnung*, Baden-Baden 2000.

Perthes, Volker: *The Peace Process, Relations with Libanon, and Domestic Change*, in: ders. (Hrsg.): *Scenarios for Syria: Socio-Economic and Political Choices*, Baden-Baden 1998, S. 111-25.

Perthes, Volker: *The Political Economy of Syria under Asad*, London 1995.

Perthes, Volker: Kriegsdividende und Friedensrisiken: Überlegungen zu Rente und Politik in Syrien, in: *Orient*, 35 (1994) 3, S. 413-24.

Perthes, Volker: *Staat und Gesellschaft in Syrien 1970-1989*, Schriften des Deutschen Orient-Instituts, Hamburg 1990.

Pölling, Sylvia: *Investment Law No. 10: Which Future for the Private Sector?*, in: Kienle, Eberhard (Hrsg.): *Contemporary Syria: Liberalization between Cold War and Cold Peace*, London 1994, S. 14-25.

The SCB Review, A Monthly Newsletter published by the Syrian Consulting Bureau for Economic Development and Investment, mehrere Ausgaben.

as-Sammān, Nabīl: *al-Iqtiṣād as-sūrī war-ra'smālīya al-ǧadīda* [Die syrische Wirtschaft und der neue Kapitalismus], Damaskus o.J.

Schneider, Christian/Andrew J. Jeffreys: *The Oxford Business Guide. Syrian Arab Republic 1995-6*, Banstead 1995.

Sukkar, Nabil: *Commentary on Banking Reform and Bank Restructuring*, Lecture delivered at the Forum of the Arab National Committees of the International Chamber of Commerce, Damascus, September 17, 2002.

Sukkar, Nabil: *The Crisis of 1986 and Syria's Plan for Reform,* in: Kienle, Eberhard (Hrsg.): *Contemporary Syria: Liberalization between Cold War and Cold Peace,* London 1994, S. 26-43.

Sukkar, Nabil: *al-Iṣlāḥ al-iqtiṣādī waš-širāka al-urubbīya al-mutawassiṭīya* [Wirtschaftliche Reformen und die Euro-Mediterrane Partnerschaft], Paper präsentiert auf dem Seminar on EU-Syria Co-operation organisiert von der Delegation der Europäischen Kommission in Zusammenarbeit mit der Föderation der Syrischen Handelskammern und der Handelskammer Aleppo, Chahba Cham Palace, Aleppo, 3.04.2000.

Sukkar, Nabil: *Syria's Economic Reform,* Paper presented at the Euromoney Conference „Syria: A New Dawn for Business, Trade and Investment", July 3rd-4th, 2001, Dorchester Hotel, London.

Tabler, Andrew J.: Syrian PM: US Sanctions Unjust, Unjustified, in: *The Daily Star online,* 13.05.2004.

Tabler, Andrew J.: Law 25: The Syrian Taxman Cometh, but with a Double-edged Sword, in: *The Daily Star online,* 13.03.2004a.

World Bank: *Trade Blocs,* World Bank Policy Research Report, Oxford 2000.

World Bank: World *Development Indicators 2002* on CD-ROM, Washington, D.C. 2002.

Zorob, Anja: Syrien im Spannungsfeld zwischen der Euro-Mediterranen Partnerschaft und der Großen Arabischen Freihandelszone, Dissertation an der Universität Erlangen-Nürnberg (erscheint voraussichtlich 2005).

Webseiten und Online-Journals

al-Ahram Weekly [http://www.ahram.org.eg/weekly/].

The Daily Star online [http://www.dailystar.com.lb/].

Iqtissadiya [http://www.iqtissadiya.com/].

Menareport.com [http://www.menareport.com/].

OBG *Online Briefing* [http://www.oxfordbusinessgroup.com/weekly].

The Syria Report [http://www.syria-report.com/].

Syria Times [http://www.teshreen.com/syriatimes/].

Syrian Arab Republic, *Ministry of Economy and Foreign Trade* [http://www.syrecon.org/].

Teshreen [http://www.teshreen.com/].

United Nations: *UN Commodity Trade Statistics Database (UN Comtrade)* [http://unstats.un.org/unsd/comtrade/].

World Bank: *World Development Indicators 2004* [http://www.worldbank.org/data/dataquery/].

Zawya.com, Arab Business and Finance [http://www.zawya.com/].

Regionale Integration im Maghreb: Wirtschaftliche, kognitive und räumliche Aspekte

Steffen Wippel

Bildung und Wandel regionaler Räume als „soziale Konstrukte"

Die Bildung einer euro-mediterranen Freihandelszone hat die Diskussion über die Notwendigkeit einer komplementären Süd-Süd-Integration wieder aufleben lassen. Dabei kommt der wirtschaftlichen Integration im Maghreb eine zentrale Bedeutung zu. Doch der schon lange bestehende Diskurs über die Maghrebeinheit lässt leicht vergessen, dass es sich hierbei nicht um eine feste regionale Größe mit klar definierten Formen und Inhalten handelt. Regionen, in denen Integration stattfindet, sind nicht „natürlich" vorgegeben; vielmehr handelt es sich bei solchen regionalen Wirtschaftsräumen um sozial konstituierte und konstruierte Einheiten.[1] Diese werden zum einen politisch definiert und institutionalisiert, z.B. im Rahmen regionaler Organisationen und anderer vertraglicher Abmachungen; zum anderen können sie aus der Vielzahl der individuellen Wirtschaftsaktivitäten und ihrer regionalen Verdichtung erwachsen. Des Weiteren handelt es sich um mentale Konstrukte derjenigen, die als politisch Verantwortliche „von oben" oder als handelnde Wirtschaftssubjekte „von unten" aktiv zur Regionenbildung beitragen und davon betroffen sind. Sie müssen sich die Räume, in denen sie handeln, zunächst einmal vorstellen, Gemeinsamkeiten erkennen und Folgen der Integration bewerten. Zugleich sind die aktuellen weltweiten Regionalisierungsprozesse gekennzeichnet von räumlicher, institutioneller und inhaltlicher Offenheit und ebensolchen Überlappungen.

So ist auch der Maghreb kein vorgegebener, eindeutig definierter Raum, sondern ein sich immer wieder wandelndes Ergebnis sozialer Prozesse. Über die rein geographische Bezeichnung hinaus stellt der Magh-

---

[1] Sozialkonstruktivistische Überlegungen zu Regionen und Regionalisierung haben bspw. in geografische und politikwissenschaftliche Ansätze, bislang weniger in die Wirtschaftswissenschaften Eingang gefunden (vgl. bspw. Lackner/Werner 1999). Zur geographischen Diskussion um die Rolle von Raum, Wahrnehmungen und Identität vgl. bspw. Scheiner 2002 m.w.N. Weichhart 1999 stellt die Bedeutungsvarianten des Begriffs „Region" dar, Lewis/Wigen 1997 setzen sich mit mental verfestigten „Metageographien" auseinander. Als politikwissenschaftliche Beiträge zur sozialen Konstruktion von Regionen und zu Charakteristika aktueller Regionalisierung vgl. u.a. Breslin/Higgott 2000; Marchand u.a. 1999; Higgott 1997a und b.

reb als politische und wirtschaftliche Einheit, den es auch institutionell zu integrieren gilt, weitgehend eine „Erfindung"[2] des 20. Jhs. dar. Mehrfach wurden Versuche unternommen, dieses Vorhaben umzusetzen; bislang scheiterten sie regelmäßig. Derzeit steht die – erneut blockierte – Maghrebintegration unter zunehmender Konkurrenz anderer institutioneller Angebote im südlichen Mittelmeerraum, in Afrika und in der arabischen Welt. Auch in Bezug auf die inneren wirtschaftlichen Verflechtungen und ihre regionale Verdichtung lässt sich der Maghreb nur bedingt als ein homogenes, klar abgrenzbares Gebilde verstehen. Mit der inneren Differenzierung ging eine Variation seiner Außengrenzen einher. Darüber hinaus wandelte sich seine Bedeutung in Bezug auf andere regionale Zugehörigkeiten und Orientierungen der einbegriffenen Länder.

Im Folgenden wird der Wandel von Form, Inhalt und der räumlichen Dimension des Maghreb auf institutioneller Ebene, in Bezug auf die realwirtschaftlichen Verflechtungen und die kognitive Komponente untersucht. Dabei steht angesichts des begrenzten Platzes und der verfügbaren Daten bei den materiellen Strömen der Warenaustausch im Mittelpunkt. Bei den Wahrnehmungen und Vorstellungen gilt die Aufmerksamkeit unterschiedlichen Positionen der Regierungen der betrachteten Länder, darüber hinaus Stimmen aus den drei großen marokkanischen Parteien und ihrem Umfeld, die die politische Landschaft über den betrachteten Zeitraum intellektuell, kurze Zeit auch exekutiv prägten.[3] Die Darstellung erfolgt entlang der wesentlichen Entwicklungsphasen der Regionalisierungsprozesse im Maghreb.

Der Maghreb als geographische und kulturelle Größe

Die arabische Bezeichnung *al-maġrib* steht in der originären Bedeutung[4] sowohl für den Zeitpunkt als auch den Ort des Sonnenuntergangs, übertragen für das Gebet bei Sonnenuntergang bzw. für „Westen, Okzident" und schließlich als geographische Bezeichnung (*bilād al-maġrib*) für die

---

2   Vgl. bspw. zur „Erfindung" von Traditionen Hobsbawm/Ranger 1992.
3   Für das politische Meinungsfeld in Marokko wurden in erster Linie – hier nicht einzeln aufgeführte – publizistische und wissenschaftliche Veröffentlichungen einzelner Parteivertreter und parteinahe Periodika, daneben Parteiprogramme und andere „graue" Dokumente untersucht. Zu weiterführenden bibliografischen Hinweisen vgl. Wippel 1999a und b, 2001a, 2002 m.w.N.
4   Vgl. Wehr 1958. Der zugrundeliegende Wortstamm *ġaraba* bedeutet „weg-, fortgehen, sich entfernen, untergehen (der Sonne usw.)", s.a. *ġarb* = „Westen". Der Gegensatz dazu ist *mašriq* „Sonnenaufgang, Osten, Orient, Morgenland, Levante".

Region in etwa zwischen Mittelmeer, Atlantik und Sahara.[5] Historisch bestand Uneinigkeit über ihre östlichen Grenzen: die meisten arabischen Historiker und Geographen zählten nur Tripolitanien dazu, während für andere der Maghreb auch das Niltal oder Spanien und Sizilien umschloss. Im Süden wurden bisweilen Ouadane im heutigen Mauretanien, weiter östlich die Gourara, Ghadamès und der Fezzan einbezogen. Meist erfolgte eine Dreiteilung der Region in das östlich gelegene „Ifrīqiyā", den „zentralen" (*al-maġrib al-awsat*) und westlich davon den „äußersten Maghreb" (*al-maġrib al-aqṣā*), die in etwa auf der Höhe von Bejaïa bzw. des Moulouya-Flusses getrennt wurden.

Aufgrund der geographischen Abgeschlossenheit wurde die Region üblicherweise als *ǧazīrat al-maġrib* (Insel des Maghreb) bezeichnet. Für Menschen, Güter und Ideen waren die Land- und Seegrenzen der Region jedoch nie unüberwindlich; so bestand in der Geschichte meist ein intensiver Handelsverkehr vor allem nach Norden und Süden und vornehmlich anlässlich der Pilgerfahrten in West-Ost-Richtung.[6] Eine weitgehende politische Einheit der betrachteten Region unter autochthoner Herrschaft lässt sich hingegen lediglich für die Zeit der Almohaden feststellen, die im 12. Jh. den gesamten Nordwesten Afrikas einschließlich Andalusien und des Westens Libyens erobert hatten.

Die Europäer sprachen lange von der „Berberei" oder „Kleinafrika" und vor allem die Franzosen von ihren Kolonialgebieten – in Abgrenzung zu den saharischen und schwarzafrikanischen Territorien – als der „Afrique du Nord (française)". Libyen wurde anfangs aufgrund der Zugehörigkeit zum italienischen Kolonialreich selten zum Maghreb gezählt. Mauretanien war 1920 in die *Afrique Occidentale Française* (AOF) eingegliedert worden und wurde dementsprechend lange Zeit eher Schwarzafrika zugerechnet. Heute unterscheidet man meist den Kernmaghreb, der die Staaten Marokko (unabhängig 1956), Tunesien (1956), Algerien (1962) einschließlich ihrer saharischen Gebiete umfasst, vom „großen Maghreb" (*al-maġrib al-kabīr*), der sich auch auf Libyen (1951) und Mauretanien (1960) erstreckt. Häufig wird die Region als „Arabischer Maghreb" (*al-maġrib al-'arabī*) bezeichnet, um seine Zugehörigkeit zur arabischen Welt hervorzuheben und ihn von der Bezeichnung für Marokko (*al-maġrib al-aqṣā*) zu unterscheiden.

---

5 Vgl. Yver 1999. Zu Details s.a. Kistenfeger 1994, S. 16 f.; Lacoste 1995, S. 46 ff.; Laroui 1995, passim; Chater 1989, S. 40 f.
6 Zu den transsaharischen Verbindungen s. bspw. Marfaing/Wippel 2004.

Der Maghreb als Projekt zum Erringen
der politischen Unabhängigkeit von Europa

Ihren Ausgangspunkt hatte die Idee von einer politischen und wirtschaftlichen Einheit des Maghreb außerhalb der Region.[7] Politische Führer, Studenten und Gastarbeiter aus dem unter französischer Kolonialherrschaft stehenden Nordafrika, die in Frankreich lebten, begannen nach dem Ersten Weltkrieg untereinander Kontakt aufzunehmen und Verbindendes zu entdecken. In den 1920er Jahren gründeten sie erste gemeinsame Arbeiter- und Studentenorganisationen und gaben gemeinsame Publikationen heraus. Das Ziel, das sie einander näher brachte, war die Unabhängigkeit ihrer Herkunftsländer, für das sie sich ihrer gegenseitigen Solidarität und Unterstützung versicherten. Oft ging es dabei noch, entsprechend der französischen Diktion, um den „nordafrikanischen" Befreiungskampf. Nach dem Zweiten Weltkrieg vernetzten sich auch Politiker, die in Ägypten im Exil weilten, und errichteten zum Teil mit Unterstützung der gerade gegründeten Arabischen Liga gemeinsame Verbindungs- und Informationsstellen. In der praktischen Politik stand jedoch zunächst – von einzelnen Solidaritätskundgebungen, z.B. der Gewerkschaften, abgesehen – die Unabhängigkeit der eigenen Nationalstaaten im Vordergrund der jeweiligen Aktivitäten.

1958 trafen sich in Tanger Vertreter der drei großen Parteien, die für die Unabhängigkeit ihrer Staaten kämpften. Sie unterstützten den noch andauernden algerischen Freiheitskampf und forderten eine Föderation der Maghrebstaaten.[8] Wenige Monate vorher war die EWG gegründet worden, zu der die drei vertretenen Länder versuchten, ihr Verhältnis festzulegen. Anregung kam auch von Einigungsprojekten, die zur gleichen Zeit im Mashrek vonstatten gingen.[9] An der Zusammenkunft nahmen Beobachter aus Mauretanien teil, während Libyen trotz Einladung keine Delegierten entsandte. Umgesetzt wurde von den Vorschlägen, die bereits gemeinsame Gremien vorsahen, jedoch nichts. Dennoch wird die Konfe-

---

7 Zur Ausformung der Maghrebidee bis in die 1950er Jahre vgl. im folgenden Kistenfeger 1994, S. 20 ff.; Touiti 1996, S. 2 ff.; Balta 1990, S. 19 ff. S.a. Colás 2001, S. 20 ff.; Chater 1989, S. 41 ff.; Jabri 1985.

8 Kurz zuvor hatten die marokkanische und die tunesische Regierung bereits eine Maghrebkonföderation unter Einschluss Frankreichs vorgeschlagen, um so Algerien zur Unabhängigkeit zu verhelfen. Umgekehrt gab es heftigen Widerstand gegen eine Beteiligung an der von Frankreich gegründeten *Organisation commune des régions sahariennes*, die alle saharischen Gebiete seines Kolonialreiches vereinen sollte (s. Wippel in Vorb.).

9 Vgl. Zartman 1999, S. 178.

renz bis heute regelmäßig als eigentlicher Ausgangspunkt der Maghreb-idee angeführt und der „Geist von Tanger" beschworen.

Aus Marokko war der *Parti de l'Istiqlâl* (PI)[10] vertreten, der dort wesentlich den Entkolonialisierungsprozess vorangetrieben hatte. Vertreter der national-konservativen, religiös geprägten Hauptströmung stellten zunächst die Zugehörigkeit Marokkos zur arabischen und islamischen Welt in den Vordergrund und waren auch einer Kooperation mit Europa nicht so rigoros abgeneigt wie andere politische Exponenten; zugleich vertrat ihr Führer Allal El Fassi Vorstellungen eines Maghreb vom Atlantik bis zum Roten Meer.[11]

Die wirtschaftlichen Verflechtungen zwischen den einzelnen Gebieten galten schon zu Kolonialzeiten als relativ gering; die geltende Zollgesetzgebung förderte vielmehr eine sternförmige Anbindung an Frankreich,[12] über das auch ein großer Teil des innerregionalen Handels- und Postverkehrs lief. Immerhin betrieben im Vorkriegsjahr 1938 Marokko fast 6%, Tunesien und Algerien über 4½% ihres Außenhandels mit dem übrigen Französisch-Nordafrika. In der zweiten Hälfte der 1950er Jahre (1955-58) war der Anteil – bei insgesamt stark sinkender Tendenz – am größten in Tunesien (im Durchschnitt 4,6%).[13] Berücksichtigt man die relativ geringe wirtschaftliche Größe der nordafrikanischen Länder, so zeigt sich, dass der innermaghrebinische Handel im Durchschnitt 2,3mal so hoch war,

---

10 *Istiqlâl* bedeutet „Unabhängigkeit".
11 Zur Solidarität der PI mit maghrebinischen, arabischen und islamischen Unabhängigkeitsbewegungen s. al-Fāsi 1970. Vgl. auch El Fassi 1961, u.a. S. 296, 312; Ihraï 1986, S. 164. El Fassi unterschied die drei Teile des Maghreb: „el acsa" ((Groß-)Marokko), „el ausath" (Algerien) und „el auval" (Tunesien, Libyen und Ägypten). Hingegen vertrat laut Ammor 1999 El Fassi einen Maghreb zu dritt; 1967 setzte sich der Maghreb (nach Ihraï 1986, S. 151) für die PI aus vier Ländern ohne Mauretanien zusammen.
12 Vgl. o.V. 1968a, S. 32.
13 Die Angaben im folgenden Text beruhen auf eigenen Berechnungen nach IMF 1959, 1967, 1981, 1994 und 2003. Untersucht wurden fünf an Hand der genutzten Quellen vorgegebene Beispielperioden. Betrachtet wird nur die jeweilige Summe aus Exporten und Importen; es kann sich dabei jedoch durchaus um äußerst ungleichgewichtige Handelsbeziehungen handeln (z.B. Libyen 1987-93: Saldo von -1,1 Mrd. USD bei einem Maghrebhandel von 2,7 Mrd. USD), und die Bedeutung eines bilateralen Handelsstroms kann für die beteiligten Länder sehr unterschiedlich ausfallen (Bsp. Anteil des Warenverkehrs zwischen Tunesien und Libyen 1987-93 am tunesischen Außenhandel 6,8%, am libyschen 0,3%). Die Bezeichnung „Maghreb" bezieht sich im folgenden auf den großen Maghreb, soweit Daten vorliegen; ergänzend einbezogen in die Untersuchung werden östlich und südlich angrenzende Randstaaten. Im an dieser Stelle untersuchten Zeitraum zählte Mauretanien noch zur AOF und wurde, ebenso wie andere Kolonien im Sahel, nicht gesondert ausgewiesen. Der Anteil Algeriens mag überhöht sein, da bspw. Handel mit dem französischen Kernland über sein Gebiet betrieben wurde. Aus Platzgründen wird auf umfassende Tabellen und Abbildungen verzichtet.

wie nach den Welthandelsanteilen der beteiligten Partner anzunehmen gewesen wäre.[14] Den intensivsten Handel mit dem Maghreb insgesamt betrieb damals ebenfalls Tunesien (HI: 3,4). Die intensivsten *bilateralen* Handelsbeziehungen bestanden schon damals zwischen Libyen und Tunesien (5); daneben bestand das vorgenannte, auf Algerien zentrierte Handelsdreieck. Libyens Handelsbeziehungen waren vor allem auf Ägypten ausgerichtet; hier bestand auch die größte bilaterale „Handelsintensität" im nördlichen Afrika (10).

Der Maghreb als Projekt zur ökonomischen Abkoppelung von Europa

Nach der Unabhängigkeit nahmen alle drei Kern-Maghrebstaaten die Einheitsidee an zentraler Stelle in ihre Verfassungen auf und beschworen in der politischen Rhetorik immer wieder die Formel eines geeinten Maghreb. Die Realität war aber zunächst geprägt von gegenseitigem Misstrauen, Streben nach regionaler Vorherrschaft ebenso wie unterschiedlichen ideologischen und folglich wirtschafts- und außenpolitischen Orientierungen.[15] Der Umsetzung der Maghrebidee in gemeinsame Kooperationsvereinbarungen standen nicht nur der politische Unwille, gerade errungene Souveränität wieder abzugeben, sondern auch gegenseitige territoriale Ansprüche entgegen. Ausgehend von Vorstellungen El Fassis hatte sich bspw. in Marokko seit Mitte der 1950er Jahre die Forderung nach der „Wiederherstellung" eines großmarokkanischen Reiches verbreitet.[16] Marokko agitierte zunächst gegen die Unabhängigkeit Mauretaniens

---

14 Handelsanteile spiegeln vor allem ökonomische Abhängigkeit wider und sind, auch aufgrund weiterer konzeptioneller Schwächen (u.a. der engen Korrelation mit der Größe der vorgegebenen Region), nur bedingt aussagekräftig. Die „relative bilaterale Handelsintensität" (HI) berücksichtigt die wirtschaftlichen Größenordnungen der Partnerländer: Von „Regionalisierung" lässt sich dann sprechen, wenn der Handel unter den Partnerländern (Hij / HWelt) größer ist, als es gemäß ihren jeweiligen Welthandelsanteilen zu erwarten wäre (Hi / HWelt * Hj / HWelt), also bei einem Quotienten der beiden Terme – einer „Intensität" – von (aufgrund statistischer Ungenauigkeiten: deutlich) größer als Eins. Vgl. u.a. Frankel u.a. 1997, S. 19 ff.; Freudenberg u.a. 1998. 1938 lagen die Intensitäten des innermaghrebinischen Handels der drei Länder noch zwischen 4 und 5. Zum Vgl.: die intraregionalen Handelsintensitäten innerhalb der EU (1962-94) sind mit Werten zwischen 1,2 und 1,6 relativ gering (Frankel u.a. 1997, S. 26 f.); auch die Handelsintensitäten der Maghrebstaaten mit der EU sind seit den 1970er Jahren kleiner als 2 (eigene Berechnungen).
15 Zu den Entwicklungen in den 1960er und 1970er Jahren vgl. im folgenden o.V. 1968a und 1968b; Wurthmann 1986, S. 42 ff.; Kistenfeger 1994, insb. S. 26 ff.; Aghrout/Sutton 1990, S. 115 ff., 129; Balta 1991, passim; Zartman 1999, S. 176 ff.; Touiti 1996, S. 5 ff.; Flory 1983; Weidnitzer 1992, passim.
16 Zu den „Großmarokko"-Ideen vgl. Ihraï 1986, passim; Wippel in Vorb.

und beanspruchte ebenso Gebiete im westlichen Algerien, um die 1963 ein dreiwöchiger Krieg entbrannte. So bemühten sich die Maghrebstaaten Anfang der 1960er Jahre eher um afrikanische und arabische Einrichtungen denn um eine regionale Zusammenarbeit im Maghreb. Ihren Wirtschaftsverkehr untereinander regelten sie in zahlreichen bilateralen Abkommen.

1964 gründeten schließlich die drei maghrebinischen Kernstaaten und Libyen das *Comité Permanent Consultatif du Maghreb* (CPCM). Dem vorausgegangen waren mehrere Nordafrikakonferenzen der UN-Wirtschaftskommission für Afrika, die die industrielle Zusammenarbeit der Länder zum Gegenstand hatten und zur Gründung eines gemeinsamen *Centre d'Etudes Industrielles Maghrébin* führten. Ein weiteres zu der Annäherung trugen gemeinsame Abhängigkeiten und Interessen gegenüber der EWG bei.[17] Damit waren die ersten organisatorischen Strukturen für die Umsetzung der Maghrebidee geschaffen. Gleichzeitig sollte das Komitee auch im Sinne der übergeordneten afrikanischen und arabischen Einheit wirken. Im Rahmen des CPCM wurden, entsprechend dem wirtschaftspolitischen Denken der damaligen Zeit, zahlreiche sektoral ausgerichtete Kommissionen eingerichtet, die dem Rat der Wirtschaftsminister Kooperationsvorhaben vorlegen sollten.

Trotz einer Unzahl von Studien, Konventionen und Gremien gab es kaum konkrete Ergebnisse. Erst 1967 gelangte man zu einem globalen Integrationsansatz: demnach sollten die Zölle für Industrieprodukte über fünf Jahre abgeschafft und rasch ein Gemeinsamer Markt, eine Zahlungsunion und eine maghrebinische Entwicklungsbank errichtet werden. Schon im Herbst 1966 hatten jedoch die ersten Ausschüsse ihre Arbeit eingestellt; Maghrebgipfel wurden in der Folgezeit immer wieder verschoben. 1970 lehnten die Wirtschaftsminister das vorgesehene Programm zur Wirtschaftskooperation ab. Nach dem Sturz der Monarchie orientierte sich al-Qaddafi in Richtung des nasseristischen Ägypten;[18] Algerien verfolgte seit 1969 eine auf Autarkie abzielende Industrialisierungs- und Entwicklungspolitik. Beide beteiligten sich nun nicht mehr aktiv an der gemeinsamen Arbeit. Parallel dazu hatte Marokko endlich die staatliche Souveränität Mauretaniens anerkannt, und zwischen den zwei Staaten begann eine Phase zunehmender Kooperation, nicht zuletzt in

---

17 Gleichzeitig gab es auch im arabischen Osten erneut ein Einigungsprojekt zwischen Ägypten, Sudan und dem Irak. 1964 wurde auch der *Arabische Gemeinsame Markt* gegründet (nordafrikanische Mitglieder: Libyen, Mauretanien, Ägypten, Sudan).
18 Zu den libyschen Außenorientierungen s.a. Deeb 1989, S. 23; Mattes 1995.

Hinblick auf die noch spanisch besetzte Westsahara. Dies erlaubte schließlich 1975 die offizielle Aufnahme Mauretaniens in das CPCM, an dem es schon seit 1970 als Beobachter teilgenommen hatte. Gleichzeitig trat Libyen offiziell aus und die Aktivitäten der Organisation wurden eingestellt.

Zwar wurden in dieser Zeit manche Grenzkonflikte beigelegt, doch fehlte auf höchster politischer Ebene der Wille, getroffene Vereinbarungen umzusetzen. Die Kooperation war vor allem technisch angelegt, die Institutionen waren schwach. Im Zentrum der wirtschaftspolitischen Bemühungen der Mitgliedstaaten standen die Erfüllung ihrer nationalen Entwicklungspläne und der Aufbau eigener Industrien. Der Handelsliberalisierung stand das Schutzbedürfnis der gerade entstehenden Industriezweige entgegen. Gegenüber der EWG nahmen Tunesien und Marokko schon 1965 parallele Assoziationsverhandlungen auf.

Auf ideologischer Ebene standen sich unterschiedliche Kooperationsmodelle und übergeordnete regionale Orientierungen gegenüber:[19] Während beispielsweise Libyen nach 1969 immer wieder als Verfechter enger politischer Unionen bis zur staatlichen Verschmelzung auftrat und die arabische Einheit lange Zeit in den Vordergrund stellte, vertrat die algerische Seite ein eher revolutionär klingendes – faktisch auf den Erhalt nationaler Souveränität ausgerichtetes – Modell eines (großen) „Maghreb der Völker", der zugleich einen Schritt zur arabischen und schließlich afrikanischen Einheit darstellen sollte. Hingegen fanden sich in Tunesien und Marokko offiziellerseits eher pragmatische Vorstellungen, die in erster Linie auf die enge wirtschaftliche Zusammenarbeit abzielten und – auch als Vorbild – auf Europa orientiert waren. Sie zogen eine Dreierkonstruktion mit klarer Distanz zum ägyptischen Modell vor. Mauretanien vertrat eine doppelte Orientierung auf das nord- und das subsaharische Afrika.[20]

Gemeinsamkeiten wurden in allen Maghrebstaaten in der geteilten Geschichte, insbesondere den ähnlichen Erfahrungen während der Kolonialzeit, in der besonderen geographischen Situation in der arabischen Welt und in der kulturellen, sprachlichen, religiösen und ethnischen Verwandtschaft gesehen. Dabei gab es national durchaus unterschiedliche historische Referenzen: während in Marokko eher das Erbe der Almohaden im Mittelpunkt stand, bezog sich Bourguiba auf den numidischen

---

19 S.a. Melbouci 1999.
20 Auch in der Literatur zu Mauretanien wird immer wieder dessen Brückenlage hervorgehoben, die schließlich in den 1950er Jahren zu einer der wesentlichen Eigenbeschreibungen des entstehenden Nationalstaates wurde.

König Jugurtha, die mauretanische Führung auf die Almoraviden, und in Algerien hob man hervor, schon immer eine „terre rebelle" gegen äußere Invasoren gewesen zu sein.[21] Darüber hinaus wurden aktuelle wirtschaftliche und politische Gemeinsamkeiten wie das Problem der wirtschaftlichen Befreiung und Entwicklung genannt.

In der marokkanischen Politik wurde die Einigung des Maghreb nach der Unabhängigkeit heftig diskutiert, auch in den großen Parteien des Landes.[22] Die Diskussion war eng verbunden mit der Auseinandersetzung um das Verhältnis zu Europa. Der linke Flügel des PI, der sich 1959 als *Union Nationale* (seit 1975 mehrheitlich: *Socialiste*) *des Forces Populaires* (UNFP/USFP) abgespalten hatte, opponierte lange Jahre heftig gegen den von König und Regierung vertretenen Kurs der Assoziation an Europa und trat dafür ein, sich von der „neokolonialen Dominanz" Europas in Wirtschaft und Kultur zu befreien. Marokko sollte sich deshalb vor allem auf andere Länder der Dritten Welt, insbesondere in Afrika, orientieren. Als Wirtschaftsraum – zum Teil mit dem Endziel eines gemeinsamen politischen Staatsgebildes – stand der Maghreb im Vordergrund. In der Vorstellung der Protagonisten erweiterte sich der Dreierclub langsam um Libyen und Mauretanien, dessen Annexion die linken Parteivertreter schon Anfang der 1960er Jahre nicht mehr gefordert hatten. Er sollte eine Erweiterung der engen Binnenmärkte ermöglichen, zu einer Abstimmung der nationalen Entwicklungspläne führen und Kooperationsvorhaben in Bergbau und Industrie befördern. Dabei wurde die Maghrebeinheit häufig als ein erster Schritt für die Umsetzung panarabischer Visionen angesehen. Ähnliches galt für die (offiziell verbotenen) Kommunisten, die ebenfalls für eine Abkoppelung von Europa eintraten. Die natürlichen Verbündeten der unterentwickelten Nationen sahen sie in den sozialistischen Ostblockstaaten; sie setzten sich aber ebenfalls für eine politische und wirtschaftliche Integration im Maghreb ein. Auch der Istiqlâl forderte eine Einigung des Maghreb auf wirtschaftlicher Basis.

Das bestehende Handelspotenzial wurde trotz vielfacher bi- und multilateraler Vereinbarungen keinesfalls ausgenutzt. Der Warenverkehr ging

---

21 Verwiesen wurde auf die 706 im Kampf gegen die arabischen Eroberer gefallene Berberkönigin Kahina oder den numidischen Herrscher Massinissa, der schon im 2. und 3. Jh. v.Chr. unter dem Motto „Afrika den Afrikanern" gegen Phönizier und Römer gekämpft habe.
22 Zu den Maghrebvorstellungen bis mindestens in die 1970er Jahre vgl. neben den o.g. Quellen auch: zur UNFP/USFP Jabri 1985; Bouabid 1963; Oualalou 1969; zu den Kommunisten Yata 1962; zum PI Gaudio 1972, insb. S. 205 ff.; allgemein Ihraï 1986, passim.

in den Jahren 1962-66 sowohl nach Anteilen (durchschnittlich 1,6%) als auch nach Intensitäten (1,4) im Vergleich zur Vorperiode und ebenso innerhalb des betrachteten Zeitraums weiter zurück. Tunesien (3%), dann mit Abstand Marokko und Algerien bestritten die größten Außenhandelsanteile innerhalb des Maghreb; auf sie entfielen in gleicher Reihenfolge auch die größten Handelsintensitäten (zwischen 2,7 und 1,4). Bilateral verlief der intensivste Handelsaustausch zwischen Libyen und Tunesien (ca. 5-6). Der marokkanisch-tunesische Handel hingegen wurde ganz aufgegeben. Als überlappende Teilräume lassen sich sowohl nach dem Umfang der Handelsströme als auch nach deren Intensität das Dreieck Marokko, Algerien und Senegal und die Paare Algerien-Tunesien und Tunesien-Libyen beobachten.

Die marokkanische (und zunächst auch mauretanische) Besetzung der Westsahara blockierte ab Mitte der 1970er Jahre jeglichen Fortschritt der Maghrebintegration. Zwar gab es schon seit 1973 dazu immer wieder neue Vorschläge, und bilateral näherten sich einzelne Länder einander an.[23] Erneut kam es aber zu getrennten Verhandlungen bei den Kooperationsabkommen mit der EG.[24] In Marokko stand in dieser Phase zunächst das militärische und politische Bemühen um die Bewahrung der „territorialen Integrität" im Vordergrund. Der Maghreb wurde weiterhin vornehmlich als wirtschaftliches Projekt angesehen und seine ökonomische Notwendigkeit wurde unterstrichen. Zugleich hätte er nach Ansicht marokkanischer Politiker auch als Rahmen dienen können, um den Saharakonflikt mit einer gemeinsamen Perspektive auf alle saharischen Gebiete der Region zu lösen. Allerdings behinderten aus ihrer Sicht – bis heute – vor allem die ideologische Verblendetheit und das regionale Hegemonialstreben Algeriens eine erfolgreiche Maghrebpolitik.

Zwar stieg 1974-80 das innermaghrebinische Handelsvolumen beträchtlich an. Vor dem Hintergrund eines allgemeinen Anstiegs des Außenhandels, vor allem der Ölexporteure, sanken jedoch in allen Ländern erneut die bi- und multilateralen Handelsanteile (durchschnittlich 0,6%) und -intensitäten (0,4) gegenüber der Vorperiode und erreichten einen Tiefstand. Tunesien präsentierte noch die größten Anteile für den intraregionalen Handel (2,7%). Von einer „Regionalisierung" konnte angesichts von Handelsintensitäten, die kaum noch den Wert von Eins überschritten,

---

23 Zu den Spannungen und wechselnden Allianzen, Konstellationen und Vorschlägen s.a. Deeb 1989.
24 Diese wurden 1976 von Marokko, Algerien und Tunesien unterzeichnet und 1987 an die EG-Süderweiterung angepasst.

so gut wie nicht mehr gesprochen werden. Lediglich Tunesien erzielte durchgängig Werte von größer als Eins (Ø 1,6).

Zugleich differenzierten sich die Handelskontakte zunehmend aus, die Dominanz einzelner Ländergruppen im Maghrebhandel ging zurück. Über die vergangenen Perioden hatte die Bedeutung vor allem Algeriens, aber auch Marokkos im innermaghrebinischen Handel stetig ab-, diejenige von Tunesien und Libyen kontinuierlich zugenommen.[25] Enger verbundene Gruppen stellten nur Marokko, Mauretanien und Tunesien (bzw. Marokko, Mauretanien und Senegal) sowie Tunesien und Libyen dar. Der intensivste Handel bestand zwischen Marokko und Mauretanien (ca. 3,5); die Daten für Mauretanien ließen nun auch seine äußerst intensive Orientierung auf den Senegal erkennen (ca. 63).[26]

Der Maghreb als Projekt zur ökonomischen Eingliederung nach Europa

Heftige und zum Teil widersprüchliche Entwicklungen kennzeichneten die 1980er Jahre.[27] 1983 schlossen Algerien und Tunesien den *Vertrag über Brüderlichkeit und Eintracht*, dem sich zum Jahresende auch Mauretanien anschloss. Die Vereinbarung betraf vor allem sicherheitspolitische Fragen, umfasste aber auch ökonomische Angelegenheiten und stand prinzipiell dem Beitritt weiterer Maghrebstaaten offen. Doch 1984 gründeten Marokko und Libyen mit dem Abkommen von Oujda die *Arabisch-Afrikanische Union*, die ebenfalls dem Beitritt von Nachbarstaaten aus dem Maghreb und Schwarzafrika offen stehen sollte. Auf marokkanisches Betreiben war diesmal nicht wie in anderen von Libyen initiierten Unionsprojekten von einer totalen Verschmelzung der beiden Staaten die Rede; an erster Stelle stand vielmehr die Kooperation in wirtschaftlichen Fragen. Dieser von vielen Beobachtern als „contre nature" bezeichnete Zusammenschluss zerbrach im Herbst 1986.

Unter Vermittlung des saudischen Königs begann kurz darauf eine Phase der Entspannung zwischen Marokko und Algerien. Auch zwischen

---

25 Zum Bsp. war Algerien 1955-58 in 92% aller innermaghrebinischen Transaktionen eingebunden, 1974-80 nur noch in 38%; Tunesiens Anteil stieg im selben Zeitraum von 36% auf 75% (Summe 200%).

26 Tunesien engagierte sich darüber hinaus am meisten bei der Gründung gemeinsamer Unternehmen, u.a. mit Marokko, vor allem aber mit Algerien (vgl. Wurthmann 1986, S. 58 f.).

27 Zu den diversen Verbünden, Annäherungsversuchen und Vorschlägen zwischen 1983 und 1988 vgl. im folgenden Kistenfeger 1994, S. 32 ff., 60 ff.; Santucci 1985; Deeb 1989, S. 28 ff.; Balta 1990, S. 223 ff.; Aghrout/Sutton 1990; Weidnitzer 1992, S. 7 ff.; Touiti 1996, S. 8 ff.

anderen Staaten der Region waren ab Mitte der 1980er Jahre zunehmend Versöhnungsgesten zu verzeichnen.[28] Nach mehreren zwei- und dreiseitigen Treffen kamen schließlich 1988 erstmals alle maghrebinischen Staatschefs im algerischen Zéralda zusammen und vereinbarten eine engere Zusammenarbeit. Auf einem erneuten Gipfel in Marrakesch gründeten sie 1989 eine neue regionale Organisation, die *Union du Maghreb Arabe*.[29] Anstoß für die Wiederaufnahme der Zusammenarbeit gaben innen- und außenpolitische Konstellationen (so auch der Machtwechsel in Tunesien und die Niederlage Libyens im Tschad) sowie regional- und weltpolitische Entwicklungen. Gemeinsam waren den Staaten im Laufe der 1980er Jahre der zunehmende wirtschaftliche und soziale Reformdruck und eine beginnende politische Öffnung vor dem Hintergrund eines Klimas der internationalen Entspannung. Eine wesentliche Rolle spielte die Furcht vor der Bildung einer „Festung Europa" in Folge der EG-Süderweiterung und des anstehenden Binnenmarktprojekts. Marokkos Antwort auf die europäischen Herausforderungen war bereits zuvor ein Antrag auf EG-Mitgliedschaft gewesen, der umgehend abgewiesen worden war.[30] Auch in anderen arabischen Teilregionen waren inzwischen subregionale Organisationen gegründet worden.[31]

Als Kooperationsfelder wurden im Gründungsvertrag, dessen Präambel die UMA zur Etappe auf dem Weg zur arabischen Einheit erklärte, Innenpolitik und äußere Sicherheit, Kultur und Bildung benannt; im Mittelpunkt standen wirtschaftliche Bereiche. Von der Bildung eines gemeinsamen Wirtschaftsraums erhoffte man sich Wachstumseffekte durch die Nutzung von Skalenvorteilen, einen erhöhten Wettbewerb und zunehmende Zuflüsse von Auslandsinvestitionen und technologischem Knowhow. Weiterhin bestanden unterschiedliche Vorstellungen über Art, Tiefe und Geschwindigkeit der Integration: Während Libyen nach wie vor für die rasche Herstellung einer politischen und wirtschaftlichen Union als Zwischenschritt zur arabischen Einheit plädierte, bevorzugten Marokkos und Algeriens Regierung ein in erster Linie wirtschaftliches Bündnis. Tu-

---

28 Unter anderem schlug der algerische Präsident Bendjedid Anfang 1986 vor, einen Maghrebgipfel *zu sechst* (einschließlich der Sahararepublik) abzuhalten. Dies war für Marokko unannehmbar. Wenig später regte König Hassan II. an, eine beratende Versammlung der *drei* maghrebinischen Kernstaaten einzurichten.
29 Zur Entwicklung der UMA vgl. im folgenden Kistenfeger 1994, passim; Balta 1990, insb. S. 236 ff.; Touiti 1996; Mattes 1989; Weidnitzer 1992; Zartman 1999, S. 178 ff.; Aghrout/Sutton 1990; Finaish/Bell 1994.
30 Vgl. Kadiri 1995.
31 Es handelte sich um den 1981 gegründeten Golfkooperationsrat und den kurzlebigen Arabischen Kooperationsrat (1989-91).

nesien favorisierte erneut ein schrittweises Vorgehen nach europäischem Vorbild. Als Kompromiss setzte sich ein eher lockeres Kooperationskonzept durch, das dem Primat nationalstaatlicher Souveränität gehorchte.

Die Gremien der UMA nahmen zügig ihre Arbeit auf. Kommissionen erarbeiteten erneut zahlreiche Kooperationsvorhaben, im Rahmen des CPCM vorgesehene Projekte, wie im Bereich transmaghrebinischer Infrastrukturen, wurden wieder aufgenommen. Zunehmende Kooperation, Vernetzung und Gründung gemeinsamer Dachorganisationen fand auch zwischen den aufblühenden Organisationen der Zivilgesellschaft statt. Regionalpolitisch beschloss die UMA eine Zusammenarbeit mit anderen arabischen und afrikanischen Regionalorganisationen und vermittelte im Konflikt zwischen Mauretanien und Senegal. Inzwischen wurde auch ein straffer Stufenplan zur zunehmenden Integration der Volkswirtschaften verabschiedet, der dem herkömmlichen Schema von Freihandelszone (vorgesehen für 1992), Zollunion (1995), Gemeinsamem Markt (2000) und schließlich einer umfassenden Wirtschaftsunion entsprach.

Bereits 1991 zeigten sich erste ernsthafte Schwierigkeiten beim Ausbau der regionalen Gemeinschaft.[32] Die Gründe waren vor allem politischer Natur: Dies lag zum einen an den innenpolitischen Turbulenzen in Algerien, zum andern an dem internationalen Embargo gegen Libyen, dem sich die anderen Maghrebstaaten anschließen mussten.[33] Während der Golfkrise bestanden unter den maghrebinischen Regierungen grundsätzliche Meinungsdifferenzen über die Haltung gegenüber dem Irak, die auch gemeinsame Initiativen für eine Vermittlung auf arabischer Ebene scheitern ließen. Hinzu kam der ungelöste Westsaharakonflikt, der zunächst ausgeklammert worden war. Institutionelle Unzulänglichkeiten trugen ihr übriges dazu bei: Einziges Gremium mit Entscheidungsgewalt war der Präsidialrat, andere Organe hatten kaum exekutive oder legislative Befugnisse. In der internationalen Arena gelang es der UMA in der kurzen Zeit kaum, eine eigenständige Statur zu entwickeln. So gab es zwar bald gemeinsame Treffen mit den Europäern; diese ließen sich jedoch nicht auf offizielle Beziehungen und bilaterale Verhandlungen mit der UMA ein, nicht zuletzt aufgrund der heiklen Mitgliedschaft Libyens. Auch das neu eingerichtete „5+5"-Dialogforum im westlichen Mittelmeer stellte seine Aktivitäten bald wieder ein.

In der Folgezeit nahmen nie mehr alle Staatschefs an den Gipfelkonfe-

---

32 Im folgenden s. ergänzend Rouadjia 1996.
33 Umgekehrt warf Libyen mangelnde Solidarität vor und drohte 1992 mit dem Austritt aus der UMA.

renzen teil, die mehrfach verschoben werden mussten. Selbst die Freihandelszone als erste Stufe der Wirtschaftsintegration konnte bislang nicht
umgesetzt werden; der Handel wird nach wie vor gemäß den unterschiedlichen bilateralen Vereinbarungen abgewickelt. 1994 kam der Integrati-
onsprozess im Maghreb vollends zum Erliegen.[34] Ursache war vor allem
eine rapide Verschlechterung des marokkanisch-algerischen Verhältnisses
nach einem Anschlag von Islamisten in Marrakesch: Marokko führte die
Visumpflicht für algerische Staatsbürger wieder ein, daraufhin schloss
Algerien bis heute die Landgrenzen für den Personen- und Warenverkehr.[35]

Weiterhin sprachen sich die politischen Kreise in Marokko trotz aller
Schwierigkeiten für eine Fortführung der Maghrebintegration aus. Schon
in den 1980er Jahren ließ sich ein erheblicher Wandel des Stellenwertes,
die ein solcher geeinter, vornehmlich wirtschaftlich integrierter Maghreb
einnehmen sollte, verfolgen.[36] Dies stand im Zusammenhang mit einer
weithin geänderten Einstellung zum Verhältnis gegenüber Europa. Es hatte sich die Einsicht verbreitet, dass vor dem Hintergrund sich weltweit be-
schleunigender Regionalisierung und Globalisierung die Anbindung an
einen der großen weltwirtschaftlichen Blöcke unabdingbar geworden sei.
Somit stieg die Bereitschaft, sich gegenüber Europa zu öffnen, trotz der
Befürchtungen um eine Erosion der dem eigenen Lande eingeräumten
Präferenzen angesichts der dortigen Entwicklungen. Weiterhin stellte der
Maghreb in dieser Konstellation eine „Überlebensnotwendigkeit"[37] dar: er
sollte jedoch nun nicht mehr der Abschottung gegenüber Europa dienen,
sondern der gemeinsamen Eingliederung in einen übergreifenden Mittelmeerraum. Zum einen sollte damit die Verhandlungsmacht gegenüber Europa gestärkt werden, zum andern die Integration der Volkswirtschaften
der einseitigen Anbindung an einen erheblich gestärkten europäischen
Wirtschaftsraum entgegenwirken. Man drang daher auf ein interinstituti-
onelles Vertragswerk zwischen EG und UMA. Der ausbleibende Erfolg
der Maghrebintegration führte jedoch bereits in der ersten Hälfte der

---

34 Schon 1993 war die Idee eines „Mini-Maghreb" zu dritt (aus Tunesien, Algerien, Mau-
    retanien) wieder aufgelebt (s. Mortimer 1993, S. 19).
35 Lediglich einzelne bilaterale Vorhaben wurden fortgeführt wie der Bau der Gaspipeline
    von Algerien über Marokko nach Spanien (vgl. Wippel 2000).
36 Vgl. bspw. auch o.V. 1992; Lahbabi 1986; Oualalou 1990, 1996; El Malki 1988a; Jaïdi
    1989. Der Meinungswandel fand bei manchen politischen Vertretern früher, in der
    Istiqlâl-Partei zum Teil schon seit Ende der 1970er Jahre, bei anderen später statt, so im
    Parti du Progrès et du Socialisme (PPS), dem linkssozialistischen Nachfolger der
    Kommunisten, oft erst an der Wende zu den 1990er Jahren.
37 So nach El Malki 1988a, S. 212.

1990er Jahre dazu, dass man in Marokko ein bilaterales Abkommen forderte, das den Eigenheiten des Landes, insbesondere seinen intensiven Bemühungen um eine besondere Nähe zu Europa, besser gerecht werde. Ende 1995 beantragte Marokko sogar die Auflösung der Union.

Betrachtet man erneut die bestehenden Handelsbeziehungen, so zeigen sich zwischen 1987 und 1992 generell stark zunehmende Verflechtungen sowohl nach Umfang als auch nach Anteilen und Intensitäten; für 1993 lässt sich bereits wieder ein beträchtlicher Einbruch des Warenaustauschs erkennen. Tunesien bestritt über den gesamten Zeitraum mit fast 5% seines gesamten Warenaustauschs den anteilsmäßig größten Handel mit den anderen Maghrebstaaten. Der Anteil der UMA am Außenhandel aller Maghrebstaaten lag bei fast 3%. Tunesien betrieb auch den intensivsten Maghrebhandel (ca. 6), gefolgt von Mauretanien mit stark schwankenden Werten und Marokko. Von 1988 bis 1992 stieg die durchschnittliche Handelsintensität aller Maghrebstaaten mit ihren UMA-Partnern von gut 2 auf 5.

Den intensivsten bilateralen Handel betrieben Algerien und Mauretanien (ca. 12), mehrere Länderpaare erreichten Werte zwischen 6 und 9. Eindeutig abgegrenzte Gruppen gegenseitig eng verflochtener Volkswirtschaften lassen sich dabei zunehmend schwieriger feststellen: dem Handelsvolumen nach standen sich zwei Dreiergruppen (Algerien-Tunesien-Marokko und Tunesien-Marokko-Libyen) sowie ein „schwächeres" Paar (Libyen-Ägypten; bzw. mit dem Sudan ein weiterer „Dreier") gegenüber. Betrachtet man die Handelsintensitäten, ergab sich neben der Dreiergruppe Tunesien-Marokko-Libyen eine weitere zwischen Marokko, Mauretanien und Senegal sowie ein Paar Mauretanien-Algerien mit einer schwächeren Strebe Marokko-Algerien. Nach allgemeiner Beurteilung wird der Handel weiterhin von den eher konkurrierenden denn komplementären Produktionsstrukturen behindert, zumal eine fortbestehende Präferenz zum interindustriellen Handel besteht. Dies gilt vor allem für Algerien und Libyen, zwischen denen über alle betrachteten Zeiträume so gut wie kein Warenaustausch stattfand.

In der euphorischen Anfangsphase bis 1991 vereinbarten Unternehmen aus allen fünf Staaten der UMA zahlreiche grenzüberschreitende Kooperationsvorhaben.[38] Vor allem Tunesien, gefolgt von Libyen und Algerien, engagierte sich in solchen Gemeinschaftsprojekten; nur wenige verzeichneten einen dauerhaften Erfolg. Eher schwach verbunden sind die Maghrebländer auch über Gastarbeiterströme. Libyen ist das einzige nen-

---

38 Vgl. Weidnitzer 1992, S. 65 ff.

nenswerte Nachfragerland nach Arbeitskräften: diese kamen zeitweilig aus Marokko, meist aber aus Tunesien. Der Umfang der Ströme ist in starkem Maße abhängig von der Konjunktur der bilateralen politischen Beziehungen.[39] Dies gilt auch für den Tourismus: nach Grenzöffnung Ende der 1980er Jahre waren umfangreiche Besucherströme vor allem von Algerien nach Marokko und von Libyen nach Tunesien zu verzeichnen.

Der Maghreb als offener Raum mehrfacher regionaler Orientierungen

Mitte der 1990er Jahre stand für die drei maghrebinischen Kernländer zunächst der euro-mediterrane Prozess im Mittelpunkt ihrer Regional- und Außenwirtschaftspolitik. Marokko verfolgte ebenso wie Tunesien – trotz aller Querelen und Kritikpunkte – weiter seine enge Anbindung an Europa, während Algerien vor allem mit internen Problemen beschäftigt war. Mauretanien stellt im Verhältnis zu Europa einen AKP-Staat dar, war aber bei den euro-mediterranen Konferenzen als Gast zugelassen. Libyen orientierte sich zunächst wieder Richtung östliche arabische Welt. Erneut kam es zu separaten Verhandlungen um bilaterale Freihandels- und Assoziationsabkommen mit der EU[40] und zu einem fortgesetzten Wettbewerb um Investitionen, Gelder und Touristen.

Für andere Länder blieb die UMA als Integrationsvorhaben dennoch attraktiv. Bereits in die Gründungscharta der Union war auf Verlangen Libyens ein Passus eingefügt worden, der die Offenheit gegenüber weiteren arabischen und afrikanischen Staaten postuliert. So äußerte Ägypten, das 1993 erstmals als Beobachter an einer UMA-Außenministerkonferenz teilgenommen hatte, im Laufe der 1990er Jahre mehrfach den Wunsch, der Gemeinschaft beizutreten.[41] Konkretes Interesse an einer Assoziation zeigt seit 1999 auch der Senegal.[42] Beide Staaten sind dem Maghreb auch

---

39 Das Gros der Arbeitsmigranten in Libyen stammte in der Regel aus Ägypten, Anfang der 1990er Jahre auch aus Asien sowie in den letzten Jahren vermehrt aus Westafrika. Joffé gab 1993, S. 207 180 000 Ägypter, 40 000 Tunesier und 15 000 Marokkaner an, Finaish/Bell 1994, S. 24 (FN 2) nennen 1 Mio. Ägypter und 600 000 Gastarbeiter aus Südkorea, den Philippinen, Thailand und Vietnam. Daneben arbeiteten Marokkaner in Tunesien und ein großer reziproker Migrantenstrom besteht zwischen Mauretanien und Senegal. Der Hauptstrom der Arbeitsuchenden aus dem Maghreb ist nach wie vor auf Europa gerichtet.

40 Unterzeichnet (und in Kraft getreten) mit Tunesien 1995 (1998), Marokko 1996 (2000) sowie Algerien 2002 und Ägypten 2001.

41 S. bspw. L'Intelligent 2194 vom 26.1.-1.2.2003. Der Arabische Kooperationsrat, dem sich Ägypten angeschlossen hatte, stellte bereits 1991 bedingt durch den zweiten Golfkrieg seine Aktivitäten ein.

42 Vgl. ArabicNews vom 20.8.1999.

wirtschaftlich eng verbunden: Ägypten unterhielt mit Libyen zeitweise die intensivsten bilateralen Handelsbeziehungen in Nordafrika; darüber hinaus gewann seit den 1970er Jahren zeitweise auch der Handel mit Tunesien oder Marokko an Bedeutung. Senegal ist seit der Kolonialzeit einer der wichtigsten Handelspartner Mauretaniens, dem es auch als Transitland diente; daneben bestehen intensive Wirtschaftskontakte vor allem mit Marokko, das dort auch unternehmerisch tätig ist.[43]

Neue Hoffnung auf eine Fortführung des Integrationsprozesses im Maghreb gab es erst wieder Ende der 1990er Jahre.[44] Anstöße kamen auch von außen: Mehrfach drückte die EU ihre Erwartungen in Hinblick auf eine Reaktivierung der UMA aus; im Sommer 1998 zielte eine US-amerikanische Initiative auf die Bildung eines gemeinsamen Marktes unter den drei zentralen Maghrebstaaten, der für amerikanische Investoren weitaus attraktiver als die engen nationalen Märkte wäre.[45] Aufgrund der Ernüchterung über den Fortgang der Maghrebintegration wurden die Beziehungen jedoch vor allem auf bilateraler Ebene ausgebaut. Besonders aktiv waren Marokko und Tunesien, die sich als Vorreiter einer fortgesetzten Zusammenarbeit verstanden. Sie schlossen 1999 ein Freihandelsabkommen, das sie als pragmatischen Zwischenschritt zu einer größeren Freihandelszone ansahen. Gleichzeitig verbesserte sich rasant das marokkanisch-mauretanische Verhältnis. Auch die allmähliche Aufhebung der Sanktionen gegen Libyen und die Bereitschaft der EU, das Land – vorerst als Beobachter – in den Dialog mit den Mittelmeerländern einzubinden, wurden als günstige Voraussetzungen für die Belebung der innermaghrebinischen Beziehungen angesehen.

Zwischen Marokko und Algerien gab es seit 1998 immer wieder Bemühungen um eine Entspannung: 1999 waren erstmals sogar wieder eine offizielle Zusammenkunft der beiden Staatschefs, von der man sich eine Öffnung der Grenzen erhoffte, sowie ein Gipfeltreffen der UMA geplant.

---

43 Des Weiteren betreibt im weiteren Sahara- und Sahelraum der Sudan traditionell einen sehr umfangreichen und intensiven Handel mit Ägypten (HI: 7-18), seit den 1980er Jahren auch mit Libyen (22-28). Nach L'Intelligent 2194 vom 26.1.-1.2.2003 zeigte auch Mali Interesse an einer engen Anbindung an die UMA. Das Land unterhält intensive (Transit-)Handelsbeziehungen zu Senegal (HI: 70-250!) und meist auch zu Marokko (ca. 5-7). Zeitweilig hohe Intensitäten zeichnet zudem der Handel Malis, des Niger und des Tchad mit Tunesien, Mauretanien, vor allem dem Senegal, vereinzelt auch Ägypten aus.

44 Vgl. im folgenden neben der aktuellen Presse zu den Entwicklungen zwischen 1998 und 2001 Wippel 2002 m.w.N.; danach DOI 2002 und 2004.

45 Zur so genannten Eizenstat-Initiative und geostrategischen Aufwertung des Maghreb seitens der USA s. Faath 2000.

Obwohl die Zuversicht nach der Wahl des algerischen Präsidenten Bouteflika und dem Amtsantritt von König Mohammed VI. weiter gestiegen war, scheiterte beides,[46] und es folgte ein stetiges Auf und Ab in den Beziehungen der beiden zentralen Länder. Dessen ungeachtet finden in der UMA seit 1999 zumindest wieder Ausschusssitzungen und Treffen auf Ministerebene statt, auch wenn der seit 1994 ausstehende Gipfel stets (zuletzt Ende 2003) im letzten Augenblick abgesagt werden musste.

Parallel zu diesem immer wieder erfolglosen Bemühen orientierten sich die Maghrebstaaten auch in andere regionale Richtungen. Zum einen lässt sich seit etwa 1997 eine Wiederaufnahme der Afrikapolitik nordafrikanischer Staaten beobachten.[47] Neben politischen Motiven standen dabei angesichts noch immer schwieriger Wirtschaftsbeziehungen mit Europa vor allem ökonomische Überlegungen im Mittelpunkt. Ägypten trat dem *Common Market for Eastern and Southern Africa* bei und bildet in dessen Rahmen mit anderen Staaten eine Freihandelszone. Libyen initiierte neben seinen gesamtafrikanischen Bemühungen die *Communauté des Etats sahélo-sahariens*,[48] der unter anderem Marokko, Tunesien und Ägypten beitraten. Marokko versucht darüber hinaus, sich westafrikanischen Einrichtungen anzunähern und schloss mit der *Union Economique et Monétaire Ouest Africaine* ein präferenzielles Handels- und Investitionsabkommen. Mauretanien hat sich hingegen in jüngster Zeit für eine stärkere Orientierung nach Norden entschieden und ist aus der *Communauté Economique des Etats de l'Afrique de l'Ouest* ausgetreten.

Im Rahmen der Arabischen Liga gab es 1997 mit dem Vorhaben einer *Great Arab Free Trade Area* (GAFTA) einen erneuten Anlauf zur gesamtarabischen Integration. Auch die nordafrikanischen Länder – bis auf Algerien – unterzeichneten das Durchführungsprogramm, das gemeinsame Ursprungsregeln und einen Zollabbau über zehn Jahre vorsieht.[49]

---

46 Zu den Gründen zählte u.a. ein Massaker islamistischer Terroristen in einem algerischen Grenzdorf nahe Figuig im August 1999, nach dem Algerien Marokko beschuldigte, diesen Zuflucht und Ausbildungsmöglichkeiten gewährt zu haben. Auch die Saharafrage wurde erneut thematisiert. Informelle Treffen gab es am Rande anderer Veranstaltungen wie der Beisetzung von Hassan II. oder des Europa-Afrika-Gipfels in Kairo.

47 Vgl. Wippel 2001b und 2003/04; Mattes 2001.

48 Die Gründungsmitglieder umfassen in etwa die südsaharischen Staaten, deren Einbeziehung in die UMA Libyen 1989 gefordert hatte.

49 Zur GAFTA und früheren arabischen Integrationsversuchen s. Englert 2000; Alkazaz 2004, S. 25. Inzwischen wurde der Zeitpunkt für die Implementierung der Zollfreiheit auf 2005 vorgezogen. Ich übergehe hier die jüngeren amerikanischen Initiativen zur Schaffung einer Freihandelszone im Zusammenhang mit dem „Greater Middle East"-Projekt, bei denen es sich eher um bilaterale Vereinbarungen der USA handelt (vgl. ebd., S. 26 f.).

Aufgrund der Skepsis ob der Umsetzbarkeit des Freihandelsprojekts gingen aber auch hier viele Länder zur bilateralen Handelsliberalisierung über. So schlossen bspw. Marokko und Tunesien 1998 Freihandelsabkommen auch mit Ägypten und Jordanien. 2001 erklärten die vier Staaten in Agadir, eine gemeinsame Freihandelszone gründen zu wollen.[50] Die EU hat das Vorhaben willkommen geheißen und im Gegensatz zum GAFTA-Prozess unterstützt. Das Gründungsdokument wurde schließlich Anfang 2004 unterzeichnet. Schon 2005 sollen Industriegüter zwischen den vier beteiligten Staaten zollfrei gehandelt werden. Grundsätzlich steht dieser Wirtschaftsraum als *Mediterranean Arab Free Trade Area* weiteren arabischen Ländern am Mittelmeer (und Mauretanien) offen, und gleichzeitig soll der Agadir-Prozess in Konformität mit den EU-Abkommen wie auch zur gesamtarabischen Integration verlaufen. Hinzu kommen weitere bilaterale Freihandelsvereinbarungen.[51]

In Politik und Bevölkerung[52] herrscht nach den langen fruchtlosen Wiederbelebungsversuchen eher Skepsis über die Realisierungschancen eines geeinten Maghreb vor. Andere Regionaldebatten dringen zunehmend in den Vordergrund, auch wenn die „Notwendigkeit"[53] des Maghreb regelmäßig betont bzw. sein Fehlen bedauert wird. Marokkanische Regierungs- und Parteivertreter und der König[54] drängen seit einigen Jahren auf einen besonderen Status im Verhältnis zur EU, der kurz vor der Vollmitgliedschaft angesiedelt sein soll. Schon früher wurden aber auch die mehrfache regionale Verortung des eigenen Landes und seine Scharnierfunktion an der exponierten Lage zwischen Europa, Afrika und der arabischen Welt hervorgehoben. Aus marokkanischer Perspektive formt

---

50 Zum „Agadir-Prozess" vgl. Roll 2004, S. 23 ff.; Hamoudeh 2002. In den letzten Jahren war Jordanien bereits zunehmend stärker in den Handel mit den Maghrebstaaten (ausgenommen Mauretanien) eingebunden; an erster Stelle nach Umfang und Intensität liegt jedoch Ägypten, mit dem seit den 1950er Jahren prinzipiell enge Handelskontakte (HI: 3-12) bestehen.

51 Unter anderem unterzeichnete die EFTA ein Freihandelsabkommen mit Marokko (1997) und Kooperationserklärungen mit Tunesien (1995), Ägypten (1995) und Algerien (2002). 2001 schloss Marokko ein Freihandelsabkommen mit den VAE, 2004 mit den USA und der Türkei. Weitere solche Verträge sind geplant, zum Bsp. von Marokko mit Mauretanien, Libyen, Gabun, dem Golfkooperationsrat und dem Mercosur.

52 2004 bescheinigte nur ein Drittel der 201 Teilnehmer einer (nicht repräsentativen) Internetumfrage der USFP einer Maghrebunion „früher oder später" Realisierungschancen, 36% sahen sie für „unmöglich" an, für weitere 30% ist ihr Schicksal in starkem Maße abhängig vom Willen und Verhalten der politischen Führer (*www.usfp.ma/index.php?results=1*; 17.4.2004).

53 Vgl. den Titel von Oualalou 1996.

54 Schon in seiner Dissertation drängte der damalige Kronprinz auf eine Stärkung der UMA angesichts des Kräfteverhältnisses gegenüber der EU (Alaoui 1994).

sich in jüngeren Jahren zudem ein mit dem Maghreb und seinem afrikanischen Beziehungsraum überlappendes Nordwestafrika heraus.

Gegenüber der Vorperiode war von 1996 bis 2002 trotz der daniederliegenden institutionellen Dynamik der UMA im Schnitt sowohl eine starke Zunahme der Volumina als auch ein mäßiger Anstieg der Intensitäten des Handels zu verzeichnen. Der innerregionale Handelsanteil (im Schnitt fast 3%) blieb dagegen konstant; innerhalb des Zeitraums sank er sogar leicht, ebenso wie die Handelsintensitäten (von 5½ (1996) auf danach etwa 4½), die jedoch eindeutig eine Regionalisierung des Warenaustauschs erkennen lassen. Dabei differenzierten sich die Volumina, Anteile und Intensitäten je nach Maghrebland zunehmend aus. Nach Anteilen (4½-5%) und Intensitäten (ca. 7-8) handelten vor allem Tunesien und Libyen mit anderen Maghrebstaaten. Ägypten verzeichnete 2002 im Handel mit der UMA in den Jahren 1996-2002 erstmals Handelsintensitäten von deutlich über 1 (Ø 1,9).

Bilateral zeigten sich innerhalb der UMA die mit Abstand größten Handelsintensitäten zwischen Libyen und Tunesien (über 25). Extreme Werte wurden erneut im Warenverkehr zwischen Mauretanien und dem Senegal erreicht (ca. 100). Dem Volumen nach ergaben sich drei untereinander verflochtene, überlappende Dreiergruppen: Marokko-Algerien-Tunesien, Algerien-Tunesien-Libyen und Tunesien-Libyen-Ägypten. Darüber hinaus bestanden vom Umfang nennenswerte Handelsströme zwischen Marokko bzw. Algerien und Ägypten. Sehr viel komplexer wird das Bild, betrachtet man die Handelsintensitäten: neben einer eng verflochtenen Vierergruppe aus Marokko, Mauretanien, Senegal und Tunesien gab es eine weitere Gruppierung aus Mauretanien, Marokko, Algerien und Tunesien sowie zwei Dreiergruppen aus Tunesien und Libyen mit Ägypten bzw. Marokko.[55]

---

55 Bei den Warenströmen darf der umfangreiche informelle Austausch zwischen den Staaten der Region nicht außer Acht gelassen werden (s. bspw. ONUDI 1991, S. 15 ff.; Finaish/Bell 1994, S. 10 (FN 2), 13, 22; Aghrout/Sutton 1990, S. 125 f.). Zu einem starken Anstieg, vor allem zwischen Algerien und Marokko (Belhimer 1995, S. 282) sowie Libyen und Tunesien (Bantle 1994), führte Ende der 1980er Jahre der zunehmende innermaghrebinische Reiseverkehr. Auch geschlossene Grenzen führten nicht zur völligen Unterbindung der wirtschaftlichen Beziehungen. So wird von einem umfangreichen Warenschmuggel zwischen dem marokkanischen Oriental und Westalgerien (vgl. bspw. Jeune Afrique Economie 291 vom 15.-28.11.1999; Maroc hebdo International 576 vom 17.-23.10.2003 und 592 vom 13.-19.2.2004), zwischen Marokko und Mauretanien (vgl. Le Matin vom 10.9.2001) und mit den Sahelländern (s. Beiträge in Marfaing/Wippel 2004) berichtet; die Grenzen sind darüber hinaus intensiv genutzte Passagen für Flüchtlinge aus dem subsaharischen Afrika auf ihrem Weg nach Europa. Auch ein beträchtlicher Teil der über die spanischen Präsidien verschobenen Waren geht von Marokko

Der Maghreb als sozial konstituierte Region

In der wissenschaftlichen Literatur wird dem Nahen Osten und Nordafrika ein Rückstand in Hinsicht auf die weltweite Welle der wirtschaftlichen Regionalisierung bescheinigt. Diese Kritik bezieht sich in erster Linie auf die institutionelle Ebene, die in der Region politisch überdeterminiert ist und die wirtschaftlichen Potenziale für Handel und Kooperation nicht genügend zum Tragen kommen lässt. So stellt auch der Maghreb politisch bislang eher einen Raum wiederkehrender Konflikte, denn andauernder Kooperation dar. Eine zentrale Konstante ist dabei die marokkanisch-algerische Rivalität um Macht, Einfluss und Territorium.

Der enttäuschenden institutionellen Realität steht der kontinuierliche Diskurs über die Notwendigkeit und Möglichkeit der Maghrebeinheit gegenüber. Spätestens seit den 1960er Jahren ist die Maghrebidee breit im politischen Denken der Region verankert. Lange Zeit bestanden extreme Unterschiede in den Ansichten über Form, Inhalte und räumliche Bezüge. Essenziell ist der Bedeutungswandel in Bezug auf das Verhältnis zu Europa, der zum Beispiel in der marokkanischen Öffentlichkeit von einem Maghreb der gemeinsamen Abschottung zu einem Maghreb der gemeinsamen Integration über das Mittelmeer hinweg verlief. Heute wird der Maghreb in erster Linie als wirtschaftliche Gemeinschaft denn als zuvörderst politische Union verstanden.

Auf der Ebene der Wirtschaftsströme wird ebenfalls angebracht, dass die Verflechtungen im Vorderen Orient gering seien. Handelsintensitäten weisen jedoch für die meisten Perioden auf erheblich engere Verflechtungen innerhalb des Maghreb und mit seiner engeren Umgebung hin, als es auf den ersten Blick erscheinen mag. Ausmaß und Anzahl solcher „regionalisierter" Verbindungen haben seit den 1980er Jahren tendenziell zugenommen. Kaum entwickelt haben sich hingegen Kooperationsvereinbarungen von Unternehmen, für die die Verlässlichkeit des politischen und wirtschaftlichen Umfelds eine viel entscheidendere Rolle spielt.

Im Innern des Maghreb zeigen sich immer wieder räumlich niederschlagende Differenzierungen, wie in institutioneller Hinsicht die Bildung zweier Blöcke in den 1980er Jahren. Tunesien und in jüngeren Jahren Marokko sehen sich als „Avantgarde" eines allmählich aufzubauenden Maghreb, der sich faktisch nach dem Prinzip „mehrerer Geschwindigkei-

---

weiter in andere Maghrebstaaten. Darüber hinaus erfolgt ein ebenfalls nicht erfasster Dreieckshandel zwischen Ländern der Region über Europa.

ten" konstituiert.[56] Betrachtet man die regionalen Handelsströme, so zeigen sich *sub*regionale Verdichtungen; die Gruppen von untereinander „regionalisierten" Handel betreibenden Ländern überlappen und überschreiten zugleich die institutionellen Grenzen des Maghreb.

Schon historisch schwankte die geographische Beschreibung des Maghreb. In der Debatte seit den späten 1910er Jahren fand – tendenziell – eine Erweiterung des Raumes statt. Ausgangspunkt war ein Maghreb zu dritt; Erweiterungsoptionen lassen heute die Spekulation über einen Maghreb zu siebt oder mehr zu. Die saharischen Gebiete, die Frankreich Ende der 1950er Jahre noch abzutrennen gedachte, sind integrale Bestandteile des Maghreb (bei noch ungeklärtem Status der Westsahara). Nicht nur Libyen und Mauretanien, prinzipiell sind alle Länder in Bezug auf den Maghreb zentripetalen wie -fugalen Orientierungen ausgesetzt und verorten sich weder mental noch politisch und wirtschaftlich ausschließlich im Maghreb.

Grundsätzlich wurde teilweise bis in die 1980er Jahre die Maghrebintegration als erste Etappe für eine größere arabische Einheit angesehen. Von etwa Mitte der 1980er bis in die zweite Hälfte der 1990er Jahre wurde der Maghreb dagegen meist als Teil eines übergreifenden mediterranen Raumes aufgefasst, auch wenn noch 1989 die „Arabität" nominell in seiner institutionellen Bezeichnung auftauchte. Ende des letzten Jahrzehnts öffnete sich der Maghreb ideell und institutionell zusehends nach mehreren Seiten und konstituierte sich als zugleich (trans)mediterran, (trans)arabisch und (trans)saharisch verorteter Raum.[57] Die drei Komponenten sind freilich unterschiedlich stark ausgeprägt: die euro-mediterrane Dimension bleibt die am stärksten wirksame, insbesondere für Tunesien und Marokko. Faktisch wurde der Maghreb schon seit Anbeginn hauptsächlich in Reaktion auf die enge Verbindung mit Europa konzipiert. So hatte das Verhältnis zur Europa immer auch Auswirkungen auf die Gestaltung

---

56 Marokko und Tunesien sind auch Mitglieder aller anderen erwähnten regionalen Kooperationsforen. Zu den im europäischen Kontext entwickelten Integrationskonzepten, die auch der historischen Beschreibung dienen können, vgl. bspw. Wessels 1994; Giering 1997; zur „differenzierten Integration" Deubner 2003.

57 Zu den mehrfachen Bezügen des Maghreb s. bspw. auch El Malki 1988b. Ergänzend zeichnet sich am westlichen Rand des Maghreb eine atlantische Komponente ab: dazu zählt neben den Freihandelsabkommen mit Nord- und Südamerika der Ausbau der Kooperation mit den vorgelagerten Inseln („Makaronesien"). Berberbewegungen sprechen sich oft gegen einen „Arabischen" Maghreb aus bzw. sehen das berberische Element als „afrikanische" Komponente des Maghreb.
(vgl. bspw. *www.dialogo.org/alien/ 1997/04/tifi2.htm* oder
www.kabyle.com/imprimer.php3?id_article=3588; beide 3.5.2004)

und Entwicklung der Beziehungen im Süden selbst. Als sich Ende der 1990er Jahre abzeichnete, dass der euro-mediterrane Rahmen die in ihn gesetzten Hoffnungen nicht erfüllt, wurden andere regionale Ausrichtungen der Zusammenarbeit neu belebt, die diesmal als komplementär angesehen wurden. Als neue Region wurden zuletzt, während sich auch die EU wieder stärker ihrem Süden widmete[58], die „arabischen Mittelmeerländer" definiert.[59]

Generell sind Regionen gekennzeichnet von sich regelmäßig wandelnden Grenzen im Innern wie nach außen. „Fuzzy borders" und „Zwischenräume" anstelle starrer Grenzlinien, wie sie gerade wieder für Europa entdeckt werden,[60] waren auch traditionelle Charakteristika des Maghreb gewesen. Erst mit der Kolonialherrschaft verbreitete sich auch dort die Vorstellung des modernen territorialen Nationalstaats.[61] Heute haben die Regime im südlichen Mittelmeerraum noch immer sehr viel größere Schwierigkeiten mit postmodernen Grenz- und Territorialitätsprinzipien und transnationaler Kooperation umzugehen als die europäischen.[62] Die aktuelle Situation ist durchaus widersprüchlich: Einerseits werden die multiplen regionalen Verortungen in steigendem Maße wahrgenommen und akzeptiert – z.b. von den genannten marokkanischen Interpretationseliten, die selbst erst jüngst wieder ausführende Positionen errangen[63] –, und sie wurden ja auch politisch in Angriff genommen. Andererseits zeigt

---

58 Europa selbst begann in den 1970er Jahren das Mittelmeer wieder zu entdecken und hat sich seitdem zunehmend „mediterranisiert" (vgl. Holm/Joenniemi 2001). Mit dem Abschluss der Osterweiterung werden im Rahmen einer „Nachbarschaftsstrategie" für ein „erweitertes Europa" Überlegungen über die künftige Gestaltung der Beziehungen und eine engere Anbindung u.a. des Mittelmeerraums angestellt (vgl. u.a. Kempe 2003; Wippel 2004). Vor kurzem wurde zudem der westmediterrane 5+5-Dialog wieder aufgenommen.

59 Zunächst erscheint es schwieriger, die augenblicklich vier „Agadir-Länder" als Einheit wahrzunehmen; dies ändert sich, wenn die Gruppierung als Etappe für einen größeren Verbund, wie eines arabischen oder euro-mediterranen Freihandelsraums, angesehen wird.

60 Vgl. Christiansen/Petito/Tonra 2000; Kux/Sverdrup 2000; Krämer 1999.

61 Vgl. auch Flory 1983, S. 6; Colás 2001. Das traditionelle islamrechtliche Staatsverständnis kannte keine Trennung der Gemeinschaft der Gläubigen in Staaten; persönliche Loyalitätserklärungen gingen einher mit fluktuierenden Territorien, so dass die Grenzen zwischen den Ländern historisch wenig verfestigt sind. Auch wenn die neuen Nationalstaaten faktisch stets auf ihre Souveränität bedacht waren, bestand diese Option, zum ursprünglichen Zustand zurückzukehren, doch im Unterbewusstsein fort und formelhaft wurde an sie appelliert.

62 Vgl. dazu Holm/Joenniemi 2001.

63 Seit 1998 sind die hier untersuchten Parteien (PI, USFP, PPS) erstmals seit 1960 wieder führend an der Regierung des Landes beteiligt!

sich in der politischen Praxis nur zögernd die Bereitschaft, die eigenen nationalstaatlichen Grenzen zu öffnen und durchlässiger zu machen.

Die Erkenntnis von der allmählichen sozialen Konstitution, dem Wandel, den vielfältigen Aspekten und der Offenheit eines maghrebinischen Raumes stellt jedoch überkommene Vorstellungen in Forschung und Politik von vorgegebenen, einheitlichen und geschlossenen Räumen in Frage. Eine Entscheidung, ob der Maghreb nun exklusiv „mediterran", „arabisch" oder gar „afrikanisch" (ausgerichtet) sein soll, ist nicht notwendig. Realitätstaugliche institutionelle Vereinbarungen sind erforderlich. Angesichts sich rasch verändernder Wirtschaftsströme ist es sinnvoll dabei auf organisatorische Offenheit und Durchlässigkeit zu achten. Vor allem Europa und Asien bieten Anregung zur Nutzung flexiblerer, „differenzierter" Integrationsmodelle. Kann aufgrund von Blockaden, die vor allem politisch bedingt sind, eine Maghrebintegration zu fünft nicht stattfinden, so bieten sich Kooperationsalternativen in einem vielfältigen Mehrebenensystem.

Die mit der UMA konkurrierenden neuen Kooperationsräume und -foren können prinzipiell dazu beitragen, die dringend angebrachte Süd-Süd-Kooperation[64] in Gang zu bringen. Dafür notwendig ist neben dem politischen Willen auch ein intelligentes Management der vielfältigen Optionen, insbesondere von eventuell kollidierenden Handelsvereinbarungen in überlappenden Wirtschaftsräumen.[65] Auch wenn die Chancen ihrer Realisierung in naher Zukunft gering erscheinen, sollte die Maghreboption dabei nicht ganz ad acta gelegt werden, bildet sie doch u.a. einen möglichen Rahmen für die Lösung politischer Probleme der Region.[66] Einerseits hat sich die Maghrebidee über viele Jahrzehnte als frustrationsresistent erwiesen und wurde in der einen oder anderen Form immer wieder reproduziert; andererseits besteht ohne tatsächliches Bemühen um eine Umset-

---

64 Bei einer Nord-Süd-Integration mit sternförmiger Anbindung der Südländer an einen bereits integrierten Norden (so genannter „hub-and-spokes"-Effekt) werden Handelspotenziale ungenügend ausgeschöpft, und Investitionsentscheidungen fallen zum Nachteil der Südländer, so dass eine komplementäre Süd-Süd-Integration sinnvoll ist. Als Überblick auch zu den theoretischen Aspekten s. Roll 2004.

65 Dies betrifft insbesondere die Kompatibilität unterschiedlicher Freihandelsvereinbarungen, v.a. bei der Bildung von Zollunionen, einschließlich eventuell widersprüchliche Regelungen für die Kumulation von Ursprungsregeln. Zur Problematik überlappender Wirtschaftsgemeinschaften im südlichen und östlichen Afrika s. bspw. DIE 2000, S. 2. Die EU hat 2003 beschlossen, die bereits pan-europäisch geltenden Kumulationsmöglichkeiten auf den gesamten Mittelmeerraum auszudehnen.

66 Vgl. Liguori 2002.

zung die Gefahr, dass sie auf lange Sicht in der Öffentlichkeit weiter an Glaubwürdigkeit verliert.

Literatur

Aghrout, Ahmed/Sutton, Keith: Regional Economic Union in the Maghreb, in: The Journal of Modern African Studies 28(1990)1, S. 115-139.

Alaoui, Mohamed Ben El Hassan: La coopération entre l'Union européenne et les pays du Maghreb, Paris 1994.

Alkazaz, Aziz: Die ökonomische Entwicklung 2002 im Überblick, in: Deutsches Orient-Institut/Hanspeter Mattes (Hrsg.), Nahost Jahrbuch 2002, Politik, Wirtschaft und Gesellschaft in Nordafrika und dem Nahen und Mittleren Osten, Opladen 2004, S. 24-32.

Ammor, Fouad: Les Acteurs et les Priorités de la Coopération au Maghreb, Paper produced in the framework of the EuroMeSCo's Working Group on Integration and Sub-Regional Co-operation, 1999 (*www.euromesco.net/euromesco/publi_artigo.asp?cod_artigo=38875*; 5.4.2004).

Balta, Paul: Maghreb-Machrek, Des relations politiques, mais rarement économiques, in: Camille und Yves Lacoste (Hrsg.), L'état du Maghreb, Paris 1991, S. 509-515.

Ders.: Le grand Maghreb, Des indépendances à l'an 2000, Paris 1990.

Bantle, Stefan: Schattenhandel als sozialpolitischer Kompromiß: die 'Libyschen Märkte' in Tunesien, Informelle Kleinimporte, Wirtschaftsliberalisierung und Transformation, Münster/Hamburg 1994.

Belhimer, Ammar: L'Union du Maghreb arabe, in: Eugène Schaeffer (Hrsg.), Relations entre économies industrialisées et économies en transition ou en développement, Aspects institutionnels et juridiques, Bruxelles 1995, S. 272-286.

Bouabid, Abderrahim, Les rapports du Maghreb avec les organismes européens, in: Jean Dresch u.a. (Hrsg.), Industrialisation au maghreb, Paris 1963, S. 241-269.

Breslin, Shaun/Higgott, Richard: Studying Regions: Learning from the Old, Constructing the New, in: New Political Economy 5(2000)3, S. 333-352.

Chater, Khelifa: Le Maghreb d'hier et d'aujourd'hui, in: Etudes Internationales 32, (1989)3, S. 39-50.

Christiansen, Thomas/Petito, Fabio/Tonra, Ben: Fuzzy Politics Around Fuzzy Borders: The European Union's 'Near Abroad', in: Cooperation and Conflict 35(2000)4, S. 389-415.

Colás, Alejandro: International Society 'From Below': Civil Society and the Expansion of International Society, Draft Version, Paper presented at the Pan-European International Relations Conference, University of Kent at Canterbury, 2001 (*www.leeds.ac.uk/polis/englishschool/colas01.doc*; 25.3.2004).

Deeb, Mary-Jane: Inter-Maghribi Relations Since 1969: A Study of Modalities of Unions and Mergers, in: Middle East Journal 43(1989)1, S. 20-33.

Deubner, Christian: Differenzierte Integration: Übergangserscheinung oder Struk-
turmerkmal der künftigen Europäischen Union?, in: Aus Politik und Zeitge-
schichte B01-02/2003, S. 24-32.

DIE – Deutsches Institut für Entwicklungspolitik: Förderung der Regionalintegra-
tion in der Southern African Development Community (SADC) – Ansatzpunkte und Perspektiven, Analysen und Stellungnahmen 6/2000, Bonn 2000
(zugänglich unter *www.die-gdi.de*; 16.4.2004).

DOI – Deutsches Orient-Institut/Mattes, Hanspeter: Nahost Jahrbuch 2002, Politik, Wirtschaft und Gesellschaft in Nordafrika und dem Nahen und Mittleren
Osten, Opladen 2004.

Dies.: Nahost Jahrbuch 2001, Politik, Wirtschaft und Gesellschaft in Nordafrika
und dem Nahen und Mittleren Osten, Opladen 2002.

Englert, Anja, Die Große Arabische Freihandelszone, Motive und Erfolgsaussichten der neuen Initiative für eine intra-arabische Integration aus arabischer
Sicht, Diskussionspapiere 73, Fachgebiet Volkswirtschaft des Vorderen Orients, FB Wirtschaftswissenschaft, FU Berlin, Berlin 2000.

Faath, Sigrid: Hintergründe und Ziel des Partnerschaftsprojektes USA-Maghreb,
in: Deutsches Orient-Institut/Thomas Koszinowski/Hanspeter Mattes (Hrsg.),
Nahost Jahrbuch 1999, Politik, Wirtschaft und Gesellschaft in Nordafrika und
dem Nahen und Mittleren Osten, Opladen 2000, S. 213-218.

al-Fāsi, 'Alāl: The Independence Movements in Arab North Africa, New York
1970 [ursprgl. 1954, arab. Original 1948].

El Fassi, Si Allal (et ses collaborateurs): Livre Rouge, Première Partie, Tanger
[1961].

Finaish, Mohamed/Bell, Eric: The Arab Maghreb Union, International Monetary
Fund, IMF Working Paper WP/94/55, [Washington DC] 1994.

Flory, Maurice: Division statique et unité arabe: Le cas du Maghreb, in: The
Maghreb Review 8(1983)1-2, S. 2-7.

Frankel, Jeffrey A./Stein, Ernesto/Wei, Shang-Jin: Regional Trading Blocs in the
World Economic System, Institute for International Economics, Washington,
DC 1997.

Freudenberg, Michaël/Gaulier, Guillaume/Ünal-Kesenci, Deniz, La régionalisati-
on du commerce international: Une évaluation par les intensités relatives bila-
térales, Document de travail 1998-05, Centre d'Etudes Prospectives et
d'Informations Internationales, Paris 1998.

Gaudio, Attilio: Allal El Fassi, Ou l'histoire de l'Istiqlal, Paris 1972.

Giering, Claus: Europa zwischen Zweckverband und Superstaat, Die Entwicklung
der politikwissenschaftlichen Integrationstheorie im Prozeß der europäischen
Integration, Bonn 1997.

Hamoudeh, Majed: The Aghadir Process, Konferenzbeitrag, Mediterranean Aca-
demy of Diplomatic Studies, University of Malta, 2002 (*www.euromed-
seminars.org.mt/seminar12/papers/Aghadir21.pdf*; 15.12.2003).

Higgott, Richard: Mondialisation et gouvernance: l'émergence du niveau régional,
in: politique étrangère 62(1997a)2, S. 277-292.

Ders.: De facto and De Jure Regionalism: The Double Discourse of Regionalism in the Asia Pacific, in: Global Society 11(1997b)2, S. 165-183.

Hobsbawm, Eric/Ranger, Terence (Hrsg.): The Invention of Tradition, Cambridge 1992.

Holm, Ulla/Joenniemi, Pertti: North, South and the Figure of Europe: Changing Relationships, Copenhagen Peace Research Institute [Working Paper 11, 2001, Kopenhagen 2001] (*www.copri.dk/publications/WP/WP%202001/11-2001.doc*; 22.3.2004).

Ihraï, Saïd: Pouvoir et Influence, Etats, partis et politique étrangère au Maroc, Rabat 1986.

IMF – International Monetary Fund: Direction of Trade Statistics, Yearbook 2003, Washington DC 2003.

Ders.: Direction of Trade Statistics, Yearbook 1994, Washington DC 1994.

Ders.: Direction of Trade Statistics, Yearbook 1981, Washington DC 1981.

IMF – International Monetary Fund/International Bank for Reconstruction and Development: Direction of Trade, A Supplement to International Financial Statistics, Annual 1962-66, Washington DC 1967.

IMF – United Nations (Statistical Office)/International Monetary Fund/ International Bank for Reconstruction and Development: Direction of International Trade, Annual Data for the Years 1938, 1948, and 1955-58, Statistical Papers, Series T, Vol. X, No. 8, New York 1959.

Jabri, Mohamed Abed: Evolution of the Maghrib Concept: Facts and Perspectives, in: Halim Barakat (Hrsg.), Contemporary North Africa. Issues of Development and Integration, London/Sydney 1985, S. 63-86.

Jaïdi, Larbi: Etat-Nation et intégration économique arabe, Vers un nouvel espace régional, in: Annuaire de l'Afrique du Nord 26, 1987, Paris 1989, S. 343-359.

Joffé, George: The Development of the UMA and Integration in the Western Arab World, in: Gerd Nonneman (Hrsg.), The Middle East and Europa, The Search for Stability and Integration, Federal Trust for Education and Research, London 1993, S. 203-218.

Kadiri, Abdelkader: La demande d'adhésion du Maroc à la Communauté européenne: mythe ou réalité, in: Yves-Henri Nouailhat (Hrsg.), Le Maroc et l'Europe, Nantes 1995, S. 85-90.

Kempe, Iris: Das Größere Europa – Nachbarschaftspolitik, Reform-Spotlight 01/ 2003 (*www.cap.uni-muenchen.de/konvent/spotlight/Reformspotlight_01-03_d.pdf*; 30.1.2004).

Kistenfeger, Hartmut: Maghreb-Union und Golfrat, Regionale Kooperation in der arabischen Welt, Arbeitspapiere zur Internationalen Politik 89, Forschungsinstitut der Deutschen Gesellschaft für Auswärtige Politik e.V., Bonn 1994.

Krämer, Raimund: Zwischen Kooperation und Abgrenzung – Die Ostgrenze der Europäischen Union, in: WeltTrends 22, 7(1999), S. 9-26.

Kux, Stephan/Sverdrup, Ulf: Fuzzy Borders and Adaptive Outsiders: Norway, Switzerland and the EU, in: European Integration 22(2000)3, S. 237-270.

Lackner, Michael/Werner, Michael: Der cultural turn in den Humanwissenschaften, Area Studies im Auf- oder Abwind des Kulturalismus?, Werner Reimers Stiftung, Schriftenreihe Suchprozesse für innovative Fragestellungen in der Wissenschaft, Heft 2, Bad Homburg 1999.

Lacoste, Yves: Qu'est-ce que le Grand Maghreb?, in: Camille und Yves Lacoste (Hrsg.), Maghreb, Peuples et Civilisations, Paris 1995, S. 45-50.

Lahbabi, Mohamed: Le Maroc et les perspectives maghrébines à l'heure actuelle, in: Georges Vedel (Hrsg.), Edification d'un Etat moderne, Le Maroc de Hassan II, Paris 1986, S. 389-402.

Laroui, Abdallah: L'histoire du Maghreb, Un essai de synthèse, Casablanca 1995 [ursprgl. Paris 1970].

Lewis, Martin W./Wigen, Kären E.: The Myth of Continents, A Critique of Metageography, Berkeley/Los Angeles/London 1997.

Liguori, Chiara: La difficile construction de l'intégration maghrébine et le partenariat euro-méditerranéen, Jean Monnet Working Papers in Comparative and International Politics 44, University of Catania, Department of Political Studies, Jean Monnet Chair of European Comparative Politics, September 2002 (*www.fscpo.unict.it/EuroMed/jmwp44.htm*; 18.12.2003).

El Malki, Habib: Le Maghreb économique, entre le possible et le réalisable, in: Alain Claisse/Gérard Conac (Hrsg.), Le grand Maghreb, Données sociopolitiques et facteurs d'intégration des Etats du Maghreb, Paris 1988(a), S. 211-219.

Ders.: Repenser l'ancrage méditerranéen du Maroc, in: Signes du présent 2, (1988b), S. 5-6.

Marchand, Marianne H./Bøås, Morten/Shaw, Timothy M.: The political economy of new regionalisms, in: Third World Quarterly 20(1999)5, S. 897-910.

Marfaing, Laurence /Steffen Wippel (Hrsg.): Les relations transsahariennes à l'époque contemporaine, Un espace en constante mutation, Paris/Berlin 2004.

Mattes, Hanspeter: Die Sahel- und Sahara-Staatengemeinschaft (SinSad): Instrument der wirtschaftlichen Entwicklung, Konfliktvermittlung und regionalen Interessensicherung, Arbeitspapier, Deutsches Übersee-Institut, Hamburg 2001.

Ders.: Die geopolitische Lage Libyens in Nordafrika: Determinante für das außenpolitische Handeln?, in: wuqûf, Beiträge zur Entwicklung von Staat und Gesellschaft in Nordafrika 9/1994, Hamburg 1995, S. 277-338.

Ders.: Die „Union du Maghreb Arabe" (UMA): Hintergründe und politisch-ökonomische Perspektiven, in: Nord-Süd aktuell 3(1989)1, S. 85-90.

Melbouci, Mohand: Perspectives de la Coopération Maghrébine, Paper produced in the framework of the EuroMeSCo's Working Group on Integration and Sub-Regional Co-operation, o.O., Oktober 1999 (*www.euromesco.net/euromesco/print.asp?cod_artigo=40752*; 5.4.2004).

Mortimer, Robert: Regionalism and Geopolitics in the Maghrib, in: Middle East Report 184, (1993), S. 16-19.

ONUDI – Organisation des Nations Unies pour le développement industriel: Le cadre général de l'Union du Maghreb, Réunion sur le développement de la coopération industrielle entre les pays membres de l'Union du Maghreb Arabe, Tunis, Tunisie, 3-5 octobre 1990, Dokument ID/WG.511/1(SPEC.), o.O. 1991.

Oualalou, Fathallah: Après Barcelone, le Maghreb est nécessaire, Casablanca/Paris 1996.

Ders.: L'UMA, le grand marché européen et la nécessaire mutation des rapports euro-maghrébins, in: Problèmes Politiques et sociaux 626 vom 16.2.1990, S. 38 – 42.

Ders.: Tiers-Monde et Communauté Economique Européenne, in: Bulletin Economique et Social du Maroc 114, 31(1969), S. 145 – 190.

o.V.: Maroc, Création du «Bloc démocratique», in: Monde arabe Maghreb Machrek 137, (1992)3, S. 113-115.

o.V.: L'état présent des relations économiques intermaghrébines, in: Maghreb 26, (1968a), S. 32-39.

o.V.: Les états maghrébins à la recherche de leur unité économique, in: Maghreb 26, (1968b), S. 39-45.

Roll, Stephan J.: Die Süd-Süd-Integration im Rahmen der Euro-Mediterranen Freihandelszone, Integrationsperspektiven und Integrationsprobleme der arabischen Mittelmeerpartnerländer, Diskussionspapiere 95, Fachgebiet Volkswirtschaft des Vorderen Orients, FB Wirtschaftswissenschaft, FU Berlin, Berlin 2004.

Rouadjia, Ahmed: L'UMA mise à mal, in: Annuaire de l'Afrique du Nord 33, 1994, Paris 1996, S. 849-855.

Santucci, Jean-Claude: Le „Grand Maghreb" réactivé, Crise des Etats et idéologie de substitution, in: Annuaire de l'Afrique du Nord 22, 1983, Paris 1985, S. 401-416.

Scheiner, Joachim: Die Angst der Geographie vor dem Raum, Anmerkungen zu einer verkehrswissenschaftlich-geographischen Diskussion und zur Rolle des Raumes für den Verkehr, in: geographische revue 4(2002)1, S. 19-44.

Touiti, Moulay Hamid: L'Union du Maghreb Arabe 1989 – 1995, Casablanca 1996.

Wehr, Hans: Arabisches Wörterbuch für die Schriftsprache der Gegenwart, Wiesbaden ³1958.

Weichhart, Peter: Raumbezogene Identitäten 4, Skript, Intensivkurs am Department of Human Geography, University of Nijmegen, 16.-17.9.1999 (www.kun.nl/socgeo/n/colloquium/PlaceId04new.pdf, 17.7.2002).

Weidnitzer, Eva: Die Union du Maghreb Arabe: Probleme maghrebinischer Zusammenarbeit und die Suche nach einer neuen Partnerschaft mit der EG, Berlin 1992.

Wessels, Wolfgang: Integrationspolitische Konzepte im Realitätstest, in: Wirtschaftsdienst 74(1994)10, S. 499-503.

Wippel, Steffen: „Bruder" und „Brücke": Die Entwicklung des marokkanisch-mauretanischen Verhältnisses, seine Wahrnehmungen und regionalen Bezüge (Arbeitstitel), in Vorb.

Ders.: Zwischen Partnerschaft und Integration: Marokkanische Sichtweisen und künftige Gestaltungsmöglichkeiten des euro-mediterranen Verhältnisses, in: Michael von Hauff/Ute Vogt (Hrsg.), Islamische und westliche Welt – Zur Neuorientierung der Kooperation in Politik, Wirtschaft und Entwicklungszusammenarbeit, 2004 (im Druck).

Ders.: Le renouveau des relations transsahariennes, Etude comparative des cas marocain et égyptien, in: Maghreb Machrek 178, 2003/04, S. 89-108.

Ders.: Kooperation und Integration im Maghreb, Von der „möglichen Alternative" zur „notwendigen Ergänzung" der Beziehungen zu Europa – Jüngere Entwicklungen und eine marokkanische Sicht, in: asien afrika lateinamerika 30(2002)1, S. 49-71.

Ders.: Von „Tanger" bis „Barcelona", Zwischen Abgrenzung und Außenöffnung im marokkanisch-europäischen Verhältnis, in: Henner Fürtig (Hrsg.), Islamische Welt und Globalisierung: Aneignung, Abgrenzung, Gegenentwürfe, Würzburg 2001(a), S. 213-247.

Ders.: Rückbesinnung auf Afrika: Neue Tendenzen transsaharischer Beziehungen der nordafrikanischen Staaten, in: Institut für Afrika-Kunde, Rolf Hofmeier/Cord Jakobeit (Hrsg.), Afrika Jahrbuch 2000, Politik, Wirtschaft und Gesellschaft in Afrika südlich der Sahara, Opladen 2001(b), S. 60-70.

Ders.: Die „feste Verbindung" mit Europa, Infrastrukturprojekte über die Straße von Gibraltar und ihre symbolische Bedeutung für die regionalen Zugehörigkeiten Marokkos, in: asien afrika lateinamerika 28(2000)6, S. 631-676.

Ders.: Fathallah Oualalou, Marokkanischer Wirtschafts- und Finanzminister, in: Orient 40(1999a)3, S. 375-386.

Ders.: Habib El Malki, Marokkanischer Landwirtschafts- und Fischereiminister, in: Orient 40(1999b)2, S. 175-188.

Wurthmann, Geerd: Entwicklung und Stand der wirtschaftlichen Integrationsbestrebungen im Maghreb, in: KAS Auslandsinformationen 2(1986)3, S. 33-68.

Yata, Ali: Après la libération de l'Algérie, Les étapes de l'édification du Maghreb Arabe Uni, Casablanca 1962.

Yver, G.: Al-Maghrib, in: C.E.Bosworth/E. van Danzel u.a. (Hrsg.), The Encyclopaedia of Islam, New Edition, Bd. 10, Leiden 1986, S. 1183-1184.

Zartman, William I.: The Ups and Downs of Maghrib Unity, in: Michael C. Hudson (Hrsg.), Middle East Dilemma, The Politics and Economics of Arab Integration, London/New York 1999, S. 171-186.

Verwendete Informationsdienste, Tages- und Wochenzeitungen zu aktuellen Entwicklungen und zu parteipolitischen Wahrnehmungen:

Le Matin [du Sahara et du Maghreb]; L'Economiste; Maroc hebdo International; L'Opinion/al-'Alam (Organe der PI), Libération/al-Itti½ād al-ištirākī (USFP), Al Bayane/al-Bayān (PPS); Jeune Afrique/L'Intelligent; Jeune Afrique Economie; Arabies; ArabicNews.

Die Wirtschaftskultur der Türkei –
Ein Hemmnis bei der Integration in die Europäische Union?[1]

Heiko Schuß

Einleitung

Es lassen sich einige gute Gründe für die Beschäftigung mit der Wirtschaftskultur der Türkei anführen. Angesichts der Erklärungsdefizite der Sozialwissenschaften und der Enttäuschung über ihre Großtheorien wurde im Zuge des „Cultural Turn" ein neues Interesse an Fragen der Kultur, an wertorientiertem Handeln und Mentalitätsänderungen geweckt.[2] Auf die Wirtschaftswissenschaft bezogen führt dies auf der volkswirtschaftlichen Ebene unter anderem zu der Frage, ob und wie diese kulturellen Faktoren die wirtschaftliche Entwicklung in Ländern und Regionen beeinflussen. In der Betriebswirtschaftslehre wiederum zeigt sich ein verstärktes Interesse an Fragen des interkulturellen Managements. Die Diskussionen über eine mögliche zukünftige Vollmitgliedschaft der Türkei in der Europäischen Union (EU) verleihen der wissenschaftlichen Beschäftigung mit der türkischen Kultur eine besondere Aktualität.

Bei diesen Bemühungen müssen sich die Sozialwissenschaften mit dem Problem der Unbestimmtheit des Kulturbegriffs auseinandersetzen. Bei der Vielfalt alltagssprachlicher und fachsprachlicher Verwendungen des Begriffs der Kultur ist es wenig hilfreich, eine Definition herauszugreifen und zu verabsolutieren. Man kann aber einige Merkmale nennen, welche ein Kulturbegriff besitzen muss, um für sozialwissenschaftliche und speziell für wirtschaftswissenschaftliche Fragestellungen relevant zu sein und die man also zunächst hypothetisch dem Phänomen Kultur unterstellen muss. So müsste Kultur auf das soziale Verhalten der Menschen einen Einfluss haben, von einer größeren Gruppe geteilt werden und eine gewisse zeitliche Kontinuität aufweisen. Wäre stattdessen die Kultur als gesellschaftlicher Teilbereich sehr selbstbezogen und von anderen Teilbereichen abgekapselt und wären die kulturellen Phänomene sehr zersplittert und fluide, so könnte die Untersuchung dieser diversen, ephemeren

---

[1] Die Argumentation dieses Aufsatzes beruht vorwiegend auf meiner Dissertationsschrift zum Thema „Vergleich institutionenökonomischer und kulturwissenschaftlicher Ansätze zur Erklärung der wirtschaftlichen Entwicklung in der Türkei und dem Osmanischen Reich", welche kurz vor dem Abschluss steht.

[2] Vgl. Bahadır 1998, S. 7 – 9.

kulturellen Äußerungen kaum zur Erklärung wirtschaftlicher Fragestellung auf der nationalen Ebene beitragen. Ob diese Fokussierung des Kulturbegriffs gerechtfertigt ist, muss sich anhand der Ergebnisse der darauf beruhenden Forschung erweisen.

Im Gegensatz zu den postmodernen Zweifeln bezüglich der Konstruiertheit von Kulturbegriffen wird in der politischen Diskussion mit ihrer robusten Verwendung des Kulturbegriffs oftmals von einer großen Konstanz und Wirksamkeit der Kultur ausgegangen. So führen Kritiker eines zukünftigen EU-Beitritts der Türkei kulturelle Argumente dagegen an. Für diese gehört die Türkei zu einem völlig anderen Kulturraum und sie gehen davon aus, dass angesichts fundamentaler kultureller Unterschiede eine EU-Vollmitgliedschaft der Türkei nicht möglich ist.[3] Diese Argumentation impliziert auch die Unmöglichkeit, Kultur bewusst zu gestalten, da aus der Diagnose einer kulturellen Differenz nicht die Schlussfolgerung gezogen wird, ein Programm zur kulturellen Annäherung zu initiieren, sondern ein Beitritt der Türkei auf unabsehbare Zeit abgelehnt wird.

Diese Implikation der Unwandelbarkeit und der mangelnden Gestaltbarkeit von Kultur steht übrigens im eklatanten Gegensatz zur Haltung der kemalistischen Reformer der Türkei, welche eine schnelle und umfassende Europäisierung der Türkei anstrebten, die auch zahlreiche kulturelle Elemente enthielt. Eine Untersuchung der Wirtschaftskultur in der Türkei mag für eine sachliche Bewertung kultureller Differenzen zwischen den EU-Ländern und der Türkei einen Beitrag leisten, da es sich um einen für die zukünftige Integration wichtigen kulturellen Teilbereich handelt, dessen Diskussion aber nicht politisch aufgeheizt wurde.

Im Folgenden sollen einige Ergebnisse der Wirtschaftskulturforschung mit Bezug auf die Türkei vorgestellt und analysiert werden. Aus den obigen Überlegungen folgt, dass die Schwerpunkte der Analyse auf die Fragen der Wirksamkeit der kulturellen Faktoren für das türkische Wirtschaftsleben, der Kontinuität oder des Wandels dieser Faktoren, ihrer politischen Gestaltbarkeit und den Vergleich mit den Wirtschaftskulturen der Länder der EU gelegt werden.

---

3   Vgl. z. B. Haselberger 2003, http://www.welt.de/data/2003/09/01/162294.html.

Leistungsmotivation

Einen Ausgangspunkt für die wissenschaftliche Beschäftigung mit dem Einfluss der Kultur auf die Wirtschaft stellt das Werk von Max Weber dar. Er geht von dem Befund aus, dass in der europäischen Wirtschaftsgeschichte die protestantischen Gebiete den katholischen in der kapitalistischen Entwicklung vorangingen. Unter den protestantischen Gebieten waren wiederum die vom Calvinismus geprägten besonders erfolgreich. Weber fand die Erklärung, dass die calvinistische Lehre der Gnadenwahl zu der praktischen Empfehlung an die Gläubigen führte, durch rastlose Berufsarbeit ihre Glaubenszweifel zu bekämpfen und sich ihrer Erwählung zu versichern. Das Gewinnstreben wurde nicht mehr verurteilt, sondern vielmehr befürwortet. Weber nahm nun an, dass diese protestantische Ethik die Entwicklung der kapitalistischen Strukturen und des kapitalistischen Geistes begünstigte. Nachdem sich diese etabliert hatten, konnten sie aber auch ohne die Sinngebung der protestantischen Ethik bestehen und sich reproduzieren.[4]

Später vereinfachte und verallgemeinerte David C. McClelland diese Analyse kultureller Faktoren wirtschaftlichen Wachstums, indem er sich auf die Bedeutung der Leistungsmotivation konzentrierte. Hohe Leistungsmotivation war nicht auf protestantische Gebiete beschränkt, sondern konnte auch in anderen kulturellen Kontexten auftreten. McClelland versuchte den Zusammenhang zwischen Leistungsmotivation und dem Wirtschaftswachstum von Ländern mit sozialpsychologischen Methoden zu erfassen. In seiner Studie „The Achieving Society" wurde auch die Türkei berücksichtigt.[5] McClelland verwendete als Indikator für „need for achievement" oder kurz n-Achievement innerhalb der Bevölkerung eines Landes die Häufigkeit, mit der das Motiv Leistung in einer Zufallsauswahl von Kindergeschichten aus diesem Land erscheint.

Außer auf n-Achievement testete er die Kindergeschichten auch auf „need for affiliation" und „need for power".[6] Obwohl McClelland zu signifikanten Korrelationen zwischen dem Wirtschaftswachstum – gemessen u. a. anhand der wachsenden Produktion von elektrischer Energie – und n-Achievement in der Bevölkerung der untersuchten Länder kommt, gibt

---

4 Vgl. Weber 1920, S. 17 – 30, S. 84 – 106 und S. 189 – 193.
5 Vgl. McClelland 1967 und Inglehart 1998, S. 307.
6 Ebenda, S. 36 – 46, S. 70 – 79 und S. 159 ff.

er selbst zu, dass in vielen Ländern die Motive der Kindergeschichten nicht einfach die Werte der gesamten Bevölkerung widerspiegeln, sondern möglicherweise nur die Werte einer dünnen Schicht von Alphabeten und Gebildeten.[7] Die Türkei erreichte in dieser Studie im Jahr 1950 den höchsten Wert für n-Achievement aller Länder und im darauf folgenden Zeitraum von 1952 bis 1958 lag ihr Wirtschaftswachstum über den Erwartungen.

Die Türkei fügte sich damit in die Ergebnisse der gesamten Studie ein, welche einen signifikanten positiven Zusammenhang zwischen n-Achievement und dem Wirtschaftswachstum der Länder feststellte.[8] Zu fragen ist aber, ob die Ergebnisse McClellands dahingehend interpretiert werden können, dass die Leistungsmotivation in der gesamten türkischen Bevölkerung 1950 hoch war. Das häufige Auftauchen des Leistungsmotivs in den türkischen Kindergeschichten dieser Zeit kann als Ausdruck der kemalistischen Bemühungen um die Modernisierung des Landes gesehen werden. Diese Bemühungen wurden zwar auch auf die Landbevölkerung ausgedehnt, aber es bleibt doch zweifelhaft, inwieweit die Kindergeschichten die Werthaltung innerhalb der analphabetischen Bevölkerung widerspiegelten.

Danach hat Ronald Inglehart die Ansätze von Weber und McClelland aufgenommen und weiterentwickelt. Die World Value Surveys beruhen auf der Theorie von Ronald Inglehart über Modernisierung und Postmodernisierung.[9] Um den Zusammenhang zwischen kulturellem, wirtschaftlichem und politischem Wandel zu erhellen, wurde eine Vielzahl von Werten und Einstellungen in Umfragen erhoben. Untersucht wurden 1981 in einer ersten Runde 22 Gesellschaften, 1990 in einer zweiten Runde 43 Gesellschaften und 1995-1997 in einer dritten Runde 65 Gesellschaften. Die Türkei gehörte nicht zur ersten Runde, für die zweite und dritte Runde liegen aber Studien vor. Für die Studie von 1990 wurden in einer repräsentativen Umfrage 1.030 Türken befragt und 1997 wurde der Stichprobenumfang auf 1.907 erhöht.[10] Die Studien der World Value Surveys beruhen vor allem auf quantitativen Erhebungen von zuvor definierten Werten und Einstellungen. Hierdurch ist es möglich, die Türkei mit der Vielzahl der anderen untersuchten Gesellschaften zu vergleichen. Da ein Großteil der Fragen der zweiten und dritten Runde gleich war, kann auch

---

7 Ebenda, S. 79 und S. 89 – 103.
8 Ebenda, S. 100.
9 Zur Theorie und zu Ingleharts Interpretation der Ergebnisse der World Value Surveys siehe Inglehart 1998.
10 Vgl. Ergüder/Kalaycıoğlu 1991, S. 13; Esmer 1999, S. 7 und Inglehart 2000, S. 20.

die zeitliche Entwicklung der Werte in der Türkei von 1990 bis 1997 verfolgt werden.

Die empirischen Methoden der Erfassung der Leistungsmotivation Ingleharts in den World Value Surveys haben sich im Vergleich zur Zeit McClellands wesentlich verbessert. Allerdings ist Ingleharts Indikator für Leistungsmotivation auch komplexer als der von McClelland und hängt von mehr Prämissen ab. Für diesen Indikator wird gefragt, welche der zur Wahl gestellten Werten die wichtigsten für die Kindererziehung sind und ein Index gebildet, in den die Wahl von „Sparsamkeit in Bezug auf Geld und andere Dinge" und „Entschlossenheit" positiv und die Wahl von „Gehorsam" und „religiöser Glaube" negativ eingehen. Dieser Index erklärt nach Inglehart 66% der Varianz der realen durchschnittlichen Wirtschaftswachstumsraten der untersuchten Länder. Dabei bewegte sich die Türkei relativ gesehen in einem breiten Mittelfeld von Ländern, die einen mäßigen Wert für den Leistungsmotivation-Index mit mäßigen Raten des realen durchschnittlichen Wirtschaftswachstums in den Jahren 1960-1990 erreichten. So war z.B. im Vergleich mit Ländern der EU die Leistungsmotivation in der Türkei erheblich geringer als in Westdeutschland, lag aber in der Größenordnung der südeuropäischen Länder, nämlich etwas höher als in Spanien und etwas geringer als in Italien.[11]

In der Untersuchung von 1997 verbesserte sich noch der Leistungsmotivations-Index der Türkei und erreichte einen leicht positiven Wert, welcher wiederum über dem Spaniens lag. In der Teilstudie des World Value Surveys für die Türkei vom Jahre 1997 wird auf die einzelnen Komponenten dieses Index speziell eingegangen. Auf die Frage, welcher der zur Wahl gestellten Werte der wichtigste sei, antworteten 35% mit „religiösem Glauben", 28% mit „Entschlossenheit", 26% mit „Sparsamkeit" und 12% mit „Gehorsam". Dabei könnte der niedrige Wert für „Gehorsam" in einer als autoritär und patriarchalisch geltenden Gesellschaft verwundern.

Es ist aber zu bedenken, dass für viele der Befragten wohl der „religiöse Glaube" den „Gehorsam", z. B. gegenüber den Eltern, beinhaltet und, wenn es zwischen diesen Werten zu wählen gilt, der „religiöse Glaube" als übergeordneter Wert gewählt wird. In Spanien lagen zum Vergleich die Werte für „Entschlossenheit" bei 30%, für „Sparsamkeit" bei 21%, für „Gehorsam" bei 41% und für „religiösen Glauben" bei 8%. Hier wurde also dem Gehorsam vor dem Glauben der Vorzug gegeben.[12]

Eine weitere Einschätzung der Leistungsmotivation liefert die GLO-

---

11 Vgl. Inglehart 1998, S. 308 – 311.
12 Vgl. Esmer 1999, S. 96 f.

BE Studie zur Türkei von Kabasakal und Bodur. Der Artikel „Leadership and Culture in Turkey" dieser beiden Autoren präsentiert die Ergebnisse einer Studie, die in 1994 bis 1996 erstellt wurde.[13] Sie entstand im Rahmen des Global Leadership and Organizational Effectiveness Research Program (GLOBE Projekt) von Robert House, welches die kulturellen Faktoren von Führungskonzepten untersucht und 61 Studien in 58 Ländern umfasst.[14]

Die Studie von Kabasakal und Bodur benutzt eine kulturübergreifende Methodik, die den Vergleich der Ergebnisse der Türkei mit anderen Ländern ermöglicht. Dabei werden sowohl quantitative als auch qualitative Methoden verwendet. Kern der quantitativen Untersuchung bildet eine Umfrage, an der 323 Befragte des mittleren Managements in 23 Unternehmen teilnahmen, 150 davon aus der Finanzbranche und 173 aus der Nahrungsmittelbranche. Nach dem Ist-Wert für die Wertdimension „Performance Orientation" befragt, welche als „... degree to which society encourages people to continuously improve performance and rewards performance effectiveness and achievements" definiert wird, erreichte die Türkei mittlere Werte relativ zu anderen Ländern (Mittelwert 3,83 auf einer Skala von 1 bis 7; Rang 45 von 61). Der Mittelwert aller untersuchten Länder lag bei 4,1 Die ebenfalls abgefragten gewünschten Werte für „Performance Orientation" waren absolut wesentlich höher (Mittelwert 5,39), aber relativ zu anderen Ländern belegte die Türkei einen hinteren Platz (Rang 57).[15]

Im europäischen Vergleich erreichten zwar zahlreiche EU-Länder höhere Ist-Werte, z.B. Österreich (4,4), Westdeutschland (4,25) oder Frankreich (4,1). In einigen Mittelmeerstaaten wurde die „Performance Orientation" aber geringer eingeschätzt, wie in Portugal (3,6), Italien (3,58) oder Griechenland (3,2). Einige Staaten, die im Rahmen der Osterweiterung der EU beitraten und in dieser Studie untersucht wurden, hatten ähnliche Ist-Werte wie die Türkei vorzuweisen, z.B. Polen (3,89), Slowenien (3,66) und Ungarn 3,43.[16]

Bei der abschließenden Bewertung dieser vielfältigen und teils widersprüchlichen Einschätzungen der Leistungsmotivation in der Türkei könnte der Eindruck entstehen, dass die Leistungsmotivation mit der Zeit von

13 Vgl. Kabasakal/Bodur (i.E.).
14 Vgl. House/Hanges u. a.: Cultural Influences on Leadership and Organizations: Project GLOBE, http://www.haskayne.ucalgary.ca/GLOBE/Public/Links/process.pdf, S. 2 – 7.
15 Vgl. Kabasakal/Bodur(i.E.) und Kabasakal/Bodur 2002, S. 47.
16 Vgl. Szabo/Brodbeck u.a. 2002, S. 63; Jesuino 2002, S. 86 und Gyula/Takacs u.a. 2002, S. 76.

der Untersuchung McClellands 1950 zu den neueren Untersuchungen der World Value Surveys und des GLOBE Projektes in den 90er Jahren gesunken sei. Obwohl dies nicht auszuschließen ist, gilt zu bedenken, dass methodisch die Untersuchung McClellands mit den größeren Unwägbarkeiten verbunden war. Die Leistungsmotivation in der gesamten Gesellschaft könnte also auch geringer gewesen sein und auf dem heutigen Niveau gelegen haben.

Das Bild, welche die neueren Untersuchungen über die Leistungsmotivation in der Türkei zeichnen, könnte so zusammengefasst werden, dass die Arbeit einen positiven Stellenwert im Leben der heutigen Türken einnimmt und die Türkei sich im Vergleich zu anderen Ländern auf einem mittleren Niveau bewegt. Weder extrem hohe Werte wie in den ostasiatischen Schwellenländern können festgestellt werden, noch extrem niedrige Werte. Die Leistungsmotivation der Türken ist daher einerseits kein positiver Faktor, der das Wirtschaftswachstum im Vergleich zu anderen Ländern besonders beschleunigen könnte, andererseits auch kein bemerkenswertes Hindernis für den wirtschaftlichen Erfolg. Im europäischen Vergleich würde die Türkei zwar nicht zu den Ländern mit der stärksten Leistungsmotivation gehören, sich aber trotzdem gut in das Spektrum alter und neuer EU-Länder einfügen.

Kollektivismus

Geert Hofstede wendete sich mit seiner Studie weiteren kulturellen Faktoren zu, welche das Wirtschaftsleben beeinflussen. Er entwickelte einen Ansatz, welcher die Einflüsse kultureller Werte auf die Organisation und das Management von Unternehmen erklärt, und beschrieb diesen Einfluss zunächst mit verschiedenen kulturellen Dimensionen, wie Machtdistanz, Individualismus/Kollektivismus, Unsicherheitsvermeidung und Langfristiger Orientierung.[17] Hofstede gründete seine Untersuchung auf der Basis von Daten, die von IBM für konzerninterne Zwecke in 72 nationalen Tochtergesellschaften durch die Befragung von 116.000 Mitarbeitern zu zwei Zeitpunkten 1968 und 1972 erhoben wurden. Diese Daten wertete er nachträglich für eine Länder vergleichende Studie von zunächst 40 Ländern, später für 50 Länder und drei Länderregionen (Ostafrika, Westafrika und arabisch-sprachige Länder) aus. Dabei betont Hofstede, dass diese

---

17 Die Indizes für diese Kulturdimensionen wurden von Hofstede zunächst so skaliert, dass dem Land mit der niedrigsten Ausprägung ein Wert nahe von 0 und dem Land mit der stärksten Ausprägung ein Wert nahe von 100 zugewiesen wurde. Da später weitere Länder in die Untersuchung einbezogen wurden, kamen auch Werte vor, die etwas größer als 100 waren. Vgl. Hofstede 1993, S. 39, S. 133 f. und S. 190 – 194.

ungewöhnlich große Stichprobe zwar nicht für die Bevölkerung der einzelnen Länder repräsentativ ist, aber für einen Ländervergleich funktional äquivalent ist, d. h. dass die kulturellen Unterschiede des nationalen Umfeldes bei Mitarbeitern des selben multinationalen Konzerns besonders deutlich werden.[18] Diese Studie kann also herangezogen werden, um die Ausprägung der genannten kulturellen Dimensionen in der Türkei im Vergleich zu anderen untersuchten Ländern zu betrachten.

Hofstede definiert die Wertdimension Individualismus/Kollektivismus folgendermaßen: „Individualismus beschreibt Gesellschaften, in denen die Bindungen zwischen den Individuen locker sind: man erwartet von jedem, dass er für sich selbst und seine unmittelbare Familie sorgt. Sein Gegenstück, der Kollektivismus beschreibt Gesellschaften, in denen der Mensch von Geburt an in starke, geschlossene Wir-Gruppen integriert ist, die ihn ein Leben lang schützen und dafür bedingungslose Loyalität verlangen.“[19] Die Türkei erreicht für Hofstedes Individualismusindex den Punktwert 37, wobei die USA, Australien und Großbritannien die höchsten Werte mit 91, 90 und 89 Punkten hatten und Guatemala, Ekuador und Panama die niedrigsten Werte mit 6, 8 und 11 Punkten. Relativ betrachtet lag die Türkei auf Rang 28 der untersuchten 53 Länder und Regionen. Man kann dies als Ausdruck einer gemäßigten kollektivistischen Wertehaltung interpretieren, da es jeweils eine Vielzahl von Ländern gibt, die kollektivistischer oder individualistischer gemäß diesem Index sind.

Mit Blick auf die Länder Europas fällt eine weite Streuung auf. Während Länder wie Großbritannien (89 Punkte; Rang 3), die Niederlande (80 Punkte; Rang 4/5) oder Italien (76 Punkte; Rang 7) sehr individualistische Ausprägungen aufwiesen, waren die Werte in einigen Länder wie Griechenland (35 Punkte; Rang 30) und Portugal (27 Punkte; Rang 33/35) geringer und somit der Kollektivismus in diesen Ländern stärker ausgeprägt als in der Türkei.[20]

In der GLOBE Studie wurde diese Dimension Hofstedes in zwei Wertdimensionen unterteilt, nach denen "Collecticvism I measures the extent to which society encourages and rewards collective work and group solidarity in societal and institutional settings" und "Collectivism II describes the degree of collectivism and solidarity among in-group members, particularly in families or organizations."[21] Für die Dimension „Col-

---

18 Ebenda, S. 295 – 296.
19 Ebenda, S. 67.
20 Ebenda, S. 69 f.
21 Bei der empirischen Messung der Kulturdimensionen in der GLOBE-Studie wurden Fragen zugrunde gelegt, auf welche die Befragten auf einer Likert-Skala von 1 bis 7

lectivism I" erreichte die Türkei absolut und relativ mittlere Werte (Mittelwert 4,03; Rang 41 von 61), d.h. dass andere Länder in diesem Sinne wesentlich kollektivistischer oder individualistischer waren.

Dies gilt auch im Vergleich mit den EU-Ländern. Unter diesen erreichte Irland (Mittelwert 4,63) den höchsten Ist-Wert und Griechenland (Mittelwert 3,25) den niedrigsten. Insoweit werden also Hofstedes Ergebnisse gestützt. Diese gemäßigt kollektivistische Einstellung wirkt sich in verschiedenen Bereichen unterschiedlich aus. Kabasakal und Bodur machen sie für die geringe Beteiligung der Türken an Nichtregierungsorganisationen verantwortlich. Andererseits war die Bindung der Türken an den türkischen Staat und damit der türkische Nationalismus sehr stark. Deswegen waren möglicherweise die gewünschten Soll-Werte für „Collectivism I" sowohl absolut als auch relativ hoch (Mittelwert 5,26; Rang 10).[22]

Das Thema des Kollektivismus in einer Gesellschaft ist verbunden mit dem des Vertrauens. In den World Value Surveys wird durch die Frage: „Kann man Ihrer Meinung nach der Mehrheit der Menschen vertrauen? Oder ist es notwendig, zu keiner Zeit, welche Beziehung man auch mit anderen eingeht oder welche Arbeit man verrichtet, die Vorsicht nicht aus dem Auge zu verlieren?"[23] versucht zu ermitteln, wie hoch das Vertrauen gegenüber einem anderen, nicht näher bekannten Mitglied dieser Gesellschaft ist. Die Türkei erreichte in den beiden Untersuchungen 1990 und 1997 hierfür jeweils absolut und relativ zu anderen Ländern sehr niedrige Werte: nur 10% und 6% der Befragten sprachen sich für das Vertrauen aus. Niedriges gesellschaftliches Vertrauen hat nach Inglehart wichtige Konsequenzen für eine Gesellschaft.[24] Dieses Misstrauen gegenüber anderen Menschen ist ein Grund, geschäftliche Partnerschaften mit Familienfremden zu meiden und sich nicht freiwilligen Organisationen anzuschließen. Dies wäre eine mögliche Erklärung für die relativ schwache Zivilgesellschaft in der Türkei und erklärt auch, warum die Türkei trotz des starken Nationalismus nur mittlere Werte für „Collectivism I" erzielt.

Ebenso wie Inglehart sieht Fukuyama im Vertrauen ein die Gesell-

---

antworten konnten. Hierzu wurde jeweils gefragt, wie bestimmte Normen, Werte und Praktiken in der Gesellschaft sind (Ist-Werte), als auch wie diese sein sollten (Soll-Werte). Vgl. Kabasakal/Bodur (i.E.).

22 Vgl. Kabasakal/Bodur (i.E.); Kabasakal/Bodur 2002, S. 47; Ashkanasy/Trevor-Roberts/Earnshaw 2002, S. 34 und Gyula/Takacs u.a. 2002, S. 76.

23 „Sizce, genelde insanların çoğunluğuna güvenilebilir mi? Yoksa başkalarıyla herhangi bir ilişki kurarken veya iş yaparken hiçbir zaman dikkati elden bırakmamak gerekir?", Esmer 1999, S. 25 (Eigene Übersetzung des Autors).

24 Ebenda, S. 26.

schaft prägendes Merkmal, welches die Wohlfahrt und die Wettbewerbsfähigkeit positiv beeinflussen kann. Für ihn bezeichnet Vertrauen „...die innerhalb einer Gesellschaft entstehende Erwartung eines ehrlichen und den Regeln entsprechenden Verhaltens, basierend auf gemeinsamen Normen, die von allen Mitgliedern der Gemeinschaft respektiert werden."[25] Hohes generalisiertes gesellschaftliches Vertrauen stärkt die spontane Soziabilität, die Fähigkeit, „neue Zusammenschlüsse einzugehen und im Rahmen eines neuen Beziehungsgeflechts zu kooperieren", die ein Teil des Sozialkapitals darstellt.[26] Generalisiertes gesellschaftliches Vertrauen fördert die Wirtschaft, da es die Transaktionskosten senkt. Die spontane Soziabilität begünstigt zudem die Geschwindigkeit organisatorischer Innovation, so die Entwicklung der von professionellen Managern geführten Kapitalgesellschaften.

Gesellschaften mit geringem Vertrauen und geringer spontaner Soziabilität haben hingegen höhere Transaktionskosten. Zwischen starken Familien und einem starken Staat fehlt die Vielzahl freiwilliger Assoziationen; die Wirtschaft ist durch zahlreiche kleine Familienunternehmen und einige große Staatsunternehmen gekennzeichnet.[27] So führt Fukuyama den Mangel an freiwilligen Assoziationen in China, Taiwan, Hongkong und den römisch-katholisch geprägten Gesellschaften, wie Frankreich, Italien und Spanien, auf das geringe generalisierte gesellschaftliche Vertrauen in diesen Ländern zurück. Ein auffallender Unterschied zwischen Inglehart und Fukuyama besteht aber in der Einschätzung des Vertrauensniveaus einzelner Gesellschaften, die etwa für China erheblich divergiert.[28] Diese unterschiedlichen Einschätzungen weisen auf die eingeschränkte Möglichkeit hin, in der empirischen Untersuchung durch eine einzige Frage einen kulturellen Wert zu bestimmen. Möglicherweise wurde die Frage in den verschiedenen Ländern unterschiedlich verstanden oder das durch diese Frage umrissene Konzept von Vertrauen stimmt nicht genau mit dem Fukuyamas überein. Hinsichtlich der Türkei würde aber die Einschätzung des Vertrauensniveaus ähnlich sein. Denn auch nach Fukuyamas Kategorisierung würde die Türkei als ein Land mit starkem Familienzusammenhalt, einem starken Staat und wenigen freiwilligen Assoziationen durch ein geringes generalisiertes gesellschaftliches Vertrauen gekennzeichnet sein.

---

25 Vgl. Fukuyama 1995, S. 43.
26 Ebenda, S. 45.
27 Ebenda, S. 45 – 51 und S. 69.
28 Vgl. Inglehart 1998, S. 245.

Geringes allgemeines zwischenmenschliches Vertrauen bedeutetet nun nicht, dass jedem Mitmenschen Misstrauen entgegengebracht würde, sondern vielmehr dass sich das Vertrauen auf die Angehörigen von Binnengruppen konzentriert, wie die Familie oder Nachbarschaften, die natürlich entstehen, oder Schulklassen, Universitätsjahrgänge, religiöse Vereine und Kameraden aus dem Militärdienst.[29] Diese Solidarität zu Binnengruppen wird bei den GLOBE Studien als Wertdimension „Collectivism II" erfasst und die Türkei erreicht hierfür sowohl absolut als auch relativ hohe Ist-Werte (Mittelwert 5,88; Rang 5 von 61), wobei der gemittelte Ist-Wert aller untersuchten Länder 5,13 ist. Dieser Wert ist auch höher als in den Staaten der EU.

So wird die vorhandene Binnengruppenorientierung in Westdeutschland (Mittelwert 4,02), England (Mittelwert 4,08) und Frankreich (Mittelwert 4,32) wesentlich geringer eingeschätzt. In einigen Mittelmeerstaaten und osteuropäischen Staaten der EU sind diese Werte höher, wie in Griechenland (Mittelwert 5,27), Slowenien (Mittelwert 5,43), Spanien (Mittelwert 5,45), Polen (Mittelwert 5,52) und Portugal (Mittelwert 5,55). Die Ausprägung der Binnengruppenorientierung in diesen Ländern kann zwar als etwas geringer als in der Türkei angenommen werden, doch ist dieser Unterschied nicht so gravierend wie zu den Ländern West- und Nordeuropas. Der gewünschte Soll-Wert für „Collectivism II" in der Türkei ist etwas niedriger (Mittelwert 5,77; Rang 24), aber noch sehr nahe am Ist-Wert.[30] Es kann also vermutet werden, dass die Türken mit der Binnengruppenorientierung ihrer Gesellschaft zufrieden sind und dass diese weiterhin ein stabiles Merkmal der türkischen Wertorientierung bleiben wird.

Dieser starke Kollektivismus findet seinen Ausdruck im türkischen Kommunikationsstil. Die Türkei wird zu den high-context-Kulturen gezählt, deren Angehörige in einem regen Informationsaustausch mit Familienmitgliedern, Freunden, Bekannten, Kollegen, Kunden usw. stehen, der über die geschäftlichen Beziehungen hinaus auch persönliche Bereiche betrifft. Um diesen Informationsaustausch aufrechtzuerhalten und um Konflikte zu vermeiden, wird ein ausführlicher, indirekter und intuitiver Kommunikationsstil gepflegt.[31]

Die große Bedeutung der Familie in der Gesellschaft hat einen ent-

---

29 Vgl. Böhmer 1990, S. 181 f.
30 Vgl. Kabasakal/Bodur (i.E.); Kabasakal/Bodur 2002, S. 47; Ashkanasy/Trevor-Roberts/Earnshaw 2002, S. 34; Szabo/Brodbeck u.a. 2002, S. 63; Gyula/Takacs u.a. 2002, S. 76 und Jesuino 2002 S. 86.
31 Vgl. Kartari 1995, S. 13 – 16 und S. 117 – 133.

scheidenden Einfluss auf die Unternehmen. So sind die großen privaten türkischen Unternehmen auch heute noch Familienunternehmen. Sie haben die Form von Holdings angenommen, um die Kontrolle der Familie über die sich vergrößernden Unternehmen zu gewährleisten. In dieser Struktur können die knappen Managementressourcen, die in einer Familie vorhanden sind, optimal genutzt werden, indem Familienmitglieder die zentralen Positionen in der Holding übernehmen. Die Beziehung zu professionellen Managern ist hingegen generell von Misstrauen gekennzeichnet.[32]

Es stellt sich die Frage, ob die Dominanz dieser möglicherweise veralteten Unternehmensform einen Nachteil für die Wettbewerbsfähigkeit des Landes bedeutet. Die Untersuchung von Kocagöz über die Koc-Holding und die Sabancı-Holding belegt, dass diese Unternehmen aus betriebswirtschaftlicher Sicht durchaus erfolgreich geführt werden und ihre Diversifikationsstrategien gewinnbringend sind.[33] Allerdings könnten deren guten Unternehmenszahlen mitunter auf der erfolgreichen Anpassung an einen gesamtwirtschaftlich ineffizienten institutionellen Rahmen beruhen, so z.B. in der Bearbeitung kleiner, aber teilweise protegierter Binnenmärkte oder der Nutzung der hohen Staatsverschuldung, welche den Unternehmen risikolose Finanzgewinne einbrachte.

Über die Wirkung des Kollektivismus auf die wirtschaftliche Leistungsfähigkeit lassen sich keine eindeutigen Aussagen machen. Zwar besteht zwischen dem Individualismus-Index für 1970 und dem Pro-Kopf-BSP für 1987 der untersuchten Länder bei Hofstede eine starke Korrelation, doch interpretiert Hofstede diesen Zusammenhang so, dass der wachsende Wohlstand einer Gesellschaft eine zunehmende Individualisierung bewirkt und nicht umgekehrt.[34] Folgt man dagegen der Argumentation von McClelland oder von Inglehart, dann stellt die Erziehung zur Unabhängigkeit des Individuums einen entscheidenden Faktor zur Stärkung des *need for achievement* oder der Leistungsmotivation dar. Dementsprechend geht das Erziehungsziel „Gehorsam" negativ in den Leistungsmotivationsindex Ingleharts ein. Dies würde bedeuten, dass jede Art des Kollektivismus, die vom Einzelnen Gehorsam und Aufgabe der eigenständigen Position fordert, die Leistungsmotivation schwächt. Diese Wirkungen dürften bei Binnengruppenorientierung oder „Collectivism II" stärker auftreten, gerade in der Bindung an die traditionelle, patriarchalische Familie.

---

32 Vgl. Buğra, 1994, S. 175 und Böhmer 1989, S. 183 f.
33 Vgl. Kocagöz 2002, S. 120 – 124 und S. 202 – 216.
34 Vgl. Hofstede 1993, S. 91 – 95.

Dass kollektivistische Gesellschaften nicht generell leistungsschwächer als individualistische Gesellschaften sind, lehrt auch das Beispiel der ostasiatischen und südostasiatischen Länder. Es könnte daher von der Form des Kollektivismus abhängen, ob er die wirtschaftliche Entwicklung eines Landes fördert oder hemmt. Robert D. Putnam führt positive Effekte darauf zurück, dass Normen generalisierter Reziprozität und soziale Netzwerke sich gegenseitig bedingen und einen wichtigen Teil des Sozialkapitals darstellen. Dieses sorgt für die Verbreitung von Vertrauen und begünstigt hierdurch spontane Kooperationen. Es senkt also die Transaktionskosten und fördert hierdurch die Wirtschaft. Als Beispiel hierfür dienen die erfolgreichen Netzwerke mittelständischer Unternehmen in Nord- und Mittelitalien. Diese positiven Effekte treten nur auf, wenn das Vertrauen und die Solidarität über die engen Binnengruppen, wie die Familie, hinausgehen und die Bildung horizontaler Netzwerke begünstigen. Vertikale und hierarchische Netzwerke erweisen sich dagegen eher als schädlich.

Putnam fand die These Olsons, dass die stetige Zunahme der Verbände und ihrer Forderungen an den Staat die wirtschaftliche Leistungsfähigkeit einer Gesellschaft untergrabe, in seiner Untersuchung nicht bestätigt.[35] Inglehart versucht diesen Widerspruch durch die Vermutung zu lösen, dass zivilgesellschaftliche Strukturen sich vor allem in den frühen Phasen wirtschaftlicher Modernisierung positiv auf das Wirtschaftswachstum auswirken, wohingegen diese Wirkung in einer späteren Phase ins Negative umschlagen kann.[36] Für die türkische Wertorientierung, welche durch einen hohen Grad an Kollektivismus in Form einer starken Binnengruppenorientierung und ein geringes generalisiertes gesellschaftliches Vertrauen in die Mitmenschen gekennzeichnet ist, bedeuten diese Ergebnisse, dass die türkische Form des Kollektivismus nicht geeignet ist, spontane Kooperation in Wirtschaft und Gesellschaft zu begünstigen, die Transaktionskosten zu senken und die wirtschaftliche Entwicklung zu fördern. Er stellt tendenziell einen belastenden Faktor dar.

Autoritarismus

In der türkischen Gesellschaft kann ein starker Autoritarismus beobachtet werden, also Respekt vor Autorität und die Anerkennung ihrer Legitimität in der Gesellschaft. Dieser Wert lässt sich bereits in der Familienstruktur feststellen. Dem Höherstehenden – in der Familie sind dies der Vater oder

---

35 Vgl. Putnam 1993, S. 152 – 176.
36 Vgl. Inglehart 1998, S. 313 – 319.

der älteste Bruder – ist *saygı* (Achtung) zu erweisen. Der türkischen Kindererziehung wurde angelastet, dass sie die Kinder nicht zur Selbständigkeit erzieht. In den Schulen wird die Achtung vor der Autorität durch die Betonung des Auswendiglernens und des Gehorsams gegenüber den Lehrern gestärkt.[37]

Eine Abschätzung der Stärke des Autoritarismus ermöglichen die empirischen Studien Hofstedes sowie von Kabasakal und Bodur. In Hofstedes Studie wird die Wertdimension „Machtdistanz" erfasst, welche als „...das Ausmaß, bis zu welchem die weniger mächtigen Mitglieder von Institutionen und Organisationen eines Landes erwarten und akzeptieren, dass Macht ungleich verteilt ist", definiert wird.[38] Die Türkei erreicht für Hofstedes Machtindex einen Wert von 66 Punkten und belegt den Rang 20 von 53 untersuchten Ländern und Regionen. Sie gehört damit zu den Ländern mit einer relativ hohen Akzeptanz ungleicher Machtverteilung. Im europäischen Vergleich hatten Länder wie Frankreich (68 Punkten; Rang 15/16) und Belgien (65 Punkte; Rang 21/23) ähnlich hohe Werte, während Länder wie Dänemark (18 Punkte; Rang 51) und Österreich (11 Punkten; Rang 53) weitaus geringere Werte aufwiesen und zu den Ländern mit der geringsten Machtdistanz gehörten. Spitzenwerte des Index für Machtdistanz erreichten ausschließlich Entwicklungs- und Schwellenländer, nämlich Malaysia mit 104 Punkten, Guatemala und Panama mit jeweils 95 Punkten und die Philippinen mit 94 Punkten.[39]

Die Diagnose eines starken Autoritarismus wird auch durch die Studie von Kabasakal und Bodur gestützt. In ihr wird die Wertdimension „Power Distance" erhoben, welche „...the extent to which members of society expect power and influence to be distributed equally in that society" misst, wobei hohe Werte auf die Erwartung einer ungleichen Verteilung hinweisen. Die erhobenen Ist-Werte der Türkei sind sowohl absolut (Mittelwert 5,57) als auch relativ zu anderen Ländern (Rang 10 von 61) hoch. Im europäischen Kontext bewegt sich die Türkei damit am oberen Rande des Spektrums, denn einige süd- und osteuropäische Länder aber auch Ost-Deutschland erreichten ähnlich hohe Werte, wie z.B. Griechenland (Mittelwert 5,4), Italien (Mittelwert 5,43), Portugal (Mittelwert 5,44), Ost-Deutschland (Mittelwert 5,54) und Ungarn (Mittelwert 5,56). Im Gegensatz zum Kollektivismus scheinen die Befragten in der Türkei mit dem

---

37 Vgl. Böhmer 1990, S. 187 f. Auch in einer Jugendstudie von 1998 wurde eine Tendenz zur Anpassung an Autoritäten festgestellt. Siehe Schönbohm 1999, S. 40.
38 Vgl. Hofstede 1993, S. 42.
39 Ebenda, S. 40.

starken Autoritarismus aber nicht zufrieden zu sein, denn die gewünschten Soll-Werte sind absolut wie relativ niedrig (Mittelwert 2,41; Rang 51).[40]

Ein Ausdruck des Kollektivismus und des Autoritarismus in der türkischen Gesellschaft ist, dass die Türken vorwiegend einen rollenbezogenen und keinen personenbezogenen Kommunikationsstil benutzen. Dies bedeutet, dass in der Kommunikation die hierarchische soziale Ordnung und die asymmetrische Position der Beteiligten besonders zum Ausdruck kommen. Weiterhin bedienen sich die Türken eher eines intuitiven als eines rationalen verbalen Kommunikationsstils.[41] Kollektivismus und Autoritarismus haben über den Kommunikationsstil hinaus Einfluss auf den Führungsstil in türkischen Unternehmen. Nach einer Studie von Esmer bedienen sich 53% der Manager eines autoritären, 25% eines paternalistischen, 13,6% eines konsultativen und 8,5% eines demokratischen Führungsstils. Gewünscht wurde hingegen von 35,2% der Befragten ein konsultativer, von 28,9% ein paternalistischer, von 25,6% ein demokratischer und von 10,3% ein autoritärer Führungsstil.[42]

Hofstede sieht eine Verbindung zwischen den Kulturdimensionen der Machtdistanz und Unsicherheitsvermeidung und den von den Menschen verschiedener Kulturen bevorzugten, impliziten Organisationsmodellen, die hinter bestimmten Führungsstilen stehen. So konstatiert er, dass bei großer Machtdistanz und starker Unsicherheitsvermeidung das Modell der kompletten Bürokratie mit einer Standardisierung der Arbeitsprozesse präferiert wird und bei großer Machtdistanz und geringer Unsicherheitsvermeidung das Organisationsmodell der Familie mit direkter Kontrolle des Inhaber-Geschäftsführers.[43] Nun ordnete Hofstede, wie weiter unten noch erläutert wird, die Türkei unter die Länder mit großer Machtdistanz und starker Unsicherheitsvermeidung ein, während später die GLOBE Studie eine geringe Unsicherheitsvermeidung feststellte. Vielleicht können diese Ergebnisse so interpretiert werden, dass in den 60er und 70er Jahren unter der etatistischen Importsubstitutionspolitik große bürokratisch geführte Staatsbetriebe als vorbildhaft galten und dies mit einer starken Unsicherheitsvermeidung einherging, während seit dem Beginn der Wirtschaftsreformen 1980 Privatunternehmen, welche in Familienbesitz sind und auch von der Familie geführt werden, immer mehr an Bedeutung

40   Vgl. Kabasakal/Bodur (i.E.); Kabasakal/Bodur 2002, S. 47; Szabo/Brodbeck u.a. 2002,
     S. 63; Gyula/Takacs u.a. 2002, S. 76 und Jesuino 2002, S. 86.
41   Vgl. Kartari 1995, S. 126 f. und S. 132 f.
42   Vgl. Kabasakal/Bodur (i.E.).
43   Vgl. Hofstede 1993, S. 162 – 175.

gewinn und diese Organisationsform mit der vermuteten Verringerung der Unsicherheitsvermeidung in der Türkei in Einklang steht. Auch Trompenaars und Hampden-Turner fassen die Unternehmenskultur in der Türkei unter die Kategorie *family cultures*. Dies bedeutet, dass die Beziehungen im Unternehmen sehr persönlich und hierarchisch gestaltet sind.[44]

Die Wirkung des Autoritarismus auf die wirtschaftliche Leistungsfähigkeit ist ähnlich zweideutig wie die des Kollektivismus. Da in der Türkei der Autoritarismus im Zusammenhang mit der Binnengruppenorientierung und der Bildung von vertikalen, hierarchischen Netzwerken steht, ist sein Einfluss auf die wirtschaftliche Tätigkeit eher negativ einzuschätzen. Die Werthaltungen des Kollektivismus und des Autoritarismus finden ihren Ausdruck u. a. in Beziehungen, die von Patronage und Klientelismus gekennzeichnet sind. „Patronage und Klientelismus sind durch eine dyadische Beziehung charakterisiert, die zwischen einem 'Patron' und einem 'Klienten' besteht. Zwischen den beiden Polen findet ein Austausch von Ressourcen in meist ungleichen Quantitäten statt."[45] Nach Putnam stellen klientelistische Beziehungen vertikale Netzwerke dar, welche das Vertrauen und die Kooperation in der Gesellschaft nicht fördern und also auch keine positiven Effekte auf die Wirtschaft oder auf die Effizienz demokratischer Institutionen haben.[46] Allerdings werden sich die negativen Effekte mit der Einführung des Mehrparteiensystems 1946 in der Türkei verringert haben, da die Klienten nun die Möglichkeit nutzen konnten, zwischen mehreren Vermittlern zu wählen, so dass die Gefahr der Ausbeutung des Klienten sich verminderte.

Etatistische Werte

Die kollektivistische und autoritaristische Werthaltung äußert sich auch in einem starken Vertrauen in den Staat und in der Befürwortung des wirtschaftlichen Etatismus. Dem Staat wird dabei eine bedeutende Rolle als

---

44 Trompenaars und Hampden-Turners untersuchen den Einfluss kultureller Unterschiede auf die Unternehmensführung. Sie behandeln unter anderem Fragen des internationalen und transnationalen Managements. Aus ihrer Erfahrung als Unternehmensberater schöpfend stützen sie sich auch auf empirische Erhebungen in Unternehmen mit einer Datenbasis von 30.000 Fällen (von denen 75% zum Management, die restlichen zum sonstigen Verwaltungspersonal gehören) in 30 Unternehmen und 55 Ländern. Unter diesen ist auch die Türkei vertreten, siehe Trompenaars/Hampden-Turner 1998, S. 1, S. 162 – 170 und S. 252.

45 Vgl. Unbehaun 1994, S. 37.

46 Vgl. Putnam 1993, S. 174 – 176.

Kontrolleur und Koordinator der Wirtschaft zugeschrieben.[47] Im World Values Survey von 1990 für die Türkei sprach sich die Mehrheit der Befragten auf die Frage, ob sich die Arbeitsplätze und Produktionsmittel eher in privatem oder staatlichen Eigentum befinden sollten, für das staatliche Eigentum aus. Auf einer Zehnpunkteskala wählten 44,1% die Werte 7 – 10 auf Seiten des Staatseigentums und 32,3% die Werte 1 – 4 auf Seiten des Privateigentums, die restlichen 23,6% verteilten sich auf die mittleren Punktzahlen 5 und 6.[48]

Der Glaube an einen die Wirtschaft dominierenden Staat war also nach zehn Jahren privatwirtschaftlich orientierter Wirtschaftspolitik immer noch stark ausgeprägt. Die Unterstützung von Privateigentum nahm aber im Verlauf der 90er Jahre zu. Im World Values Survey von 1997 nahm bei derselben Frage der Anteil der Befürworter des Staatseigentums von 44,1% auf 41% nur leicht ab. Der Anteil der Befürworter des Privateigentums wuchs aber von 32,3% auf 44%, während die Zahl der Unentschlossenen entsprechend zurückging. Diese Werte bewegen sich im internationalen Vergleich im Mittelfeld und ähneln den Ergebnissen in Spanien, wo die Befürworter des Privateigentums (34%) die Befürworter des Staatseigentums (31%) zahlenmäßig auch leicht übertrafen. Im Vergleich hierzu präferierten in den USA 74% und in Schweden 48% das Privateigentum, während sich in China 52% und in Russland 58% für das Staatseigentum aussprachen.[49]

Parallel zur zunehmenden Akzeptanz des Privateigentums in der Türkei ist eine stärkere Anerkennung des Wettbewerbs zu verzeichnen. Auf die Frage, ob Wettbewerb gut oder schlecht sei, befürworteten 1990 58% der Befragten in stärkerem oder schwächerem Maße den Wettbewerb, während 24% ihn als schlecht bezeichneten. 1997 war die Ablehnung leicht von 24% auf 21% gesunken, während die Zustimmung auf 68% stieg und die Zahl der Unentschlossenen entsprechend sank. Diese Befürwortung des Wettbewerbs ist auch im internationalen Vergleich hoch und übertrifft z.B. Spanien, wo 54% sich für den Wettbewerb aussprachen und 21% ihm skeptisch gegenüberstanden.[50] In einer Jugendstudie von 1998 konnte ein paternalistisches Verhältnis zum Staat, Erwartungen auf materielle Hilfe vom Staat und die Befürwortung von staatlichen Inter-

---

47 Bis zu den 60er Jahren hatte sich das Bild vom paternalistischen Staat bis zu den Bauern verbreitet, die vom Staat Hilfen erwarteten für Dinge, die sie auch selbstverantwortlich hätten unternehmen können, vgl. Cohn 1970, S. 138 f.
48 Vgl. Ergüder/Kalaycıoğlu 1991, S. 46.
49 Vgl. Esmer 1999, S. 102 f.
50 Vgl. Ergüder/Esmer/Kalaycıoğlu 1991, S. 48 und Esmer 1999, S. 110–112.

ventionen in die Wirtschaft beobachtet werden. Gleichzeitig akzeptieren die befragten Jugendlichen den Wettbewerb.[51]

Bis zu Beginn der 90er Jahre wurde den großen privaten Unternehmern von einem großen Teil der Bevölkerung Misstrauen entgegengebracht.[52] Lange Zeit wurden in der Bevölkerung privatwirtschaftliche Tätigkeit gering geschätzt und Arbeitsstellen in der staatlichen Bürokratie vorgezogen.[53] Mit der zunehmenden Akzeptanz von Privateigentum und Wettbewerb in den 90er Jahren stieg aber auch das Vertrauen der Bevölkerung in die großen Unternehmer, wie im World Values Survey von 1997 festgestellt werden konnte.[54]

Dem immer noch großen Vertrauen in staatliche Organe entspricht, dass die Mehrheit der Befragten des World Values Surveys von 1990 in der Türkei nicht für eine abrupte, sondern für eine langsame, schrittweise Reform des Gesellschaftssystems ist.[55] Die immer noch starke Verankerung des Etatismus in weiten Bevölkerungsteilen bei gleichzeitig ansteigender Akzeptanz von Privateigentum und Wettbewerb verdeutlichen, dass institutionelle Reformen die Werte in der Bevölkerung verändern. Diese Veränderung erfolgt aber langfristig und erfasst nicht alle Bevölkerungsteile gleichmäßig. Daher existieren über einen längeren Zeitraum widersprüchliche Werthaltungen innerhalb der Bevölkerung, ebenso wie Widersprüche zwischen den formellen Institutionen und den Werten der Bevölkerung. Im politischen Prozess besteht die Gefahr, auf die anfallenden wirtschaftlichen und sozialen Probleme etatistische Antworten zu geben, welche wiederum die Reform der formellen Institutionen behindern. Es bleibt darauf hinzuweisen, dass die Türkei während der 90er Jahre schon einen Teil dieses Wertewandels bewältigt hat.

Unsicherheitsvermeidung

Früher wurde für die türkische Gesellschaft eine starke Tendenz zur Vermeidung von Unsicherheit und Risiken angenommen. Verbunden damit war ein hoher Grad an Konservativismus und eine geringe Innovationsbereitschaft und Offenheit für neue Ideen. Diese Haltung mag ursprünglich aus den Bedingungen der Subsistenzwirtschaft stammen, da hier ein sicheres Existenzminimum irgendwelchen Experimenten mit hohen Chan-

---

51 Vgl. Schönbohm 1999, S. 40 und S. 49.
52 Vgl. Ergüder/Esmer/Kalaycıoğlu 1991, S. 19 ff.
53 Vgl. Cohn 1970, S. 143 und Mıhçıoğlu 1970, S. 60.
54 Vgl. Esmer 1999, S. 42.
55 Vgl. Ergüder/Esmer/Kalaycıoğlu 1991, S. 39.

cen und Risiken, die beim Eintreten das Überleben gefährdet hätten, vorgezogen wurde.[56]

Hofstede führte in seiner Untersuchung die Dimension der Unsicherheitsvermeidung ein, die er definiert als „...Grad, in dem die Mitglieder einer Kultur sich durch ungewisse oder unbekannte Situationen bedroht fühlen."[57] Unsicherheitsvermeidung ist hierbei nicht mit Risikovermeidung gleichzusetzen, welche sich auf berechenbare Ereignisse bezieht.[58] Bei Hofstedes Unsicherheitsvermeidungsindex erzielte die Türkei einen Wert von 85 Punkten und belegte so gleichauf mit Südkorea den Rang 16/17 von 53. Die höchsten Werte erreichten Griechenland (112 Punkte; Rang 1) und Portugal (104 Punkte; Rang 2), sehr niedrige Werte aber Schweden (29 Punkte; Rang 49/50) und Dänemark (23 Punkte; Rang 51). In den Ländern Europas konnte also das gesamte Spektrum an Unsicherheitsvermeidung beobachtet werden. Die Türkei gehörte nach diesem Ergebnis zu den Ländern mit einer starken Neigung zur Unsicherheitsvermeidung.[59]

Zu einem anderen Ergebnis kommt die GLOBE Studie. Nach ihr erreichte die Türkei sowohl absolut als auch relativ niedrige Ist-Werte (Mittelwert 3,63; Rang 49 von 61) für die Dimension „uncertainty avoidance", welche als „...extent to which society emphasizes orderliness, structures and rules in order to reduce unpredictability and uncertainty" definiert wird. Der gemittelte Ist-Wert aller untersuchten Länder betrug 4,16. Ähnlich niedrig wie die Ist-Werte für Unsicherheitsvermeidung in der Türkei waren die Werte in einigen süd- und osteuropäischen Ländern, z.B. Italien (Mittelwert 3,79), Polen (Mittelwert 3,62), Griechenland (Mittelwert 3,39) und Ungarn (Mittelwert 3,12). Die Werte in Frankreich (Mittelwert 4,43), England (4,65) und West-Deutschland (5,22) waren hingegen deutlich höher. Die erwünschten Soll-Werte für Unsicherheitsvermeidung in der Türkei (Mittelwert 4,67; Rang 32) übertrafen allerdings die Ist-Werte.

Die Autoren der Studie erklären die auffällige Abweichung zu den Ergebnissen Hofstedes damit, dass die Türken in dem zwischen diesen Studien liegenden Zeitraum eine wesentlich höhere Toleranz gegenüber Unsicherheit entwickelt haben. Sie sehen diese Entwicklung wiederum als

---

56 Vgl. Böhmer 1990, S. 194 f.
57 Vgl. Hofstede 1993, S. 133.
58 Ebenda, S. 136 f.
59 Ebenda, S. 133.

eine Anpassung an die politische und wirtschaftliche Instabilität der Türkei.[60]

Die Tendenz zur Risikovermeidung der Türken wurde in den World Values Surveys untersucht. Auf einer Zehnpunkte-Skala der Risikofreudigkeit entschieden sich 1990 41% der Befragten für die Punktwerte 1 – 4 auf Seiten des vorsichtigen Verhaltens, 39% für die Punkte 7 – 10 des risikofreudigen Verhaltens und 20% waren unentschieden (5 und 6 Punkte). Im World Values Survey von 1997 hatte sich die Risikoscheu erheblich verstärkt. 61% der Befragten entschieden sich für vorsichtiges Verhalten, 27% für risikofreudiges Verhalten und 12% waren unentschlossen. Im Vergleich zu anderen Ländern war die Risikovermeidung in der Türkei 1997 höher als in vielen Industrie-, Transformations- und Entwicklungsländern, so betrugen der Anteil der Befürworter des vorsichtigen Verhaltens in Schweden 6%, Japan 26%, den USA 28%, Spanien 35%, Argentinien 40%, den Philippinen 41%, Nigeria und Russland je 42%.[61]

Der Anstieg der Risikovermeidung während der 90er Jahre könnte eine Reaktion auf die wirtschaftliche und politische Unsicherheit sein, mit denen die Bevölkerung konfrontiert war.[62] Unter diesen Bedingungen sank möglicherweise die Bereitschaft, geschäftliche Risiken bewusst einzugehen, während die Akzeptanz der unberechenbaren Unsicherheit zunahm.

Ein mit Unsicherheitsvermeidung und der Einstellung zum Risiko verwandter Faktor, der die wirtschaftliche Entwicklung beeinflussen könnte, ist die Offenheit für neue Ideen. Ein zu hoher Grad an Konservatismus könnte Innovationen und die damit verbundenen Veränderungen in der Gesellschaft blockieren. In den World Values Surveys wurden die Beteiligten gefragt, ob sie im Allgemeinen die alten oder die neuen Gedanken für richtig halten. Dabei ergab sich für die Türkei eine zweigipflige Verteilung. 1990 entschieden sich 44% der türkischen Befragten in stärkerem oder schwächerem Maße für die neuen Gedanken, 36% für die alten Gedanken und 21% waren unentschieden. 1997 verschob sich diese Verteilung leicht in Richtung Konservatismus, was wiederum mit der turbulenten ökonomischen und politischen Lage der 90er Jahre in Verbindung gebracht werden kann. 42% befürworteten nun die alten Gedanken, 40% die neuen Gedanken und 19% waren unentschieden.

---

60 Vgl. Kabasakal/Bodur (i.E.); Kabasakal/Bodur 2002, S. 47; Ashkanasy/Trevor-Roberts/Earnshaw 2002, S. 34; Szabo/Brodbeck u.a. 2002, S. 63; Gyula/Takacs u.a. 2002, S. 76 und Jesuino 2002, S. 86.
61 Vgl. Ergüder/Esmer/Kalaycıoğlu 1991, S. 42 und Esmer 1999, S. 112 – 115.
62 Zur Wirtschaftskrise von 1994 vgl. Öniş 1998, S. 513 – 529.

Damit hat die Türkei immer noch im Vergleich zu anderen Ländern höchste Werte der Befürwortung neuer Gedanken bei einem gleichzeitig hohen Anteil von Befragten, welche die alten Gedanken unterstützen. In Russland oder China überwogen beispielsweise klar die Befürworter alter Gedanken, während in Ländern wie Schweden und Spanien das Meinungsspektrum weniger polarisiert und mit 49% und 40% ein Großteil der Befragten unentschieden war. Die stärkere Polarisierung bezüglich dieser Frage in der Türkei kann als typisch für Gesellschaften im Transformationsprozess angesehen werden.[63]

Den obigen Befunden zufolge befindet sich die Türkei in der paradoxen Situation, dass ein im Vergleich zu anderen Ländern hoher Anteil der Bevölkerung offen für neue Ideen ist, aber sich zugleich scheut, Risiken einzugehen und diese neuen Ideen in Innovationen umzusetzen. Sollte es der Politik aber gelingen, ein stabileres wirtschaftliches und politisches Umfeld zu schaffen, so ist zu erwarten, dass die Risikoscheu wieder abnimmt.

Kurzfristige Orientierung

Eine rationale Lebensführung geprägt durch Fleiß, Sparsamkeit und Planung ist ohne eine langfristige Orientierung schwer vorstellbar. Nach Hofstede geht eine langfristige Orientierung mit der Betonung von Ausdauer, Beharrlichkeit und Sparsamkeit einher, welche einen Zusammenhang zwischen der langfristigen Orientierung und dem Wirtschaftswachstum herstellt.[64] Da aber das Zeitverständnis und der Zeithorizont in verschiedenen Kulturen unterschiedlich ist, lohnt es sich, diesen Punkt näher zu betrachten. In der GLOBE Studie zur Türkei wird auf die Wertedimension „future orientation" eingegangen, welche definiert wird als "...extent to which society values and practices planning and investment, as opposed to focusing on current problems and the present."

Der in der Türkei erreichte Ist-Wert (Mittelwert 3,74; dies entsprach Rang 36 von 61) ist etwas geringer als der gemittelte Ist-Wert aller untersuchten Länder von 3,85. Er fügt sich aber problemlos in das Spektrum der europäischen Länder ein, unter denen es welche mit relativ langfristiger Orientierung gibt, wie die Niederlande (Mittelwert 4,61), West-Deutschland (Mittelwert 4,22) oder England (Mittelwert 4,28), aber ebenso Länder mit relativ kurzfristiger Orientierung wie Spanien (Mittelwert 3,51), Frankreich (Mittelwert 3,48), Griechenland (Mittelwert 3,4), Italien

---

63 Vgl. Ergüder/Esmer/Kalaycıoğlu 1991, S. 41 f. und Esmer 1999, S. 114 f.
64 Vgl. Hofstede 1993, S. 190 – 192.

(Mittelwert 3,25), Ungarn (Mittelwert 3,21) und Polen (Mittelwert 3,11). Die gewünschten Soll-Werte der „future orientation" in der Türkei waren hingegen erheblich höher (Mittelwert 5,83; Rang 16) als die Ist-Werte.[65]

Religiosität

Inglehart sieht in der Religiosität einen negativen Einflussfaktor auf die Leistungsmotivation und damit letztendlich für die wirtschaftliche Entwicklung. Im Folgenden soll daher die Religiosität in der Türkei näher betrachtet und diese Hypothese hinterfragt werden. Dabei bezieht sich in der Türkei Religiosität vor allem auf die verschiedenen Formen des Islams.

Die Religiosität ist in der türkischen Bevölkerung immer noch stark verwurzelt. Im World Values Survey von 1997 nannten 35% „religiösen Glauben" als den wichtigsten Wert in der Erziehung.[66] Dass auch in Zukunft die Religiosität einen wichtigen Platz in der Wertehierarchie einnehmen wird, legt die bereits erwähnte Jugendstudie nahe. In ihr bezeichneten sich 90% der Befragten als gläubig im Sinne des Islams. 80% der Männer und 65% der Frauen gaben an, regelmäßig oder gelegentlich zu beten. Trotzdem wurden Religion und Glauben aber nur von ca. 20% als einer von drei lebenswichtigen Werten genannt. Der Islam besitzt also eine Bedeutung im Leben der Mehrzahl junger Türken, das beherrschende Moment ist er aber nur bei einer Minderheit.[67]

Dass islamische Werte noch in der Bevölkerung wirksam sind und dies auch ökonomische Konsequenzen hat, belegt eine empirische Untersuchung in Izmir, einer der großen, eher westlich orientierten Metropolen der Türkei. Von 680 Befragten gaben 57,2% an, dass ein religiöser Mensch im Geschäftsleben vertrauenswürdiger als ein nicht-religiöser sei, während 29,5% dies verneinten. Ferner gaben 49,5% der Befragten an, dass sie bei dem religiösen Händler kaufen würden, wenn sich in ihrem Viertel ein religiöser und ein nicht-religiöser Händler befänden. 43,5% antworteten, dass sie keinen Unterschied zwischen beiden machen würden, und nur 3,1% würden den nicht-religiösen Händler vorziehen. Das größere Vertrauen in religiöse Geschäftsleute und ihre praktische Bevorzugung nimmt jedoch mit zunehmendem Bildungsniveau und sozialökonomischem Niveau ab.

---

65 Vgl. Kabasakal/Bodur (i.E.); Kabasakal/Bodur 2002, S. 47; Ashkanasy/Trevor-Roberts/
    Earnshaw 2002, S. 34; Szabo/Brodbeck u.a. 2002, S. 63; Gyula/Takacs u.a. 2002, S. 76
    und Jesuino 2002, S. 86.
66 Vgl. Esmer 1999, S. 96 f.
67 Vgl. Schönbohm 1999, S. 37 f. und S. 42.

Noch klarer ist die Haltung der Befragten zum Alkohol und zum Glücksspiel, zwei Dingen, die im sunnitischen Religionsrecht klar verboten sind. 69,7% fanden, dass Alkohol und Glücksspiel immer schädlich seien, während nur 17,2% meinten, dass sie in Übermaßen schädlich seien. Daher waren 52,8% der Befragten dafür, dass der Staat Alkohol und Glücksspiel verbiete, während 37,9% dagegen waren. Interessant sind auch die Antworten auf die Frage, welche Einkommensquelle legitim sei. Während 90,9% Arbeitseinkommen als eine legitime Quelle ansehen, sind die Werte 47,6% für Erbschaften, 37,% für Heiraten, 10,6% für Zinsen, 1,8% für Glücksspiel, und 5,3% hielten alle diese Quellen für legitim. Die Mehrzahl der Befragten scheint sich also des islamischen Zinsverbots noch bewusst zu sein.[68]

Es gilt nun zu fragen, ob die Religiosität in der Türkei auf die wirtschaftlichen Werte und das Verhalten einen negativen Einfluss ausübt. In den Leistungsmotivationsindex Ingleharts geht Religiosität als Bildungsziel mit negativem Vorzeichen ein. Auch wenn dieser Zusammenhang in der Mehrheit der Fälle zuträfe, so gilt er nicht generell. Gerade bei dem paradigmatischem Fall für die Bedeutung der Leistungsmotivation, nämlich der Weber'schen Protestantismusthese, welche sich darauf bezieht, dass die protestantischen Staaten und Regionen ein höheres Wirtschaftswachstum erzielen als die katholischen, würde eine solche Interpretation zu keinem Ergebnis führen. Die negative Beurteilung des Einflusses der Religiosität auf die Wirtschaftsentwicklung beruht auf der Annahme, dass sie in traditionellen Gesellschaften die soziale Mobilität für weite Bereiche der Gesellschaft verhindert und eine fatalistische religiöse Haltung die Menschen entmutigt, durch Leistung und Risikobereitschaft ihre ökonomische und soziale Situation zu verbessern.

In älteren Studien wurde der Fatalismus als Wert der traditionellen türkischen Gesellschaft erwähnt.[69] Das Streben nach materiellen Werten war in der Bevölkerung eher schwach ausgeprägt.[70] Im World Values Survey für die Türkei von 1990 wurde die Verbreitung fatalistischer Ansichten untersucht. Der Fatalismus kann nach dessen Ergebnissen nicht als allgemeine Lebenseinstellung der Türken angesehen werden, jedoch ist immerhin noch die Hälfte der Bevölkerung in einem stärkeren oder schwächeren Grade Fatalisten.[71] Die Befürworter einer islamischen Wirt-

---

68 Vgl. Köktaş 1993, S. 194 – 206.
69 Vgl. Robinson 1970, S. 191 – 193.
70 Die Untersuchungen unter Bauern und Oberschülern der 60er Jahre belegten ein geringes Interesse an materiellen Zielen. Vgl. Cohn 1970, S. 144 f.
71 Vgl. Ergüder/Esmer/Kalaycıoğlu 1991, S. 15 ff. und S. 35 ff.

schaft vertreten eine wirtschaftsfreundliche Interpretation des Islams. Sie lehnen eine mystische Haltung materieller Enthaltsamkeit ab, weil sie zur Trägheit führe. Als Vorbild wird die Händlertätigkeit Muhammads und der Markt Medinas gesehen, welches gut zu einem Wettbewerbssystem mit geringer Staatsintervention passt.[72] Ob analog zur protestantischen Ethik tatsächlich viele Muslime die Anreize zu wirtschaftlichem Erfolg schon in ihrer Religion angelegt sehen, ist fraglich. Verbreitet unter den Gläubigen ist jedenfalls eine rituelle und legalistische Interpretation.

Für die Konsumenten und Unternehmer bedeutet dies, dass sie alles produzieren, handeln und konsumieren können, sofern es vom islamischen Recht nicht explizit verboten ist. Dieses Konzept des islamischen Wirtschaftens beinhaltet, dass die wenigen Verbote und Gebote – wie das Zinsverbot und das Gebot, die Almosensteuer (zakāt) zu zahlen – eingehalten werden, um mit ruhigem Gewissen einen theoretisch unbegrenzten Reichtum zu genießen. Skrupel können nur im Bereich der verpönten Handlungen entstehen.[73] Hieraus kann geschlossen werden, dass im gegenwärtig in der Türkei gelebten Islam – vielleicht außer dem Zinsverbot – keine wesentlichen Hindernisse für wirtschaftlich aktives Handeln zu erkennen sind. Allerdings bietet die verbreitete legalistische Interpretation auch keinen zusätzlichen Anreiz hierzu, so dass die Postulierung eines speziell wirtschaftsfördernden Effekts des Islams nicht die gegenwärtige Realität darstellt, sondern das Ringen islamischer Unternehmer und Ökonomen um eine entsprechende Interpretation des Islams.

Weiterhin reproduzieren sich in den Vorstellungen islamischer Unternehmer zur Unternehmensführung mit ihrer Betonung harmonischer Arbeitsbeziehungen unter Vermeidung von Konflikten die kollektivistischen Tendenzen in der Gesellschaft und im Wirtschaftsleben.[74] Wie oben dargelegt, ist der Einfluss der kollektivistischen Werthaltung in der Türkei auf die Wirtschaft eher negativ einzuschätzen. Allerdings ist auch zu bedenken, dass gerade religiöse Vereine und Wohlfahrtsorganisationen weit verbreitet sind und auch die horizontalen Beziehungen zwischen den Beteiligten begünstigen. Islamische Netzwerke, welche hieraus entstehen, stellen ein Sozialkapital dar, welches die wirtschaftlichen Tätigkeiten der Beteiligten fördert.[75] In dieser Hinsicht kann in den islamischen Werten

---

72 Vgl. Buğra 1997, S. 17 ff., S. 22 f. und S. 26.
73 Vgl. Navaro-Yashin 1998, S. 1 – 16.
74 Vgl. Buğra 1997, S. 23 ff. und S. 27 f.
75 Vgl. Navaro-Yashin 1998, S. 10.

kein Hindernis gesehen werden, welche über die negativen Effekte des türkischen Kollektivismus hinausgehen.

Fazit

Die oben vorgestellten Untersuchungen belegen in vielfältiger Weise die Wirksamkeit kultureller Faktoren auf die Wirtschaft. Sie können natürlich die in der Türkei vorherrschenden wirtschaftsrelevanten Werte nur skizzieren. Für eine ausführliche Darstellung möglicher Unterschiede der Werthaltung in den verschiedenen Regionen, Ethnien und sozialen Schichten der Türkei mangelt es noch an entsprechenden empirischen Untersuchungen. Da sich die betrachteten Studien aber um Repräsentativität auf der nationalen Ebene bemühen, sind ihre aggregierten Daten ein geeigneter erster Ausgangspunkt, sowohl um die Wirkung kultureller Faktoren auf die nationale Wirtschaft zu analysieren (wobei die Wirtschaftsdaten ebenfalls auf nationalem Niveau aggregiert werden) als auch um einen Vergleich zwischen den Wirtschaftskulturen in verschiedenen Staaten zu ermöglichen.

So beeinflusst die Leistungsmotivation das Wirtschaftswachstum eines Landes und auch für die langfristige Orientierung ist ein positiver Einfluss auf das Wachstum wahrscheinlich. Dies kann ebenfalls für Risikofreudigkeit, Akzeptanz von Privateigentum, Wettbewerb und Innovationen angenommen werden, Werten, die für den Aufbau einer Marktwirtschaft notwendig sind. Bei anderen kulturellen Faktoren wie Kollektivismus, Autoritarismus und Unsicherheitsvermeidung ist ihr Einfluss auf das Wirtschaftswachstum zwar umstritten, sie stehen aber in Zusammenhang mit dem Kommunikations- und Managementstil, den bevorzugten Unternehmensformen einer Gesellschaft und hierdurch auch mit der Wirtschaftsstruktur eines Landes.

Im Vergleich der Wirtschaftskultur in der Türkei mit den EU-Ländern fällt auf, dass die EU im Hinblick auf die vorgestellten kulturellen Faktoren ein weites Spektrum von Ländern mit unterschiedlichen Ausprägungen umfasst und dass die Türkei hierbei zumeist im Rahmen des in der EU vorzufindenden Wertespektrums liegt. Lediglich der Kollektivismus in Form der Binnengruppenorientierung ist etwas stärker als in allen EU-Ländern. Daraus lässt sich aber kaum eine schlechtere wirtschaftliche Prognose für die Türkei gegenüber den EU-Ländern mit einer etwas schwächeren Binnengruppenorientierung ableiten, da die Türkei eine höhere Leistungsmotivation und eine langfristigere Orientierung als manche dieser Länder aufweisen kann. Dass in der Türkei die Religiosität stark ist und sich diese auf den Islam bezieht, stellt einen Unterschied zu den Ländern der EU dar, der das türkische Wirtschaftsleben beeinflusst, aber kein Hindernis für die wirtschaftliche Entwicklung darstellt.

Insgesamt fällt auf, dass die Ausprägung der wirtschaftskulturellen Faktoren sich zwar von denen in West- und Nordeuropa unterscheidet, aber der in einigen süd- und osteuropäischen Ländern sehr ähnlich ist. Anhand dieses wichtigen Teilbereichs der türkischen Kultur ist jedenfalls keine grundlegende Differenz der europäischen und der türkischen Kultur erkennbar, die ein Hemmnis für eine stärkere Integration der Türkei in die EU darstellen würde. Mit Blick auf die Wirtschaftskultur sind die Integrationschancen der Türkei ähnlich hoch anzusetzen wie für die im Rahmen der Süd- und der Osterweiterung der EU beigetretenen Staaten.

Weiterhin belegen die dargestellten Untersuchungen, dass die Wirtschaftskultur keine statische Größe ist, wenn auch der Wandel mittel- und langfristig erfolgt. Dieser Wandel ist politisch nur schwer plan- und steuerbar, jedoch beeinflussen die Wirtschaftspolitik und die durch sie initiierten formellen Institutionen langfristig die Werte in der Bevölkerung. So kann das noch vorhandene verhältnismäßig starke Vertrauen in den Staat als ein Relikt jahrzehntelanger kemalistischer, etatistischer Wirtschaftspolitik gesehen werden.

Der Einfluss der seit 1980 vorherrschenden exportorientierten Reformpolitik wird aber ebenfalls deutlich. So ist in den 90er Jahren die Befürwortung des Privateigentums, des Wettbewerbs und das Ansehen der privaten Unternehmen gestiegen. Das Sinken der Risikoneigung in derselben Zeit lässt sich wiederum als Reflex der wirtschaftlichen und politischen Krisen der 90er Jahre interpretieren. Es erscheint daher nicht als unwahrscheinlich, dass ein durch die Perspektive eines zukünftigen EU-Beitritts stabilisiertes wirtschaftliches und politisches Umfeld und die hierdurch beschleunigten institutionellen Reformen hin zu Demokratie und Marktwirtschaft sich in der türkischen Wirtschaftskultur positiv in Form höherer Leistungsmotivation, geringerer Binnengruppenorientierung, geringeren Autoritarismus, stärkerer Risikoneigung, längerfristiger Orientierung und einer noch stärkeren Befürwortung von Privateigentum und Wettbewerb niederschlagen könnten.

Literatur

Ashkanasy, Neal M./Trevor-Roberts, Edwin/Earnshaw, Louise: The Anglo Cluster: legacy of the British empire, in: Journal of World Business 37, 2002, S. 28 – 39.

Bahadır, Şefik Alp: Kultur und Region im Zeichen der Globalisierung, Erlangen 1998.

Böhmer, Jochen: Zwischen Exportboom und Re-Islamisierung: Stabilisierungs- und Strukturanpassungspolitik in der Türkei. Eine Analyse des wirtschaftspolitischen Managements, der Außenorientierung des Industriesektors und des Einflusses soziokultureller Bedingungen, Münster, Hamburg 1990.

Buğra, Ayşe: Class, Culture and State: An Analysis of Interest Representation by two Turkish Business Associations, Istanbul 1997.

Buğra, Ayşe: State and business in modern Turkey: a comparativ study, Albany, N.Y., 1994.

Cohn, Edwin J.: Social and cultural factors affecting the emergence and functioning of innovators, in: Hopper, Jerry R. (Hrsg.): The Turkish administrator – a cultural survey, Ankara 1970, S. 131 – 149.

Ergüder, Üstün/Esmer, Yilmaz/Kalaycıoğlu, Ersin: Türk Toplumunun Değerleri, TÜSİAD, Istanbul 1991.

Esmer, Yılmaz: Devrim, Evrim, Statüko: Türkiye'de Sosyal, Siyasal, Ekonomik Değerler, Istanbul 1999.

Fukuyama, Francis: Konfuzius und Marktwirtschaft: der Konflikt der Kulturen, München 1995.

Gyula, Bakacsi/Takacs, Sandor/Karacsony, Andras/Imrek, Viktor: Eastern European cluster: tradition and transition, in: Journal of World Business 37, 2002, S. 69 – 80.

Haselberger, Stephan: Die Türkei wird Thema im Europawahlkampf. CSU will gegen EU-Vollmitgliedschaft mobilisieren – SPD und Grüne reagieren mit heftiger Kritik, Die Welt, 01.09.2003,
http://www.welt.de/data/2003/09/01/162294.html.

Hofstede, Geert: Interkulturelle Zusammenarbeit. Kulturen – Organisationen – Management, Wiesbaden 1993.

House, Robert J./Hanges, Paul J. u. a.: Cultural Influences on Leadership and Organizations: Project GLOBE,
http://www.haskayne.ucalgary.ca/GLOBE/Public/Links/process.pdf.

Inglehart, Ronald: Modernisierung und Postmodernisierung. Kultureller, wirtschaftlicher und politischer Wandel in 43 Gesellschaften, Frankfurt/Main, New York 1998.

Inglehart, Ronald; Baker, Wayne E.: Modernization, Cultural Change, and the Persistence of Traditional Values, in: American Sociological Review 65, 2000, S. 19 – 51.

Jesuino, Jorge Correia: Latin Europe Cluster: from South to North, in: Journal of World Business 37, 2002, S. 81 – 89.

Kabasakal, Hayat/Bodur, Muzaffer: Arabic cluster: a bridge between East and West, in: Journal of World Business 37, 2002, S. 40 – 54.

Kabasakal, Hayat/Bodur, Muzaffer (i.E.): Leadership and Culture in Turkey: A Multi-Faceted Phenomenon, in: J. Chhokkar/F. Brodbeck/R.J. House (Hrsg.): Managerial Cultures of the World: GLOBE In-Depth Studies of the Cultures of 25 Countries, Vol. 2, Thousand Oaks, Ca.

Kartari, Asker: Deutsch-türkische Kommunikation am Arbeitsplatz. Ein Beitrag zur interkulturellen Kommunikation zwischen türkischen Mitarbeitern und deutschen Vorgesetzten in einem deutschen Industriebetrieb, München 1995.

Kocagöz, Orhan: Unternehmensgruppen in Schwellenländern, Entstehung, Organisationsform und Unternehmenspolitik dargestellt am Beispiel von *Holdings* in der Türkei, Diss. im Eigenverlag, Erlangen 2002.

Köktaş, Emin: Türkiye'de Dinî Hayat. İzmir Örneği, Istanbul 1993.

McClelland, David C.: The Achieving Society, New York, London 1967.

Mıhçıoğlu, Cemal: The civil service in Turkey, in: Hopper, Jerry R. (Hrsg.): The Turkish administrator – a cultural survey, Ankara 1970, S. 59 – 93.

Navaro-Yashin, Yael: Entrapped Between Categories: „East", „West" and the Practices of Consumptions of Turkish Islamists, in: Sociologus, 48, 1998, 1, S. 1 – 16.

Öniş, Ziya: Globalization and Financial Blow-Ups in the Semi-Periphery: Turkey's Financial Crisis of 1994 in Retrospect, in derselbe: State and Market. The Political Economy of Turkey in Comparative Perspective, Istanbul 1998, S. 513 – 529.

Putnam, Robert D./Leonardi, Robert/Nanetti, Raffaella Y.: Making democracy work: Civic traditions in modern Italy, Princeton 1993.

Robinson, Richard: Comment upon village culture, in Hopper, Jerry R. (Hrsg.): The Turkish administrator – a cultural survey, Ankara 1970, S. 191 – 193.

Schönbohm, Wulf: Türkische Jugend 98 – realistisch und idealistisch, in: Zeitschrift für Türkeistudien, 12, 1999, 1, S. 31 – 50.

Szabo, Erna/Brodbeck, Felix C./Den Hartog, Deanne N./Reber, Gerhard/Weibler, Jürgen/Wunderer, Rolf: The Germanic Europe cluster: where employees have a voice, in Journal of World Business 37, 2002, S. 55 – 68.

Trompenaars, Alfons/Hampden-Turner, Charles: Riding the Waves of Cultures, 2. Auflage, New York 1998.

Unbehaun, Horst: Klientelismus und politische Partizipation. Der Kreis Datça (1923-1992), Hamburg 1994.

Weber, Max: Gesammmelte Aufsätze zur Religionssoziologie, Bd. 1, Tübingen 1920.

Kooperationsalltag im bilateralen Kontext: Deutsch-marokkanische Fallbeispiele aus dem Tourismussektor

Nicolai Scherle

Die Expansion des Tourismus im Kontext von Globalisierung und Entwicklungsländern

Wie kaum eine zweite Branche ist der Tourismus von einer zunehmenden Internationalisierung betroffen, er verkörpert sie in vielerlei Hinsicht geradezu paradigmatisch. Dabei verstärkt er diesen Prozess, gleichzeitig wird er aber auch – direkt wie indirekt – von den entsprechenden Folgen beeinflusst. So sind Angebot und Nachfrage weitgehend globalisiert und die Dienstleistung als solche beruht zu einem wachsenden Teil in der Überwindung von Grenzen. Dieses Faktum manifestiert sich nicht zuletzt im geschäftlichen Selbstverständnis von Reiseveranstaltern, deren Produkt, sofern sie ihre Dienste im *outgoing*-Tourismus des Herkunftslandes gemeinsam mit einem entsprechenden *counterpart* im *incoming*-Tourismus des Ziellandes anbieten, einen dezidiert interkulturellen Charakter aufweist.[1]

Von der räumlichen Expansion des Tourismus sind zu einem nicht unerheblichen Teil Entwicklungsländer betroffen. Die an der Schwelle zum neuen Jahrtausend vom *Studienkreis für Tourismus und Entwicklung* in Kooperation mit dem *Bundesministerium für wirtschaftliche Zusammenarbeit und Entwicklung* vorgelegte Studie über Tourismus in Entwicklungsländern macht deutlich, dass inzwischen etwa ein Drittel aller internationalen Touristenankünfte in diesen Ländern registriert wird. Ein Blick auf die durchschnittlichen jährlichen Wachstumsraten ist nicht weniger beeindruckend, liegen sie doch seit Anfang der 1990er Jahre mit 4,84% deutlich über jenen des Weltdurchschnitts von 3,98%.[2] Angesichts ihrer vielschichtigen und tief greifenden Probleme, wie Massenarbeitslosigkeit, Verelendung rapide wachsender Bevölkerungsschichten, Verschärfung sozialer und räumlicher Disparitäten, verstärkte Ressourcenzerstörung, gravierende Verschuldung sowie steigende Zahlungsbilanzdefizite, sehen zahlreiche Regierungen dieser Länder im Tourismus ein praktikables Ve-

---

1 Vgl. Keller 1996, S. 33 ff.; Fayed/Fletcher 2002, S. 207 ff.; Ritter 2003, S. 86 ff.
2 Vgl. Aderhold et al. 2000, S. 20.

hikel, um ihre ökonomische Entwicklung anzukurbeln. Häufig kollidieren jedoch – insbesondere in Anbetracht der Multidimensionalität von Entwicklung – die ökonomischen Entwicklungsziele mit den soziokulturellen, politischen und ökologischen Elementen von Entwicklung.[3] Dennoch wird dieser Umstand immer wieder billigend in Kauf genommen, da man sich nicht selten erhofft, dass eventuelle Negativeffekte durch den wirtschaftlichen Nutzen kompensiert werden.

Ein interkulturelles Forschungsprojekt
und dessen Hintergrund

Der vorliegende Beitrag widmet sich einem Forschungsprojekt, das im Rahmen eines arbeitsteiligen und interdisziplinären Projekteverbundes (FORAREA) Chancen und Risiken interkultureller Unternehmenskooperationen – aufgezeigt am Beispiel deutsch-marokkanischer Kooperationen im Tourismussektor – untersuchte. Dies geschah nicht zuletzt vor dem Hintergrund, dass sich Marokko mit der Verabschiedung des *Masterplans von Marrakesch* eine verstärkte Ankurbelung des internationalen Tourismus erhofft. Insbesondere im Vergleich zu anderen Konkurrenzdestinationen, etwa der Türkei oder Ägypten, ist die touristische Inwertsetzung des Landes aus Sicht der zentralen touristischen Akteure nur unzureichend fortgeschritten. Dieser Umstand ist nicht zuletzt darauf zurückzuführen, dass sich das Land erst vergleichsweise spät ausländischen Investoren geöffnet hat. So kann beispielsweise Marokko in Hinblick auf den stationären Badetourismus mit Agadir ausschließlich eine international bedeutende Destination aufweisen. Der *Masterplan von Marrakesch* soll nicht zuletzt als zentraler Impetus fungieren, um ein größeres *involvement* von ausländischen Reiseveranstaltern zu erreichen.

FORAREA versteht sich von seinem konzeptionellen Selbstverständnis her als ein dezidiert anwendungsbezogener Forschungsverbund, in dem sich Regionalwissenschaftler unterschiedlicher fachlicher Provenienz zusammengeschlossen haben, um ihre Forschungskompetenzen über außereuropäische Regionen, vorwiegend in Ländern der Dritten Welt, zu bündeln. Im Kontext der Arbeit von FORAREA geht es nicht nur darum, mit interdisziplinärer Grundlagenforschung – im Sinne einer komplementären Interdisziplinarität – Synergieeffekte zu erzielen, sondern auch einen konkreten Beitrag zur Intensivierung interkultureller Unternehmenskooperationen zu leisten. Ziel der Arbeit von FORAREA ist nicht zuletzt,

---

3   Vgl. Vorlaufer 1996, S. 3.

aus den durchgeführten interkulturellen Studien Handlungsempfehlungen für – vorwiegend kleine und mittelständische – Unternehmen abzuleiten, die sich im außereuropäischen Ausland engagieren wollen. Entscheidend ist in diesem Kontext vor allem der konzeptionelle Ausgangspunkt, dass Erfolg bzw. Misserfolg einer grenzüberschreitenden Zusammenarbeit nicht alleine auf ein rein ökonomisches Verständnis zurückzuführen ist, sondern auch dezidiert die kulturelle Dimension des bilateralen Kooperationsgeschehens berücksichtigen sollte, da eine ausschließlich ökonomische Perzeption bilateraler Unternehmenskooperationen nur zu leicht die veränderten interkulturellen Anforderungen an die Interaktionspartner, die mit den Zwängen globaler Wettbewerbsfähigkeit einhergehen, übersieht.[4]

Das zentrale Forschungsanliegen des vorliegenden Projekts bestand aus einer Untersuchung des bilateralen Kooperationsalltags zwischen deutschen Reiseveranstaltern im *outgoing*-Tourismus des Herkunftslandes und marokkanischen Reiseveranstaltern im *incoming*-Tourismus des Ziellandes. Da Reiseveranstalter als Vermittler touristischer Dienstleistungen, die von Akteuren mit divergenter kultureller 'Einbettung' angeboten bzw. nachgefragt werden, bereits aufgrund ihrer Geschäftsidee ganz unmittelbar mit den komplexen Aspekten des interkulturellen Berufsalltags zu tun haben, boten sie sich geradezu idealtypisch für ein interkulturelles Forschungsprojekt an. In diesem Kontext sollte unter anderem eruiert werden, mit welchen Konflikten die beteiligten Akteure – insbesondere vor dem Hintergrund kultureller Divergenzen – konfrontiert werden.

Der folgende Beitrag möchte – an Hand konkreter problemzentrierter Fallbeispiele – einige ausgewählte Konfliktsituationen im deutsch-marokkanischen Kooperationsalltag vorstellen, wobei in diesem Kontext davon ausgegangen wird, dass Konflikte ein universelles und in allen Bereichen menschlichen Lebens anzutreffendes Phänomen sind. Die außerordentliche gesellschaftliche Bedeutung von Konflikten manifestiert sich auch dezidiert in Unternehmen.[5] Es dürfte – sowohl auf nationaler wie auf internationaler Ebene – wohl kaum eine unternehmerische Zusammenarbeit geben, die nicht in irgendeiner Form Konfliktpotential birgt. In der klassischen und neoklassischen Betriebswirtschaftlehre sah man in auftretenden Konflikten auf Unternehmensebene fast ausschließlich einen dysfunktionalen Charakter: Als Effizienz mindernde Krisen sollten sie möglichst erst gar nicht auftreten, häufig wurden sie unterdrückt oder sogar negiert.

---

4 Vgl. Hopfinger/Scherle 2003, S. 397 ff.
5 Vgl. Gilbert 1998, S. 19.

Es versteht sich von selbst, dass Aussagen, die – wie das hier vorgestellte Beispiel der Perzeption von Konflikten im Kontext bilateraler Unternehmenskooperationen – in einen interkulturellen Kontext eingebettet sind, in der Regel kontroverser diskutiert werden als Aussagen zu den klassischen Problemfeldern der Betriebswirtschafts- und Managementlehre. Dieser Umstand ist nicht zuletzt darauf zurückzuführen, dass Kulturen komplexe und sich kontinuierlich wandelnde Systeme sind, die sich zudem noch in diverse mikrokulturelle Subsysteme aufgliedern. Hinzu kommt, dass Menschen angesichts der Komplexität von Kulturen dazu neigen, bestimmte Stereotype zu entwickeln und zu tradieren; Lippmann spricht in diesem Kontext treffend von den berühmten *pictures in our heads*.[6] Vor diesem Hintergrund geht es bei der Interaktion zwischen Menschen aus verschiedenen Kulturräumen – und noch viel mehr bei deren Interpretation – nicht so sehr darum, wie die jeweils fremde Kultur 'wirklich' ist, sondern wie sie wahrgenommen wird.[7] Ein Spiegelbild dieser fremdkulturellen Perzeption bilden die in diesem Beitrag vorgestellten Fallbeispiele, die exemplarisch ausgewählte Konfliktfelder in der bilateralen Zusammenarbeit aufrollen.

Das Forschungsprojekt stützte sich hinsichtlich seiner methodischen Umsetzung primär auf Instrumentarien der qualitativen Sozialforschung. Im Zentrum des vorliegenden Projekts standen in erster Linie problemzentrierte Interviews, die sich vor allem bei *cross-culture*-Projekten mit Fallstudiencharakter bewährt haben. Angesichts der Komplexität des Forschungsprojekts und in Hinblick auf dessen methodische Umsetzung wurde das *sample* bewusst überschaubar gehalten, womit die Studie einen ausgesprochenen Fallstudiencharakter aufweist. Insgesamt konnten im Verlauf der eineinhalbjährigen Feldforschungen in Marokko und Deutschland, die gemeinsam mit Kollegen der *Université Mohammed V* in Rabat stattfanden, jeweils 30 problemzentrierte Interviews bei deutschen und marokkanischen Reiseveranstaltern geführt werden. Um dem interkulturellen Charakter des Untersuchungsgegenstandes gerecht zu werden, wurde darauf geachtet, multiperspektivisch vorzugehen, Aussagen zu relativieren und das Bias möglichst gering zu halten. Die Daten wurden aus diesem Grund kontrastiv und vergleichend erhoben, das heißt, die Schilderungen und Interpretationen aus deutscher Perspektive wurden mit den Schilderungen und Interpretationen aus marokkanischer Perspektive kontrastiert.

---

6   Vgl. Lippmann 1964, S. 9 ff.
7   Vgl. Roth 1996, S. 21.

Ein Blick zurück:
Die touristische Inwertsetzung Marokkos aus historischer Perspektive

Vor Beginn der französischen und spanischen Protektoratszeit, die 1912 im Rahmen des Vertrags von Fès formell eingeläutet wurde, gab es in Marokko allenfalls einen rudimentär ausgeprägten Tourismus. Der Ausländertourismus spielte zu dieser Zeit so gut wie überhaupt keine Rolle, und der Binnentourismus einer noch weitgehend tribal strukturierten Agrargesellschaft erstreckte sich primär auf religiös motivierte Wallfahrten (*Moussem*) sowie die so genannten *Nzahate*, eine Art Wochenendausflug mit Picknick-Charakter, wobei letztere primär ein Phänomen städtischer Bevölkerungsgruppen darstellten;[8] selbstredend sind diese Aktivitäten nur sehr bedingt mit heutigen Sichtweisen von Freizeit und Tourismus kompatibel.

Die Protektoratsphase führte seit den 1920er Jahren allmählich zu einem bescheidenen Aufschwung des Ausländertourismus, wobei als treibende Kräfte dieser Entwicklung vor allem französische Reiseveranstalter und Transportgesellschaften fungierten. Meistens handelte es sich um Studienreisen, die von einem finanziell potenten Kundenkreis gebucht wurden.[9] In den 1930er Jahren und insbesondere nach dem Zweiten Weltkrieg nahm sukzessive die Zahl ausländischer Touristen in Marokko zu; eine Entwicklung, die sich nicht zuletzt in einer Ausweitung und Diversifizierung des Hotelangebots widerspiegelte. Positiv auf die touristische Entwicklung des Landes wirkte sich nicht nur die Etablierung neuer Tourismusformen aus, etwa des Kreuzfahrttourismus, sondern auch die 1936 erreichte endgültige Pazifizierung des Südens, die eine Erschließung bis dato nicht in Wert gesetzter Gebiete ermöglichte.[10] Ungeachtet des skizzierten Aufschwungs nahm seitens der französischen Protektoratsverwaltung die Tourismusförderung im Rahmen ihrer offiziellen Wirtschaftspolitik allenfalls eine bescheidene Stellung ein; dieser Sachverhalt manifestierte sich auch dezidiert in einem Investitionsprogramm von 1949 bis 1952, in dem gerade einmal 1,24% für die Vermarktung des Tourismus reserviert waren.[11]

Im Anschluss an die marokkanische Unabhängigkeit im Jahr 1956 forcierte die marokkanische Regierung den Ausbau des internationalen

---

8 Vgl. Müller-Hohenstein/Popp 1990, S. 185; Berriane 1992, S. 85 ff.
9 Vgl. Weiß 1998, S. 10 f.
10 Vgl. Müller-Hohenstein/Popp 1990, S. 187 f.
11 Vgl. Berriane 1980, S. 77 ff.; Widmer-Münch 1990, S. 23.

incoming-Tourismus, wobei Tourismus im Sinne des damals vorherr-schenden modernisierungstheoretischen Paradigmas als ein Instrumenta-rium gesehen wurde, um dem jungen Staat eine an westlichen Industrie-ländern orientierte nachholende Entwicklung zu ermöglichen.[12] So waren in den 1960er Jahren ein Fünf- und ein Dreijahresplan verabschiedet wor-den, die eine Tourismuspolitik einleiteten, welche explizit – unter beson-derer Forcierung des Ausländertourismus – folgende Ziele verfolgte: Steigerung der Deviseneinnahmen, Ankurbelung des Binnenmarkts und nicht zuletzt die Schaffung neuer Arbeitsplätze. Der Wiederaufbau der 1960 durch ein Erdbeben fast vollständig zerstörten Stadt Agadir zum be-deutendsten Zentrum des marokkanischen *incoming*-Tourismus entwi-ckelte sich für den jungen Staat zu einem nationalen Kraftakt, der bis in die heutige Zeit propagandistisch instrumentalisiert wird. Trotz der ver-stärkten Förderung des Tourismus lagen die Einreisezahlen ausländischer Touristen bis Mitte der 1960er Jahre bei weniger als 0,5 Mio., und die Deviseneinnahmen betrugen selbst zu Beginn der 1970er Jahre noch unter 1 Mia. Dirham.[13]

In jener Zeit wurden – ungeachtet der bescheidenen Anfänge – nicht nur die zentralen Grundlagen für die Genese Marokkos zu einer bedeu-tenden Destination des internationalen Pauschaltourismus geschaffen,[14] sondern das maghrebinische Königreich übte auch eine verstärkte Anzie-hungskraft auf jene Zeitgenossen aus, die man gemeinhin der so genann-ten Hippie-, Kiffer- und Aussteigerszene zuordnet; die Entwicklung er-hielt übrigens in den 1970er Jahren mit der Einführung des preiswerten Interrailtickets zusätzliche Impulse, da Marokko in das entsprechende Streckennetz integriert wurde. Zu den bekanntesten Aussteigern in jenen Tagen zählte eine gewisse Esther Freud aus London, Enkelin jenes be-rühmten Psychologen Sigmund Freud, die auf der Suche nach persönli-chem – nicht zuletzt spirituellem – Seelenheil ihre bürgerlichen Wurzeln abstreifte. Freuds marokkanisches Aussteigerleben und die entsprechende Klientel sind erst vor kurzem, im Jahr 2000, im Film *Marrakesch* ver-ewigt worden.

Die 1980er und 1990er Jahre führten in Marokko zu deutlichen Stei-gerungsraten hinsichtlich der Einreisezahlen ausländischer Touristen so-wie der Deviseneinnahmen: Besuchten im Jahr 1982 noch etwa 1,3 Mio.

---

12 Vgl. Kagermeier 1999, S. 91.
13 Vgl. Müller-Hohenstein/Popp 1990, S. 204 f. Aktuell liegt der Wechselkurs des Dirham bei ca. 11 Dirham pro Euro.
14 Vgl. Berriane 1990, S. 94 ff.

ausländische Touristen das Königreich, so lag der entsprechende Wert im Jahr 1998 bereits bei ca. 2,1 Mio. Die Deviseneinnahmen konnten im gleichen Zeitraum von ca. 2,5 Mia. auf 16,4 Mia. Dirham steigen. Nicht weniger beeindruckend gestaltete sich die quantitative Entwicklung der in Marokko agierenden *agences de voyages*: Zählte das Land 1982 gerade mal 100 solcher touristischen Akteure, so waren es Ende der 1990er Jahre bereits weit über 500.[15] Die Folgen der Golfkrise in den Jahren 1990 und 1991, die sich bei den meisten anderen arabischen Destinationen durch drastische Besucherrückgänge bemerkbar machten, konnte das Königreich wie kaum eine zweite Destination kompensieren, da die beiden Maghrebstaaten Marokko und Algerien zu jenem Zeitpunkt – aufgrund ihrer damaligen politischen Annäherung – eine Politik der offenen Grenzen praktizierten. Das Resultat war eine deutlich wachsende Zahl von Einreisen aus den übrigen Maghrebstaaten.

Seit Mitte der 1990er Jahre ist der marokkanische Tourismus durch eine forcierte thematische und regionale Diversifizierung des touristischen Angebots gekennzeichnet.[16] Diese Entwicklung spiegelt sich einerseits in einem zunehmend heterogenen Spektrum an Tourismusformen wider, das einem zunehmend hybriden Konsumentenverhalten entgegenkommt. Andererseits profitieren auch die Akteure auf der Veranstalterseite, die in den letzten Jahren sukzessive neue Produkte erschlossen haben.

Ein ambitioniertes Ziel: Der *Masterplan von Marrakesch*

> *„Si nous voulons faire du tourisme une véritable locomotive du développement, il appartient à chaque Marocain de se considérer comme un promoteur touristique mobilisé pour gagner ce pari."* [17]

Der 10. Januar 2001 sollte ein großer Tag für Marrakesch und ein noch größerer Tag für Marokko, vielmehr für den marokkanischen Tourismus im Speziellen werden. König Muhammad VI., der weltliche und geistliche Führer (*amir al-mu'minin*) des Landes, der wie Abdallah II. in Jordanien, Hamad bin Isa in Bahrein oder – mit deutlichen Einschränkungen – Bashar al-Asad in Syrien zu einer neuen, reformorientierten Riege arabi-

---

15 Vgl. Sebbar 1999, S. 40.
16 Vgl. Barbier 1999, S. 41 ff; Popp 2001, S. 111 ff.; Pfaffenbach 2001, S. 50 ff.
17 S. M. König Muhammad VI in La Vie Touristique Africaine No. 658 vom 15. Januar 2001, S. 4.

scher Herrscher gezählt wird, hielt an besagtem Tage eine viel beachtete Rede vor den wichtigsten Vertretern der marokkanischen Tourismusbranche. Er, der wie kaum ein anderer Staatslenker davon überzeugt ist, den politischen Rhythmus seines Landes zu repräsentieren und sich mit Beginn seiner Regentschaft (1999) einer dezidierten – nichtsdestotrotz vorsichtigen – Reformpolitik verschrieben hat, hatte zu diesem Zeitpunkt bereits einige deutliche Zeichen – wenn auch oft symbolischer Art – gesetzt, die eine Wende vom autoritären Despotismus seines verstorbenen Vaters, König Hassan II., signalisierten.[18] So hatte der – zumindest in einigen, nicht zuletzt westlich geprägten, Medien – häufig auch als 'König der Armen' apostrophierte Herrscher zum Zeitpunkt seiner Rede in Marrakesch bereits die *jardins secrets* öffnen lassen, deren euphemistische Umschreibung nichts anderes repräsentiert als jene berühmt-berüchtigten Gefangenenlager, in denen Hassan II. Oppositionskräfte inhaftieren ließ, und eine durchaus progressive Familienrechtsreform auf den Weg gebracht, die unter anderem ein Ende der Polygamie vorsieht. Auch wirtschaftspolitisch setzt der in Frankreich ausgebildete Muhammad VI. deutlich auf – allerdings bereits von seinem Vater eingeleitete – Reformen, die dem maghrebinischen Entwicklungsland Anschluss an die Herausforderungen einer zunehmend globalisierten Welt bieten sollen, wobei nicht zuletzt, wie das eingangs angeführte Zitat aus seiner Rede in Marrakesch deutlich macht, der Tourismus als Schlüsselbranche betrachtet wird.

Die Rede des Königs repräsentiert die eine Seite der Medaille jener ersten nationalen Tourismuskonferenz in Marrakesch. Die andere Seite der Medaille, die weniger staatstragend und dafür umso programmatischer ist, repräsentiert die Verabschiedung eines Rahmenabkommens (*accord cadre*) respektive eines Masterplans zwischen der marokkanischen Regierung und dem Zentralverband der marokkanischen Unternehmen CGEM (*Confédération Générale des Entreprises Marocaines*), der die strategischen Richtlinien in Hinblick auf die marokkanische Tourismuspolitik für den Zeitraum von 2001 bis 2010 vorgibt. Im Folgenden sollen die wichtigsten mit diesem Masterplan verbundenen Reformen und Ziele vorgestellt werden, die die Destination nicht nur für die Herausforderungen eines zunehmend härteren Wettbewerbs rüsten sollen, sondern die auch eine deutliche Verbesserung der bis dato vorwiegend kritisch bewerteten marokkanischen Tourismusstrukturen intendieren; eine ausführlichere Würdigung des Masterplans aus Unternehmer- und Expertenperspektive erfolgt im empirischen Teil der Arbeit.

---

18 Vgl. Perthes 2002, S. 9 f. und 318 ff.

Als Basis für die Verabschiedung jenes Masterplans fungierte nicht zuletzt ein internes – dem Autoren vorliegendes – Dokument der *CGEM*, das den ein wenig pathetisch klingenden Titel „Le tourisme: une vision, un défi, une volonté" trägt.[19] Zu den zentralen Inhalten des Dokuments zählen vor allem eine Art Bestandsaufnahme hinsichtlich der marokkanischen Tourismusentwicklung während der letzten Jahrzehnte und der dadurch implizierten Tourismusstrukturen sowie eine *Vision 2010*, die ein ambitioniertes Szenario darstellt, wie sich der marokkanische Tourismus vor dem Hintergrund tourismusspezifischer Tendenzen und projektierter Reformen bis zum Jahr 2010 entwickeln könnte. Im Resümee kommen die Repräsentanten des Unternehmerverbands zu einem Ergebnis, das – wie das nachfolgende Zitat zeigt – für sich spricht:

> „Le développement volontaire de l'industrie touristique est probablement la seule et l'unique solution à court et moyen terme, pour déclencher la profonde dynamique de croissance économique et sociale que le Maroc recherche toujours en vain, après quinze années d'ajustements et de réformes structurelles...!"[20]

In diesem Kontext – welcher der Tourismusbranche letztendlich die zentrale Schlüsselposition für eine nachholende ökonomische Entwicklung einräumt – versprechen sich die Urheber nicht nur eine stärkere Anbindung des Königreichs an die Länder der Europäischen Union, sondern auch einen gewissen Schutz vor den Konsequenzen einer fortschreitenden Globalisierung.

Nur wer um die seit jeher außergewöhnliche Machtfülle des marokkanischen Königs und seines *makhzens* weiß,[21] vermag in etwa einzuschätzen, wie eminent wichtig es war, Muhammad VI. und die entsprechende politisch-administrative Nomenklatur für die *Vision 2010* zu gewinnen – ein Umstand, den zumindest meine marokkanischen Gesprächspartner immer wieder in den Interviews durchblicken ließen. Dass der Masterplan angesichts seiner visionären – Kritiker würden sagen utopischen – strategischen Richtlinien nicht unumstritten ist, soll an dieser Stelle nicht verschwiegen werden, doch werfen wir zunächst einmal einen Blick auf dessen wichtigste strategischen Richtlinien:

---

19 Vgl. CGEM 2000.
20 CGEM 2000, S. 99.
21 Vgl. Faath 1987.

Der Masterplan von Marrakesch und seine
zentralen strategischen Richtlinien bis zum Jahr 2010

- Steigerung der ausländischen Besucherzahlen von ca. 2,2 Mio. (2003) auf 10 Mio., um in die Liga der 20 weltweit führenden Tourismusdestinationen aufzurücken;
- Erhöhung des tourismusspezifischen Anteils am Bruttoinlandsprodukt von ca. 7,0% (2001) auf 20,0%;
- Errichtung von 80.000 neuen Gästezimmern bei einem geschätzten Investitionsvolumen von ca. 30 Mia. Dirham;
- Erschließung neuer Seebäder (u.a. Taghazout, Saîdia und Haouzia) mit einem Volumen von 160.000 gegenüber ca. 30.000 Betten (2000);
- Generierung 600.000 neuer tourismusspezifischer Arbeitsplätze;
- Schaffung von Investitionsanreizen für ausländische Unternehmer, etwa durch eine teilweise Übernahme der Grunderwerbskosten bei Hotelinvestitionen;
- Dezentralisierung der touristischen Administration mittels regionaler Tourismuskörperschaften;
- Liberalisierung des Luftverkehrs;
- Professionalisierung der tourismusspezifischen Ausbildungsgänge;
- Forcierung und Neustrukturierung der Marketingaktivitäten bei gleichzeitiger Anhebung des entsprechenden Etats.

Quelle: Eigene Zusammenstellung in Anlehnung an CGEM 2000 und Accord Cadre ... 2001.

Wie die Tabelle zeigt, verbirgt sich hinter dem zwischen der marokkanischen Regierung und der *CGEM* vereinbarten *accord cadre*, der von einer bereits in den 1990er Jahren initiierten Privatisierungspolitik begleitet wird und ausländische Investoren ins Land holen soll (das wohl bekannteste Beispiel im Tourismus stellt die Übernahme der einst von der staatlichen Eisenbahngesellschaft betriebenen *Moussafir*-Hotelkette durch den französischen global player *Accor* dar) ein durchaus heterogenes Portfolio unterschiedlicher Ziele und Reformen. In diesem Zusammenhang sei angemerkt, dass seit der ersten nationalen Tourismuskonferenz vom Januar 2001 drei weitere Konferenzen in Marrakesch (25. Januar 2002), in Agadir (14. Februar 2003) und in Casablanca (12. Februar 2004) stattgefunden haben, die nochmals die 2001 verabschiedeten strategischen Richtlinien bestätigt haben.

Die mit dem Masterplan von Marrakesch verbundenen Ziele und Reformen sind nicht nur vor dem Hintergrund der zunehmend globalen Herausforderungen, denen sich Destinationen an der Schwelle zum 21. Jahrhundert stellen müssen – man denke beispielsweise an den verschärften Wettbewerb um Investoren und *incoming*-Touristen – zu sehen, sondern auch dezidiert in Anbetracht der enormen Defizite, die das Königreich hinsichtlich seiner touristischen Strukturen aufweist; dieser Aspekt wird in geradezu frappierender Offenheit und unter expliziter Bezugnahme auf die zentralen marokkanischen Konkurrenzdestinationen vom Zentralverband der marokkanischen Unternehmen angesprochen:

> „A partir de 1992, la nature de la crise du tourisme national s'est progressivement transformée: d'une crise de la demande, le secteur est passé à une crise de l'offre, notamment caractérisée par une grave crise financière de surendettement, une crise de l'investissement à partir de 1995 et une stagnation des capacités hôtelières, et ce, dans un contexte général marqué par l'absence d'une vraie politique de gestion de la crise de 1987 à 1995 et le renforcement de la concurrence turque, égyptienne et tunisienne."[22]

Im Kontext der Nachfragekrise verweisen die Autoren der *CGEM* auf eine ganze Reihe von Faktoren, die für die Defizite marokkanischer Tourismusstrukturen verantwortlich zeichnen: das hohe Alter der meisten Hotelanlagen, die zu einem nicht unerheblichen Teil aus den 1970er Jahren stammen (ein Umstand, den man nicht zuletzt auf eine mangelnde Investitionsbereitschaft zurückführen kann); das vergleichsweise hohe Preisniveau der Destination, das insbesondere im Hinblick auf den Luftverkehr nicht mehr konkurrenzfähig ist; die unzureichende Vermarktung der Destination in den zentralen Quellmärkten und *last but not least* das desolate Image des touristischen Produkts als solches. Ein Spiegelbild dieser strukturellen Defizite offenbart sich in der Entwicklung des entsprechenden touristischen Investitionsvolumens, das 1995 noch einen Wert von fast 1,5 Mia. Dirham erreicht hatte und schließlich im Jahre 1998, also zwei Jahre vor Veröffentlichung des Rapports, auf einen Wert von ca. 250 Mio. Dirham gesunken war; dieser Wert entsprach in etwa jenen Investitionsvolumina, die Anfang bis Mitte der 1980er Jahre gängig waren.[23]

Angesichts der skizzierten Defizite, die sich noch um zahlreiche weitere Aspekte ergänzen ließen, auf die aber noch ausführlicher – im Rahmen der Unternehmer- und Experteninterviews – im empirischen Teil der Arbeit eingegangen wird, kann es kaum verwundern, dass sich Marokko im Laufe der Jahre unter Tourismusakteuren, insbesondere auf Veranstalterseite, den Ruf eines Lands des „touristischen Stillstands" bzw. einer

---

22 CGEM 2000, S. 17.
23 Vgl. CGEM 2000, S. 18.

„Monodestination" erworben hat.[24] Der „touristische Stillstand" des Landes spiegelt sich dabei nicht nur in den, oben skizzierten, strukturellen Unzulänglichkeiten der Destination wider, die – wie die Repräsentanten der *CGEM* beklagen – mit einem exorbitanten Investitionsrückgang einhergegangen sind, sondern manifestiert sich auf geradezu paradigmatische Art und Weise in dem Faktum, dass Marokko mit Agadir bis dato nur ein einziges nennenswertes Seebad aufweisen kann, das einigermaßen internationalen Standards gerecht wird. Ein Vergleich mit Tunesien oder der Türkei spricht Bände: Während Marokko lediglich Agadir als Zentrum eines internationalen Badetourismus in seinem Portfolio hat – die Bezeichnung „Monodestination" kommt also nicht von ungefähr –, findet man in den entsprechenden Konkurrenzdestinationen Dutzende solcher touristischer *hot-spots*, in denen sich in der letzten Dekade – zumindest in der Zeit vor den islamistischen Anschlägen – internationale Investoren ein 'Stelldichein' gegeben haben.

Es ist ein weitgehend offenes Geheimnis – dies dürften auch die bisherigen Schilderungen gezeigt haben –, dass Marokkos Tourismus deutliche strukturelle Defizite, insbesondere in Hinblick auf den stationären Badetourismus, aufweist und nicht zuletzt angesichts einer bislang vergleichsweise konturlosen Tourismuspolitik, die nicht nur von ausländischen Unternehmern sondern auch von den eigenen Tourismuslobbyisten kritisiert wird, Gefahr läuft, im internationalen Kontext den Anschluss zu verlieren.[25] Dabei hat das Land ein durchaus interessantes, vor allem vielfältiges, touristisches Potential, das sich, im Gegensatz zu manch anderer Destination, eben nicht nur auf einen vom stationären Badetourismus – von dem primär *global players* aufgrund entsprechender Skaleneffekte profitieren – dominierten Tourismus reduzieren lässt. Positiv betrachtet, kann man natürlich konstatieren, dass sich gerade vor dem Hintergrund des Spannungsverhältnisses einer bis dato vielfach nur rudimentär erfolgten Inwertsetzung touristischer Strukturen und der daraus resultierenden Opportunitäten ein interessantes Betätigungsfeld für Unternehmer bietet.

Neben ausländischen Investorengruppen, die primär in die im Vergleich zu Tunesien und Ägypten stark vernachlässigte Hotellerie investieren wollen, versprechen sich vor allem marokkanische *incoming*-Agenturen kräftige Impulse für ihr Geschäft. Seitens der marokkanischen Tourismuspolitik erhofft man sich zudem eine verstärkte Nachfrage aus Deutschland, dessen Pauschaltouristen – insbesondere im Vergleich zum

---

24 Vgl. Ungefug 2001, S. 50; Pfingsten 2001, S. 119.
25 Vgl. CGEM 2000; Ungefug 2001, S. 50.

französischen Quellmarkt – traditionell stärker nach Tunesien orientiert sind. Angesichts der in den letzten Jahren zu beobachtenden Diversifizierung touristischer Angebotsstrukturen ergeben sich nicht zuletzt für kleine und mittlere Reiseveranstalter neue Geschäftsperspektiven. Dies betrifft besonders den Kulturtourismus und das *incentive*-Geschäft, aber auch Nischensegmente, wie den Wüsten- und Trekkingtourismus – in diesen Bereichen bietet das Königreich aufgrund seiner natürlichen und kulturellen *pull*-Faktoren ein, auch im Vergleich zu anderen Destinationen, beachtliches Potential.

Die Defizite marokkanischer Tourismusstrukturen scheinen mit der Verabschiedung des Masterplans von Marrakesch seitens der betroffenen Akteure erkannt worden zu sein, auch die Umsetzung der entsprechenden Ziele und Reformen scheinen nicht mehr nur als bloße Bestandsaufnahme im Raum zu stehen; Loverseed vermerkt in diesem Kontext:

> „There is no doubt that the Moroccan government has the vision, and the will, to achieve these tourism projects. However, in the coming decade, there are likely to be strong demands on the public purse, fuelled by the country's social problems, the high unemployment rate and ongoing labour disputes which, in the past, has diverted funds from tourism development. Further privatisation could, however, alleviate that problem, as would the sale (at least in part) of state-owned Royal Air Maroc, a longstanding goal of the government."[26]

Inwieweit sich die mit diesem zwischen Regierung und Unternehmerverband verabschiedeten Masterplan verknüpften Erwartungen erfüllen lassen, wird nicht zuletzt davon abhängen, ob dieser im anvisierten Umfang und Zeitraum umgesetzt werden kann und ob es dem Königreich gelingt, sich möglichst zügig von den desaströsen Implikationen der islamistischen Anschläge zu erholen.

Ausgewählte Konflikte im deutsch-marokkanischen Kooperationsalltag

Fallbeispiel I: Deutsche Geschäftsführerin (Altersgruppe: 51-60) eines Nischenveranstalters (Mitarbeiter: unter 5), der sich auf den *incentive*-Tourismus spezialisiert hat, über ihre Erfahrungen hinsichtlich des Fastenmonats *Ramadan*.

Einer der zentralen Aufhänger im Zusammenhang mit der Befragung nach potentiellen Konflikten in der interkulturellen Zusammenarbeit bil-

---

26 Loverseed 2002, S. 31.

dete bei zahlreichen deutschen Probanden der Fastenmonat *Ramadan* und dessen Implikationen auf das Kooperationsgeschehen. Das nachfolgende Zitat nimmt im Kontext des *Ramadans* in erster Linie Bezug auf den Zeitfaktor und illustriert die ausgesprochen kulturelle Durchdringung bestimmter Konflikte, deren Auswirkungen ganz konkret in der alltäglichen tourismusspezifischen Arbeit sichtbar werden:

> „Die Risiken bestehen eigentlich nur darin, dass es eben religiös ein anderes Land ist. Und da habe ich auch sehr wenig Kompromißbereitschaft gesehen, sich auf den westlichen Kulturkreis einzustellen; gutes Beispiel natürlich der Ramadan. (...) Dieses Fasten wirkt sich ungeheuerlich aus. Es ist eine Gereiztheit zu verspüren, und das ganze Tempo ist natürlich stark verlangsamt. Das ist schon spürbar. Das betrifft unsere direkten Ansprechpartner, von denen ich jetzt rede, die ihrerseits wieder abhängig von ihren Partnern sind, sprich den Hoteliers, den Vermietern von Vierradfahrzeugen, den Restaurants und so weiter, so dass sich diese Verlangsamung geradezu potenziert, ...in der Kommunikation mit uns. Und das ist ein ganz großes Problem, das auch die deutschen Reiseveranstalter nicht verstehen, die das eigentlich wissen müßten, die einfach kommen und sagen: ‚Wir brauchen morgen eine Antwort!‘, und wenn die sagen: ‚Das geht nicht, Ihr wißt das doch.‘, dann kommt: ‚Das ist doch Euer Problem!‘ oder ‚Das haben wir vergessen!‘.“[27]

In diesem Zusammenhang sei angemerkt, dass islamische Wirtschaftsordnungen sowie bestimmte Positionen und Verhaltensdispositionen muslimischer Geschäftspartner nur zu verstehen sind, wenn man sich – zumindest in Ansätzen – mit dem Islam als Religion bzw. Weltanschauung auseinandergesetzt hat. Dieser Aspekt ist nicht nur immer wieder von zahlreichen Gesprächspartnern bestätigt worden, sondern spiegelt sich auch darin wider, dass eine Sensibilisierung hinsichtlich dieser Thematik inzwischen fester Bestandteil interkultureller Trainings geworden ist. Als jüngste Weltreligion, die von ihrem Selbstverständnis her keine unmittelbare Trennung zwischen Weltlichem und Geistlichem kennt, muss der Islam auf Fragen aus allen religiösen und weltlichen Lebensbereichen Antworten geben können, wobei diese häufig nicht in konkreten Handlungsanweisungen, sondern im Verweis auf moralisch-ethische und religiöse Prinzipien bestehen, die für die Auswahl bzw. Bewertung von Handlungsalternativen entscheidungsrelevant sind.[28]

Bemerkenswert und durchaus nicht immer selbstverständlich war das explizite Eingeständnis der Probandin, die auf jahrelange Erfahrungen in

---

27 Proband Nr. 16 der deutschen Reiseveranstalter.
28 Vgl. Nienhaus 1996, S. 367 f.

der Zusammenarbeit mit diversen marokkanischen *incoming*-Agenturen zurückblicken kann, dass das mangelnde interkulturelle Verständnis auch dezidiert auf deutscher Seite anzutreffen ist. Zahlreiche andere Interviewpartner skizzierten im Kontext ihrer Ausführungen hinsichtlich des *Ramadans* die mit diesem Fastenmonat verbundenen Konsequenzen für die *incoming*-Touristen, etwa die Einschränkungen in Bezug auf den Service, die immer wieder zu Kundenbeschwerden führen und somit rückkoppelnd auch Konsequenzen auf das bilaterale Kooperationsgeschehen haben (Stichwort: interkulturelles Beschwerdemanagement). Ein Versuch der Regierung Tunesiens, des bedeutendsten maghrebinischen Tourismuskonkurrenten Marokkos, den *Ramadan* angesichts seiner weit reichenden wirtschaftlichen und sozialen Konsequenzen auszusetzen, scheiterte nicht zuletzt aufgrund des erbitterten Widerstands seitens der Geistlichkeit. Nach groben Schätzungen befolgen – ungeachtet aller Modernisierungstendenzen in den einzelnen Maghrebstaaten – immerhin noch 50 bis 70% der Gläubigen die strengen Fastenvorschriften des *Ramadan*.[29]

Fallbeispiel II: Deutscher Produktmanager (Altersgruppe 41-50) eines *global players* (Mitarbeiter: über 500) über die Bedeutung interpersoneller Beziehungen.

Sehr viel mehr als in unserem Kulturraum spielen in arabischen Ländern interpersonelle Beziehungen eine zentrale Rolle. Dieses Faktum führt auch dazu, dass man in marokkanischen Unternehmen vergleichsweise häufig auf Beschäftigte stößt, die in einem freundschaftlichen oder sogar verwandtschaftlichen Verhältnis zu ihrem Arbeitgeber stehen. Gerade Aufbau und Pflege dieser interpersonellen Kontakte, die in arabischen Ländern nicht nur über geschäftliche, sondern auch über private Treffen laufen, sind in diesem Raum im Kontext bilateraler Unternehmenskooperationen von entscheidender Relevanz und werden von westlichen Geschäftspartnern immer wieder unterschätzt. In diesem Zusammenhang vermerkt Heine, einer der renommiertesten deutschen Islamwissenschaftler:

> „Während die Europäer aber den Zeitfaktor solcher Treffen in den Vordergrund ihrer Überlegungen und Bewertungen stellen, spielt für die Orientalen das Moment der Verbesserung der interpersonellen Beziehungen zwischen den Partnern eine entscheidende Rolle. Sie gehen davon aus,

---

29 Vgl. Dülfer 2001, S. 346.

dass man mit einem Freund besser Geschäfte machen kann als mit einem Fremden."[30]

Gerade für große Reiseveranstalter mit ihren ausgeprägten horizontalen und vertikalen Unternehmensstrukturen, die darauf ausgerichtet sind, in möglichst vielen Bereichen der touristischen Wertschöpfungskette vertreten zu sein, können diese ausgesprochen personalisierten Unternehmensstrukturen zu Konflikten in der interkulturellen Zusammenarbeit führen. Die nachfolgenden Ausführungen machen diesen Aspekt deutlich:

> „Eine marokkanische Firma, mit der man zusammenarbeitet, ist sehr familiengebunden. Sie werden kaum eine Firma finden, in der familienfremde Personen Schlüsselstellungen einnehmen. Und wie wir eingangs schon sagten, kommt es da überhaupt nicht auf die Qualifikation an! Das heißt: Von Anfang an müssen sie mit einer gewissen personellen Schwäche rechnen, weil es immer wieder Funktionen, wichtige Funktionen gibt, die in dieser Firma von Menschen besetzt werden, die die Kapazität, das Know-how nicht haben."[31]

In diesem Zusammenhang schilderte der Produktmanager – nicht ohne dabei unerwähnt zu lassen, dass er in den letzten Jahren kaum eine von marokkanischer Seite getroffene Personalentscheidung hat nachvollziehen können – die mit diesen Strukturen implizierten Konsequenzen für das konkrete Kooperationsgeschehen:

> „Wir haben mit den Jahren gelernt, dass wir mehr und mehr Verantwortung übernehmen müssen. Das heißt, wenn es nicht reine Agenturaufgaben waren, wie zum Beispiel Busplanung oder die Ausflugsplanung, Reiseleiter, local guides, dann haben wir alles zu uns 'rüber' gezogen. (...) Wir haben also mehr und mehr Verantwortung zu uns 'rüber' gezogen, damit wir auch gerade bei fundamentalen Entscheidungen, etwa Personalentscheidungen, immer weniger auf das Einverständnis des Partners zurückgreifen müssen."[32]

Während man in diesem Unternehmen – wie das Zitat deutlich macht – im Laufe der Zusammenarbeit sukzessive Kompetenzen rückverlagert hat, gibt es wiederum Unternehmen, die diesem vermeintlichen Manko dadurch begegnen, indem sie eine Aufstockung der Kapitalbeteiligung intendieren, um ihren Einfluss auf die Unternehmenspolitik zu erhöhen. Die große Bedeutung interpersoneller Kontakte ist ein typisches Charakteristikum für die so genannten *high-context*-Kulturen, zu denen auch die ara-

---

30 Heine 1996, S. 109 f.
31 Proband Nr. 22 der deutschen Reiseveranstalter.
32 Proband Nr. 22 der deutschen Reiseveranstalter.

bischen Länder gezählt werden. Während in *high-context*-Kulturen ein sehr hoher Anteil an Informationen bereits implizit in den interagierenden Personen bzw. in deren Beziehungen vorhanden sind, haben in *low-context*-Kulturen, zu denen beispielsweise Deutschland zählt, Beziehungen entweder eine geringere Bedeutung oder die Akteure sowie die Beziehungsinhalte zwischen den Akteuren wechseln aufgrund unterschiedlicher Gruppenzugehörigkeiten und Rollen häufig.[33] Die Studie machte jedoch auch deutlich, dass gerade die Akteure kleiner und mittlerer Unternehmen, die Nischen im Marokkotourismus besetzen, vielfach sehr viel Zeit und Engagement in den Aufbau und die Pflege von Kontakten investiert haben, so dass sich teilweise im Verlauf der Zusammenarbeit regelrechte Freundschaften entwickeln konnten. Dieser Umstand machte sich auch dezidiert in einer positiveren Bewertung des bilateralen Kooperationsgeschehens bemerkbar.

Fallbeispiel III: Deutsche Produktmanagerin (Altersgruppe: 31-40) eines mittelständischen Reiseveranstalters (Mitarbeiter: 6-50), der sich vorwiegend auf den Kulturtourismus spezialisiert hat, über ihre *gender*-spezifischen Erfahrungen.

Ein weiteres Konfliktfeld in der bilateralen Zusammenarbeit zwischen deutschen und marokkanischen Reiseveranstaltern bildeten gelegentlich aus Sicht deutscher Probandinnen *gender*-spezifische Erfahrungen. So schilderte beispielsweise die Produktmanagerin eines mittelständischen deutschen Reiseveranstalters folgende Eindrücke:

„Und nicht jeder Moslem, Araber oder Marokkaner ist halt entsprechend aufgeschlossen, sich von einer Frau etwas sagen zu lassen. Ich habe das gemerkt, als ich angefangen habe, in Marokko zu arbeiten. Die ersten drei Monate waren sehr hart, weil man eben versucht hat, zu sagen: ‚Du Frau, Du Europäerin, Du hast uns überhaupt nichts zu sagen.' Bis es dann irgendwann 'klick' gemacht hat, der Schalter sich umgelegt hat und ich nach ungefähr drei Monaten gemerkt habe, aha, sie akzeptieren mich als Frau, sie akzeptieren, was ich sage, und sie sehen, dass die Arbeit, die ich mache, gut und von Erfolg geprägt ist."[34]

Das angeführte Zitat spiegelt eine Erfahrung wider, die relativ häufig in den geführten Interviews thematisiert wurde und alleine schon deshalb zum Nachdenken anregt, wenn man bedenkt, dass gerade in der Touris-

---

33 Vgl. Hall 1990.
34 Proband Nr. 3 der deutschen Reiseveranstalter.

musbranche der Anteil an Frauen in Führungspositionen im Vergleich zu anderen Branchen überproportional hoch ist. Demgegenüber wird im Maghreb – trotz aller Modernisierungsansätze in den letzten Jahren – oft noch immer ein vergleichsweise traditionelles Frauenbild gepflegt, das einem religiösen und patriarchalischen Wertesystem verpflichtet ist. Moser-Weithmann skizziert den entsprechenden kulturhistorischen Hintergrund wie folgt:

> „Die lokalen Gemeinschaften, die durch ihre historisch gewachsene Verwandtschaft zu gegenseitiger Unterstützung verpflichtet waren, und deren Basis die soziale Formation aus Familie und Verwandtschaft bildete, bemühten sich, unabhängig von der (jeweiligen) Staatsmacht zu bleiben. In der Kontrolle über die Frau sah man seit altersher den Zusammenhalt und die Integrität der Gemeinschaften."[35]

Einige Probandinnen wiesen im Kontext dieser Thematik jedoch explizit darauf hin, dass sie den Eindruck hatten, eine Sozialisation des *counterparts* im Westen – etwa durch einschlägige Studienaufenthalte oder Praktika – implizierte einen wesentlich offeneren *gender*-übergreifenden Umgang.

Fallbeispiel IV: Marokkanischer Produktmanager (Altersgruppe: 31-40) eines mittelständischen Reiseveranstalters (Mitarbeiter: 101-500) in Bezug auf finanzielle Aspekte in der bilateralen Zusammenarbeit.

Wesentlich häufiger als auf Seiten deutscher Reiseveranstalter kamen marokkanische Interviewpartner im Kontext von Konflikten in der bilateralen Zusammenarbeit auf Aspekte zu sprechen, die einen eher ökonomisch-materiellen Hintergrund erkennen lassen, wie das nachfolgende Zitat illustriert:

> „Die negativen Aspekte in der Zusammenarbeit spiegeln sich vor allem darin wider, dass immer weniger bezahlt und hinsichtlich der Qualität immer mehr gefordert wird. Unsere Ausgaben sind im Verhältnis zum bezahlten Preis zu hoch."[36]

In diesem Zusammenhang thematisierten einige marokkanische Reiseveranstalter auch immer wieder, dass man in den letzten Jahren verstärkt von Insolvenzen betroffen gewesen sei. Diese Tatsache ist nicht zuletzt auf die verschärfte Konkurrenz auf dem bundesdeutschen Anbietermarkt zurück-

---

35 Moser-Weithmann 1999, S. 72.
36 Proband Nr. 14 in den marokkanischen *incoming*-Agenturen.

zuführen. Gerade für kleine marokkanische *incoming*-Agenturen mit geringen Buchungszahlen bergen Zahlungsausfälle nicht zu unterschätzende Risiken. Es verwundert daher kaum, dass sich in letzter Zeit zahlreiche kleine marokkanische *incoming*-Agenturen verstärkt um die renommierten und traditionsreichen deutschen Reiseveranstalter mit ihrer breiten Produktpalette bemühen. Zum einen wirft ein derartiger Veranstalter ein positives Licht auf das entsprechende Kooperationspartnerportfolio – ein Umstand, der auch andere potentielle Kooperationspartner anlockt –, zum anderen kann eine breit gefächerte Produktpalette leichter eventuelle Nachfrageschwankungen bestimmter Kunden oder Sparten kompensieren. Erschwerend kommt in der Tourismusbranche – nicht zuletzt aufgrund ihres stark saisonal ausgeprägten Charakters – im Kontext von Kooperationen hinzu, dass es sich bei vielen Kooperationsformen um nichtvertragliche Absprachen handelt, die deutschen Reiseveranstaltern einen äußerst unkomplizierten *incoming*-Agenturwechsel erlauben.

Fallbeispiel V: Marokkanischer Sachbearbeiter (Altersgruppe: 31-40) eines mittelständischen Reiseveranstalters (Mitarbeiter: 101-500), der sich auf die Bereiche *incentive* und Kulturtourismus spezialisiert hat, in bezug auf veränderte Nachfragemuster sowie Arbeitsmethoden.

Ein interessanter Aspekt, der auf den ersten Blick ausschließlich das Produkt, in diesem Fall die touristische Angebotsgestaltung, zu betreffen scheint, kommt in der nachfolgenden Aussage zum Vorschein:

> „Schwierigkeiten und Mißverständnisse entstehen im Verlauf der Zusammenarbeit dadurch, dass der Partner jedes mal nach einem neuen Produkt fragt, obwohl Marokko unverändert bleibt. Wir können ihm nicht immer ein neues Produkt schaffen. Außerdem gefällt unseren Partnern unsere Art zu arbeiten nicht. Wir sollen deswegen immer unsere Methode ändern und ihrer folgen."[37]

Das veränderte Nachfrageverhalten des deutschen Kooperationspartners, das der marokkanische Proband beklagte, lässt sich nicht nur vor dem Hintergrund eines zunehmend hybriden Konsumentenverhaltens in Bezug auf touristische Produkte und Dienstleistungen erklären, sondern korrespondiert auch mit der in den letzten Jahren seitens der marokkanischen Tourismuspolitik eingeleiteten Diversifizierung des touristischen Angebots. Bei so manchem marokkanischen Reiseveranstalter konnte man im Rahmen der geführten Interviews zudem den Eindruck gewinnen, dass

---

[37] Proband Nr. 17 in den marokkanischen *incoming*-Agenturen.

man eher an einer Modifikation des bestehenden touristischen Angebots interessiert war, denn an einer Weiterentwicklung neuer Produkte. Dieser Eindruck wurde auch von zahlreichen deutschen Reiseveranstaltern geteilt, die bedauerten, dass von marokkanischer Seite kaum Impulse bei der konzeptionellen Entwicklung der touristischen Angebotspalette ausgingen. Dieses aus westlicher Perspektive häufig mit mangelnder Eigeninitiative umschriebene Geschäftsgebaren wird von Interkulturalisten meistens auf die so genannte Fatalismusthese zurückgeführt, die ihren Ursprung in der von muslimischen Theologen vertreten Auffassung hat, dass das menschliche Leben weitgehend vorherbestimmt sei.[38]

Resümee

Wie die im Rahmen dieses Beitrags – an Hand ausgewählter Fallbeispiele – vorgestellten Einblicke in das interkulturelle Kooperationsgeschehen zwischen den 60 befragten deutschen und marokkanischen Reiseveranstaltern deutlich machen, gestalteten sich die Konfliktfelder in der bilateralen Zusammenarbeit äußerst vielschichtig. In der Perzeption von Konflikten traten dabei auch deutlich kulturbedingte Dimensionen in der interkulturellen Zusammenarbeit zum Vorschein. In diesem Zusammenhang seien exemplarisch an die Implikationen des religiösen Fastenmonats *Ramadan* auf das Kooperationsgeschehen – und nicht zuletzt auf die *incoming*-Touristen selbst – sowie die *gender*-spezifischen Erfahrungen erinnert; diese Beispiele zeigen einmal mehr, wie wichtig vor dem Hintergrund einer zunehmenden Internationalisierung von Unternehmensaktivitäten eine möglichst profunde Kenntnis der jeweils fremden Regionalkultur ist und welche Anforderungen an die interkulturelle Kompetenz in der alltäglichen bilateralen Zusammenarbeit gestellt werden. Gerade die kulturelle Dimension bilateraler Kooperationen wird jedoch nach wie vor häufig in der Praxis interkultureller Interaktionen unterschätzt, weshalb sich FORAREA verstärkt diesem Aspekt einer grenzüberschreitenden Zusammenarbeit gewidmet hat. Doch auch ökonomische, nicht zuletzt finanziell bedingte Konflikte wurden – gerade von marokkanischer Seite – angesprochen. In diesem Zusammenhang sei als besonders typisches Beispiel der Ausfall von Zahlungsverpflichtungen angeführt, der gerade für kleine und mittlere Reiseveranstalter eine enorme Belastung darstellt. Anzumerken bleibt, dass so manche in Hinblick auf prototypische Konfliktfelder getroffene Aussage nicht ausschließlich das bilaterale Kooperati-

---

38 Vgl. Dülfer 2002, S. 343 f.; Kutschker/Schmid 2002, S. 730 f.

onsgeschehen betraf, sondern auch Defizite marokkanischer Tourismusstrukturen, die jedoch teilweise wieder rückkoppelnd Auswirkungen auf
die bilaterale Zusammenarbeit hatten. Weiterhin sollte man sich im Kontext einer Auseinandersetzung mit interkulturellen Fragestellungen stets
bewusst machen, dass neben kulturell bedingten Konflikten auch individuelle Differenzen auftreten können – worauf auch immer wieder von
Seiten der Interkulturalisten hingewiesen wird. So ist auch eine Ausglie-
derung von bestimmten Kulturdimensionen eher als generelle Orientierung zu verstehen, die aber keinesfalls individuelles Verhalten erklären
kann.

Einige marokkanische Akteure kleiner und mittlerer *incoming*-
Agenturen sahen sich zwar als Opfer eines fortschreitenden Globalisierungsprozesses, man würde dem derzeitigen deutsch-marokkanischen
Kooperationsgeschehen im Tourismussektor allerdings nur unzureichend
gerecht werden, reduzierte man sie auf diese Rolle. Gerade Nischenveran-
stalter, die mit einem profilierten touristischen Produkt aufwarten, können
sich seit Jahren erfolgreich – in Kooperation mit ihrem deutschen Partner
– behaupten. Dieser Umstand wird auch dadurch begünstigt, dass Marokko im Vergleich zu anderen Destinationen der Dritten Welt ein äußerst
diversifiziertes touristisches Angebot aufweist. Aus Perspektive zahlreicher deutscher Reiseveranstalter erwies es sich als ein nicht zu unter-
schätzender Vorteil, wenn im marokkanischen Partnerunternehmen ein
deutscher Akteur eine leitende Funktion einnimmt. Diesem wird vor allem die Rolle zugeschrieben, kulturelle Divergenzen im alltäglichen Kooperationsgeschehen zu überbrücken.

Zum Schluss sei noch vermerkt, dass der *incoming*-Tourismus Marokkos seit den Terroranschlägen einen empfindlichen Rückschlag erlebt
hat, dessen Implikationen unmittelbar das deutsch-marokkanische Kooperationsgeschehen betreffen. So sind bei den meisten deutschen Reiseveranstaltern, die Marokko im Programm führen, Buchungsrückgänge im
zweistelligen Bereich zu verzeichnen. Es bleibt abzuwarten, wie viele
Reiseveranstalter – gerade auf Ebene kleiner und mittlerer Unternehmen –
zu Opfern eines Terrors werden, der sich, zumindest im Falle von Djerba
und Bali, dezidiert gegen einen der weltweit führenden Wirtschaftszweige
wendet, der wie kaum ein anderer für Globalisierung pur steht.

Literatur

Accord cadre 2001-2010: unveröffentliches Manuskript, Marrakesch 2001.

Aderhold, Peter et al.: Tourismus in Entwicklungsländer: Eine Untersuchung über Dimensionen, Strukturen, Wirkungen und Qualifizierungsansätze im Entwicklungsländer-Tourismus – unter besonderer Berücksichtigung des deutschen Urlaubsreisemarktes, Ammerland 2000. (= Schriftenreihe für Tourismus und Entwicklung).

Barbier, Jacque: Tourisme et développement régional dans la stratégie touristique du Maroc, in: Mohamed Berriane/Herbert Popp (Hrsg.), Le tourisme au Maghreb: diversification du produit et développement local et régional, Rabat 1999, S. 41-47. (= Publications de la Faculté des Lettres et des Sciences Humaines – Série Colloques et Séminaires, Bd. 79).

Berriane, Mohamed: Quelques données sur le tourisme intérieur à travers le relevé des nuitées hôtelières, in: Revue de Géographie du Maroc (1980) 4 Nouvelle Série, S. 77-83.

Berriane, Mohamed: Fremdenverkehr im Maghreb: Tunesien und Marokko im Vergleich, in: Geographische Rundschau 42 (1990) 2, S. 94-99.

Berriane, Mohamed: Tourisme national et migrations de loisirs au Maroc (étude géographique), Rabat 1992. (= Série Thèses et Mémoires, Bd. 16).

CGEM (2000): Contrat Programme 2000-2010: La relance de la croissance du Royaume à travers un développement accéléré de son tourisme – Le tourisme: une vision, un défi, une volonté, o.O. 2000.

Dülfer, Eberhard: Internationales Management in unterschiedlichen Kulturbereichen, München/ Wien [6]2001.

Faath, Sigrid: Marokko: Die innen- und außenpolitische Entwicklung seit der Unabhängigkeit. Kommentar und Dokumentation (Bd. 1), Hamburg 1987. (= Mitteilungen des Deutschen Orient-Instituts, Bd. 31).

Fayed, Hanaa/John Fletcher: Report: Globalization of economic activity: issues for tourism, in: Tourism Economics 8 (2002) 2, S. 207-230.

Gilbert, Dirk-Ulrich: Konfliktmanagement in international tätigen Unternehmen. Ein diskursethischer Ansatz zur Regelung von Konflikten im interkulturellen Management, Sternenfels/Berlin 1998.

Hall, Edward T.: The silent Language, New York 1990.

Heine, Peter: Kulturknigge für Nichtmuslime: Ein Ratgeber für alle Bereiche des Alltags, Freiburg/Basel/Wien[2]1996.

Hopfinger, Hans/Nicolai Scherle: International Co-operation and Competition in Tourist Enterprises: Cultural and Economic Aspects of their Behaviour, in: Horst Kopp (Hrsg.), Area Studies, Business and Culture: Results of the Bavarian Research Network forarea, Münster/Hamburg/London 2003, S. 397-409.

Kagermeier, Andreas (1999): Neue staatlich geförderte Tourismusprojekte in Marokko und Tunesien und ihre Rolle für die wirtschaftliche Entwicklung peripherer Räume, in: Herbert Popp (Hrsg.), Lokale Akteure im Tourismus der Maghrebländer: Resultate der Forschungen im Bayerischen Forschungsverbund FORAREA 1996-1998, Passau, S. 91-114.

Kutschker, Michael/Stefan Schmid (2002): Internationales Management, München/Wien 2002.

Lippmann, Walter: Die öffentliche Meinung, München 1964.

Loverseed, Helga: Travel and Tourism in Morocco, London 2002.

Moser-Weithmann, Brigitte (1999): Kulturüberprägung durch Tourismus – Soziokulturelle Konfliktsituationen tunesischer Frauen im touristisch bedingten Akkulturationsprozess, in: Herbert Popp (Hrsg.): Lokale Akteure im Tourismus der Maghrebländer: Resultate der Forschungen im Bayerischen Forschungsverbund FORAREA 1996-1998, Passau, S. 71-90.

Müller-Hohenstein, Klaus/Herbert Popp: Marokko: Ein islamisches Entwicklungsland mit kolonialer Vergangenheit, Stuttgart 1990.

Nienhaus, Volker: Wirtschaftsordnungen im Islam, in: Geographische Rundschau 48 (1996) 6, S. 366-371.

Perthes, Volker: Geheime Gärten: Die neue arabische Welt, Berlin 2002.

Pfaffenbach, Carmella: Neuere Trends der Tourismusentwicklung in Nordafrika, in: Geographische Rundschau 53 (2001) 6, S. 50-55.

Pfingsten, Stefanie: Monodestination Marokko?, in: touristik aktuell (2001) 9, S. 119.

Popp, Herbert: Neue Tourismusformen in den nordafrikanischen Mittelmeerländern – ein Beitrag zur Regionalentwicklung peripherer Räume?, in: Herbert Popp (Hrsg.): Neuere Trends in Tourismus und Freizeit: Wissenschaftliche Befunde – unterrichtliche Behandlung – Reiseerziehung im Erdkundeunterricht, Passau, S. 107-125.

Ritter, W.: Globaler Tourismus und die Grenzen der Welt, in: Christoph Becker/Hans Hopfinger/Albrecht Steinecke (Hrsg.): Geographie der Freizeit und des Tourismus: Bilanz und Ausblick, München/Wien 2003, S. 86-96.

Roth, Klaus: Europäische Ethnologie und Interkulturelle Kommunikation, in: Klaus Roth (Hrsg.): Mit der Differenz leben: Europäische Ethnologie und Interkulturelle Kommunikation, Münster/New York/München 1996, S. 11-27. (= Münchener Beiträge zur Interkulturellen Kommunikation, Bd. 1).

Sebbar, Hassan: Evolution du tourisme au Maroc, in: Mohamed Berriane/Herbert Popp (Hrsg.): Le tourisme au Maghreb: diversification du produit et développement local et régional, Rabat 1999, S. 29-40. (= Publications de la Faculté des Lettres et des Sciences Humaines – Série Colloques et Séminaires, Bd. 79).

Ungefug, Hans-Georg: Aufbruch in Agadir: Tourismus bekommt in Marokko höheren Stellenwert, in: fvw (2001) 19, S. 50.

Vorlaufer, Karl: Tourismus in Entwicklungsländern. Möglichkeiten und Grenzen einer nachhaltigen Entwicklung, Darmstadt 1996.

Weiß, Martin: Studienreisen nach Marokko: Angebote, Teilnehmerkreis, Reisemotive, Images, Passau 1998. (= Maghreb-Studien, H. 12).

Widmer-Münch, Roland: Der Tourismus in Fès und Marrakesch: Strukturen und Prozesse in bipolaren Urbanräumen des islamischen Orients, Basel 1990. (= Basler Beiträge zur Geographie, H. 39).

Interkulturelle Unternehmenskooperationen in Jordanien
Das Beispiel Franchiseverträge

Christian Riedel

Einführung

Begibt man sich in Jordaniens Hauptstadt Amman an einem Freitag zum Haupteingang der Jordan University an der Queen Rania El Abdullah Street, dann kann man Zeuge eines unerwarteten Schauspiels werden: Nach dem Freitagsgebet in der Moschee am Rande der Universität bewegt sich ein ansehnlicher Strom Gläubiger auf die gegenüberliegende Straßenseite und reiht sich in die oftmals langen Schlangen vor den Kassen der dortigen *McDonald's*-Filiale ein. Gemeinsam mit kinderreichen Familien und pubertierenden Jugendlichen verspeisen sie anschließend sichtlich zufrieden die typischen Produkte des US-amerikanischen Fast-Food-Multis. Trotz der zunehmenden anti-amerikanischen Rhetorik in der jordanischen Öffentlichkeit, wiederholter Boykottaufrufe im Zuge der Eskalation des palästinensisch-israelischen Konfliktes und des anglo-amerikanischen Engagements im Irak ist der von Benjamin R. Barber schon 1996 beschworene „Jihad" gegen die „McWorld" in Jordanien – wie in den meisten anderen Ländern des Nahen Ostens – bisher weitgehend ausgeblieben. Dies ist keine Selbstverständlichkeit. In fast allen Teilen der Welt finden sich inzwischen die Schnellrestaurants mit dem weithin sichtbaren gelben „Logo-M" der *McDonald's* Corporation.[1] Das Unternehmen avancierte in globalisierungskritischen Kreisen weltweit zu einem Synonym für den Imperialismus US-amerikanischer Lebens- und Ernährungsformen.[2] Zum anderen erlitt mit *Coca Cola* ein anderes symbolträchtiges US-Unternehmen nach seiner Etablierung zu Beginn der 1990er Jahre in Jordanien spürbare boykottbedingte Verluste.

Hinter dem relativen Erfolg von *McDonald's* und anderer amerikanischer Fast-Food-Ketten wie *Burger King* oder *Kentucky Fried Chicken* (KFC) stehen aber nicht nur stark nachgefragte Produkte oder die „imperial-kapitalistisch" erzwungene Homogenisierung von Konsumwünschen, sondern auch ein überaus erfolgreiches Geschäftsmodell: das Franchising. Als straffe Form der vertikalen Kooperation erreichte es zu Beginn der

---

1 Vgl. Watson 1997.
2 Selbst in Ländern wie Frankreich provozierte die mächtige Expansion des US-Multis den Widerstand von Kulturpessimisten und Bauernführern.

1990er Jahre auf breiter Basis Jordanien. Der Friedenprozess mit Israel machte es möglich, dass auch bisher latent vom arabischen Boykott bedrohte US-Fast-Food-Firmen den weniger symbolträchtigen Franchise-Konzepten aus den Dienstleistungsbereichen Autovermietung (z.B. Avis, Hertz, Budget) oder Hotelmanagement (Marriott), die teilweise schon in den 1970er Jahren Fuß fassten, nachfolgen konnten.

Abbildung 1: MacDonald's Filiale und Studentenmoschee in der Queen Rania El Abdullah Street gegenüber der Jordan University in Amman

Foto: C. Riedel

Vielleicht aufgrund solcher Erfolge in unterschiedlichen Wirtschaftskontexten haben wenig andere Organisationsformen ökonomischer Aktivitäten in den letzten beiden Jahrzehnten soviel öffentliche, publizistische und „beratungsprosaische" Aufmerksamkeit erregt wie die Franchise-Systeme.[3] Die wissenschaftliche Auseinandersetzung zum Thema „Franchising im Globalisierungsprozess" steckt jedoch noch in den Kinderschuhen.[4] Dabei ist insbesondere in Entwicklungs- und Schwellenländern zu vermuten, dass das Franchising durchaus bemerkenswerten Einfluss auf die soziale Praxis des Wirtschaftslebens und Unternehmertums haben wird, wenn es zu lokalen Adaptions-, Aneignungs- und Weiterentwicklungsprozessen kommt. Hier setzt auch der folgende Beitrag an: In einer kurzen Einführung werden wichtige kategoriale und konzeptionelle Grundlagen des Franchising erläutert. Am Beispiel Jordaniens versucht

---

3 Vgl. stellvertretend Herz 1997 und Wilhelm 2002.
4 Dies gilt vor allem für die Wirtschaftsgeographie und die Sozialwissenschaften. Innerhalb der betriebswirtschaftlichen Literatur dominieren Effizienzanalysen.

der zweite Schritt, die Bedingungen, Akteure und Abläufe zu identifizieren, unter denen die Franchisekooperationen entstanden sind und sich seither vergleichsweise erfolgreich entwickelt haben. Davon ausgehend werden typische Problemfelder interkultureller Zusammenarbeit im Rahmen von Franchise-Kooperationen aufgezeigt.[5]

Grundlagen des Franchising

Moderne Franchise-Systeme, die sich mit einer beträchtlichen Geschwindigkeit um den ganzen Erdball ausbreiten und dabei auch den Nahen Osten erreicht haben, sind eine relativ junge Entwicklung. Ursprünglich kommt der Begriff „franchise" aus dem Französischen und bezeichnete seit dem Mittelalter die Überlassung von Privilegien gegen Gebühren oder Dienstleistungen. Über Großbritannien gelangten der Begriff und die Idee schließlich in die USA, wo das Franchising in seiner heutigen Bedeutung entstanden ist.[6] So führte die *Singer Sewing Machine Company* in den USA im Anschluss an den Bürgerkrieg ab 1860 mit Hilfe von selbständigen Handelsvertretern ein „Proto-Vertriebs-Franchise-System" ein. So bekannte Unternehmen wie *Coca Cola* folgten mit „Abfüller-Franchise-Systemen". Den kommerziellen Durchbruch und die weltweite Verbreitung schaffte die Franchise-Bewegung durch die Entwicklung des „Business Format Franchising" nach dem Zweiten Weltkrieg, als im Gefolge der weltweiten Ausbreitung von US-amerikanischen Lebensstilen hauptsächlich die Fast-Food-Gastronomie rasant expandierte. In dieser Zeit begann auch der Aufstieg von *McDonald's*, das 1955 durch den Milchmixgeräte-Vertreter Ray Kroc gegründet wurde und dessen Name heute fast synonym für die Franchise-Idee aus Amerika steht.[7]

Was versteht man nun genau unter *Franchising* und wie grenzt es sich von anderen Formen der Absatzorganisation ab? Im Gegensatz zu reinen

---

5   Die empirischen Grundlagen des vorliegenden Beitrags basieren auf einem Forschungsprojekt unter der Leitung von Prof. Dr. Horst Kopp im Rahmen des interdisziplinären bayerischen Forschungsverbundes FORAREA. Dieser hat es sich zum Ziel gemacht, regional, kultur- und wirtschaftswissenschaftliche Sachkompetenz zu bündeln, um ökonomische Prozesse im Spannungsfeld von interkultureller Begegnung und globaler Marktdynamik in außereuropäischen Ländern zu untersuchen. Danken möchte ich vor allem Prof. Dr. Nasim Barham von der Jordan University Amman und den Mitgliedern des Forschungsverbundes für anregende Diskussionen und viele praktische Hilfeleistungen.

6   Vgl. die ausgezeichnete Entwicklungsgeschichte des Franchising in Amerika von Dicke 1992.

7   Dies ist erstaunlich, da McDonald's nie eine reine Franchise-Kette war, sondern immer ein Mixsystem aus Filialen und Franchise-Nehmern betrieben hat.

Tochterunternehmen oder Filialbetrieben, die von der Konzernzentrale ausgegründet und durch weisungsgebundene angestellte Mitarbeiter geführt werden, handelt es sich bei Franchise-Systemen um eine vertikal kooperative Absatzorganisation und Expansionsstrategie. Dabei übernimmt auf der einen Seite ein selbstständiger Unternehmer, „der Franchise-Geber", alle Aspekte der Konzeptentwicklung, Markenpositionierung und Zukunftsplanung eines Geschäftsmodells. Auf der anderen Seite der Absatzorganisation gestalten selbstständige Unternehmer, „die Franchise-Nehmer", unter Anleitung und mit dem Markennamen des Franchise-Gebers den Vertrieb der klar definierten Produkte und Dienstleistungen. Dabei bestimmt der Franchise-Geber – meist in Form eines ausführlichen Betriebshandbuchs – selbst kleinste Details des operativen Geschäfts wie die Werbestrategie, Ladengestaltung, Produktverpackung oder Mitarbeiteruniform. Der Franchise-Nehmer übernimmt dieses „Geschäftspaket" gegen Gebühren und setzt es an einem konkreten Standort auf eigenes unternehmerisches Risiko um. Ein ausführlicher Vertrag regelt die komplexe Kooperationsbeziehung und setzt die Kosten für die Einstiegsgebühr und regelmäßig anfallende Dienstleistungen des System-Gebers wie Beratung, Weiterbildung, Werbung oder Know-how-Transfer fest. Tabelle 1 fasst die wichtigsten Aspekte der unterschiedlichen Kompetenzbereiche und Leistungsangebote in *typischen* Franchise-Systemen zusammen.

Tabelle 1: Übersicht typischer Kompetenzbereiche und Leistungsströme in Franchise-Systemen

Franchise-Geber	Franchise-Nehmer
- Entwicklung, Einführung und Positionierung des Gesamtkonzeptes	- Unternehmerische Motivation, Eintrittsgebühr und Positionierung am konkreten Standort
- Weiterentwicklung und Schutz des Betriebs- und Produkt-Know-hows	- Laufende Franchisegebühren, Aneignung und Umsetzung des Geschäftskonzepts
- Imagegestaltung, Marktforschung und Standortplanung	- Risikoübernahme und Finanzierung der Betriebsausstattung
- Marketing und Werbung	- Lokales Marketing und Werbegebühren
- Einkauf und Logistik	- Warenbezug nach strengen Vorgaben
- Überregionale Presse- und Öffentlichkeitsarbeit	- Lokale Presse- und Öffentlichkeitsarbeit
- Schulung und Beratung	

- Rechnungswesen und Controlling	- Schulungsgebühren und Lernbereitschaft
- Strategisches Management und Verwaltung der Unternehmenszentrale	- Buchführung nach Vorgaben und Engagement
	- Rekrutierung und Führung von lokalen Mitarbeitern

Eigene Darstellung

Die Einschränkung „typisch" ist wichtig, da „in der Praxis eine Reihe von Systemen existieren, bei denen die Merkmale verschiedener *Franchise-Typen* gleichzeitig in Erscheinung treten."[8] In Jordanien sind heute fast ausschließlich „Dienstleistungs-Franchise-Systeme" (z.B. Fast-Food-Gastronomie und Autovermietung) auf dem Markt. Im Bereich der Hotellerie überwiegt das „Investitions-Franchise". Bei dieser Form ist der Franchise-Nehmer meist nicht selbst operativ tätig, sondern schließt mit dem Franchise-Geber einen zusätzlichen Management-Vertrag, so dass die Franchise-Zentrale einen Geschäftsführer mit der Leitung des Hotels beauftragt (z.B. *Marriott*).

Damit ein Franchise-System funktioniert, muss es *Wettbewerbsvorteile* aufweisen. Diese speisen sich aus ganz unterschiedlichen Quellen: Es kann sich um besondere Produkte oder innovative Problemlösungen handeln. Auch der Rationalisierungsgrad eines standardisierten Systems oder das Marketingkonzept sind gute Argumente. Meist locken die Franchise-Nehmer jedoch starke Markennamen und ein positives Image, sich den meist langwierigen und kostenintensiven Auswahlverfahren der großen Franchise-Konzerne auszusetzen. Die mit der Eingliederung in ein bewährtes System verbundene Risikominderung erleichtert es den Neugründern, auf eigene Kosten ein straff geführtes Absatzsystem zu akzeptieren und keine eigenen Ideen zu verwirklichen.[9]

Somit bietet der Franchise-Geber den Franchise-Nehmern nicht nur ein Produkt oder einen Betriebstyp, sondern vor allem Erfolgs- und Gewinnerwartungen durch *Kooperation*. Der Verbund ist meist radikal funktions- und arbeitsteilig organisiert. Wie Tabelle 1 zeigt, konzentriert sich jede Seite auf die eigenen Stärken, die sie aufgrund ihrer Markterfahrung,

---

8   Vgl. Skaupy 1987, S. 27.
9   Die traditionellen Wirtschaftswissenschaften interpretieren die Entwicklung von Franchise-Systemen meist entweder vertragstheoretisch, als Mittel zur Lösung von Opportunitätsproblemen, oder mit Hilfe von institutionenökonomischen Argumentationslinien. Die Betonung liegt dabei auf „Mittel-Zweck-Relationen" oder „funktionalen Aspekten". Vgl. Ehrmann 2002.

persönlichen Qualifikation und Finanzstärke einbringen. Diese Kompetenzbündelung hat eine finanzielle wie psychische Entlastungsfunktion für die Akteure, da sie durch die Zusammenarbeit nicht unnötig allokative oder autoritative Ressourcen in schwache Funktionsbereiche lenken müssen.[10]

Abbildung 2: Das Marriott-Hotel in Shmeissani/Amman

Foto: C. Riedel

Doch die Kooperation mit einem starken Partner schont dem Franchise-Nehmer nicht nur knappe Ressourcen. Sie erhält durch die *Integration* in eine „Franchise-Familie" die Möglichkeit, „Dazu-zu-gehören", ein positives „Wir-Gefühl" auszubilden und sich selbst mit einem „großen Ganzen" zu identifizieren. Eine solch positiv besetzte Rollenaneignung verbessert die Außendarstellung und Wahrnehmung und kann die persönliche Stellung in einer Gruppe oder Gesellschaft immens aufwerten. Prestige- und Imagegewinne bilden kapitale Motivationskräfte vor allem zum Eintritt in Franchise-Systeme bekannter Marken.

Doch Franchise-Kooperationen besitzen auch eine Reihe von *Nachtei-*

---

10 Vgl. zum Konzept der „allokativen oder autoritativen Ressourcen" Giddens 31997, S. 315 ff.

len im Vergleich zu integrierten Systemen mit filialisierten Vertriebsniederlassungen. Hierzu gehören beispielsweise eine relative Langsamkeit, hohe Komplexität, aufwendige Selektion der Partner, Gewinnminderung durch Teilung der Erlöse, schwierige Sicherung des Rechts- und Markenschutzes und vor allem der „human factor" bei Konflikten oder Krisen.

Deshalb ist die *Stabilität* eines Systems abhängig von einem gelungenen Wechselspiel zwischen *Kontrolle* und *Vertrauen*. Aufgrund vertraglicher Bindung sitzen die Kooperationspartner langfristig in einem Boot. So wird das Image der Marke nachhaltig durch das Verhalten jedes einzelnen Franchise-Nehmers beeinflusst. Daraus entsteht im Interesse aller die Pflicht des Franchise-Gebers, seine Partner streng zu kontrollieren und straff zu führen. Kontrolle allein genügt jedoch nicht: Der System-Geber muss der Loyalität, Motivation und Professionalität der Partner vertrauen. Genauso wie die Franchise-Nehmer Vertrauen in die Zukunftsfähigkeit der Geschäftsidee haben müssen, wenn sie sich auf viele Jahre an einen Franchise-Geber binden.

Regulationsinstrumente der Zusammenarbeit sind in erster Linie der oben erwähnte Franchise-Vertrag und das Betriebshandbuch, das den operativen Ablauf der Beziehung strukturiert. An diesem Punkt fällt auch die enge Verwandtschaft des Franchising mit dem Lizenzierungsverfahren auf, da der Regelung von Lizenz-, Markenschutz- und Know-how-Vereinbarungen in allen schriftlichen Abmachungen viel Bedeutung beigemessen wird.[11] Hinzu kommen beispielsweise regelmäßige Konsultationen und Weiterbildungsmaßnahmen, bei denen im Modus der „face-to-face-Begegnung" Projekte besprochen, Probleme diskutiert, Freundschaften geknüpft und „unternehmenskulturelle Bindungsrituale" zelebriert werden.

Schriftliche Verträge und informelle Beziehungsgeflechte halfen der Franchise-Idee den notwendigen Spagat zwischen strenger Kontrolle und vertrauensbasierter Handlungsfreiheit im Kooperationsnetzwerk auch über weite Distanzen hinweg auszuhalten. Deshalb konnte die Franchise-Idee nicht nur im Mutterland USA reüssieren, sondern erwies sich auch als zur Bearbeitung fremder Märkte geeignet: Obwohl einige der großen Franchise-Ketten den eigenen Konzepten aus Angst vor Kontrollverlust und interkulturellen Konflikten auf *Auslandsmärkten* offensichtlich nicht trauten und anfangs lieber Filialniederlassungen eröffneten, setzte sich in den letzten Jahren die Internationalisierungsstrategie via Franchising durch.

---

11 Vgl. hierzu Pollzien/Langen 2 1973.

Einer der Gründe dafür könnte schon ein erster Hinweis zum Verständnis der eingangs erwähnten friedlichen Co-Existenz zwischen US-amerikanischer Speisekultur und polit-religiösen Wertvorstellungen sein: Die *Aktivierung lokalen Praxiswissens* durch einheimische Franchise-Nehmer, die meist im Lande schon wertvolle Erfahrungen als selbstständige Unternehmer – häufig auch in verwandten Branchen – sammeln konnten. Diese lokalen Akteure verfügen über die im Geschäftsleben so essenzielle Kenntnis rechtlicher Rahmenbedingungen. Sie sind vertraut mit konstanten und wandelbaren Konsumentenbedürfnissen und können dadurch Grenzen und Möglichkeiten von Marktexpansionen besser abschätzen. Im Idealfall sind sie Teil eines Netzwerks von Geschäftsleuten und staatlichen Entscheidungsträgern. Gerade im internationalen Geschäft ist es bis heute sehr schwierig, solche Eigenschaften als externer Akteur in einem vertretbaren Zeitraum zu erwerben.

Der Standort Jordanien und die Franchise-Bewegung: Voraussetzungen und Rahmenbedingungen

Dies ist auch nicht verwunderlich, wenn man mit der theoretischen Perspektive „sozialer Praktiken" davon ausgeht, dass wirtschaftliches Handeln immer situiert, kontextbezogen und historisch begründet aber prinzipiell offen ist.[12] Wirtschaft basiert nicht nur auf einfachen Kosten-Nutzen-Überlegungen oder gesellschaftlichen Regelsetzungen. Auch die Franchise-Entwicklung in Jordanien lässt sich besser verstehen, wenn man zumindest zwei wichtige Entwicklungslinien und Kontextbedingungen berücksichtigt.

Wie eingangs erwähnt taten sich einige der großen Franchise-Ketten auf den arabischen Märkten vergleichsweise schwer: Bürokratische Hürden, verschlossene und unattraktive Märkte, das Fehlen eines verlässlichen Markenschutzes sowie der subkutane arabische Boykott gegen Firmen wie *Coca Cola* oder *McDonald's*, die Niederlassungen in Israel betrieben, verhinderten eine nennenswerte Präsenz.[13] Dies änderte sich zum Ende der 1980er Jahre schrittweise aus zwei Gründen: aufgrund der beschleunigten Umschwünge der Weltwirtschaft, über die unter dem Stich-

---

12 Vgl Giddens 31997; Barham 1999; Glückler/Bathelt 2002.
13 Eine Ausnahme bildete die *Pepsi Cola* Corporation und ihr angeschlossenes Gastronomie-Franchise, da das Unternehmen auf offizielle Aktivitäten in Israel weitgehend verzichtete.

wort „Globalisierung" viel geschrieben wurde, und des aufkeimenden is-raelisch-palästinensischen Entspannungs- und Friedensprozesses.[14]

Der Niedergang des Sowjetimperiums, wirtschaftliche Deregulierung, globale Migration, leistungsfähige Kommunikationsmedien und techni-sche Fortschritte öffneten die letzten verschlossenen Märkte. Die Chance, Produkte und Dienstleistungen global zu vermarkten, feuerten noch ein-mal die Massenproduktion sowie den Massenkonsum an und führten zur Alltagspräsenz großer Weltmarken in allen Teilen der Welt. Mit der Ma-nifestation der bedrohlichen Wirtschaftskrise 1988 und der Ankunft des Internationalen Währungsfonds (IWF) im Juni 1989 sollte auch in Jorda-nien die Zeit abgeschotteter Märkte, rentierstaatlicher Patronage und zag-hafter Importsubstituierung langfristig zu Ende gehen.[15] Der IWF verord-nete dem Land ein weit reichendes Strukturanpassungsprogramm mit dem Ziel die Staatsfinanzen zu sanieren, die Wirtschaft anzukurbeln, das Rechtssystem zu reformieren und die formellen wie informellen Eingriffe staatlicher Akteure in die Wirtschaft abzubauen.[16] Vor allem wurde ange-kündigt, das Krisen nährende Zusammenspiel von externen Transferleis-tungen und internen Verteilungskoalitionen zu bekämpfen. Echter Wett-bewerb sollte den privaten Sektor reanimieren, um in Zukunft für Investi-tionen, Arbeit und im Lande erwirtschaftete Staatseinnahmen zu sorgen. Zusätzlich hoffte man auf einen Zustrom ausländischer Investoren, um den Export anzukurbeln und eine breite Palette von positiven Entwick-lungsimpulsen zu generieren. Diesen Zwecken dienten die Liberalisie-rungs-, Deregulierungs-, Privatisierungs- und Entbürokratisierungsmaß-nahmen der nächsten 15 Jahre. Dieses vom IWF kontrollierte „economic development program" lief am 2.Juni 2004 vorerst aus und wurde in Kreisen des IWF immer wieder als eines der erfolgreichsten Strukturan-passungsprogramme der letzten Jahre gewürdigt.[17] Für die aufkommende Franchise-Industrie waren eine Reihe von Faktoren besonders bedeutend:
- Dazu zählt die Anpassung der gesetzlichen Rahmenbedingungen u.a. durch die Neufassung des „Investitionsfördergesetzes" (1995 und 2000), des Steuerrechts und des Unternehmensrechts. Mit dem Beitritt zur World Trade Organization (WTO) im April 2000 wurden auch die Schutzrechte für ausländisches Eigentum, grenzüberschreitende Kapitaltransfers und

---

14 Vgl. Osterhammel/Petersen 2003 und Fürtig 2001.
15 Zum Thema „Rentierismus" in Jordanien sind eine ganze Reihe interessanter Diskussi-onsbeiträge erschienen. Vgl. Amawi 1996; Czichowski 1988 und 1990; Piro 1998; Wünsch 2001.
16 Vgl. Wünsch 2001.
17 Vgl. Abdelrahman 2004.

„Intellectual Property Rights" garantiert. Vor allem die Sicherung der Markenrechte spielt für das Franchising eine große Rolle.

- Bilaterale Handels- und Investitionsabkommen mit den USA wie der „Bilateral Investment Treaty" von 1997, das „Trade and Investment Framework Agreement" von 1999 und das „Free Trade Agreement" von 2003 schaffen Vertrauen für die langfristig angelegten Franchise-Verträge, da sie u.a. den Warenbezug aus den USA erleichtern.

- Verstärkte Aktivitäten der Wirtschaftsabteilung der amerikanischen Botschaft und neu gegründete oder reformierte Vermittlungsorganisationen wie die „Investment Promotion Corporation (JPC)", die „Jordan-US Business Partnership (JUSBP)", „Young Entrepreneur Association (YEA)" oder das „Business Service Team (BST)" dienten auch der gezielten Förderung von Franchise-Kooperationen u.a. durch Information, Messeorganisation, Training und Beratung.[18]

Als zweiter wichtiger politischer Förderaspekt für das Aufblühen der Franchise-Niederlassungen in Jordanien erwiesen sich die Erwartungen, die mit der Entspannungsphase im Palästina-Konflikt und dem Friedensvertrag mit Israel 1994 verbunden waren. Aufgrund der gemeinsamen Grenze mit Israel und den besetzten Gebieten der ehemals jordanischen Westbank sowie seiner palästinensisch-stämmigen Bevölkerungsmehrheit waren die Hoffnungen in Jordanien besonders groß: „Das Wechselspiel von existenzbedrohenden Krisen und künstlichen Boom-Phasen [als] das Hauptkennzeichen der Wirtschaftsgeschichte Jordaniens"[19] sollte in eine Ära des Friedens, der Stabilität und der wirtschaftlichen Prosperität übergehen. Franchise-Hotelketten wie *Holyday Inn* oder *Four Seasons* wollten am absehbaren Tourismusboom im nun grenzüberschreitend bereisbaren „Heiligen Land" profitieren. Individualtouristen und Geschäftsleute würden mit Fahrzeugen der international bekannten Autovermietungen in den „Drive Inns" der Franchise-Gastronomie eine kurze Pause machen. Auf mehreren „Middle East, North Africa (MENA)-Konferenzen" planten Politiker und Unternehmer für eine Wirtschaftsregion mit 250 Mio. relativ kaufkräftigen Kunden. Wer sich hier frühzeitig lukrative Vertriebsverträge mit starken Franchise-Marken sichern könnte, würde einer glorreichen Zukunft entgegensehen. Das Scheitern des Friedenprozesses in Palästina, der Ausbruch der zweiten Intifada, die Ereignisse des 11. September 2001 und schließlich der Irakkrieg zerschlugen die hochgesteckten Ziele.

---

18 Witzig und kritisch kommentiert Lüders 2000 die Ergebnisse der Reformmaßnahmen.
19 Vgl. Riedel 2002, S. 20 und Abbildung 1.

Die Basis: Grenzüberschreitende Kooperation und interkulturelles Management

Internationale Franchise-Kooperationen, die im Mittelpunkt dieses Beitrags stehen, gehören zu den wirtschaftlichen Aktivitäten, die Grenzen überschreiten. Von der Partnerwahl, über die Phase der Vertragsverhandlungen bis zur operativen Zeit und zur möglichen Beendigung der Zusammenarbeit kommt es in den alltäglichen Arbeitsabläufen immer wieder zu intensiven Interaktionen zwischen Menschen unterschiedlicher Biographien. Sie sprechen meist verschiedene Muttersprachen und unterscheiden sich in vielen Aspekten ihrer sozialen Praxis, beispielsweise in den Routinen, Traditionen, Normalitätsvorstellungen, Weltbildern oder Deutungsschemata. Die Begegnungen sind für die Beteiligten aufgrund der Erwerbsnotwendigkeit von großer Bedeutung und sind eingebettet in eine Sphäre scheinbar universell gültiger ökonomischer Regeln der Nutzenoptimierung und Professionalität. Doch die Interaktion mit „den fremden Mitarbeitern", „den anderen Managern" macht Unterschiede bewusst, die erst einmal übersetzt, verstanden, bewertet und eventuell auch vereinnahmt werden müssen. Aus der Erfahrung der Differenz entsteht die Konstruktion der eigenen Identität und die Zugehörigkeit zu einer kulturellen „Wir-Gruppe". Solche Zuschreibungen sind jedoch fließend und heterogen. „Wir", das können die klassischen Kultur tragenden Kollektive wie Familien, die Religionsgruppen oder Nationen sein. Oft sind es aber „Berufsgruppen", „Einkommensklassen" oder einfach nur „Kollegen" und „Freunde", die üblicherweise weniger kulturell besetzt sind und „die Ausländer" problemlos integrieren können.

Somit bezieht sich der in diesem Beitrag zugrunde gelegte Kulturbegriff auf ein interaktionsorientiertes, prozessuales Verständnis des Phänomens.[20] Da die Vielzahl dieser persönlichen Begegnungssituationen die Kooperationsentwicklung in Franchise-Unternehmen bestimmen, gewinnt die Analyse von als kulturell bedingt wahrgenommenen Verständigungsproblemen im Bereich von geschäftlichen Kommunikations-, Führungs-, Motivations- und Entscheidungsprozessen eine besondere Bedeutung. Dies gilt nicht nur für die Beobachterperspektive des Wissenschaftlers,

---

20 Leider ist es an dieser Stelle nicht möglich, den schwierigen Kulturdiskurs in den Sozialwissenschaften und die eigene Positionierung darin befriedigend zu erörtern. Zur Diskussion innerhalb des FORAREA-Forschungsverbundes vgl. Kopp 2003 und Riedel 2003.

sondern ist auch hochgradig relevant für das Management: Wer als Unternehmer internationale Unternehmenskooperationen (IUK) erfolgreich gestalten will, muss einschätzen lernen, welche Auswirkungen kulturelle Wahrnehmungsunterschiede beispielsweise auf die Managementpraxis, die individuellen Arbeitseinstellungen, den Umgang mit Risiko oder die Verhandlungsführung haben.[21]

Wenn man die Überlegungen auf die Franchisepartnerschaften in Jordanien bezieht, so fallen – falls man grob vereinfacht – in einigen Bereichen Ähnlichkeiten zu „interkulturellen Ehen mit Fernbeziehung" auf. Hier wie dort durchläuft die Beziehung charakteristische Phasen: Man muss sich finden, eine Abmachung treffen, Hausstände organisieren, die Beziehung über große Entfernungen pflegen und eine eventuelle Trennung regeln. Welche Probleme damit in Jordanien verbunden waren, sollen die folgenden Ausführungen kurz erläutern.

Zueinanderfinden: suchen und gründen

Das Bewerbungsverfahren um einen Franchise-Vertrag bei den großen Marken ist hochgradig standardisiert. Entsprechend emotionsarm beschreibt ein verantwortlicher amerikanischer Manager den Prozess der Partnerfindung stellvertretend für fast alle befragten Franchise-Geber:

> „Diese Leute kamen zu uns und wollten Mitglied im Club werden. [...] Nachdem wir uns für ein Engagement im Land entschieden haben, wurden die neuen Partner genauso hart geprüft wie in jedem anderen Land. Die Leute waren ok. [...] Es lief weitgehend problemlos."[22]

Bei solchen Prüfungen wird sehr viel Wert auf persönliche, rechtliche und finanzielle Aspekte gelegt. Typisch ist, dass diese Phase des Kennenlernens und der Vertragsverhandlungen sehr viel Zeit und Aufmerksamkeit beansprucht. Vor allem Rechtsfragen sind von großer Bedeutung für die amerikanischen Franchise-Geber: Welches Rechtssystem ist anzuwenden? Wie steht es mit dem Marken- und Patentrecht? Wie steht es um Gewährleistungs- und Haftungsfragen? Was geschieht bei Vertragsverletzungen? In den USA regeln Verträge in Anlehnung an bewährte Gesetze solche Fragen. Verträge definieren auch den Modus der Beziehung. Bei

---

21 Der Bewältigung von Managementproblemen im internationalen Geschäft durch Bereitstellung entsprechender Lösungsvorschläge für effizientes Handeln widmet sich gemeinhin die „Internationale Managementlehre". Für einen Überblick vgl. hierzu Dörrenbächer/Riedel 2000 oder Welge/Holtbrücke 22001.

22 Interview 2000 in New York. Um die zugesicherte Anonymität der Interviewpartner und Informanten zu gewährleisten, werden in diesem Beitrag keine Namen genannt.

Streitigkeiten stehen Heerscharen von Anwälten bereit, die Anliegen der Parteien im Rahmen ritueller Gerichtsprozesse zu vertreten. Manager in den USA gehen meist davon aus, dass ihr Erfahrungshorizont international gültigen Standards entspricht, die im Bedarfsfall auch eingefordert werden können. Der Schwerpunkt der Rechtsverhältnisse liegt bei Franchise-Abkommen meist im Land des Franchise-Nehmers. Jordanien hat aber eine andere Rechtstradition und noch keine unabhängige Justiz. Schriftliche Verträge haben eine andere Bedeutung. Belastbare Geschäftsbeziehungen werden durch persönliches Vertrauen und langjährige Erfahrung geschmiedet. Konflikte löst man lieber durch informelle Institutionen als vor staatlichen Gerichten. Auch taten sich viele Amerikaner sehr schwer, zu akzeptieren, dass ihre zukünftigen jordanischen Partner sehr viel Zeit in den Aufbau einer persönlichen Beziehung investieren und erst sehr spät über die operativen Fragen sprechen wollten. In einer Krisenregion zählen schriftliche Verträge wenig und persönliches Vertrauen viel. Nur wenige US-Manager waren sich dieser Situation bewusst.

Doch die großen Konzerne können sich ihre Partner im allgemeinen unter einer großen Zahl von Bewerbern frei aussuchen und ihren jeweiligen Standortstrategien anpassen. Diese Konkurrenz und Machtdistanz übt auf die Franchise-Nehmer einen subtilen Druck aus, sich bei Konflikten wohlgefällig zu verhalten. Dies war auch schon zu Beginn der 1990er Jahre so, als sich die größte Gruppe der heutigen Franchise-Nehmer auf den Weg in die USA machte.

Es waren vor allem Söhne jordanisch-palästinensischer Mittelstandsfamilien, die in den 1990er Jahren auf die beschriebene neue Zeit setzten. Sie hatten meist in den USA studiert und/oder gearbeitet und dort den amerikanischen „way of life" kennen und schätzen gelernt. Sie überzeugten ihre Väter und Brüder, sich um ein begehrtes Dienstleistungs-Franchise zu bewerben. Aufgrund der geringeren Investitionskosten und Franchise-Gebühren konzentrierten sich die klein- und mittelständischen Unternehmen (KMU) auf die bekannten Gastronomie- und Autovermietungsmarken (s. Tabelle 2).

Versucht man diese Gruppe jordanischer Franchise-Nehmer noch etwas genauer zu charakterisieren, so fällt auf, dass viele der Familienunternehmer erst nach 1948 oder 1967 aus dem heutigen Israel oder der Westbank auf die östliche Seite des Jordan gekommen waren. Einige führten schon in der alten Heimat kleine Handwerksbetriebe oder Handelsunternehmen. Nach ihrer Ankunft in den Flüchtlingslagern Jordaniens mussten sie wieder bei Null beginnen. Der Neuanfang im Rentenstaat war jedoch nicht einfach.[23] Ohne Startkapital, Zugang zu den wichtigen Verteilungskoalitionen und marginalisiert durch den Bürgerkrieg von 1970 blieb vielen bis 1991 nur die temporäre Arbeitsmigration in die Golfstaaten.[24] Doch die Neuankömmlinge aus den stärker urbanisierten Teilen des alten Palästina verfügten oft über einen relativ höheren Bildungsgrad und mehr kaufmännische Erfahrung als die weitgehend beduinisch und militärisch geprägten Transjordanier.[25] Mit den Rücküberweisungen der Gastarbeiter finanzierten die Familien der heutigen Franchise-Nehmer das Auslandsstudium der Söhne und gründeten ihre ersten Firmen in Jordanien.

Wie viele andere Familienbetriebe waren diese Unternehmen schnell hochgradig diversifiziert. So konnte beispielsweise ein Familienmitglied eine Handelsgesellschaft betreiben, ein anderer versuchte sich im Tourismus und ein dritter gründete einen verarbeitenden Betrieb. Gab es Streit in den Familien oder wollte man neue zukunftsträchtige Optionen nutzen, wechselte man die Branche. Dies geschah, indem man den alten Betrieb aufgab oder einer der männlichen Nachkommen mit Hilfe der Familie eine neue Firma ausgründete. So gelang es den Unternehmern während der 1970er Jahre, an den vom Staat rentenökonomisch aufgeblasenen Heimatmärkten zu partizipieren. Zusätzlich orientierte man sich international, nicht nur in Form von Arbeits- und Ausbildungsmigration, sondern auch durch Messebesuche, Geschäftsreisen und Kollegenkontakte, um im Ausland bewährte Produkte oder Geschäftsideen in Jordanien nachzuahmen.

Die geschilderten Handlungsstrategien *Diversifizierung, Tätigkeitsflexibilisierung, Internationalisierung* und *Ideennachahmung* beschreiben typische Aspekte des Unternehmertums in Jordanien. Doch dieser ersten Gruppe von Franchise-Nehmern halfen diese Praktiken die Abhängigkeit von der unsteten Wirtschaftspolitik des Staates zu verringern und die Gefährdung des eigenen Geschäfts durch außenpolitische Eruptionen in Grenzen zu halten. Wer dies berücksichtigt und sich die in Abbildung 1 dargestellte wirtschaftliche Entwicklung Jordaniens der letzten 30 Jahre sowie die im zweiten Abschnitt beschriebenen Besonderheiten des Franchising vor Augen führt, versteht, warum die Franchise-Idee gerade für diese Unternehmergruppe sehr attraktiv ist.

---

23 Vgl. Abu-Odeh 1999.
24 Zu den allgemeinen Bedingungen und Folgen der Arbeitsmigration vieler Palästinenser in Jordanien vgl. auch Czichowski 1988 und 1990.
25 Vgl. Barham 1997.

Abbildung 1: Wichtige politische Ereignisse in Bezug zum realen Wachstum des Bruttoinlandsprodukts 1971-2002 (in %)

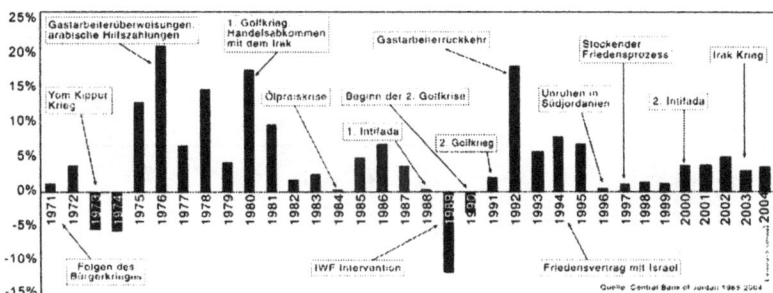

Eigene Darstellung.

Die zweite Gruppe der jordanischen Franchise-Nehmer rekrutiert sich aus wichtigen Familien der Städte Salt, Ma'an und Amman, die schon zur Mandatszeit ihre Unternehmerdynastien aufbauten und zu Wohlstand und Macht kamen. Sie gehören zur transjordanischen Oberschicht und zu den wichtigsten Profiteuren des Rentierismus im Lande. Diese Familien waren jedoch nicht nur eingebunden in die polit-ökonomischen Verteilungskoalitionen, sondern teilweise ebenfalls hochgradig diversifiziert: Einzelne Familienmitglieder waren nicht nur als Wirtschaftsführer aktiv, sondern stellten Minister, Stammesführer oder hohe Offiziere, profitierten als Kontraktunternehmer am Ölboom in den Golfstaaten oder verdingten sich als Börsenspekulanten in den USA.

Mit Hilfe von drei Investmentgesellschaften engagierten sie sich beim Bau der großen Hotelanlagen an den lukrativen Standorten Amman, Petra, Aqaba und Totes Meer. Diese Aktivitäten begannen schon in den 1970er Jahren mit dem Bau des *Marriott*-Hotels im Zentrum Ammans. Diese Gruppe von Franchise-Nehmern arbeitet bei ihren Projekten bevorzugt mit internationalen Hotelkonzernen zusammen. Für „Rentier-Unternehmer" typisch ist die Gestaltung der Franchise-Abkommen: Es handelt sich um die oben beschriebenen Investitions-Franchise-Konzepte, d.h. letztlich treten die jordanischen Investoren nur als Geldgeber und „graue Eminenzen" im Hintergrund auf. Für das operative Geschäft schließt man mit dem Franchise-Geber einen zusätzlichen Managementvertrag. Solche Kontrakte werden auf den Golfplätzen und Dinnerpartys zwischen Los Angeles und New York eingefädelt, wo sich die jordanische Oberschicht gerne einfindet. Die Beziehungen sind konfliktarm und weitgehend kulturinvariant, solange die Rendite für die Investoren stimmt. Deshalb liegt der Fokus in den nächsten beiden Abschnitten auf den Franchise-Systemen der ersten Gruppe.

Tabelle 2: Übersicht der Franchise-Markennamen unterschiedlicher Branchen in Jordanien

Gastronomie	Autovermieter
• Blue Fig	• Avis
• Boston Fried Chicken	• Budget
• Burger King	• Eurodollar
• Chilli House	• Europcar
• Dunkin Donuts	• Hertz
• Fuddruckers	• National
• Funny Bunny	**Hotelketten**
• Hard Rock Café	
• Jolly Bee	• Four Seasons
• Kenny Rogers Roaster	• Grand Hyatt
• Kentucky Fried Chicken	• Holyday Inn
• McDonald's	• InterContinental
• Pizza Hut	• Marriott
• Popeye's	• Mövenpick
• Subway	

Eigene Darstellung.

Beieinanderbleiben: integrieren und konsolidieren

Hat man sich gefunden, die ersten Investitionen getätigt, die strengen Einführungslehrgänge in die Geheimnisse und Abläufe der jeweiligen Franchise-Konzepte absolviert, tritt man in die Phase der Integration und Konsolidierung ein. Nun heißt es, sich am Markt zu etablieren, den Transfer von Managementtechniken zu gewährleisten, die geforderten Qualitätsstandards zu erreichen, den komplexen Warenbezug zu organisieren, die Vorgaben einzuhalten, sich regelmäßig weiterzubilden und die Gebühren turnusgemäß zu überweisen. Viele der Autonomie und Flexibilität gewohnten mittelständischen Unternehmer taten sich in der Anfangsphase schwer mit diesen Aufgaben. Jetzt galt es, eine Reihe von „kritischen Situationen" zu meistern. Dies soll anhand von fünf Problemfeldern kurz skizziert werden.

Die *Marktetablierung* stellte nur in wenigen Fällen ein Problem dar, da die Autovermieter durch das internationalisierte Buchungssystem und die Zusammenarbeit mit Fluggesellschaften und Reiseunternehmen anfangs vom Tourismus- und Geschäftsreiseboom der friedensbewegten 1990er Jahre profitierten. Auf die Gastronomie-Franchises wartete ein hungriger Markt jugendlicher Kunden, für die die Ankunft der internationalen Symbolmarken ein Stück unbekannte weite Welt im kleinen Königreich bedeutete. Ganze Großfamilien besuchten an Feiertagen und Wochenenden die neue Erlebnisgastronomie.

Etwas anders sah es schon mit dem *Transfer von Managementtechniken* [26] und der Einhaltung der geforderten *Qualitätsstandards* aus. In Jordanien hat sich eine stark an familiären Kriterien orientierte Vorstellung über Aufbau, Funktion und Ziel einer Unternehmung herausgebildet. Das heißt auch, dass Stellen häufig nach verwandtschaftlicher Nähe vergeben werden. Dies ist Chance und Nachteil zugleich: Familienmitglieder sind im allgemeinen loyaler und vertrauenswürdiger als externe Mitarbeiter. Diese können aber qualifizierter und motivierter sein. Zudem bedeutet ein Konflikt im Betrieb mit einem Familienmitglied häufig auch Streit in der Großfamilie. So war es teilweise sehr schwierig die Mitarbeiter davon zu überzeugen, die rigiden und ungewohnten Qualitätsstandards und Hygienevorschriften in den Restaurants penibel einzuhalten. Viele Restaurantmitarbeiter kritisierten auch in den Interviews die überzogenen Vorschriften: Salat mit Gummihandschuhen anzurichten, die dauernd im Abfall landen, ist beispielsweise für viele Angestellte eine typisch amerikanische Übertreibung. Auch bei den Autovermietern war es nicht immer leicht, die Mitarbeiter dazu anzuhalten, die Fahrzeuge entsprechend der Vorgaben in den Betriebshandbüchern sauber zu halten und technisch zu warten. Kontrolleure der Franchise-Geber beklagten zu Beginn vielfach die mangelnde Professionalität und Zuverlässigkeit und fehlendes Qualitätsbewusstsein ihrer jordanischen „Mitspieler". Die soziale Praxis, viele Familienmitglieder im Betrieb zu beschäftigen, wird meist eher abschätzig beurteilt.

Der komplexe und stark reglementierte *Warenbezug* und die vielen anderen *Vorgaben* der Restaurantketten waren zu Beginn ein Problem. So bestanden die Franchise-Geber darauf, die genau definierten Basisprodukte der Fast-Food-Speisen bei den weltweit verteilten Vertragsherstellern zu beziehen. Die Zollformalitäten und bürokratischen Hürden an den jordanischen Grenzen kannten und interessierten die Zentralen in den USA

---

26 Dass dies allgemein schwierig ist, zeigen die Beispiele in Dörrenbächer 2003.

nicht besonders. Laut den Verträgen ist für das operative Geschäft der Franchise-Nehmer vor Ort zuständig. In der Folge kamen oft verdorbene Lebensmittel in den Restaurantküchen an. Die jordanische Seite versuchte Gegenvorschläge zu machen: So wollte man in Jordanien Produkte beziehen oder bei nicht autorisierten Händlern außerhalb des Landes einkaufen. Langfristig sollten jordanische Produzenten aufgebaut werden. Oft wurde auch improvisiert und im Falle von Lieferengpässen wurden Ersatzprodukte verarbeitet. Dies erweckte das Misstrauen der Franchise-Zentralen, da man um die Qualität fürchtete und Vetternwirtschaft vermutete.

Im Laufe der Zeit bewährten sich jedoch die bereits beschriebenen Regelungsinstrumentarien. Verantwortliche beider Seiten trafen sich regelmäßig und beide Seiten erwiesen sich als lernfähig. Die meist amerikanische Geberseite ließ den jordanischen Partnern mehr Freiräume, verpflichtete sie aber weiterhin auf die Qualitätsstandards. Die jordanischen Restaurantbetreiber lernten mit der Zeit die hohen Qualitätsstandards schätzen und versuchen diese auch ihren jordanischen Kollegen in anderen Branchen näher zu bringen. Heute werden mehr Produkte in Jordanien oder in Nachbarländern von zertifizierten Herstellern bezogen. Lieferengpässe und Qualitätsprobleme sind nur noch selten zu beklagen.

Mit der Tatsache, sich regelmäßig in den Einrichtungen der Franchise-Geber fortzubilden und beraten zu lassen, hatte die jordanische Seite keine Probleme. Im Gegenteil, dienen doch die regelmäßigen Treffen mit Kollegen aus anderen Ländern der Einbindung in die „Franchise-Community". Die Geschäftsreisen bieten Gelegenheit zu Urlaubstrips mit der Familie und steigern das Sozialprestige der Unternehmer. Kritisiert wird die Kosten-Nutzen-Relation, da diese *Fortbildungs- und Beratungsleistungen* des Franchise-Gebers einen Teil der laufenden Gebühren rechtfertigen. Einige Gesprächspartner sprachen im Scherz von Rückkopplungseffekten der Qualitätsdiskussionen: Nun fordert die jordanische Seite Qualität ein. Überhaupt sind die *Gebührenüberweisungen* ein regelmäßiges Ärgernis. Darüber spricht man in Jordanien aber ungern und äußerst sich eher kleinlaut und indirekt. Prinzipiell sind sich beide Seiten jedoch einig, dass es bei Geldangelegenheiten bisher wenig Probleme gegeben hat.

Zusammenfassend fällt auf, dass in Jordanien das Konzept *Franchising* durchaus ambivalent gesehen wird: Die personalen Kontakte werden weitgehend reduziert, und die hochgradige Standardisierung des Verfahrens verhindert viele prekäre Konstellationen. Der Aufbau eines Betriebes wird ungemein vereinfacht und beschleunigt. Die starken Marken und Managementrezepte der großen Franchise-Geber garantieren schon fast den Erfolg des Projekts. All dies kommt dem in Jordanien weit verbreiteten Unternehmertypus des „Imitators" entgegen. Auf der anderen Seite behindern die weit reichenden vertraglichen Verpflichtungen unternehmerische Eigeninitiative und Selbstverwirklichung.

Die Übernahme des vertikal-kooperativen Geschäftsmodells verbunden mit der semi-selbständigen Unternehmerrolle verlangte den jordanischen Betriebsleitern einen Anpassungsprozess ab, der auch das eigene *unternehmerische Selbstverständnis* betraf. Nach Meinung einiger Gesprächspartner hatte er zusätzlich Fernwirkungen auf die soziale Praxis des unternehmerischen Handelns in Jordanien. Im Idealfall haben sich aus solchen Kreolisierungs- und Angleichungsprozessen positive Lern- und Synergieeffekte entwickelt, die die Wettbewerbsfähigkeit der ökonomisch schwächeren jordanischen Partner signifikant verbessern konnten.

Auf *interkultureller und mikropolitischer Ebene* schimmerte immer wieder ein grundsätzlicher Ehekonflikt durch: Die meisten jordanischen Unternehmer neigen dazu, die Wirtschaftswelt als ein heterogenes, bewegliches Geflecht aus ökonomischen, gesellschaftlichen, politischen und kulturellen Beziehungen zu betrachten. Vor allem westliche Manager glauben eher an abendländische betriebswirtschaftliche Rationalitätsüberlegungen, auch wenn sie selbst häufig nicht danach handeln – wie einige jordanische Gesprächspartner süffisant anmerkten. Erfüllt die jordanische Seite die Erwartungen nicht, bestätigen sich schnell Vorurteile und Stereotypen. Die Akteure verlieren das Vertrauen und den gegenseitigen Respekt – Grundvoraussetzungen gelingender Zusammenarbeit. Da die ausländischen Partner fast immer über mehr Macht und Ressourcen verfügen, setzen sie sich häufiger durch. Eben wie in einer richtigen Ehe.

Auseinandergehen: auflösen und beenden

Franchise-Verträge können sich auf verschiedene Art und Weise auflösen: Der Vertrag endet und wird von mindestens einer Seite nicht verlängert. Eine Seite kündigt den Vertrag. Oder einer der Partner geht Bankrott. Dem Autor sind bisher keine solchen Fälle bekannt. Das heißt, die Verträge sind meist sehr jung und haben noch eine längere Laufzeit. Offensichtlich stimmen die Beteuerungen aller Gesprächspartner, dass es noch keine Existenz bedrohenden Ereignisse gab. Fast alle jordanischen Unternehmer wollen ihren Franchise-Systemen treu bleiben.

Ausblick: Die zukünftige Entwicklung
des Franchising in Jordanien

Zukunftsprognosen sind eine schwierige Sache. Dies gilt auch für die weitere Entwicklung des Franchising in Jordanien. Setzt sich der Trend der letzten Jahre fort, wird es zu einer weiteren *Ausdifferenzierung* der Franchise-Typen kommen. Hierzu gehören beispielsweise Vertriebs-Franchising (z.b. Baumärkte), weitere Dienstleistungskonzepte (z.b. Gebäudereinigungen) oder Produkt-Franchising.

Gespannt sein, darf man auf *Eigenentwicklungen*, an denen einige Gesprächpartner basteln und die vielleicht bald auf den Weltmärkten für Furore sorgen könnten.

Über allen Zukunftsaussichten steht jedoch nach wie vor die Frage nach Krieg und Frieden in Region. Das zu Beginn geschilderte idyllische Bild gläubiger Muslime und Studenten, die friedlich „Big Mäcs" verspeisen, könnte bald der Vergangenheit angehören. Die Anti-Normalisierungsbewegungen, radikale Islamisten und arabische Nationalisten rufen auch in Jordanien immer lauter zum Boykott der „zionistisch-amerikanischen Fast-Food-Kultur" auf. *McDonald's* Jordanien sah sich inzwischen genötigt, immer wieder falschen Behauptungen von Gegnern zu widersprechen. So wurde in einer SMS-Aktion behauptet, die Restaurantkette würde Geld nach Israel überweisen. Kommt es zu ersten Anschlägen oder Toten, wäre die weitere Expansion der Franchise-Idee erst einmal gestoppt.

Literatur

Abdelrahman, Rami: June 2 marks the end of 15-year-old IMF economic development Programme, in: Jordan Times vom 24.05.2004.

Abu-Odeh, Adnan: Jordanians, Palestinians and the Hashemite Kingdom in the Middle East Peace Process, Washington 1999.

Amawi, Abla M.: The Transjordanian State and the Enterprising Merchants of Amman, in: Jean Hannoyer/Seteney Shami (Hrsg.), Amman, Ville et Société, The City and its Society, Beyrouth 1996, S. 111-128.

Barber, Benjamin R.: Jihad vs. McWorld, How Globalism and Tribalism are reshaping the World, New York 1996.

Barham, Nasim: L'industrialisation en Jordanie, in: Jordanies 4 (1997), S. 193-206.

Ders.: Jordanien. Eine geographische Einführung, in: Ghazi Shanneik (Hrsg.), Die Beziehungen zwischen der Bundesrepublik Deutschland und dem Haschemitischen Königreich Jordanien, Bonn/Irbid 1999, S. 13-28 (= Schriftenreihe zu Deutsch-Arabischen Beziehungen, H. 2).

Bathelt, Harald/Johannes Glückler: Wirtschaftsgeographie, ökonomische Beziehungen in räumlicher Perspektive, Stuttgart 2002.

Central Bank of Jordan (CBJ) (Hrsg.): Yearly Statistical Series, versch. Jahrgänge, Amman 1964-1995.

Dies.: Monthly Statistical Bulletin, versch. Jahrgänge, Amman 1986-1992.

Czichowski, Frank: „Ich und meine Vettern gegen die Welt ...", Migration, „Wastah", Verteilungskoalitionen und gesellschaftliche Stabilität in Jordanien, in: Orient 29 (1988) 4, S. 561-578.

Ders.: Jordanien, Internationale Migration, wirtschaftliche Entwicklung und soziale Stabilität, Hamburg 1990.

Dicke, Thomas: Franchising in America, the Development of a Business Method, 1840-1980, Chapel Hill/London 1992.

Dörrenbächer, Christoph/Christian Riedel: Strategie, Kultur und Macht, ein kleiner Streifzug durch die Literatur zur Internationalisierung von Unternehmen, in: Christoph Dörrenbächer/Dieter Plehwe (Hrsg.), Grenzenlose Kontrolle? Organisatorischer Wandel und politische Macht multinationaler Unternehmen, Berlin 2000, S.15-41.

Ehrmann, Thomas: Reale Franchisesysteme, begrenzter Opportunismus und kooperative Elemente, in: Zeitschrift für Betriebswirtschaft 72 (2002) 11, S. 1133-1153.

Fürtig, Henner (Hrsg.): Islamische Welt und Globalisierung, Aneignung, Abgrenzung, Gegenentwürfe, Würzburg 2001.

Giddens, Anthony: Die Konstitution der Gesellschaft, Grundzüge einer Theorie der Strukturierung, Frankfurt/New York [3]1997.

Dörrenbächer, Christoph (Hrsg.): Modelltransfer in multinationalen Unternehmen, Strategien und Probleme grenzüberschreitender Konzernintegration, Berlin 2003.

Herz, Peter: Selbstständig mit Franchise, Finanzierung, Erfolgsrezepte, Risiken, Regensburg/Bonn 1997.

Kopp, Horst (Hrsg.): Area Studies, Business and Culture, Münster/Hamburg/London 2003.

Lüders, Michael: Abdallah Ohneplan II, in: Die Zeit vom 13.07.2000.

Osterhammel, Jürgen/Niels P. Petersen: Geschichte der Globalisierung, Dimensionen – Prozesse – Epochen, München 2003.

Piro, Timothy: The political economy of market reform in Jordan, Lanham 1998.

Pollzien, Götz/Eugen Langen: International Licensing Agreements, New York [2]1973.

Skaupy, Walther: Franchising, Handbuch für die Betriebs- und Rechtspraxis, München 1987.

Riedel, Christian: Jordanien nach dem Generationswechsel, Wirtschaftsreformen und Entwicklungsperspektiven, in: Geographische Rundschau 54 (2002) 2, S. 20-34.

Ders.: International Business Cooperation in Jordan, in: Horst Kopp (Hrsg.), Area Studies, Business and Culture, Münster/Hamburg/London 2003, S. 210-224.

Watson, John L. (Hrsg.): Golden Arches East, McDonald's in East Asia, Stanford 1997.

Welge, Martin/Dirk Holtbrücke: Internationales Management, Landsberg ^{2}2001.

Wilhelm, Ernst: Das abc des Franchisings, ein Leitfaden für Franchisenehmer und -geber, Stuttgart 2002.

Wünsch, Anja: Innenansichten ökonomischer Restrukturierung, Wirkungen und Wirksamkeit der Strukturanpassung in Jordanien, 1989-1999, Frankfurt am Main u.a. 2001 (= Leipziger Beiträge zur Orientforschung, Bd. 10).

Transnationale Konsumgüterunternehmen in Ägypten: Lokale Kultur im globalen Marketing

Michaela Kehrer

Einleitung

Im Frühjahr 2000 hatte der amerikanische Softgetränkehersteller Coca-Cola auf dem ägyptischen Markt mit einem perfiden Gerücht zu kämpfen: Es hieß, hielte man einen Spiegel an den lateinischen Schriftzug des Getränks, so sei auf arabisch darin zu lesen „la Muhammad, la Mekka" (es gibt keinen Muhammad und kein Mekka). Dieses Gerücht wurde von Mund zu Mund, per e-mail und per Rund-SMS verbreitet und hatte die Firmenleitung so stark unter Druck gesetzt, dass sie sich schließlich ein religiöses Gutachten (fatwa) über die Vor- und Nachteile vom Produktkauf transnationaler Unternehmen einholte.

Abb. 1: Coca-Cola-Dose

Foto: M. Kehrer

Der damals amtierende Mufti Nasr Farid Wasel gab eine diplomatische Antwort: Indem er auf die Zahl der Arbeitsplätze hinwies, die durch die ausländischen Unternehmen geschaffen wurden, würde ein Boykott letztlich der ägyptischen Ökonomie und somit den Ägyptern selbst zum Schaden gereichen. Dem Logo des amerikanischen Unternehmens, das erst im Jahr 1994 aus staatlichen Händen privatisiert und seitdem erneut von Atlanta aus geleitet wird, bescheinigte er außerdem „es diffamiert auf keine Weise die Religion des Islam."[1]

---

1   Vgl. www.adage.com, 16/05/2000 und Ahram Weekly, 25.-31.Mai 2000, No. 483.

Abb. 2: „Ariel Automatic" vor und nach der Veränderung des Ariel-Logos

Foto: M. Kehrer

Im Herbst 2000, kurz nach Ausbruch der zweiten palästinensischen Intifada, hatten sich erneut Gerüchte verbreitet, die diesmal den amerikanischen Waschmittelhersteller Procter & Gamble betrafen. Aufgrund der namentlichen Analogie des Waschmittels Ariel zum israelischen Ministerpräsidenten Ariel Sharon büßte Procter & Gamble nahezu ein Drittel seines Ariel-Geschäftes ein. Die auf der Produktverpackung abgebildete Rosette verstärkte den Boykott, da er angeblich eine versteckte Anlehnung an den Davidstern erkennen ließ. Procter & Gamble, seit 1986 mit eigenen Produktionsanlagen in Ägypten präsent und damit eines der etablierteren transnationalen Unternehmen vor Ort, setzte fortan auf seine Errungenschaften und Beiträge für die Entwicklung des lokalen Marktes. Die daraufhin aufgelegte arabische Unternehmensbroschüre klärt beispielsweise darüber auf, dass 99% der Arbeitnehmer ägyptischer Herkunft seien. In der im Fernsehen geschalteten Werbung wurde mit einem Slogan darauf hingewiesen „sun'a Arial misriyya miyya bi-l-miyya" (Ariel-Produkte sind hundertprozentig ägyptisch). Im Werbespot kommen Angestellte des ägyptischen Werkes zu Wort, die über ihre langjährige Mitarbeit, die Exportorientierung des Unternehmens und den wertvollen Beitrag im Bereich Forschung & Entwicklung berichten.[2]

---

2 Im Frühjahr 2004 war schließlich auf den Coca-Cola Dosen zu lesen: „masnu´ bi-l-id al-misriyya" (hergestellt mit ägyptischen Händen). Auf der Waschmittelpackung Ariel war keine dreischweifige Rosette, sondern nur noch eine zweischweifige Rosette zu sehen. Bei einer Internetrecherche auf den lokalen Websites von Procter & Gamble stellte sich heraus, dass sowohl in Pakistan, als auch Marokko und Algerien diese Abbildung verändert wurde, die nach Angaben der Firmenleitung die „Laufbahn eines Atoms" symbolisiere. Auf dem europäischen, lateinamerikanischen etc. Raum blieb die Abbildung unverändert.

Abb. 3: Kühltruhe mit Coca-Cola Werbung, Kiosk in Kairo

Foto: M. Kehrer

Was an diesen zwei Beispielen zunächst illustriert werden soll, ist, wie im ägyptischen Markt etwa unter dem Vorzeichen regionalpolitischer Spannungen die kulturelle Komponente, d.h. lokale Bedeutungs- und Sinnbezüge, für transnationale Unternehmen eine wichtige Rolle einnehmen kann: So versuchte sich beispielsweise Coca-Cola unter Inanspruchnahme einer religiösen Institution, die sich im Normalfall den Fragen der praktischen Glaubensausübung bzw. dogmatischen Religionsauslegung stellt, seinen ägyptischen Konsumentenstamm zu sichern. Ähnlich versuchte Procter & Gamble, indem es vornehmlich an das Nationalbewusstsein der Ägypter appellierte und später das Arielmarkenzeichen veränderte, seine bedrohten Verkaufszahlen aufrecht zu halten. Während hier PR-Mittel eingesetzt werden, ist es dort der Einsatz von Werbemitteln, der die Konsumenten von der lokalen Verwurzelung des Unternehmens überzeugen soll.

Ausgangsthesen

Geläufige Annahmen in der Umschreibung des Verhältnisses zwischen transnationalen Unternehmen[3] und lokalen Kulturen basieren häufig auf

---

3 Fortan als TNU bezeichnet. Im Gegensatz zum Organisationskonzept des multinationalen Unternehmens, das durch eindeutige hierarchische Verantwortungsstrukturen zwischen zentralem Hauptsitz und lokalen Niederlassungen und Produktionsstätten charakterisiert werden kann, basiert die interne Struktur der TNUs nicht auf einer eindeutigen Zentrum-Peripherie-Relation. Zwar haben auch TNUs noch einen zentralen Hauptsitz, sind aber zugleich durch eine Vielzahl von spezialisierten Subzentren geprägt, denen im globalen Unternehmensnetzwerk strategische regional- oder produktspezifische Aufgaben in Management, Produktion oder Marketing zukommen (Altvater & Mahnkopf 1997: 249-51).

Homogenisierungsszenarien im Sinne einer „Coca-Colaisierung" oder „McDonaldisierung" von lokalen Kulturen. Durch die Angleichung der Konsumkultur und die Übertragung der damit verbundenen Werte werden damit die Vorzeichen einer entstehenden „Weltkultur" skizziert. Begründet wird dieses Szenario, das von einer Schwächung lokaler kultureller Sinnbezüge ausgeht, häufig entlang der faktischen Übermacht der TNUs hinsichtlich ihrer globalen expansiven Strategie/Philosophie, ihrer globalen Organisationsstruktur und ihren zur Verfügung stehenden finanziellen, menschlichen und technischen Ressourcen. Anhand der nachfolgend angeführten Ausschnitte von Interviews mit Mitarbeitern von in Ägypten ansässigen Marketingabteilungen transnationaler Unternehmen,[4] die im Zeitraum Frühjahr 2001 und Herbst 2002 aufgenommen wurden, sowie mit Mitarbeitern[5] kooperierender Werbeagenturen[6] und Marktforschungsagenturen,[7] sollen diese Annahmen hinterfragt werden. Während eine Machtassymetrie zwischen transnationalen Produzenten und lokalen Konsumenten und eine damit einhergehende Beeinflussung nicht zu bestreiten ist, wird dieses einseitige Szenario im folgenden zunächst in Frage gestellt. Ganz im Gegenteil wird behauptet, dass gerade transnationale Unternehmen aufgrund ihrer Ressourcen und ihres multilokalen Zugangs viel eher in der Lage sind, auf die Diversität lokaler kultureller Sinnbezüge in den verschiedenen Märkten einzugehen. Vor dem Hintergrund der bestehenden Machtassymetrie und der zur Verfügung stehenden Ressourcen wird deshalb davon ausgegangen, dass kulturelle Sinnbezüge seitens der TNUs regelrecht operationalisiert und instrumentalisiert werden können.

---

4   Ausgewählt wurden TNUs aus dem Konsumgütersektor, die mit eigenen Produktions-anlagen vor Ort präsent sind und eine lokale Marketingabteilung unterhalten. Mitarbeiter von folgenden TNUs wurden befragt: Fromageries Bel, Procter & Gamble, 3M, Unilever, Colgate-Palmolive, Nestlé, Henkel, Coca-Cola Company, Cadbury-Schweppes.
5   Geführt wurden leitfadenorientierte, narrative Einzelinterviews mit insgesamt 38 lokalen Mitarbeitern, darunter befanden sich aus Marketingabteilungen Marketing Manager, Produktmanager, Brandmanager und Marketingassistenten, aus Marktforschungsinstituten Geschäftsführer, Generaldirektoren, Senior Researcher und Consultants, aus Werbeagenturen Geschäftsführer, Country Manager und Kreativdirektoren.
6   Mitarbeiter folgender Werbeagenturen wurden befragt: Lowe/Look, Grey, Saatchi & Saatchi, Creation Team, Impact/BBDO, Public Graphics, Tarek Nour/DDB, Strategies, TMI/J. Walther Thompson.
7   Mitarbeiter folgender Marktforschungsinstitute wurden befragt: Euromonitor, NFO World Group, Market Insight, Rada Research, Pan Arab Research Center, AC Nielsen AMER, Directions, Insight, Integrated Marketing Solution, MEMRB.

Foto: M. Kehrer

Rückblick

Bevor auf die Gegenwart transnationalen Konsumgütermarketings eingegangen wird, erfolgt ein kurzer Blick zurück. Nach Aussage zahlreicher
Interviewpartner beginnt „wirkliches", d.h. konsumentenorientiertes Marketing in Ägypten erst in den 80er Jahren infolge der wirtschaftlichen
Öffnungspolitik unter Präsident Anwar el-Sadat. Bis in die 70er Jahre war
der ägyptische Markt überwiegend staatlich reguliert und die Dynamik
des freien Marktes unterbunden. Die Produktion von Konsumgütern wurde weitgehend durch den Staat monopolisiert und diente vornehmlich der
funktionalen Bedürfnisbefriedigung. Es gab kaum Konkurrenzunterneh-
men, eine sehr reduzierte Produktpalette und somit eine geringe Aus-
wahlmöglichkeit auf Seiten der ägyptischen Konsumenten. Qualitäts-
merkmale, Werbeansprache, aufwändige Produkt- und Preisgestaltung als
klassische Mittel des (modernen) Marketings waren damit weitgehend
hinfällig.

> „20 years ago, in the 1980s this market didn't have much. I remember my
> father had to bring us soap from Kuwait, because we didn't had [a wide
> range of] toilet soap, we simply didn't. What was available was much less
> what people really needed. [..] So there was no concept of marketing at
> the first place, it was called whatever, people would buy it anyway, becau-
> se this is the only available one."[8]

Zu Beginn der Sadat'schen Öffnungspolitik begannen TNUs vor allem
durch Warenimporte den lokalen Markt zu durchdringen. Da in den 70er
Jahren in erster Linie die Golfmärkte aufgrund des Erdölvorkommens und

---

8   Consultant, Euromonitor.

der höheren Kaufkraft attraktiv waren, entschieden sich zunächst nur wenige Unternehmen, in den ägyptischen Markt durch Aufbau eigener Produktionsanlagen oder Marketingabteilungen zu investieren.[9] Die offensichtliche Distanz zum ägyptischen Konsumenten und die fehlenden Kenntnisse über die Eigenheiten des ägyptischen Marktes führte dazu, dass zunächst vornehmlich westliche Werbekonzepte übertragen wurden. Angesprochene Zielgruppe war damit die kleine ägyptische Oberschicht.

> „[The local] advertising agencies were just taking ready-made ads from multinational companies. It was all ready made ads for the European and American markets. [..] They communicated with Egyptians, selling premium brands and communicate with a modern life-style which did not exist yet or it existed from 3 to 5% of the population. Their market was still a very small market, because they didn't penetrate. They did not have the consumer insight in the mass market."[10]

Abb. 5: Huldigung (bai'a) von McDonald's an Präsident Mubarak zur Präsidentschaftswahl 2000

Plakattext Mitte, groß geschrieben: „McDonald's Ägypten Der Präsident Husni Mubarak", links, klein geschrieben: „ Im Namen von 2000 Mitarbeitern huldigen wir dem Anführer für eine neue Präsidentschaft." – Foto: M. Kehrer

TNUs in Ägypten heute

Erst mit den attraktiveren Investitionsgesetzen der 80er und 90er Jahre, die beispielsweise den Schutz vor Verstaatlichung und die Rückführung von Kapital garantierten, ließen sich TNUs verstärkt auf dem ägyptischen Markt nieder. Nach Angaben der UNCTAD waren im Jahr 1999 bereits

---

9   Als eines der ersten Unternehmen ließ 1978 Philip Morris 7up in Ägypten produzieren.
10 Director, Lowe/Look Advertising.

26 der 100 weltgrößten TNUs in Ägypten vertreten.[11] Nach einer Auflistung der nationalen Investitionsbehörde GAFI (General Authority for Investment) operierten 1998 insgesamt 147 transnationale Unternehmen in Ägypten.[12] Der Anteil der verarbeitenden Industrie wächst seit Beginn der 90er Jahre und umfasste 1998, gefolgt von Tourismus und anderen Dienstleistungen, ca. 45% des gesamten Investitionsvolumens.[13]

Laut einer Studie des ägyptischen Economic Research Forum (ERF) sind aus der Sicht der TNUs verschiedene Faktoren für die Investitionen förderlich.[14] An erster Stelle werden die Stabilität und die Offenheit der ägyptischen Wirtschaft genannt, worunter die stabile Geldwirtschaft und Wechselkurse ebenso subsumiert werden wie die Möglichkeit, Gewinne zu repatriieren oder steuerliche Vorteile in Anspruch zu nehmen. An zweiter Stelle steht die Größe, das Wachstum und die Lage des ägyptischen Marktes. Genannt wird die Bevölkerungszahl von 60 Millionen, die angemessene Kaufkraft und das zu erwartende steigende Bruttoinlandsprodukt. Die zentrale Lage an der Schnittstelle von Mittlerem Osten, Afrika und Europa wird ebenso hervorgehoben. Weiterhin wird angeführt, dass die billige Arbeitskraft, die gute Infrastruktur und die Stabilität des sozialen und politischen Systems zum Zufluss von Auslandsdirektinvestitionen seitens der TNUs beitrage.[15]

Aus der Perspektive der TNUs erscheint der ägyptische Markt zu Beginn des neuen Jahrtausends jedoch zunehmend in problematischem Licht. Hatten die befragten Mitarbeiter in der ERF Studie von 1996 noch stetiges Wachstum und steigende Investitionen prognostiziert, so wurde dies bald aufgrund nationaler und regionaler Veränderungen fraglich. Die politische Gesamtlage in der Region und die Währungspolitik der ägyptischen Regierung trugen maßgeblich dazu bei, dass transnationale Konsumgüterunternehmen in der Region zunehmend vorsichtig operieren. Begonnen hatte es im Herbst 2000, als mit der zweiten palästinensischen

---

11 UNCTAD: Investment Policy Review Egypt, Genf: United Nations Publications (1999: 6). Aufgezählt werden im Elektrobereich: General Electric, IBM, Philips, Siemens und Sony; in der Automobilindustrie: Toyota, Nissan, Fiat, Daimler Benz und BMW, Peugot, Suzuki, Citroen, Hyundai; im Erdölsektor: Amoco, Royal Dutch Shell, Mobil, Exxon, British Petroleum und ENI Group; im Pharmaziesektor: Bayer, Glaxo, Hoechst, Novartis, Du Pont und Rhone Poulenc; im Nahrungsmittelsektor: Unilever, Nestlé, Heinz, Kellog's, Cadbury.

12 Vgl. Schindi (1999: 58).

13 Anteilsmäßig nahm die Wichtigkeit des Gas- und Petroleumsektors damit allmählich ab, vgl. Mugione (2000).

14 Die im Sommer 1996 durchgeführte Studie basiert auf einem sample von 31 in Ägypten operierenden TNUs, s. Economic Research Forum (1997).

15 Ibid.

Intifada seitens der ägyptischen Konsumenten vor allem amerikanische Produkte boykottiert wurden. Mitunter fanden sich auf den kursierenden Listen, die über Flugblätter an Universitäten und Schulen publik gemacht wurden, neben Coca-Cola und Marlboro jedoch auch Unternehmen wie Nestlé. Als Sinnbild der als ungerecht empfundenen amerikanischen Außenpolitik mussten für den amerikanischen Kapitalismus somit auch andere TNUs herhalten.

Aufgrund der Entscheidung im Januar 2003, den Wechselkurs des ägyptischen Pfundes freizugeben, verschlechterte sich die Situation auf dem ägyptischen Markt zusätzlich. Mit der einsetzenden Abwertung des ägyptischen Pfund sank die Kaufkraft der ägyptischen Konsumenten rapide, womit infolge nicht mehr nur die amerikanischen Konsumgüterhersteller betroffen waren. Die ehemals kaufkräftige Mittelschicht kann sich inzwischen importierte Waren bzw. Waren mit hohem Importanteil kaum mehr leisten. Und auch transnationale Unternehmen lokal produzierter Waren im Nahrungsmittel- oder Körperpflegebereich, z.B. Procter & Gamble, Nestlé oder Unilever, kämpfen aufgrund gestiegener Produktionskosten um ehemals gesicherte Marktanteile. Nach einer Analyse des Marktforschungsinstituts Euromonitor führen TNUs jedoch weiterhin den Haushaltsreinigungsmittelsektor an. Den von Procter & Gamble verlorenen Marktanteil am Waschmittel Ariel von etwa 10 % teilen sich inzwischen Henkel mit Persil und Unilever mit Omo.[16]

Abb. 6: Werbung an der Strecke Kairo-Alexandria

Foto: M. Kehrer

---

16   Vgl. http://www.euromonitor.com/Household_Care_in_Egypt, 01/04/2004.

Transnationale Marketingstrategien heute

Mit dem Aufbau bzw. der Beteiligung an Produktionsanlagen vor Ort wurden häufig gleichzeitig lokale Marketingabteilungen etabliert. Waren diese zunächst von ausländischen Fachkräften besetzt, so ist deren Zahl inzwischen stark zurückgegangen, bzw. hat sich im Gesamtunternehmen auf zentrale Schlüsselpositionen wie Geschäftsführung oder Finanzdirektion reduziert. Das Personal der Marketingabteilungen setzt sich heute vornehmlich aus ägyptischen Kräften zusammen, was seitens der Interviewpartner über die verbesserte Ausbildung und Qualifikation, die niedrigeren Löhne und die kulturelle Nähe zum Konsumenten erklärt wird.

> „Throughout these 20 years [since the 80s] some people have been developed, they can even do a better job than an expatriate, because they know the culture, they know how to deal with the multinational, they know how to implement the system and in the same time being from the same place, being born here and having all the heritage here, having all the tradition."[17]

Auf die Frage nach dem Grad der Autonomie in der lokalen Niederlassung wird darauf hingewiesen, dass die Produkt-, Marken- und Kommunikationsstrategie häufig von der Zentrale vorgegeben wird. Dahingegen gibt es in der Ausgestaltung der Marketinginstrumente für den ägyptischen Markt meist genügend Freiraum.

> „There are lots of decentralizations and we try to do what our market requires. As long as we really don't harm the fundamental basics of the brands and the products. [..] Otherwise you are not in the business, simple as that. Any local company who really understands the market and the delivery of the product [along] with some [global] standards will be able to get across and be the market leader, simple."[18]

Zwischen regionalpolitischem Druck und Abwägung des unternehmerischen Mitteleinsatzes müssen TNUs lokale Sinnbezüge und Bedeutungszusammenhänge der ägyptischen Konsumenten im Marketing beachten. Zwar betont ein Mitarbeiter in der Marktforschung:

> „Most of the time I find that clients tend to believe or want to believe that Egyptian consumers are different. In my opinion they are not different. I think that consumers are consumers worldwide. I think people behave in a pretty much similar way, when they have a need."[19]

---

17 Finance Manager, Fromageries Bel.
18 Product Manager, Nestlé.
19 Managing Director, Integrated Marketing Solutions.

Eine Produktmanagerin erachtet die Befriedigung verschiedener Bedürfnisse durch den Kauf einer Ware als grundmenschliches Phänomen und deshalb global ähnlich, jedoch die Bedürfnisse als solche in den verschiedenen Märkten unterschiedlich.

> „Consumers basically are the same all across the world. They want to satisfy their needs. Their needs are surely different but ultimately they want to satisfy their needs and have the best value for the money. That's a global consumer trend. I am sure you are the same and I am the same."[20]

Keiner der Mitarbeiter bestreitet, dass es inzwischen wichtig geworden ist, globale Kampagnen für den ägyptischen Markt „lokal relevant" zu machen.

> „What we are doing as a company is, we have the same positioning statement, everywhere you go. [..] but what happens is, coming to a particular market like Egypt, we are studying all the habits and attitudes of the consumers, consumption patterns and so on amongst the locals. And we adapt whatever global campaign to the local needs. [..] So we make locally relevant campaigns. That's what happens. Through research we understand the local habits and we have a standard brand positioning, that you communicate with local relevance."[21]

Um konkrete Maßnahmen zu beleuchten, werden im folgenden zwei der vier Elemente des Marketing-Mix[22] beleuchtet. Hinsichtlich der Produkt- und Kommunikationspolitik wird anhand ausgewählter Beispiele und Zitate illustriert, wie diese mit den kulturellen Rahmenbedingungen des ägyptischen Marktes korrespondieren.

Produktpolitik

Die Produktpolitik umfasst zunächst die Auswahl aus dem globalen Produktportfolio des Unternehmens und legt unter Beachtung von Konsumbedürfnissen, Wettbewerbssituation und Import- bzw. lokalen Produktionsmöglichkeiten fest, welche Produkte auf dem ägyptischen Markt erhältlich sind.

> „When we find something on the global level that is suiting the Egyptian market we go for it."[23]

---

20 General Manager, Nestlé.
21 Product Manager, Coca-Cola.
22 Im herkömmlichen Sinne wird darunter die Produkt-, Distributions-, Kommunikations- und Preispolitik verstanden.
23 Marketing Manager, Colgate Palmolive.

„When we look into the system, we have so many products that we can offer to the Egyptian market. We are looking at amending these formulations, testing them and launching them to consumer needs."[24]

Die Produktauswahl kann sich durch Unternehmenszukäufe erweitern. So haben seit den 80er Jahren einige TNUs lokale Konsumgüterunternehmen aufgekauft und in ihre jeweilige Konzernstruktur eingebunden. Trotz Übernahme wird häufig weiterhin eine separate Markenpolitik praktiziert, d.h. die Marketingabteilungen bemühen sich, den Wert und die unter den ägyptischen Konsumenten gefestigten Assoziationen einer Marke aufrecht zu erhalten.[25] Das folgende Zitat stammt von einem Marketingmanager des Nestlé-Konzerns, der 1995 das ägyptische Eiskremunternehmen Dolce aufgekauft hat:

„We did not change the core values of the Dolce brand, we really focused on them and took the brand forward. In that context we maintained the heritage of Dolce as being Egyptian and we marketed Dolce as a very Egyptian and humorous brand. We did not try to put it under a Nestlé brand, you can see a very strong differentiation between the Nestlé corporate brand and the Dolce corporate brand, in visual identity and in core values."[26]

Im Nestlé-Geschäftsbericht von 2001 liest sich diese global umgesetzte Strategie wie folgt:

„Nestlé besitzt auch regionale und nationale Marken, die bei den Konsumenten einen hohen Bekanntheitsgrad genießen, weil sie in diesen Regionen oft eine lange Tradition haben. Mit diesen Marken als zentrale Bestandteile des Nestlé-Portfolios können die Konsumenten ihrer Individualität Ausdruck verleihen, ihren Traditionen treu bleiben und die Qualität und Sicherheit von Nestlé-Produkten genießen."[27]

Häufig ermöglichen übernommene Marken, den einkommensschwächeren Massenmarkt zu erreichen, während die originären Produkte des TNU auf dem einkommensstärkeren Premiummarkt platziert sind. Ein Mitarbeiter des britischen Unternehmens Cadbury, das 1997 das ägyptische Biskuitunternehmen Bim Bim aufgekauft hat, führt dabei folgendes aus:

---

24 Product Manager, Coca-Cola.
25 Häufig sind sich ägyptische Konsumenten nicht bewusst, dass hinter folgenden Produkten bereits TNUs stehen: Apfelmalzgetränk „Fayrouz" – 2002 wird der Getränkehersteller Al Ahram Beverages vom niederländischen Heinekenkonzern aufgekauft; „Vitrac" Marmelade – 2002 wird eine Mehrheitsbeteiligung von 65% vom Schweizer Lebensmittelhersteller Hero erworben; Kartoffelchips „Chipsy" – 2001 wird der Marktführer von Pepsico aufgekauft.
26 General Manager, Nestlé.
27 Geschäftsbericht Nestlé 2001, S. 39.

„We have premium products like the Cadbury, the dairy milk [..] and they are targeting A and B class areas with a price point of 1 Egyptian Pound till 2,5 Pounds. And with the Bim Bim products we gear towards the low end of the market with 25 Piasters, mainly."[28]

In der Produktpolitik finden sich vor allem in der Produktzusammensetzung häufig starke Anpassungen an die Gebrauchsgewohnheiten der ägyptischen Konsumenten. Durch Marktforschung vor Ort wurde beispielsweise herausgefunden, welch zahlreiche Zusatzstoffe die ägyptische Hausfrau verwendet, um ihre Wäsche zu waschen:

„We went into the villages and we spend three years to understand how people wash in the villages, because they don't .. they don't have washing machines, they are very expensive. They can't afford it, so it's all handwash. So we used to go to their home, sitting there for six or seven hours and seeing how they do the wash. It takes seven hours to do the washing. [..] They would use a soap, plus potash, plus boiling, plus bluing, all this to make a detergent."[29]

Abb. 7: Vorder- und Rückseite einer 1927 in Ägypten vertriebenen Persilverpackung

Foto: M. Kehrer

In der Produktrezeptur wurden daraufhin beispielsweise Ariel (Procter & Gamble) und Persil (Henkel) an die Verwendung der verschiedenen Zusatzstoffe angepasst. Kleine blaue Kügelchen in Analogie zum in Ägypten verwendeten Waschblau[30] oder rosafarbene Seifenstückchen finden sich in den jeweiligen Packungen.

---

28 Key Accounts Manager, Cadbury.
29 Director, Rada Research.
30 Es handelt sich um synthetisches Ultramarin, das den Gelbstich der Wäsche durch die Komplementärwirkung in reines Weiß verwandeln kann.

„Blueing is a chemical which is called 'zahra' in Arabic. When added to white clothes it gives this faint blue colour that consumers consider as a sign of cleanliness. In the past P&G and Ariel specifically claimed that there is bluing in their powder and other additives as well. And this means that using Ariel you need not to add the other stuff because it is already built in. This was a plus for Ariel in comparison to other products, you don't need to obey the other additives because you already have it inside. So it was a big plus."[31]

Schließlich können Produkte speziell für den lokalen Markt entwickelt werden. Beispielsweise hat das niederländisch-britische Unternehmen U-nilever im Jahr 1998 die Seife Good Morning konzipiert und auf den Markt gebracht, die der über Marktforschung festgestellten multifunktionalen Produktverwendung der ägyptischen Konsumenten sehr entgegenkommt, denn sie ist sowohl für die Haar- als auch die Körperwäsche konzipiert. Der ausländische Produktname wurde dabei ganz bewusst gewählt.

„The brand name took us an awful lot of research, the values that we tried to give her [i.e. the consumer] in the product features are very close to the international brands because that's what makes her feel good and that she gets the value for her money and a better benefit. But at the end of the day, the product benefit – which is using it for her hair and for her body – is a very local thing, because still lot of consumers use soap to wash their hair. We developed a whole list of brands and we tested them among the consumer and she was the one to choose 'Good Morning'. She understands the meaning of the word, the foreign name gives her the confidence that this is a better product. And it means a lot for her."[32]

Eine andere Mitarbeiterin hebt die Möglichkeiten hervor, die ihr im Unternehmen gegeben werden, um ein Produkt am lokalen Geschmack auszurichten. Jedoch sei die Registrierung als Warenzeichen häufig zu aufwändig, als dass sich dieses Verfahren lohne.

„Maybe I decide that Fanta, let's say we want to launch a flavor that is typically Egyptian, for example Fanta Karkade, the Hibiscus, it's a common drink. I would actually have to develop a formulation and get it in line and have it done here locally. I can do that, it's not impossible, I can do that. But what happens is, we have a global range, so I can have Fanta which has like 6 different flavors. If you decide to launch any one of them, they are registered and you can go ahead with it."[33]

Am Beispiel der Good Morning-Seife als auch anderen für den ägypti-

---

31 Assistant Brand Manager, Procter & Gamble.
32 Marketing Manager, Unilever.
33 Product Manager, Coca-Cola.

schen Markt entwickelten Marketingstrategien spielt nach Aussage zahlreicher Mitarbeiter der so genannte Fremdheitskomplex (uqdat al-khawaga) eine zentrale Rolle.

> „We in Egypt, we have something which is called 'uqdat al-khawaga', I don't know how to translate it, but what it means is, that we always like and are aspiring what the Europeans have. What the foreigners have, it's wow, it's lovely, it's great."[34]

In der Produktentwicklung für den lokalen Markt als auch der Produkt- und Verpackungsgestaltung kann der Fremdheitskomplex gezielt eingesetzt werden. Folgende Aussage beschreibt, wie illiterate bzw. der englischen Sprache nicht mächtige Konsumentinnen dabei wahrgenommen werden:

> „What is really special about the Egyptian market is the 'foreign complex', which means what is foreign is good. [..] for her [i.e. the consumer] it is a look, and the look is in English and it is blue. She associates it very well with the logo even she can't read it because it's in English, in a languge she doesn't understand. Then you need her to be able to read it or to pronounce it and this is where the Arabic plays a role. Again when we start writing the name of the brand in Arabic, we try to make it to look as much as possible as the English one. We use a font that is very similar and that gives the overall look so that she can make the association when she sees it."[35]

Abb. 8: „Fair and Lovely" Hautaufhellungscreme von Unilever

Foto: M. Kehrer

Ein weiteres lokales Produkt von Unilever ist die Hautcreme fair & lovely, die 1978 zunächst für die indischen Konsumentinnen auf den Markt gebracht wurde. Die Gesichtscreme enthält aufhellende Inhaltsstoffe und verspricht innerhalb von zwei Wochen eine deutlich hellere Haut. Von Indien aus hat dieses Produkt inzwischen seinen Siegeszug in Ägypten angetreten, wo in der Werbung mit der Sentenz „zayy al-amar" geworben

---

34 Chairman Assistant, Market Insight.
35 Marketing Manager, Unilever.

wird, d.h. „wie der (runde, weisse) Mond", was im Ägyptischen als ein Kompliment für eine besonders schöne Frau verwendet wird.

Kommunikationspolitik

Zu Beginn der 80er Jahre hatten TNUs größtenteils ausländische Werbekonzepte auf den ägyptischen Markt übertragen. Aufgrund der in Ägypten noch nicht entwickelten Infrastruktur waren es v.a. libanesische Werbefachleute, die ihre Expertise einbrachten.

> „It was all ready made ads for the European and American market and in the same time Lebanese voice-over. [..] the Lebanese started to appear in the picture, saying 'we know Arabic, we know our mentality and we can understand, we can communicate with the producer and we can communicate with the multinational agencies'. [..] But the design of the printed ads, the press ads, was done through multinational agencies, either based in Europe or America."[36]

Inzwischen wird die Werbung zum Großteil speziell für den ägyptischen Markt konzipiert.

> „Now what you see is that they have tailor-made programs for the Egyptian market. The advertising is different, the advertising now uses local players. [..] the Arabic language on the products is many times different from that what you find in the Gulf. So yes, people are realizing that Egypt is unique, the multinational companies are looking at Egypt as a unique entity on its own."[37]

Ausführende kreative Kraft sind heute in erster Linie entweder lokale Niederlassungen globaler Werbeagenturen[38] oder lokale bzw. regionale Werbeagenturen,[39] die mit transnationalen Werbeagenturen affiliiert sind, da sie entweder aufgekauft oder assoziiert sind. Nur über deren global abgeschlossene Rahmenverträge haben sie überhaupt die Möglichkeit, Aufträge von transnationalen Unternehmen für den ägyptischen Markt zu erhalten. Mit der Transnationalisierung der Unternehmen geht somit auch eine Transnationalisierung der Werbeagenturen wie auch der Marktforschungsinstitute einher. Aufgrund ihrer globalen bzw. regionalen Organi-

---

36 Director, Lowe/Look.
37 Managing Director, Directions.
38 Beispiele auf dem ägyptischen Markt: Grey, Saatchi & Saatchi.
39 Lokale Agenturen: Look (assoziiert mit Lowe Lintas) und Tarek Nour (assoziiert mit DDB Needham); regionale Agenturen mit inzwischen globaler Einbindung: Impact/BBDO, Public Graphics, TMI/J. Walther Thompson, MEMAC/ Ogilvy & Mather, AMA/Leo Burnett.

sationsstruktur wird ein Werbeclip häufig in Form einer so genannten „multiple execution" für verschiedene Märkte konzipiert, wobei gleichzeitig die kulturelle Komponente des jeweiligen Marktes bedient wird.

> „There are certain fundamentals, that are different from one place to another. For example, in Egyptian television you can show a woman without a veil. In Saudi-Arabia you can not show a woman without a veil. So, if you shoot a copy for Saudi-Arabia, she has to be veiled. So you might come up with the same advertising idea, but you'll come up with multiple executions. You group the entire production and you can recreate anything."[40]

Das zur Verfügung stehende Wissen über die jeweiligen kulturellen Feinheiten der Märkte wird einerseits entlang der langjährigen Erfahrung der Mitarbeiter und der „exposure" in den verschiedenen Märkten begründet. Zum anderen leistet die herangezogene Marktforschung einen wichtigen Beitrag:

> „We tend to send our people out to consumer research, so they know, they have the experience. They know if she has to be veiled, they know the kind of body that is different from place to place, they know the texture of the skin, they know the skin itself is very different and my producers know how to produce a regional copy. And you know it by experiences, you don't make it by assumptions."[41]

Hinsichtlich der verwendeten Werbeansprache sind sich die befragten Mitarbeiter weitgehend einig, dass die ägyptischen Konsumenten mit sehr einfachen Botschaften angesprochen werden müssen. Vor allem emotionale Sachverhalte anstelle von technischen Erläuterungen stehen im Vergleich zu den europäischen Märkten im Vordergrund.

> „The bulk of the Egyptian consumer [..] are very simple people, so much of the advertising tends to try to take them by the hand, more than anything else. And this is what we do in most of the cases. [..] It has to be simple, straightforward for everybody to understand, so it's a clear message without any complications to it."[42]

> „You have to use your own culture, coming out from your own problems here, which goes right to the heart with an emotional appeal. [..] What I mean with emotional appeal is something you touch on. A thing they see on a daily basis, something that creates problems for example. There is one thing here that there is always a conflict between the mother in law

---

40 Managing Director, Saatchi & Saatchi.
41 Managing Director, Saatchi & Saatchi.
42 Managing Director, Saatchi & Saatchi.

and the daughter in law [..] and that's why all the food type products, most of them they touch onto that."[43]

Hinsichtlich der einfachen Ansprache rekurrieren die Mitarbeiter v.a. auf Konsumenten der ägyptischen Unterschicht mit niedrigem Bildungsstand. So hatte zu Beginn der 90er Jahre auf Seiten zahlreicher TNUs eine Neuorientierung eingesetzt: Nachdem die höheren Einkommensschichten als Konsumenten gewonnen waren, sich der Blick für die kulturellen Rahmenbedingungen geweitet hatte und eine Erweiterung der Produktionskapazität möglich war, wagten sich die Unternehmen an den sogenannten Massenmarkt heran, der v.a. in der ländlichen Bevölkerung, die ca. 90% aller Ägypter umfaßt, gefunden wurde.

Unter dem Schlagwort des „rural marketing" war es das Unternehmen Procter & Gamble, das in seiner Marketingstrategie richtungsweisend für die anderen Konsumgüterunternehmen wurde. Nachdem das Unternehmen ein spezielles Waschpulver für die Handwäsche entwickelt hatte, wurde eine Testimonialwerbung (Werbung mit „Zeugenaussagen") mit „real people", d.h. oberägyptischen Hausfrauen oder Hausfrauen aus der Delta-Region entwickelt, welche in starkem Lokalakzent die Vorteile des Waschmittels Ariel priesen. Auf den wöchentlichen Märkten der Dörfer wurden „roadshows" aufgeführt, wo über Probleme bei der Wäsche und die richtige Anwendung des Produkts informiert wurde. Schließlich sponsorte Procter & Gamble verschiedene TV-Sendungen im staatlichen ägyptischen Fernsehen,[44] wo beispielsweise glückliche Gewinner (meist aus sehr ärmlichen Gegenden) eine Goldmünze in Empfang nehmen konnten, nachdem sie einen Spruch zu Ariel aufsagen konnten. Euphorisch bringt der Geschäftsführer der verantwortlichen Werbeagentur diesen neuen Ansatz zum Ausdruck:

„Ten years ago, we have been the first ones to introduce a new concept for the Egyptian market, because we got real people to talk about their experience. [..] We started to use testimonials, we actually went to these people and asked them to give us their testimony in their own language. [..] And the key aspect of it is *being relevant to the consumer*. You have a busi-

---

43 Marketing Manager, 3M.
44 Die Sendung „kalam min dahab" (Worte aus Gold) wurde ab 1994 für 6 Jahre ausgestrahlt und „...aimed at fulfilling the hopes, dreams and needs of ordinary Egyptians by meeting requests for financial help, medical treatment and educational opportunities. „ Die seit 1999 ausgestrahlte Sendung „as-sitt di ummi" (Diese Frau ist meine Mutter) „...aims at promoting family values by recognizing the mother's crucial role in society. First broadcast in 1999, the sincerity and emotional appeal of the program made it one of highest rated programs in Egypt" (aus: http://www.pg.com.eg/community.cfm, 01/04/2004).

ness, you have a product, you ask what is the consumer need behind it and you start talking to them in their language."[45]

Ein weiteres Merkmal in der Kommunikationspolitik der Unternehmen ist die zunehmende Relevanz und mit PR- oder Werbemitteln hervorgehobene „corporate citizenship" eines Unternehmens. Seit Beginn der zweiten Intifada und den antiamerikanischen Boykottmaßnahmen bemühen sich vor allem amerikanische TNUs, ihre Aktivitäten verstärkt in den Dienst der ägyptischen Bevölkerung zu stellen. So unterstützt etwa Procter & Gamble den Aufbau eines Waisenhauses, Coca-Cola beteiligt sich an der Finanzierung eines Kinder-Krebs-Zentrums, Nestlé ermöglicht mit „Give a Kid a Hand" Hilfeleistungen an in Not geratene Kinder.

> „I think one of the key things that is changing this year compared to previous years, is that most of the multinational companies that are operating in town have started to focus slightly on their corporate image. [..] most of the companies that have been working here have started to focus on 'let's enhance our corporate image, let's do something about it, we are actually doing something for the community. So let's include it as part of our advertising work'."[46]

Das neue Bewusstsein wird auf der lokalen Website von Procter & Gamble wie folgt zum Ausdruck gebracht:

> „Procter & Gamble entered Egypt with a long-term commitment to become an integral part of the local community, first through establishing a world-class industrial and business operation and transferring skills to our growing Egyptian workforce through education, training and on-the-job experience. As our products became established and our business expanded across the country, P&G Egypt began to take part in and contribute to many programs and activities aimed at improving the lives of Egyptians through education and healthcare as well as through direct community action. Today, as a proud member of Egypt's business and industrial community, we feel it is not only a responsibility, but also an honor to give something to *Egypt, our home*."[47]

Zusammenfassung

Anhand der Beispiele im Marketing-Mix transnationaler Konsumgüterunternehmen in Ägypten sollte deutlich gemacht werden, dass TNUs auf mehreren Ebenen bemüht sind, kultursensitive Marketingstrategien zu

---

45 Managing Director, Saatchi & Saatchi.
46 Managing Director, Saatchi & Saatchi.
47 Vgl. http://www.pg.com.eg/community.cfm, 04/01/2004 (eigene Hervorhebung).

implementieren. Lokale Sinnbezüge und Bedeutungssysteme spielen sowohl in der Festlegung des Produktportfolios, der Produktzusammensetzung als auch der Entwicklung von Produkten für den lokalen Markt eine Rolle. Selbst wenn lokale Sinnbezüge global verankert sind, wie etwa der erwähnte „Fremdheitskomplex", gelingt es den TNUs diese im Rahmen ihrer Marketingstrategien in erneut lokalen Sinnzusammenhängen zu operationalisieren. Die Sprache der ägyptischen Konsumenten zu sprechen, d.h. Werbung nicht nur in Arabisch, sondern in ägyptischem Arabisch, gar lokal gefärbten Dialekten zu konzipieren, unterstreicht das Diktum lokal und kulturell relevant sein zu wollen. Aufgrund der vorhandenen Ressourcen, etwa regional oder global agierenden Werbeagenturen, sind TNUs in der Lage z.B. mithilfe der „multiple execution" eine Nähe zum jeweiligen Konsumenten herzustellen. Teilweise ergeben sich auf diese Weise scheinbar merkwürdige Entsprechungen lokaler Sinngefüge, wenn etwa die dunkle Hautfarbe eines Darstellers als sowohl für den ägyptischen als auch mexikanischen Markt passend erachtet wird. Neben den klassischen Marketinginstrumenten werden immer häufiger die gesellschaftlichen Aktivitäten und Hilfsprogramme der TNUs als Teil ihrer „corporate citizenship" nach außen kommuniziert.

Abb. 9: Plakat zum Boykott amerikanischer Unternehmen zum Ausbruch der zweiten Intifada, hier zum Boykott von McDonald's

Text unter dem durchgestrichenen Logo: „Palästina. Iss nicht das Fleisch deines Bruders." – Foto: M. Kehrer

Folgende Schlussfolgerungen lassen sich ziehen: Aufgrund ihrer organisatorischen Logik und ihrer vorhandenen Ressourcen sind TNUs in der Lage, die Vielfalt lokaler Kulturen mit dem Ziel der Gewinnmaximierung zu operationalisieren und zu instrumentalisieren. Die kapitalistische Ausrichtung der Unternehmen verhält sich somit zu Kultur nicht wie häufig angenommen als antagonistischer Gegenspieler, die kulturelle Vielfalt auslöscht. Sie steht vielmehr in ihrer Bezugnahme auf Dezentralität, Flexibilität, Diversität, Differenz und Lokalität in einem komplementären, einem ergänzenden Verhältnis. Das bedeutet jedoch nicht, dass beide zueinander in einem gleichgewichtigen Kräfteverhältnis stehen. Denn die Heranziehung von Kultur im System des Kapitalismus erfordert eine für den Arbeitsalltag probate Simplifizierung oder Pauschalisierung kultureller Sinnzusammenhänge. Zusammenfassend kann man also durchaus von einer Ausbeutung von Differenz sprechen. Die Eliminierung der Differenz ist dabei jedoch viel diffuser, undurchsichtiger und subtiler als es die These der Coca-Colaisierung glauben macht.

Literatur

Altvater, Elmar/Birgit Mahnkopf: Grenzen der Globalisierung, Ökonomie, Ökologie und Politik in der Weltgesellschaft, Münster, 1996.

Economic Research Forum: ERF Opinion Survey on the Business Climate in Egypt, in: Forum Newsletter, VOL.4, NO.3, DEC 1997 (online version: http://www.erf.org.eg/nletter/Dec97-06.asp).

Mugione, Fiorina: „Research Guide to Foreign Direct Investment and Privatization in Egypt", in The Arab Bank Review, vol.2, no.1 (online edition: www.arabbank.com, ohne Seitenangaben).

Nestlé: Geschäftsbericht Nestlé 2001, Vevey 2001.

Schindi, Usama as-Sayyid: „Ash-sharikaat muta´addida al-ginsiyaat wa dauruhu fi'l-iqtisad al-misri", in: Bank Misr: an-nashra al-iqtisaadiyya, vol. 42, no. 2, 1999, S.43-71.

UNCTAD: Investment Policy Review Egypt, Genf, 1999.

Verwendete Zeitungen und Internetseiten:

Ahram Weekly No. 483, 25.-31.Mai 2000.

www.adage.com

www.pg.com.eg/community.cfm

www.euromonitor.com/Household_Care_in_Egypt

Von der Pilgerfahrt nach Fès zum Handel in Marokko: Senegalesische Händler und Händlerinnen in Casablanca

Laurence Marfaing

Einleitung

Die historischen, kulturellen, wirtschaftlichen und politischen Beziehungen zwischen Marokko und dem Senegal sind bekannt.[1] Vielmehr sollen hier die Verbindungen zwischen religiösen Handlungsräumen und der Nutzung ökonomischer Möglichkeiten dargestellt werden. Die Hintergründe dieser Beziehungen in der *longue durée* werden untersucht, ferner, wie diese zu dem heutigen Aufschwung des informellen Handels führten, hinter dessen Dynamik ursächlich informelle Strukturen und Netzwerke stehen, die sich nur aufgrund der in Marokko und Senegal vorhandenen endogenen Systeme erklären lassen. Darüber hinaus finden diese Beziehungen ihren Platz im Globalisierungsprozess.

Zuerst werden die Grundlagen der religiösen Beziehungen dargestellt. Diese stehen in einem engen Zusammenhang mit der Verbreitung der Tijaniyya-Bruderschaft, die dazu führte, dass die Pilgerfahrt vom Senegal nach Fès, dem religiösen Zentrum im Norden Marokkos, unternommen wurde. Diese Pilgerfahrt brachte intensive Handelsbeziehungen mit sich, die im Laufe der Zeit das Gewicht der Pilgerfahrt gegenüber dem Handel abgeschwächt haben. Auch wenn sich heute das Geschehen von Fès nach Casablanca verlagert hat, stellt die Religion nach wie vor, wenn auch in anderer Form und schwächer, ein zentrales Element innerhalb dieser Handelsbeziehungen dar.

Meine Untersuchungen über die Zielgruppe der Händler und Händlerinnen in Casablanca geben interessante Aufschlüsse über die Rolle der Religion. Methodisch habe ich mich nicht für eine rückläufig orientierte historische Untersuchung („histoire à rebours") entschieden, sondern beginne mit den senegalesisch-marokkanischen Beziehungen am Ende des 19. Jahrhunderts. Diese Vorgehensweise ermöglicht die Beziehungen in

---

1 Über historische, religiöse und wirtschaftliche Beziehungen siehe unter anderem Delafosse 1924; Devisse 1988; Mbow 1996; A.E. Kane 1992; O. Kane 1996; Aouad-Badoual 1994; Aouad 1995; Konate 1993; Ould Cheikh 1999. Zu Kontakten zwischen den Bevölkerungen und zur Migration siehe Abou El Farah et al. 1997; Lahlou 2003; zur Idee eines gemeinsamen Raum und zur Revitalisierung dieser Beziehungen siehe Bourgeot 2000; Marfaing & Wippel 2004.

ihren historischen Kontext zu stellen und ihre Entfaltung nachzuvollziehen. Parallele Entwicklungen können hier besser wahrgenommen werden. Zudem verdeutlicht diese Art der Darstellung, wie bestimmte Entscheidungen zu Engpässen führten oder ganz im Gegenteil neue Möglichkeiten eröffneten.

Es bleibt die Frage, mit welchen Konzepten diese alten und stets fortschreitenden Beziehungen erfasst werden können, und wie das Neuartige dieser Kontakte und deren heutige Auswirkungen bestimmt werden können. Als viel versprechend erwies es sich, an Konzepten wie der Translokalität und Phänomenen wie der Entstehung sozialer Räume anzusetzen.[2] Damit lässt sich Translokalität in der *longue durée* zeigen. Die Entstehung translokaler sozialer Räume in der *longue durée*, des translokalen Raumes als Bezeichnetes und den Akteuren als Bezeichnende wird in der weiter unten eingefügten Graphik dargestellt. Entstandene soziale Räume könnten somit bestimmt werden, wobei gerade deren historische Entwicklung und die Tradierung von Verhaltensmustern es gestatten, die Logik und angewandten Strategien herauszuarbeiten.

Fès und die Tijaniyya als Hintergrundmotiv

Fès, im 8. Jahrhundert von Idriss I. gegründet, wurde nach den Aufständen von Córdoba (Lugan 2000: 61, 171) im 9. Jahrhundert unter Idriss II. zur ersten Hauptstadt Marokko. Sie ist die Stadt der *zawaya* und der religiösen Strömungen. Diese religiösen Zentren bestehen aus Mausoleen, Orten religiöser Initiation und mystischer Erfahrungen, die sich im 18. Jahrhundert zu Zentren für Studien und gemeinschaftlichen Versammlungen entwickelt hatten.

Die Sufi-Bruderschaft der Tijaniyya[3] wurde von Shaykh Ahmad al-Tijani, einem Algerier, von Fès aus gegründet. Von den Türken verbannt war er 1798 dorthin geflüchtet und ließ eine *zawiya* erbauen, in der er tagtäglich betete und seinen Anhängern den Koran lehrte. 1815 verstarb er in Fès und wurde dort auch begraben.[4] In Folge einer unklaren Klausel in

---

2 Zu den Ansätzen zur Translokalität am Zentrum Moderner Orient in Berlin siehe unter *www.zmo.de* und in Marfaing & Wippel 2004.

3 Der „Sufismus" ist eine mystische Bewegung; seine Kennzeichen sind das Hervorheben der inneren Werte des Islams und die Bescheidenheit im Auftreten besonders in der Form des Gebets wie *Le Matin [du Sahara et du Maghreb]* vom 25.12.2002 vereinfacht darstellte.

4 Über Shaykh Ahmad al-Tijani in Fès vgl. Samb 1994: 55; über die Tijaniyya vgl. das Werk von Triaud & Robinson 2000.

seinem Testament kam es nach seinem Tode zu Rivalitäten, die letztendlich zu einer Zersplitterung des Ordens in drei Zweige führten.

Die afrikanische Tijaniyya lehnte sich dem marokkanischen Zweig an, dessen Sitz bis heute Fès ist (Quesnot 1962: 133). Im saharischen Raum wurde die Tijaniyya, die aus der Qadiriyya hervorgegangen war, durch Muhammad al-Hafiz verbreitet. Er stammte aus Trarza und begegnete Shaykh al-Tijani 1780 in Mekka. Beide wurden von den transsaharischen Händlern aus Chinguetti, Tishit und Timbuktu positiv aufgenommen.[5] Fès spielte aufgrund seiner geographischen Stellung für die Salzkarawanen eine große Rolle bei der Verbreitung der Tijaniyya und war zudem ein Knotenpunkt für die Karawanen aus dem Süden. Sijilmassa und Chinguetti bildeten dazu die Querachse nach Mekka. Fès, das seit der Eroberung der Almoraviden im 9. Jahrhundert wichtigster Ausgangspunkt für die Arabisierung und Islamisierung Nordwestafrikas war, verlor nie seine Anziehungskraft und wurde zum wichtigsten Ausbildungszentrum für die sudanische Bevölkerung.[6]

Im Laufe des 19. Jahrhunderts gab es mehrere Faktoren, die sich bei der Verbreitung der Gebote der Tijaniyya als förderlich erwiesen. Einer davon war der Aufschwung des Gummihandels im Senegaltal. Dort hatte die Kolonialverwaltung von Saint-Louis aus die Implementierung einzelner Handelsstützpunkte gestattet. Dies verschärfte die Konkurrenz zwischen den dort ansässigen Gelehrten-Ethnien,[7] denen die Gummibaumwälder und Weidegründe gehörten, und den kriegerischen Ethnien,[8] welche die Achsen der Transhumanz beherrschten, und führte so zu Veränderungen der Machtverhältnisse zwischen ihnen.

Ein weiterer Faktor war das Wirken von Hajj Umar. Von der kolonialen Expansion Frankreichs bei der Verwirklichung seines Ideals – der Rekonstruktion eines großen afrikanischen Reich – behindert, gilt er als ein der wichtigster Widerstandskämpfer gegen die französischen Koloniali-

---

5   Schmitz (2000: 123) begründet die erfolgreiche Ausbreitung der Ideen von Si Ahmad
    al-Tijani damit, dass im Gegensatz zu anderen Bruderschaften, die Tijaniyya Erfolg und
    Reichtum nicht verpönt und sogar als eine Art Gnade oder Segen Gottes betrachtet. Außerdem kann derjenige, der sich der Tijaniyya anschließt, keiner anderen Bruderschaft
    angehören, was die Beziehungen zwischen den Mitglieder und die Solidarität untereinander stärkt.
6   Für die Rolle von Fès vgl. unter anderen M'bow 1996: 110.
7   Es handelt sich um die so genannten „ethnies maraboutiques" der *Zawaja*; die Gelehrten
    werden „marabouts" genannt, nach dem Arabischen *murabit* (Weiser, Heiliger).
8   Es handelt sich hier um die „tribus guerrières" der *Hassan*.

sierungsbestrebungen.[9] Er begegnete dem Nachfolger von Shaykh al-Tijani während seiner Reise über Fès nach Mekka. Dieser ernannte ihn zum Kalifen von Afrika und übertrug ihm damit die Verantwortung für die Verbreitung der Tijaniyya in Westafrika (Samb 1994: 59).

Im Senegal wurde die Bruderschaft nach dem Tode von Hajj Umar vor allem von Hajj Malick Sy in Tivaouane und Hajj Ibrahim Niasse in Kaolack[10] im Süden des Landes verbreitet. Die Anhänger der Tijaniyya waren zu Beginn vor allem Aristokraten und Intellektuelle und nur zum Teil transsaharische Händler.

Durch die Verbindung der Tijaniyya Westafrikas mit der Stadt Fès entstanden Bräuche, die bis heute Bestand haben und die Verbundenheit verdeutlichen: Die Anhänger der Tijaniyya wenden sich in Richtung des Grabes ihres Gründers nach Fès, wo Senegalesen und Mauretanier auch seine *zawiya* besuchen. Pilger machen hierhin oftmals die so genannte „kleine Pilgerfahrt", bevor sie nach Mekka reisen oder wenn sie keine Mittel für die Reise nach Mekka haben.[11] Ebenfalls treffen sich hier zahlreiche senegalesische Tijaniyya-Anhänger anlässlich des *mawlid* zum Gedenken an die Geburt des Propheten oder in Erinnerung an den „Siebten Tag"[12] (Dossier in *Le Quotidien* vom Dezember 2003).

Ferner ist ein Besuch an diesem Ort für jeden Senegalesen, der Marokko besucht, obligatorisch. Das unter Marokkanern und Senegalesen herrschende Gemeinschaftsgefühl, das nicht nur durch Zugehörigkeit zum Islam, sondern auch zur Tijaniyya definiert ist, ist nach wie vor lebendig. Sozio-religiöse Feste oder Gedenkzeremonien sind willkommene Anlässe, um zu feiern und die Gemeinschaft zu pflegen. Ein Beispiel hierfür sind die Shaykh Ahmad al-Tijani gewidmeten „islamischen Kulturtage", die jedes Jahr in Dakar organisiert werden, oder die Feiern rund um die Pilgerfahrt nach Fès (*Le Matin* vom 25.12.2000 und 30.12.2002). Jedes Jahr während des Ramadans werden senegalesische *'ulama'* nach Fès eingeladen. Trotz der verschärften Kontrollen, bedingt durch die Einwanderung aus dem subsaharischen Raum nach Marokko, bietet die marokkanische Luftverkehrsgesellschaft *Royal Air Maroc* (RAM) weiterhin Sonderflüge für die Pilgerfahrt nach Fès an (Kane 1996: 23-24).

---

9   Zu den Auseinandersetzungen über die Rolle von Hajj Umar als Heiliger und/oder Widerstandskämpfer vgl. Thiam 2003.

10 Als Studien über die verschiedene Zweige und Familien der Tijâniyya-Anführer s. unter anderen Quesnot 1962: 136 ff.; Samb 1994: 62; Seesemann 2004.

11 1953 kamen 553 senegalesische Pilger aus Mekka zurück, davon waren 313 über Fès gefahren (Kane 1996: 22).

12 Es handelt sich um die Feier am „Siebten Tag" nach der Geburt (*'aqiqa*).

Pilgerfahrt und Wirtschaftsbeziehungen

Früher gelangten nach Fès folgende Waren aus dem Süden: Salz, Zucker und vor allem Sklaven. Letztere kamen nach Mogador (heute Essaouira) und wurden von dort aus auf die Märkte von Fès und Marrakesch verteilt. Marokko, das sich lange erfolgreich gegen Kolonialisierungsbestrebungen gewehrt hatte, blieb bis Ende des 19. Jahrhunderts der letzte offizielle Umschlagplatz für den Sklavenhandel im Norden Afrikas (Wright 2002: 53). Pierre Loti,[13] der im April 1889 nach Fès kam, bestätigte, dass Fès nicht nur die religiöse Hauptstadt des Westens, sondern auch dessen Handelszentrum sei, das über die Häfen im Norden Beziehungen zu Europa, über den Tafilalt und die Wüste zum Sudan, bis nach Timbuktu und Senegambia unterhält.[14] Seine Beschreibungen des Bazars, des Sklavenmarktes und der reichen Kaufleute[15] vermitteln einen Eindruck von der Pracht und der Umtriebigkeit in Fès.

Zu Beginn des 20. Jahrhunderts, bis zur „Pazifizierung" des Marokko-Sahara-Raumes 1935, gestaltete sich der Karawanenhandel zunehmend schwieriger. Dies war bedingt durch die diversen Vorgehensweisen der Kolonialpolitik und den Widerstand gegen die koloniale Eroberung. Doch kaum hatte sich die Situation wieder beruhigt, nahmen die senegalesischen und westsudanischen Händler die Handelsbeziehungen mit dem Süden Marokkos rasch wieder auf, „die nie aufhörten, sie lebhaft zu interessieren"[16] und Dank des Schwarzmarktes weiter Bestand gehabt hatten.

Aber die Situation blieb instabil, und die senegalesischen Händler fürchteten auf der Reise über den Landweg entführt zu werden. Ältere Händler, die in den 50er Jahren aktiv waren, sprechen noch heute von ihrer Angst. Später, ab den 70er Jahren, nahm diese Unsicherheit weiter zu, bis die Unabhängigkeitskriege der spanischen Kolonien der Westsahara,

---

13 Pierre Loti gehörte der französischen Delegation an, die den französischen Minister in Tanger, Jules Patenôtre, nach Fès begleitete um seine Beglaubigungsschreiben beim Sultan Moulay Hassan abzugeben (04.04. bis 04.05.1889).

14 „Fès n'est pas seulement la capitale religieuse du couchant, la ville de l'islam la plus sainte après La Mecque [...]; c'est aussi le centre du commerce de l'Ouest, qui communique par les ports du Nord avec l'Europe et par le Tafilet et le désert avec le Soudan noir jusqu'à Tombouctou et la Sénégambie"(Loti 1991: 214). Über Fès während des französischen Protektorats siehe Meyer 1997.

15 „Il y a ici un grand nombre de marchands de toutes sortes; une certaine fièvre de l'or, bien que très différente de la nôtre, sévit dans ces murs; des gens enrichis trop vite – au retour, par exemple, de quelque caravane heureuse du Soudan – se hâtent de jouir de la vie [...]" (Loti 1991: 251).

16 Rapport trimestriel du territoire autonome des confins du Dra, 1er trimestre 1935, nach Aouad 1995: 242.

gefolgt von den Konflikten im Zusammenhang mit den hegemonialen Forderungen von Marokko und zeitweise Mauretanien über das Gebiet den Handel der Senegalesen in diesem Raum verhinderten.

Vom Handel während der Pilgerfahrt in der Kolonialzeit

Schon während der Kolonialzeit waren der Pilgerfahrt und somit dem transsaharischen Handel zwischen Marokko und Senegal Hindernisse in den Weg gelegt worden: Die französische Kolonialverwaltung strebte danach den Warenverkehr zu kontrollieren. Sie wollte bestimmen, mit welchen Waren gehandelt werden durfte, und baute eine Infrastruktur auf, die ihr die Kontrolle über diesen Wirtschaftsraum ermöglichen sollte: der afrikanische Handel wurde umgeleitet, und die afrikanischen Händler mussten sich auf Bereiche beschränken, die den kolonialen Interessen nicht zuwiderliefen (Marfaing 2004: 256). Aus ökonomischen Gründen, aber auch aufgrund der kolonialen Bestrebungen, den sozialen Frieden zu bewahren,[17] wurden jegliche Beziehungen zwischen der westafrikanischen, subsaharischen Bevölkerung und dem Norden mit Misstrauen betrachtet, da die kolonialpolitischen Ziele eine Isolierung des islamischen subsaharischen Raumes von den arabisch-islamischen Kernregionen anstrebte. So wurde die Pilgerfahrt nach Mekka neu gestaltet, und die Karawanenwege wurden umgeleitet oder blockiert.

Die maurischen Widerstandskämpfer gegen die Kolonialherrschaft nutzten die unterschiedlichen Vorgehensweise der verschiedenen Kolonialmächte in der Region und die Uneinigkeit zwischen ihnen aus. Dies zeigen Razzien, die von muslimischen Gruppen unterstützt oder organisiert wurden und gegen Nomaden oder Pilgerkarawanen gerichtet waren. Sie wurden trotz ihrer muslimischen Religionszugehörigkeit als Ungläubige betrachtet, da sie sich von der französischen Armee eskortieren ließen oder weil Senegalesen aus diesen Pilgergruppen die französische Kolonialisierung unterstützten. Legitimiert wurden diese Razzien durch die Theorie des Widerstands gegen Ungläubige auf islamischem Boden (DAN E/2 Heft 129[18]). Die Verunsicherung zeigte sich daran, dass afrikanische Händler, die üblicherweise die französischen Militärposten be-

---

17 Zur französischen Kolonialpolitik gegenüber dem Islam, die zwischen der Unterstützung der Sufi-Bruderschaften und der Angst vor der Propagierung des Islams schwankte, und zur Einführung der Idee eines „schwarzen Islam" siehe unter anderen Triaud & Robinson 2000, auch Loimeier 2000.
18 Mauretanisches Nationalarchiv, Nouakchott: DAN E/2 129 Bulletin de renseignements, 16 juin au 15 juillet 1929 (?), Gouvernement Général de l'AOF, colonie de la Mauritanie, affaires politiques. Annexe n° 3.

suchten, wegblieben (Aouad 1995: 223). Seit den 1880er Jahren begleiteten französische Truppen die Pilgerkarawanen bis nach Mogador, wo die Pilger auf Schiffe umstiegen, um Kairo und anschließend Mekka zu erreichen (Schmitz 2000: 127).

Bis zur Pazifizierung des Nordens Mauretaniens und der algerisch-marokkanischen Grenze in den 1930er Jahren begleitete die französische Militärtruppe der *Meharisten* auch die Handelskarawanen von Atar in Richtung Norden. Danach gab es in dieser Region einen neuen Aufschwung des Karawanenhandels. Man stellte fest, dass in den „Gebieten, die von der Tijaniyya beeinflusst waren, die religiösen Strömungen von den Karawanen bis ans Ende der Handelswege in Nioro, Kayes, Chinguetti und Wadan [...] reichten und an den wichtigsten Handelskreuzungen anzutreffen waren."[19]

Ab den 1920er Jahren erleichterte es die Öffnung des Hafens von Casablanca der französischen Kolonialmacht, ihre Wirtschaftspolitik durchzusetzen. Durch die Etablierung des Seeweges als Handelsweg wurde dem Landweg ein Schlag versetzt.[20] Die Verwaltung konnte nun die Pilgerfahrt direkt ab Saint-Louis, später ab Dakar über das Meer kontrollieren. Dieselbe Logik bestimmte das Verhalten der Kolonialverwaltung bei der Befürwortung einer Busverbindung zwischen Casablanca und Fès. Seit 1956 besteht auch eine Fluglinie Dakar-Casablanca. Die letzten Schiffsverbindungen gab es Anfang der 1970er Jahre. Heute besteht kein regelmäßiger Schiffsverkehr mehr zwischen Casablanca und Dakar.

Trotz all der Bestrebungen der französischen Kolonialpolitik, den Handel und damit auch die Beziehungen zu Marokko einzuschränken oder besser noch abzubrechen, haben sich die Senegalesen niemals wirklich von der Kolonialpolitik beeinflussen lassen. Vielmehr setzten sie sich darüber hinweg und handelten weiter: Von Norden nach Süden wurden Babuschen (Schlappen), Obst und Gemüse[21] gehandelt und vom Senegal

---

19 Senegalesisches Nationalarchiv, Dakar: ANS 9 G 69 [107]: liaisons mauritaniennes. Direction des affaires politiques et administratives. Lieutenant Gouverneur de Mauritanie à Gouverneur Général de l'AOF le 4 juin 1931. Tournée d'inspection sur les confins de la colonie, 1er trimestre 1931 (eigene Übersetzung der Autorin).

20 Mauretanisches Nationalarchiv, Nouakchott: DAN E/2 136: Bulletin de renseignements économiques, Agadir. Rapport de tournée effectuée du 29 janvier au 28 février 1937: Tidjikdja, le 17 mars 1937.

21 Senegalesisches Nationalarchiv, Dakar: ANS 8 Q 87 [19] (anciens fonds K): „le protectorat importe annuellement en AOF des babouches d'origine indigène pour une valeur d'environ 5 millions de francs [...] débouché essentiellement pour l'artisanat de Fez". Rapport de mission au Maroc de Mr. Mondon, Directeur général des services économiques de l'AOF en vue des relations communes entre le Maroc et l'AOF et dans l'Union sud africaine 1935 – Rapport Mission au Maroc du 25 mars au 6 avril 1935 – exemplai-

nach Marokko Gummi Arabicum. Die Beziehungen zwischen Fès und der Gemeinschaft der Tijaniyya aus dem Senegal sind sogar enger geworden, insbesondere nach dem Zweiten Weltkrieg und in den 1950er Jahren. Dies ist den Geschäftsreisen und den Pilgerfahrten zu verdanken und fand trotz der nationalistischen Agitationen in Marokko, Tunesien und Algerien statt (Kane 1996: 20).

Verlagerung von Fès nach Casablanca

Folgt man den Feststellungen der Historiker, dass die Karawane durch die Karavelle ersetzt wurde (Ould Cheikh 1999, Barry 1988), so war der Niedergang von Fès vorprogrammiert, was ab den 1920er Jahren auch tatsächlich eintrat. Anfang des 20. Jahrhunderts befand sich das Wirtschaftssystem im völligen Umbruch, und Fès wurde durch die wirtschaftliche Öffnung Marokkos gegenüber Europa gezwungen sich anzupassen oder unterzugehen (Rivet 1999: 107). Dieser Logik folgend erlebte zuerst die Hafenstadt Tanger, dann Casablanca eine Blütezeit auf Kosten der alten Zwischenstationen des transsaharischen Handels.

Obwohl Casablanca bereits seit Beginn des 20. Jahrhunderts eine wichtige Rolle für die Verkehrsverbindungen über das Meer spielte, hat die Bedeutung zweifelsohne seit dem Bau des Hafens zugenommen. Bis dahin ähnelte der „Hafen" der Stadt Abbildungen auf kolonialen Postkarten, auf denen man große Schiffe sieht, die vor der Küste ankern, während Barkassen, Waren und Passagiere an Land bringen. Der Bau des Hafens begann 1907, als unter anderem mit dem Bau der Eisenbahn eine Infrastruktur geschaffen wurde. Diese wurde unter der Regierung Lyauteys seit 1914 erheblich erweitert, da er in Casablanca eine der modernsten Hafenanlagen schuf, die aus der Stadt ein Wirtschaftszentrum machte. Dadurch wurden die Voraussetzungen geschaffen, mit deren Hilfe das Kolonialsystem und die Modernität Fuß fassen konnten. In den 1920er Jahren wirkte sich der demographische Boom in den Atlantikstädten aus, so auch in Casablanca. Alle, die sich als Geschäftsmänner verstanden, kamen aus Essaouira und aus Fès nach Casablanca, was eine regelrechte Abwanderung der *Fasi* und ihre räumliche Verbreitung bewirkte (Rivet 1999: 245 oder auch Meyer 1997: 705).[22] Kurz vor dem Beginn des Zwei-

---

re destiné à Monsieur le gouverneur général: objet: intensification des relations commerciales entre protectorat et AOF et amorce d'un nouveau courant d'échanges en vue d'une entente économique entre les deux pays.

22 Zu Beginn des 20. Jahrhunderts gab es in Casablanca etwa 20 Vertretungen von großen Handelshäusern aus Fès, 1924 waren 117 Händler aus Fès (von 179) in Casablanca installiert, siehe Meyer 1997:705-706.

ten Weltkriegs war die Hegemonie Casablancas in der marokkanischen Wirtschaftsstruktur gefestigt.

Von den Geschäftsmöglichkeiten auf der Pilgerfahrt

Casablanca wurde also zum Wirtschaftszentrum auf der Strecke nach Fès. Obwohl die Pilgerfahrt nach Fès immer noch Möglichkeiten für Geschäfte bot, und als Grund der Reise bis 1981 die „Zauberformel" blieb, um den Senegal zu verlassen, rückten die Geschäfte immer mehr in den Vordergrund (Gespräch Nr. 7 vom 13.08.2002 und Interview Nr. 9 vom 01.08.2002 in Dakar[23]). Um den Senegal zu verlassen, mussten Senegalesen eine Ausreiseerlaubnis vorweisen können. Ähnlich war es in der Kolonialzeit, als alle Angehörigen der Kolonien eine Erlaubnis von der Kolonialverwaltung benötigten. Es war vorteilhafter, eine Ausreiseerlaubnis für die Pilgerfahrt statt für Geschäftsreisen zu beantragen (Interview Nr. 3 vom 06.11.1996, 23.07. und 02.08.2002 in Dakar). Erst 1981 wurde dieses Gesetz unter dem Staatspräsidenten Abdou Diouf aufgehoben.

Mit der Unabhängigkeit Senegals wurden die kolonialen Wirtschaftsstrukturen übernommen, und das Land blieb weiterhin den französischen Unternehmen unterworfen, die eine Monopolstellung innehatten. Die Senegalesen waren allen möglichen bürokratischen Schikanen ausgesetzt, vor allem diejenigen, die am Anfang der 1960er Jahren gegen das Wirtschaftsmonopol der Franzosen kämpften und offene Kritik an der Wirtschaftspolitik Senghors übten. Die Beteiligung an den Geschäftsmöglichkeiten wurde von der Konformität mit der amtierenden Regierung abhängig gemacht, so dass viele Händler gezwungen waren, sich Marktlücken zu suchen, die außerhalb der Reichweite der wirtschaftlichen und politischen Interessen der Regierung lagen, oder sogar den Handel ganz aufzugeben (Marfaing & Sow 1999: 100-118).

Bis heute rentieren sich jedoch die Geschäfte der Senegalesen, die mit marokkanischen Waren in Senegal handeln, und dies trotz der Konkurrenz mit den in Dakar installierten marokkanischen Händlern, die ähnliche Waren verkaufen. Die senegalesischen Händler reisen regelmäßig, wobei sie Pilgerfahrt und Handel verbinden: „Ich landete in Casablanca, von wo aus ich mit dem Auto oder per Bahn weiter nach Fès fuhr. Meine Einkäufe machte ich unterwegs" (Interview Nr. 3 vom 02.08.2002 in Dakar). Ihre Waren verschifften die Händler weiterhin nach Dakar, selbst als

---

23   Dieser Händler, in den 1950-1960er Jahren aktiv, ist 1975 gestorben. Seine Söhne, heute selbst Händler und sehr aktiv in den Händlergremien im Senegal, haben viel von ihrem Vater erzählt.

Ende der 1950er Jahre eine Fluglinie eingerichtet wurde. Im Allgemeinen fanden diese Reisen im Rhythmus von zwei Monaten für eine Dauer von vierzehn Tagen statt (Interview Nr. 6 vom 26.07.2002 in Dakar); Frauen allerdings konnten nur alle zwei oder drei Monate reisen, um auf Pilgerfahrt zu gehen (Interview Nr. 11 vom 06.08.2002 in Dakar). Anfangs übernachteten Händler in Hotels vor Ort, nach und nach wurden sie aber von ihren Geschäftspartnern aufgenommen und quasi als Familienmitglieder betrachtet. Frauen konnten dagegen oft bei ihren Marabouts wohnen. In Fès bot das „Maison du Sénégal", das König Mohammed V. in den 1950er Jahren gestiftet hatte, Senegalesen, die auf der Durchreise waren, Unterkunft.

Auch ist Casablanca eine wichtige Station auf dem Weg nach Mekka. Der Flug Dakar-Jeddah ist mit einem 24-stündigen Aufenthalt in Casablanca verbunden.[24] Zwischen 1950 und 1960 waren es sogar 72 Stunden. Die Händler nutzten die Zeit, um Waren einzukaufen. Heute geben sie bereits die Aufträge dafür von Dakar aus auf. Mit dem Weiterverkauf in Mekka finanzieren sie die Pilgerfahrt und den Kauf anderer Waren, die in den Senegal importiert werden. Die Logik dieses Geschäfts folgt derjenigen des Relais-Handels bzw. des Fernhandels, bei dem die Häufigkeit der Rotationen des investierten Anfangskapitals die Vermehrung des Kapitals bestimmt.

Gegenüber den formellen wirtschaftlichen Beziehungen zwischen dem Senegal und Marokko stehen die diplomatischen im Vordergrund, dabei ist die Quantität des Austauschs nicht wirklich entscheidend (Wippel in Vorb.). Dagegen sind die informellen Handelsbeziehungen äußerst dynamisch, insbesondere bezüglich des Exports in den Senegal. Babuschen, Frauenkleidung, Jelabas und Gabardine sind begehrt und für das Freitagsgebet der senegalesischen Muslime unverzichtbar (Fall 2004: 285). Sie gehören auch zur Ausstattung bei den muslimischen Festen wie der *Korité* oder der *Tabaski*.[25] Die Jüngeren handeln mit Schuhen und Kleidung – Jeans, Bodies, Tops etc. -, die im Allgemeinen aus Italien, Spanien oder von den Kanarischen Inseln importiert werden. Außerdem handeln sie mit Sportkleidung und Jeans, die in Marokko hergestellt werden, oder auch mit importierten Elektrogeräten und Handys. Dieser Handel vollzieht sich als ein Kommen und Gehen zwischen Dakar und Casablanca in einem

---

24 Erst seit ein paar Jahren bietet *Air Sénégal International* eine direkte Verbindung nach Jeddah.

25 *Korité*: Fest am Ende des Ramadan (*'Id al-fitr*); *Tabaski*: Opferfest, allgemein, z.B. anlässlich der Geburt eines Kindes, und am Ende der Pilgerfahrt (*'Id al-adhā*).

monatlichen oder zweimonatigen Rhythmus mit einem ein- oder zweiwö-
chigen Aufenthalt vor Ort.

Darstellung der Angaben der Akteure:
Beschleunigung des Austauschs zwischen Dakar und Fès

Die folgende Graphik zeigt die Mobilität der verschiedenen Akteure seit
Beginn des 20. Jahrhunderts in einem geographischen Raum, der von Dakar bis Fès reicht. Zum einen sind ihre Reisewege dargestellt, zum anderen die Dauer der Reisen je nach Kategorie von Akteuren innerhalb eines
Jahres. Der Raum wird von den nationalen Grenzen des Senegals, Mauretaniens und Marokkos durchschnitten, wobei diese während der Kolonialzeit lediglich Grenzen zwischen Verwaltungsgebieten waren. Die Akteure
werden mit weiteren Grenzen konfrontiert, wie dem Senegalfluss, vor allem aber dem besetzten Gebiet der Westsahara, heute ein Militärgebiet,
das in der Kolonialzeit spanisch war. Dieser Raum ist der offiziellen Politik und den Gewohnheiten der Bevölkerungen unterworfen, wobei beide
von einem Gefühl der Zusammengehörigkeit, aber auch von Brüchen bestimmt werden. Form und Ausmaß der Mobilität hängen sowohl von der
offiziellen Gesetzgebung ab als auch von den Strategien der Akteure, mit
denen diese umgangen wird. In der Graphik werden die betreffenden Akteure durch unterschiedliche Linien markiert. Die durchgezogene Linie
zeigt die pilgernden Händler vor 1920. Sie bewegten sich mit Kamelen
über die Karawanenwege. Um von Saint-Louis nach Fès zu gelangen, benötigten sie ungefähr drei Monate, ca. drei Monate blieben sie vor Ort,
um die Pilgerorte zu besuchen, Waren zu verkaufen und neue einzukaufen. Schließlich dauerte auch die Rückreise ungefähr drei Monate.

Die schwarze gestrichelte Linie zeigt dieselbe Kategorie von Akteuren. Allerdings nahmen sie seit 1920 das Schiff von Saint-Louis nach Casablanca (später von Dakar nach Casablanca), nachdem dort der Hafen
den Betrieb aufgenommen hatte. Die Reise dauerte vierzehn Tage; diese
umfassten die Überfahrt, die Zeit vor Ort, die Fahrt mit dem Auto oder
Zug von Casablanca nach Fès, die Pilgerfahrt, den Kauf der Waren und
den Rückweg. Von der Ebene Casablanca-Fès weist ein Pfeil nach oben,
um den Reiseverlauf derjenigen zu markieren, die einen Zwischenstopp in
Fès einlegten, bevor sie nach Mekka weiterreisten, um Einkäufe zu machen, die sie entweder über den Seeweg nach Dakar schickten oder die
später als Fluggepäck mitgenommen wurden, um in Mekka weiterver-
kauft zu werden.

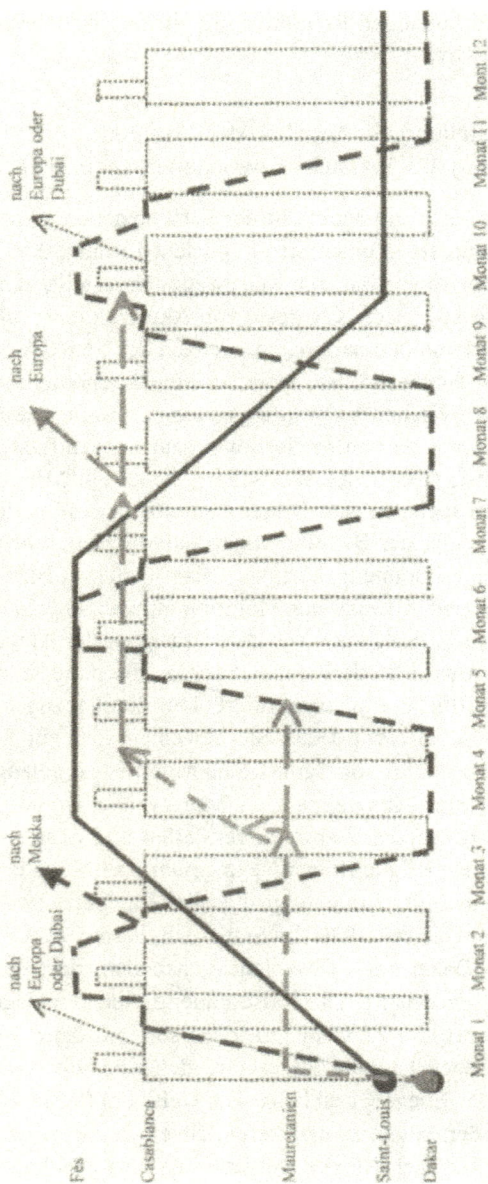

Beschleunigung des Austausches zwischen Dakar und Fès im 20. Jh.

Legende:
pilgernde Händler vor 1920
pilgernde Händler nach 1920
heutige Händler
Migranten

Eigene Darstellung.

Damit konnte der Aufenthalt in Mekka finanziert werden (Interview Nr. 3 vom 23.07.2002 und Nr. 6 vom 26.07.2002 in Dakar).

Die gepunktete Linie zeigt den Weg der heutigen Händler, die nach Casablanca fliegen. Sie kommen häufig sogar jeden Monat für ungefähr vierzehn Tage, um ihre Einkäufe zu machen. Diese werden in Containern transportiert oder als Fluggepäck. Ausgehend von Casablanca-Fès zeigt auch hier ein Pfeil nach oben, der die Reisenden repräsentiert, die das notwendige Geld akkumulieren können, um nach Dubai oder an andere Orte weiterzureisen.

Die graue gestrichelte Linie zeigt den Weg der Migranten, die ihre Reise häufig durch Kleinhandel finanzieren. Sie weist darauf hin, dass die Länge des Aufenthaltes an einem Ort von den Möglichkeiten der Migranten weiterzureisen abhängig ist (Interviews mit Händlern/Migranten in Nouakchott und Nouadhibou im August 2003 und in Casablanca im April 2003). Angesichts der Tatsache, dass die meisten illegale Händler sind, weist die gestrichelte Linie auch darauf hin, dass sowohl die Fortbewegungsmittel als auch die Reiserouten relativ unbekannt sind.

Schließlich zeigt diese Graphik verschiedene Zeitvariabeln: Die Dauer der Reise, des Transits sowie des Aufenthalts, der für die Unternehmungen an den verschiedenen Orten genutzt wird, und schließlich Veränderungen der Mobilität über die Jahre. Auffällig ist die räumliche Beschleunigung der Rhythmen und der Bewegungen über den betrachteten Zeitraum. Während ein Händler im 19. Jahrhundert für die Hin- und Rückreise fast ein Jahr brauchte, konnte ein Händler in der ersten Hälfte des 20. Jahrhunderts schon dreimal im Jahr nach Marokko reisen. Seitdem sie das Flugzeug nehmen, besuchen die Händler alle ein bis zwei Monate ihre Handelsorte. Die Translokalität zeigt sich hier nicht im Durchqueren des Raumes, sondern vor allem im Umfahren oder Überfliegen desselben. Schließlich könnte man einen Schritt weitergehen und zwei unterschiedliche Geschwindigkeiten darstellen, eine, die durch die Akteure bestimmt wird, und eine andere, diejenige der Waren, die nicht zwingend den Akteuren folgen, sondern je nach den sich bietenden Möglichkeiten auf dem Landweg, mit dem Schiff oder per Flugzeug transportiert werden.

Senegalesische Händler und Händlerinnen
im heutigen Casablanca

Profil der Händler und Händlerinnen gestern und heute

Während traditionellerweise die Anhänger der Tijaniyya die Mehrheit der Händler in Marokko bildeten, zeigen die Interviews, dass die Muriden sie heute in ihren dortigen Hochburgen, ebenso wie im Senegal (Marfaing & Sow 1999: 120), überholt haben, obwohl diese Feststellung von einigen angezweifelt wird: „Die Anhänger der Tijaniyya sind nicht weniger erfolgreich als die Muriden, sie sind nur diskreter!" (Interview Nr. 22 am 12.08.2003 in Dakar). Seit den 1980er Jahren, unmittelbar im Anschluss an die internationale Emigrationswelle der Muriden, werden die jeweiligen Bruderschaftszugehörigkeiten unscharf, auch in Casablanca. Für die Schüler der beiden Bruderschaften, die beide ursprünglich zur Qadiriyya gehörten, scheint dies kein Problem darzustellen, da sie alle den Handel und die Pilgerfahrt zwischen Dakar, Fès und Casablanca verbinden. Eine muridische Händlerin, die regelmäßig nach Fès kommt, drückt es folgendermaßen aus: „Shaykh al-Tijani war gut, und es steht geschrieben, dass man die heiligen Männer ehren soll" (Interview Nr.23 am 22.04.2003 in Casablanca).

Im Gegensatz zu früher, als der Handel überwiegend von Männern betrieben wurde, stellen heute Frauen die Mehrheit der Händler in Casablanca bzw. die Aufgaben sind nach Geschlecht getrennt: Frauen sind mobiler und reisen meist regelmäßiger zwischen Dakar und Casablanca als Männer, die eher in Casablanca residieren und als Vermittler zwischen Großhändlern und senegalesischen Händlerinnen tätig sind.

Frauen waren bei Pilgerfahrten und im Handel bereits seit den 1950er Jahren präsent. Im Allgemeinen gehörten sie zu einer bestimmten Altersklasse: es handelte sich um Erstfrauen, die von ihren mütterlichen Pflichten befreit waren; um *hadjas*, die um die Pilgerfahrt zu machen, bereits in der Menopause sein mussten; um Frauen, die aus sozialen Gründen und aufgrund der senegalesischen Traditionen es sich bis zu diesem Zeitpunkt nicht erlauben konnten, Handel mit internationaler Reichweite zu treiben. In diesem Sinn war „der Weg nach Marokko der Weg zur Befreiung der Frauen" (Sarr 1998: 55-56). Als in den 1970er Jahren Charterflüge eingerichtet wurden, schlossen sie sich organisierten Transporten an. Die Händlerinnen, die man in Casablanca trifft, haben oft einen Verwandten, der im Handel mit Marokko tätig war. Die Pilgerfahrt bot eine Gelegenheit, „einen Karton Mangos oder Ananas und eine Geldsumme in Höhe von 300.000 FCFA (ca. 1000 €) mitzunehmen, um die Ware einzukaufen" (Interview Nr. 23 vom 22.04.2003 in Casablanca), die man mit nach Dakar zurückbrachte.

Ungefähr seit 1995 ist der Handel wesentlich besser organisiert und weist eine professionelle Struktur auf. Durch die Abwertung des FCFA und aufgrund der verschärften Einreisebedingungen für potenzielle Migranten in Europa ist Marokko wieder zu einem attraktiven Ziel geworden. Für die Senegalesinnen, die Handel treiben wollen, ist es von Vorteil, dass Marokko ein muslimisches Land ist. Denn die Kultur und der Lebensstil sind ähnlich wie im Senegal, und darüber hinaus bestehen traditionelle Beziehungen zwischen Marokko und dem Senegal, so dass die Familien und Ehemänner die Frauen vertrauensvoll reisen lassen. Das Kommen und Gehen zwischen dem Senegal und Marokko steigert sogar das soziale Prestige der Frauen: die regelmäßigen Reisen nach Marokko, die sie alle zwei bis drei Monate machen, erhöhen ihren sozialen Status in ihren Wohnvierteln. Zweifellos sind diese Reisen angesehener als regelmäßige Reisen nach Mauretanien oder in afrikanische Länder der Unterregion.

Casablanca bietet die Möglichkeit das soziale Prestige durch den Kleinhandel zu erhöhen, der sozial anerkannt ist, weil er nicht in die Beziehungen, die durch die gesellschaftliche Struktur im Senegal vorgegeben sind, eingreift. Dies könnte eine Erklärung für die große Anzahl von Händlerinnen in Casablanca liefern. Jedoch kann Casablanca auch das Sprungbrett für die Erweiterung der Geschäfte nach Dubai,[26] Mekka und Südostasien sein. Im Vergleich zu den Verkaufspreisen im Senegal sind die Einkaufspreise der Waren in Marokko sehr niedrig.[27] Dadurch können beträchtliche Gewinne erzielt werden, denn die Flugpreise sind nicht hoch. Die Warenpakete können auch mit dem Flugzeug transportiert werden. Der Warenumfang kann minimal sein. Manchmal werden nur einige Pakete mehr oder weniger regelmäßig in den Senegal geschickt („von einem Paket mit fünf Paar Schuhen, die Pakete hängen von den Ersparnissen ab; ich schicke sie mit der Post", Interview Nr. 27 vom 24.04.2003 in Casablanca) bis zu zwei bis drei Containern pro Monat („anfangs [in den

---

26 Dubai ist zur Zeit weltweit einer der wichtigsten Knotenpunkte des informellen Handels. Siehe Marchal 1997.
27 Holzschuhe zu 90 marokkanischen Dirham (Dh) werden in Dakar für 20.000 FCFA verkauft; Schuhe zu 500 Dh bringen 50.000 FCFA, wenn die Kundin sie bar bezahlt, oder, mit einem Kredit bis Ende des Monats, für 60.000 oder 70.000 FCFA. Moderner Schmuck bringt allgemein das Doppelte des Einkaufspreises ein (Interview Nr. 26 in Casablanca vom 23.04.2003). 10 € entsprechen 6.551 FCFA oder ca. 110 Dh.

1970er Jahren] schickte ich alle paar Monate mit dem Schiff *Le Lyautey* ca. zehn Pakete à 100 kg zurück: Kaftane, Jelabas, Kinderkleidung", Interview Nr. 4 vom 23.07.2002 in Dakar).

Die senegalesischen Händlerinnen in Casablanca, die die Geschäfte in Dubai als den Gipfel des Erfolgs betrachten, kalkulieren folgendermaßen: „Wenn du für das Ticket eine Million [FCFA] bezahlst, brauchst du (weitere) 20 Millionen bar für die Geschäfte. Das können sich nur die großen Händlerinnen leisten" (Interview Nr. 23 in Casablanca vom 23.04.2003). Oder, wie eine senegalesische Händlerin sagt, die solche Geschäfte macht, braucht man mindestens drei oder vier Millionen FCFA, wenn man versuchen will, die Geschäfte auszuweiten; durchschnittlich haben die Händlerinnen einen Geldumlauf von sechs bis sieben Millionen, der aber auch leicht 100 Millionen FCFA erreichen kann: „Selbst 100 Millionen sind nichts für die Ware! Sie [die Händlerinnen] haben alles als Bargeld dabei ..." (Interview Nr. 34 am 13.08.2003 in Dakar). Die jungen senegalesischen Händlerinnen in Casablanca schätzen, dass sie nach vier oder fünf Jahren den Sprung nach Dubai schaffen können, um dort Geschäfte zu machen.

Das Durchschnittsalter der Senegalesen in Marokko hat abgenommen. Das Phänomen der Migration steht dazu nicht im Widerspruch. Viele Senegalesen und auch viele Menschen aus dem subsaharischen Afrika, die sich in Marokko aufhalten beabsichtigen zu emigrieren. Marokko ist für sie ein Zwischenstopp, bis sich eine Möglichkeit ergibt, in ein europäisches Land, die USA, Kanada oder in die Arabischen Emirate weiterzureisen (Lahlou 2003). Dies trifft insbesondere auf die Menschen zu, die vom Handel leben. Sie handeln nicht nur, um ihre Reisen zu finanzieren, sondern auch um in Marokko zu überleben. Hauptsächlich Frauen praktizieren das Kommen und Gehen zwischen Dakar und Casablanca als Lieferantinnen von senegalesischen Waren (insbesondere von Früchten und Kunsthandwerk, Kunstzöpfen (mèches), *jembés*, senegalesischen *lagos* (bedruckten Stoffen)). Diese überlassen sie oft auf Kredit jungen potenziellen Emigranten, die auf die Weiterreise nach Europa warten und solange die Waren in den marokkanischen Städten vertreiben. Die Verjüngung der senegalesischen Bevölkerung in Marokko lässt sich außerdem dadurch erklären, dass Marokko seit der 50%-igen Abwertung des FCFA 1994 insbesondere für senegalesische Studenten attraktiv geworden ist. Bilaterale Verträge ermöglichen Stipendien[28] für Studenten der Wirt-

---

28 Diese Stipendien betragen 750 Dh pro Monat (ca. 75 €). 10% davon werden für das Zimmer auf dem Campus ausgegeben.

schaftswissenschaften,[29] Informatik und Pharmazie. Viele von ihnen nutzen den Studentenstatus, um Studium und Handel zu verbinden, manche treiben sogar ausschließlich Handel. Sie bringen Kunsthandwerk aus dem Senegal mit, welches sie als mobile Händler und in unterirdischen Fußgängerpassagen der großen Straßenachsen Casablancas absetzen, obwohl sie von der marokkanischen Polizei verfolgt und regelmäßig vertrieben werden (*Libération* vom 09.06.1999).

Das Entstehen von translokalen sozialen Räumen

Die Senegalesen in Marokko sind Vermittler zwischen Marokko und dem Senegal sowie zwischen Marokkanern und Senegalesen. Sie haben zweifellos eine wichtige Rolle auf der Ebene der Geschäfte und der sozialen Beziehungen, die in der Form von Netzwerken organisiert sind. Diese Netzwerke werden über translokale soziale Beziehungen gebildet, die ihrerseits in die sozialen Räume eingebettet sind, die dann geschaffen werden. Wenn eine Händlerin ihre Bezugsgruppe verlässt, um zu expandieren oder ihre Geschäfte an einen anderen Ort zu verlagern, wird sie von einer Partnerin ersetzt, einer „Schwester", die sie vorher in die Geschäfte eingeweiht hat und die sie somit „ausgebildet" hat.

Restaurants, Hotels, Cafés und Wohnungen werden ihrer ursprünglichen Funktion enthoben und in soziale Räume umgewandelt, in Orte der Soziabilität.[30] Solch eine Funktion haben die Restaurants, die in Privatwohnungen eingerichtet worden sind, und die nur die Eingeweihten kennen. Dort wird eine senegalesische Küche für Senegalesen auf der Durchreise angeboten, die „die marokkanische Küche nicht vertragen". Die Gäste kündigen sich am Vortag oder zwei Tage vor ihre Abreise aus Dakar an. Die Betreiberin solch eines Restaurants bereitet täglich bis zu fünfzig Mahlzeiten zu, pro Mahlzeit verdient sie 25 Dirham (Interview Nr. 23 am 24. April 2003 in Casablanca).

---

29 In einem früheren Forschungsprojekt hatten wir festgestellt, dass die großen senegalesischen Wirtschaftsoperateure in den 1980er Jahren marokkanische Handelsschulen bevorzugten, im Gegensatz zur vorherigen Generation, die ihre Kinder eher in den USA schickte. Sie befürchteten, dass die amerikanische Gesellschaft ihre Kinder von den Werten der senegalesischen entferne. Nach ihrer Rückkehr als ausgebildete Wirtschaftler waren sie unfähig sich die sozio-ökonomischen Handels- und Wirtschaftsgewohnheiten ihres Heimatlandes wieder anzueignen. Dadurch dass die religiösen wie auch gesellschaftlichen Werte in Marokko denen im Senegal ähneln, hofften sie, dass ein Wirtschaftsstudium in Marokko eher islamische Werte integriere; zugleich war das Studium dort billiger als in den USA oder in Kanada (Marfaing & Sow 1999: 206).

30 „Soziabilität" wird hier verstanden als ein Bewusstsein von Zusammengehörigkeit, welches zu bestimmten Formen sozialer Interaktionen befähigt.

Die Hotels, in denen die Händlerinnen absteigen, sind wahre Geschäftszentren. Die Hotelführer sind Mittelsmänner, die versuchen Kontakte zwischen marokkanischen Firmen und Unternehmern und subsaharischen Händlern herzustellen.[31] Die Händlerinnen wählen Hotels, in denen sie ein Zimmer zu viert für einen Preis von 30 Dirham (2.000 FCFA) pro Nacht und Person teilen können oder zu zweit für 86 Dirham (5.500 FCFA) pro Nacht. Sie tauschen Informationen über die Hotels, die in Frage kommen, aus und wohnen dann in den selben Hotels. Diese befinden sich großenteils in der Altstadt von Casablanca oder in ihrer unmittelbarer Umgebung. Mittlerweile gehören diese Händlerinnen zu den wohlhabenden unter den Senegalesen in Casablanca.

Wenn sie in einer fremden Stadt ankommen, suchen die durchreisenden Senegalesen ansonsten zuerst die lokalen *dahiras* [32] auf. In Marokko hat sich dies geändert, weil es zu viele Probleme mit Migranten gibt. Mit Freunden von Freunden steht man schon ab Dakar in Kontakt. Diese ruft man an, um sich anzukündigen. Die Kontakte werden aufgrund der Häufigkeit der Reisen enger, so dass die Händlerinnen schließlich bei ihren eigenen „Freunden" wohnen. Solch ein Lebensstil führt oft zu einer Art Doppelleben: einem Leben im Senegal und einem Leben in Casablanca,[33] das im Senegal ignoriert wird (Interview Nr. 22 vom 12.04.2003 in Casablanca). Da diese jungen Frauen in Marokko sind und sich dadurch die Gelegenheit ergibt, die Pilgerfahrt nach Fès zu machen, fragt niemand nach: „Meine Eltern sind stolz, wenn ihre Tochter auf Reisen geht – je weiter sie nach Norden kommt, desto stolzer sind sie!" (Interview Nr. 27 vom 23.04.2003 in Casablanca).

Diese Art der Organisation fördert das Entstehen eines sozialen Raumes, in dem sich Senegalesen nach ihren eigenen Regeln zusammenschließen und in dem der Habitus und die Hierarchien der senegalesischen Gesellschaft reproduziert werden. Abgesehen von den Formen der Sozialität und dem Informationsfluss ermöglichen diese Zusammen-

---

31 Vgl. dazu auch die marokkanische Zeitung *Libération* vom 15.06.1999.
32 Die *dahiras* sind urbane Organisationszentren und dienen als Treffpunkte für muslimischen Senegalesen. Hier wird gebetet, der Koran gelesen und für den Scheikh und für Spenden Geld gesammelt. Es wird dabei nach dem Solidaritätsprinzip gelebt. Sie reproduzieren in den Städten die ursprünglich nur auf dem Land existierenden Arbeitsstrukturen der muslimischen Senegalesen. Die *dahira* bietet jedem Neuankömmling einen ersten Anlaufpunkt.
33 Dieses Verhalten könnte nun als alte senegalesische Tradition interpretiert werden: Senegalesische Händler pflegten eine Frau der Städte oder der Gesellschaften, in welchen sie Geschäfte machten, zu heiraten, damit sie sich dort besser integrieren konnten bzw. in den Händlernetze aufgenommen wurden (Marfaing & Sow 1999: 116).

schlüsse sich von der marokkanischen Bevölkerung abzugrenzen. Die Beziehungen zu den Marokkanern haben trotz ihre langen Dauer und brüderlichen Bindungen rassistische Untertöne, die mit den Erinnerungen an die Sklaverei zusammenhängen.[34] Die Senegalesen beklagen sich häufig über ihre Beziehungen zu den Marokkanern. Eine junge Händlerin drückt es folgendermaßen aus: „Die Leute gucken uns komisch an, wenn wir zusammen spazieren gehen, sie betrachten uns nicht als Menschen, sie respektieren uns nicht: die Beziehungen sind schwierig" (Interview Nr. 27 vom 23.04.2002 in Casablanca).

Die Organisation der Geschäfte

Die Senegalesen, die Geschäfte in Casablanca machen, sind gut organisiert. Unter den in Casablanca lebenden Senegalesen, die senegalesischen Händlern marokkanische Großhändler vermitteln oder als Stützpunkt dienen, existiert ein Netzwerk. Bezahlt werden die Vermittler für ihre Informationen. Diese Geschäfte sind informell. Rechnungen werden nicht ausgestellt. Es wird bar bezahlt, oder Kreditbriefe und Lieferscheine werden als einziger Beleg für die Transaktionen ausgestellt. Die Händler wickeln alle Geschäfte je „nach Gelegenheiten und Saison" ab (Interview Nr. 24 am 22.04.2003 in Casablanca). Eine Zeitung, die versuchte, den Umfang der Transaktionen zu erfassen, gab Ende der 1990er Jahre eine Summe zwischen 15.000 und 100.000 Dirham pro Transaktion für die Höchstzeiten an (*L'Economiste* vom 02.07.1998). Regierungsvertreter brandmarken aufgrund des Steuerverlustes für den Staat regelmäßig diese informellen Geschäfte. In dieser Hinsicht gibt es keinen Unterschied zwischen Marokko (siehe *Le Matin* vom 06.10.2003) und dem Senegal (siehe insbesondere *Le Quotidien* vom 23.09.2003).

Die Händlerinnen reisen selten alleine. Sie schließen sich zusammen, um Bestellungen aufzunehmen und um eventuell einen Container für den Rücktransport der Waren zu mieten. Es kommt auch vor, dass eine Händlerin eine Gruppe von etwa zehn „Kolleginnen" vertritt, um größere Mengen einzukaufen und so bessere Preise auszuhandeln. Eine Händlerin, die regelmäßig zwischen Dakar und Casablanca pendelt, das heißt alle vierzehn Tage für einige Tage in Casablanca weilt oder dort einen Zwischen-

---

34 Die Zeitschrift *La Gazette du Maroc* vom 11.02.2003 hat eine Spezialausgabe dem Verhältnis zwischen Subsahara-Afrikanern und Marokkanern gewidmet. Die Beziehungen zwischen Senegalesen und Marokkanern bzw. die Soziabilität vor dem Hintergrund von Sklaverei und der Erinnerung und der Ressentiments aus der Zeit der kolonialen Eroberung sind ein zentrales Thema eines zur Zeit am ZMO von mir durchgeführten Projekts.

stopp auf dem Weg an weiter entfernte Orte einlegt, teilt ihre Bestellung per Fax ab Dakar oder per Telefon ihren *coxeurs* [35] mit. Diese haben die Aufgabe, die gewünschte Ware für sie aufzutreiben. Der *coxeur* verlangt 10% des Preises der bestellten Ware (Interview Nr. 28 vom 14.04.2003 in Casablanca). Manchmal lassen sich die kleineren *coxeurs* mit „Geschenken" bezahlen (Interview Nr. 26 vom 23.04.2003 in Casablanca). Wenn sie längere Zeit als *coxeurs* aktiv gewesen sind, möchten sich einige als Händler selbständig machen. Doch die meisten warten auf die Gelegenheit, ihrer Reise als Migranten fortzusetzen.

Es ist auch möglich, dass die Händlerin direkt ihre Großhändler anruft, um die Waren und Preise auszuhandeln und ihre Bestellung aufzugeben. Wenn sie in Casablanca ankommt, sind ihre Pakete bereits fertig. Die restlichen Tage ihres Aufenthalts in Marokko verbringt sie damit, zukünftige Geschäfte anzubahnen und ihre Beziehungen zu pflegen. Viele nutzen die Zeit auch, um Fès zu besuchen. Dreizehn von 37 interviewten Senegalesen (fünf Frauen und acht Männer), die Handel zwischen Dakar und Casablanca treiben, gaben an, dass sie das Grab von Shaykh Ahmad al-Tijani mitunter bei der Reise besuchen (drei von ihnen waren Muriden, acht Anhänger der Tijaniyya und einer war Anhänger der Qadiriyya). Eine muslimische Händlerin erklärte, dass sie Geschäfte nicht mit der Religion vermische, eine andere aber sagte: „Ich liebe Marokko, es ist schön, insbesondere die Strecke Casa-Fès. Ich organisiere sogar die Fahrt mit den anderen Frauen" (Interview Nr. 34 am 14.08.2003 in Dakar).

Die Frauen, die es sich leisten können, lassen die eingekauften Waren mit Containern nach Dakar transportieren. Manchmal mieten auch mehrere Frauen gemeinsam einen Container, um ihre Ware einzuschiffen. In diesem Fall rechnet man zehn Personen pro Container bei zwölf Containern pro Jahr (Interview Nr. 28 vom 14.04.2003 in Casablanca). Einige Händlerinnen nehmen ihre Ware als „Fluggepäck" im Flugzeug mit, oder sie übergeben einen Teil an Flugpassagiere mit wenig Gepäck. Die Händlerin lässt ihre Waren von einem Mittelsmann, meistens einem Senegalesen, zum Flughafen bringen und als Gepäck aufgeben. Dabei übersteigt das Gewicht der Ware meistens das von der betreffenden Fluggesellschaft gestattete Gewicht. Der Mittelsmann handelt mit den Zöllnern den Preis für den Transport des Gepäcks nach Dakar aus, das er im Namen der Händlerin aufgibt. Dieser wird im Allgemeinen in Raten bezahlt.

---

35 *Coxeurs* sind „Treiber", die mit der Zeit einen privilegierten und professionellen Status als „Zwischenhändler" bzw. „Vermittler" zwischen bestimmten Großhändlern und den anderen Händlern bekommen.

Auch in Dakar finden Verhandlungen mit den Zöllnern am Flughafen statt. Es ist verblüffend, mit welcher Bestimmtheit die Frauen das Verhalten der Zöllner kritisieren, die sie dafür verantwortlich machen, die Preise der Waren in die Höhe zu treiben. Dies ist umso erstaunlicher, weil ihre Geschäfte völlig informell sind und sie weder Steuern noch Zoll entrichten oder meist sogar nichts für den Transport bezahlen. Eine Händlerin erklärte wie das Selbstverständlichste der Welt, dass ihre Familie, die am Flughafen von Dakar arbeitet, „die Pakete abholt". Eine andere prangerte die Zöllner an, „die dich nerven. Sie sind gemein zu den Händlern". Letztere hält die Zollbestimmungen für übertrieben, sagte aber, man könne verhandeln, um den Zoll um die Hälfte zu senken, „aber das ist immer noch viel: für Waren im Wert von einer Million [FCFA] bezahle ich 80.000 [FCFA] Zoll" (Interview Nr. 26 vom 23.04.2003 in Casablanca), also kaum 10%.

Seit geraumer Zeit gibt es auch informelle senegalesische Händler, die durch den Verkauf über das Internet Teil eines internationalen Netzwerks sind. Ein senegalesischer Händler erklärte, dass er auf der Durchreise in Casablanca einen Zwischenstopp eingelegt habe, da er hier eine Absatzmöglichkeit für einen Container Mangos aufgetan habe. Er nutzte die Gelegenheit, um einen Auftrag aus Libyen anzunehmen: eine Lieferung von zwei Containern Thunfisch, der ursprünglich aus dem Senegal kommt, aber in Konservendosen geliefert wird, die in Marokko etikettiert werden. Er war kurz davor, das Geschäft abzuschließen (Interview Nr. 24 vom 22.04.2003 in Casablanca).

Verliert Casablanca an Attraktivität für die Senegalesen?

Seit einigen Jahren werden die Geschäfte mit Marokko zunehmend schwieriger. Die Großhändler stellen immer höhere Forderungen: „Sie wollen bar bezahlt werden und bieten keine guten Preise, außerdem bleibt das Sklavenbild" (Interview Nr. 13 am 07.08.2002 in Dakar). Am Flughafen *Mohammed V* von Casablanca war es besonders leicht, Gepäck mit Übergewicht aufzugeben. Seit dem 11. September 2002 hat sich dies geändert. Die Fluggesellschaften überwachen wesentlich strenger die Warenmengen, die sie als Gepäck akzeptieren. Außerdem sind die Kosten für Übergepäck beträchtlich gestiegen.

Die europäischen Staaten üben Druck auf Marokko aus, damit es die Migration aus den afrikanischen Staaten eindämmt. Diesen bekommt die Reisenden, die von dort kommen, zu spüren. Senegalesen sind von der Visumpflicht für Marokko für eine Dauer von drei Monaten befreit, dennoch sind sie dem allgemein verbreiteten Misstrauen ausgesetzt. Als Schwarzen wird ihnen eine andere Herkunft unterstellt: „Die Marokkaner sind Weiße: sie kontrollieren die Schwarzen. Man muss 1000 Euro bar dabei haben; wenn du dagegen verstößt, wirst du abgewiesen und dein Ticket verfällt" (Interview Nr. 28 vom 14.04.2003 in Casablanca). Die Händler, die Opfer der Willkür geworden sind, erklären dies folgendermaßen: „Senegalesen haben in Marokko keine effektive Vertretung. Wenn du etwas erreichst, dann nur durch Empfehlung oder Beziehungen; Botschafter und Co. haben Angst, sich mit den 'Problemen der Senegalesen' auseinanderzusetzen, weil sie Migrationsprobleme befürchten" (Interview Nr. 24 am 22.04.2003 Casablanca). Viele Wirtschaftsoperateure[36] und viele große Händler prangen die bilateralen Verträge zwischen dem Senegal und Marokko an, die nur für Marokko vorteilhaft seien und die an eine „Politik um der Politik willen „ erinnerten, wo Vereinbarungen nur auf dem Papier existierten (Gespräch Nr. 37 vom 27.08.2002 in Dakar).

Seit den 1980er Jahren, in denen es eine Migrationswelle von Senegalesen nach Europa gab, sind die marokkanischen Waren nicht mehr konkurrenzfähig. Die Wirtschaftsoperateure, die Geschäftspartner oder Familienmitglieder in Europa haben, nutzen diese Verbindungen, um die Waren direkt nach Dakar schicken zu lassen. Asiatische Waren werden auch über europäische Häfen verschifft, zu denen die senegalesischen Importeure über ihre Beziehungen Zugang haben. Marokko bleibt ein Anlaufziel für Kleinhandel. Die Händler und Händlerinnen, die die Möglichkeit haben Geschäfte in Europa, Dubai oder Südostasien zu machen, bleiben nicht in Casablanca, sondern tendieren dazu, die Stadt als Zwischenstopp, Transitraum oder als Sprungbrett nach Italien oder sogar nach Dubai zu nutzen. Einige nutzen weiterhin Casablanca als Zwischenstopp für Geschäfte, die von Italien ausgehen. Laut der Aussage einer Händlerin sind die marokkanischen Zöllner strenger gegenüber den Frauen und ihrem Gepäck mit Übergewicht, seitdem sie begriffen haben, dass sie Marokko als Transitstrecke benutzen (Interview Nr. 21 vom 27.08.2002 in Dakar).

Die Pilgerfahrt verliert ebenfalls an Attraktivität. Während es vorher eine enge Verbindung zwischen Geschäften, Religion und Kultur gab, ist

---

36 „Wirtschaftsoperateur" ist die wörtliche Übersetzung des französischen Wortes „opérateur économique", d.h. „actionnaire principal qui possède la direction des opérations industrielles, commerciales... ex.: les opérateurs privés" (Petit Robert [grand format Ed.] 1993: 1535), d.h. inhaltlich: „derjenige, der in Geschäften aktiv ist" . Die senegalesischen Unternehmer bezeichnen sich selbst als „opérateur économique" und nicht etwa als Unternehmer.

dies heute vorbei, wie einige meinen: „Geschäfte macht man nicht aus Liebe; wenn die Angebote in Asien oder Europa besser sind, kauft man dort und geht nicht nach Marokko" (Gespräch Nr. 7 in Dakar vom 13.08.2002).

Frachtgut von Marokko nach Dakar liefern zu lassen, ist nicht leicht: Es gibt keine regelmäßigen Schiffsverbindungen mehr. Nur die großen Frachter legen dort zum Be- und Entladen an. Die Wirtschaftsoperateure meinen sogar, dass „die Beziehungen abgebrochen worden sind und dass die geplante Straße nur langsam als 'Beziehungen von unten' begriffen werden kann" (Gespräch Nr. 7 vom 13.08.2002 in Dakar). Diese Straße zwischen Dakar und Tanger wurde an der Grenze zwischen Mauretanien und Marokko im Februar 2002 eröffnet, ein großes Teilstück der Straße in Mauretanien ist aber noch im Bau. Die Senegalesischen Händler, die sie benutzen, haben nicht die finanziellen Mittel, um sich ein Flugticket zu kaufen (Marfaing & Wippel 2004, im Druck). Man kann spekulieren, dass die senegalesischen Händler sich angesichts der Beförderungsschwierig-keiten früher oder später mit der Straße abfinden werden, um ihre Waren mit Lastwagencontainern zu befördern, während sie selbst weiterhin mit dem Flugzeug fliegen.

Schlussfolgerung

Heute folgen nicht mehr die Menschen ihren Waren wie zur Zeit der Ka-rawanen, sondern die Waren haben sich „selbständig", das heißt es wer-den die Fracht- und Lagermöglichkeiten der großen internationalen Spe-ditionen genutzt (Gespräch Nr. 11 am 06.08.2002 in Dakar; Interview Nr. 13 vom 08.08.2002 in Dakar). Somit sind nicht mehr die Menschen in der Kette der Zwischenstationen, sondern die Waren selbst: die Menschen nehmen das Flugzeug, erledigen die Bestellungen und kehren zurück. Es ist gut möglich, dass ein Container mit in Casablanca bestellten Waren nach Antwerpen, Amsterdam oder sonst wohin verfrachtet wird, bevor er in Dakar ankommt, wo die Händler und Händlerinnen ihn entgegenneh-men.

Die senegalesischen Händler jonglieren zwischen formellem und in-formellem Handeln je nach den Gelegenheiten, die sich ihnen bieten. Sie nutzen die Vorteile der Globalisierung in Form moderner Transport- und Kommunikationsmöglichkeiten und passen ihre Strategien, ihre Waren und ihr Wissen den Erfordernissen der Globalisierung an, sobald die alten

Handlungsweisen an ihre Grenzen stoßen oder mit neuen Mechanismen konfrontiert sind.

Das hier vorgestellte Untersuchungsfeld erlaubt ein Verständnis der Globalisierung nicht als *Diskurs*, sondern als *Prozess* (Cooper 2001: 103). Ebenso lässt sich eine Aneignung der Mechanismen, die sie hervorbringt, feststellen, die eine Umgestaltung der lokalen Verhältnisse erlaubt ebenso wie der Identitäten und der Beziehungen zum Herkunftsland. Diese Beziehungen können eine Synthese herstellen zwischen alten Strukturen – wie denjenigen der Pilgerfahrt, der sozialen Kontrolle oder der wirtschaftlichen Gewohnheiten –, die sowohl das individuelle Verhalten wie auch die Beziehungen zwischen den Akteuren leiten, und den neuen Funktionsweisen, die sich aus den Prozessen der Globalisierung ergeben. In dieser Dynamik liegt die andauernde Neuerschaffung der sozio-ökonomischen Beziehungen im Raum und unter den Akteuren begründet

Literatur

Abitbol, Michel (1986): Jihad et nécessité: le Maroc et la conquête française du Soudan occidental et de la Mauritanie, in: *Studia Islamica*, LXIII, S. 159-177.

Abou El Farah, Yahia/Abdelouahed Akmir/Abdelmalek Beni Azza (1997): La présence marocaine en Afrique de l'Ouest, Cas du Sénégal, du Mali et de la Côte d'Ivoire, Rabat.

Aouad, Rita (1995): Relations Maroc-Afrique Noire d'une Guerre à l'Autre (1914-1939), in: *Revue Maroc-Europe, Histoire, Economies, Sociétés*, 8, S. 219-245.

Aouad-Badoual, Rita (1994): Les Incidences de la Colonisation Française sur les Relations entre le Maroc et l'Afrique Noire (c. 1875-1935), Diss., Université de Provence (Aix-Marseille I), Aix-en-Provence.

Barry, Boubacar (1988): La Sénégambie du 15ᵉ au 19ᵉ siècle, Traite négrière, islam, conquête coloniale, Paris.

Bourgeot, André (2000): Sahara, espace géostratégique et enjeux politiques (Niger), in: *Autrepart, Cahiers des Sciences humaines*: Afrique Noire et monde arabe: continuités et ruptures, nouvelle Série, 16, S. 21-48.

Cooper, Frederick (2001): Le concept de mondialisation sert-il à quelque chose? Un point de vue d'historien, in: *Critique Internationale*, 10, janvier, S. 101-125.

Delafosse, Maurice (1924): Les relations du Maroc avec le Soudan à travers les âges, in: *Hesperis*, IV, 2, S. 153-174.

Devisse, Jean (1988): Transsahariennes, in: *Notre Librairie, Dialogue Maghreb-Afrique Noire*, 2: L'indépendance et après, 95, octobre-décembre, S. 4-13.

Fall, Papa Demba (2004): Les Sénégalais au Maroc, Histoire et anthropologie d'un groupe migratoire, in: Marfaing, Laurence & Steffen Wippel (Hrsg.): Les relations transsahariennes à l'époque contemporaine, Un espace en constante mutation, Paris, S. 277-292.

Kane, Abdoulaye Elimane (1992): Influences culturelles dans les rapports Maroc-Sénégal, Université Mohammed V, Publications de l'Institut des Etudes Africaines, Rabat.

Kane, Oumar (1996): Les relations entre la communauté tidjane du Sénégal et la Zawiya de Fes, in: Fès et l'Afrique, Relations économiques, culturelles et spirituelles, Actes du colloque international organisé par l'Institut d'Etudes Africaines et la Faculté des Lettres et Sciences Humaines. Sais – Fès, Fès 20-30 octobre 1996, Publications de l'Institut des Etudes Africaines, Rabat, S. 13-28.

Konate, Doulaye (1993): Les relations culturelles entre Fès et le Mali du XIVe au XVIe siècle, in: Fès et l'Afrique, Relations économiques, culturelles et spirituelles; Actes du colloques international organisé par l'Institut d'Etudes Africaines et la Faculté des Lettres et Sciences Humaines. Sais – Fès, Fès 20-30 octobre, Publications de l'Institut des Etudes Africaines, Rabat, S. 45-53.

Lahlou, Mehdi (2003): Le Maghreb, l'Europe et les migrations des Africains du Sud du Sahara: situation et possibilités d'action, Programme des Migrations internationales, BIT, Genève.

Loimeier, Roman (2000): Säkularer Staat und islamische Gesellschaft. Die Beziehungen zwischen Staat, Sufi-Bruderschaften und islamische Reformbewegung in Senegal im 20. Jahrhundert, Münster-Hamburg-London.

Loti, Pierre (1991): Au Maroc, in: Voyages (1872-1912), Paris, S. 161-310.

Lugan, Bernard (2000): Histoire du Maroc des origines à nos jours, Paris.

Marchal Roland (1997): Doubaï: une cité entrepôt dans le golfe, *Les études du CERI*, 28, juin.

Marfaing, Laurence & Mariam Sow (1999): Les opérateurs économiques au Sénégal, Entre le formel et l'informel (1930-1996), Paris.

Marfaing, Laurence (2004): Relations et échanges des commerçants sénégalais vers la Mauritanie et le Maroc au 20ᵉ siècle, in: Marfaing, Laurence & Steffen Wippel (Hrsg.): Les relations transsahariennes à l'époque contemporaine, Un espace en constante mutation, Paris, S. 251-276.

Marfaing, Laurence & Steffen Wippel (Hrsg.) (2004): Les relations transsahariennes à l'époque contemporaine, Un espace en constante mutation, Paris.

Marfaing Laurence & Steffen Wippel (2004, im Druck): Die Öffnung des Landwegs Dakar – Tanger und die Wiederbelebung transsaharischer Beziehungen.

M'Bow, Penda (1996): Ahmad Baba de Tombouctou: précurseur des relations culturelles entre Fez et le Sudan Occidental? In: Fès et l'Afrique, Relations économiques, culturelles et spirituelles; Actes du colloque international organisé par l'Institut d'Etudes Africaines et la Faculté des Lettres et Sciences Humaines. Sais – Fès, Fès 20-30 octobre, Publications de l'Institut des Etudes Africaines, Rabat, S. 107- 114.

Meyer, Frank (1997): Die Fasi, Ein Beitrag zu Eliten, Modernisierung und sozialem Wandel in der marokkanischen Gesellschaft, in: *Orient, Deutsche Zeitschrift für Politik und Wirtschaft des Orient*, 38, 4, S. 693-717.

Ould Cheikh, Abdel Wedoud (1999): La caravane et la caravelle. Les deux âges du commerce de l'Ouest saharien, in: *Cahiers d'études pluridisciplinaires*: L'Ouest Saharien. Histoire des sociétés maures, 2, S. 22-69.

Quesnot, François (1962): Les cadres maraboutiques de l'islam sénégalais, in: Chailley, M. & A. Bourlon et al.: Notes et études sur l'islam en Afrique Noire, T. 1. Recherches et documents (série Afrique Noire), Université de Paris, Centre des Etudes Administratives sur l'Afrique et l'Asie Modernes, Paris, S. 131-169.

Rivet, Daniel (1999): Le Maroc de Lyautey à Mohammed V. le double visage du protectorat, Paris.

Samb, Amadou Makhtar (1994): Introduction à la tariqah tidjaniyya ou voie spirituelle de Cheikh Ahmad Tidjani, Dakar.

Sarr, Fatou (1998): L'émergence de l'entreprenariat féminin et les enjeux socio-économiques, in: In Harding, Leonhard, Laurence Marfaing & Mariam Sow (Hrsg.): Les opérateurs économiques et l'Etat au Sénégal, Münster-Hamburg-London, S. 51-71.

Schmitz, Jean (2000): L'islam en Afrique de l'Ouest: les méridiens et les parallèles, in: *Autrepart, Cahiers des Sciences humaines*: Afrique Noire et monde arabe: continuités et ruptures, nouvelle Série, 16, S. 117-137.

Seesemann, Rüdiger (2004): The shurafâ' and the blacksmith – The role of the idaw 'Ali of Mauritania in the career of the Senegalese Tidjanî Shaykh Ibrahim Niasse (1900-1975), in: Reese, Scott S. (Hrsg.): The Transmission of Learning in Islamic Africa, Leiden.

Thiam, Iba Der (2003): El-Hadj Omar Foutiyou Tall et la colonisation ou le martyr d'un résistant africain, in: *al-Maghrib al-Ifrîqî, Revue spécialisée dans le patrimoine et les études africaines*, 4, S. 7-30.

Triaud, Jean-Louis & David Robinson (Hrsg.) (2000): La Tijâniya, Une confrérie musulmane à la conquête de l'Afrique, Paris.

Wippel, Steffen (in Vorb.): „Bruder" und „Brücke": Die Entwicklung des marokkanisch-mauretanischen Verhältnisses, seine Wahrnehmungen und regionalen Bezüge (Arbeitstitel).

Wright, John (2002): Marocco: the Last Great Slave Market? In: *The Journal of North African Studies*, 7, 4, Winter, S. 55-66.

Itega und *Sandug*:
Spar- und Kreditgruppen als Teil der Frauenökonomie in Kenia und Sudan

Ulrike Schultz

Einleitung

Ausgangspunkt dieses Artikel ist eine Forschungsarbeit, die ich Ende der 1980er Jahre in Kiambu in Kenia durchführte. Dabei standen Spar- und Kreditgruppen von Kikuyufrauen und ihre Bedeutung im Modernisierungsprozess im Mittelpunkt meines Interesses. In der Studie kam ich zu dem Schluss, dass das Zusammenwirken von ökonomischen und sozialen Bedeutungsebenen unabdinglich für das Funktionieren der Sparclubs ist. Nur indem die Frauen in ihren Gruppen soziale Beziehungen pflegen, können sie das Vertrauen schaffen, das notwendig ist, damit Frauen ihr Geld der Gruppe anvertrauen. Professionalisierung und Ökonomisierung der Gruppen, die Geertz als Zeichen der Modernisierung und Rationalisierung betrachtet, deuten in diesem Zusammenhang eher auf den Verfall der Gruppen als auf ihre Stärke hin.[1]

Zehn Jahre später bekam ich die Gelegenheit, einer ähnlichen Fragestellung in Omdurman und Khartum im Sudan nachzugehen, und musste feststellen, dass Rotating Saving and Credit Associations (ROSCAs) als eigenständige, rein ökonomische Institutionen sehr wohl funktionieren und ihre Bedeutung für die einzelnen Mitglieder gerade darin besteht, dass soziale Beziehungen und die Moralökonomie in der Abwicklung der Geschäfte nur eine untergeordnete Rolle spielen.

Dieser scheinbare Widerspruch und die unterschiedliche Funktionsweisen von ROSCAs in Kenia und im Sudan möchte ich in diesem Artikel diskutieren und zum Teil auflösen, indem ich die unterschiedlichen Wirkungsweisen gegenüberstelle. Zudem werde ich aufzeigen, wie Frauen in Kenia und im Sudan ROSCAs je nach der lokalen Geschlechterordnung auf ganz unterschiedliche Weise nutzen, um sich Handlungsspielräume erschließen. Während in Kenia Frauen versuchen, die Ressourcen der *female economy* vor dem Zugriff der Männer zu schützen, eignen sich Frauen im Sudan durch ihre Beteiligung an ROSCAs das Geld ihre Män-

---

1 Vgl. Schultz 1990, S. 33.

ner an und führen dadurch Geld einer *female economy* zu, in der sie sich Prestige und Anerkennung sichern.

Beginnen möchte ich mit der Darstellung einer innerhalb von Ethnologie und Entwicklungssoziologie geführten Diskussion um die Bedeutung von ROSCAs in einem Prozess, in dem lokale Ökonomien zunehmend in globale, nationale und regionale Wirtschaftssysteme eingebunden werden.

Die Debatte um Spar- und Kreditgruppen

In den 1960er Jahren wurden ROSCAs von Sozialanthropologen „entdeckt" und spätestens seit den 1980er Jahren auch innerhalb der Entwicklungsökonomie thematisiert und analysiert. In den unterschiedlichen Definitionsversuchen wird meist auf Regelmäßigkeit und Rotation verwiesen und damit diese als entscheidende Abgrenzungsmerkmale zu anderen finanziellen Selbsthilfegruppen erhoben. In der Definition Ardeners, die ich im folgenden zugrunde lege, wird der Flexibilität der meisten ROSCAs Rechnung getragen und z.B. die Möglichkeit mehrerer Anteile durch ein Mitglied, der Teilung des Fonds und der Abgabe von Naturalien anstatt von Geld berücksichtigt.

> „An association formed upon a core of participants who agree to make regular contributions to a fund which is given in whole or in part, to each contributor in rotation."[2]

Viele Studien gehen davon aus, dass ROSCAs eine Art Bindeglied zwischen traditionellen Wirtschaftssystemen und einer modernen kapitalistischen Wirtschaft sind. Sie stützen sich dabei auf Geertz' These, dass ROSCAs „intermediate institutions" sind, die traditionelle Motivationen zu modernen Institutionen in Beziehung setzen, wobei die traditionellen Einstellungen Mittel zur Erfüllung moderner Zielvorstellungen werden.[3] ROSCAs sind demnach

> „products of a shift from a traditional agrarian society to an increasing commercial one thereby integrating two contradictory forces as an increased segregation of economic activities from non-economic ones, a freeing of them from traditional constraints while at the same time, there is a di-

---

2   Vgl. Ardener 1964, S. 201.
3   Vgl. Geertz, 1962, S, 241.

rectly contradicting attempt to maintain the dominance of the traditional values over those developing economic activities."[4]

Geertz geht weiter davon aus, dass sich ROSCAs im Zuge im Zuge der Entwicklung von traditionellen Agrargesellschaften zu modernen Industriegesellschaften graduell zu rein ökonomischen Institutionen entwickeln, d.h. ihre soziale Einbettung und ihre Einbettung in die lokale Ökonomie zurückgehen und schließlich verschwinden. Dies äußert sich beispielsweise in der Größe der Gruppe und darin, dass Mitglieder sich nicht mehr treffen, sondern die Anteile von einem Verantwortlichen eingesammelt werden.[5]

Die Vorstellung, dass Sparclubs eine Art Bindeglied zwischen verschiedenen Sphären, Bereichen oder Rationalitäten darstellen, findet sich in vielen Studien. Umstritten ist dagegen die Vorstellung von Geertz, dass ROSCAs Übergangsinstitutionen – „intermediate institutions" – sind und somit im Zuge der kapitalistischen Entwicklung überflüssig werden.

Die Konzeptionalisierung von Sparclubs als Übergangsinstitutionen findet sich besonders in entwicklungsökonomischen Arbeiten, die sich im Zuge des wachsenden Interesses am informellen Finanzsektor in den 1980er Jahren verstärkt mit ROSCAs beschäftigten. ROSCAs wurden hier weniger – wie bei Geertz – als Instrumente der Sozialisation betrachtet, sondern als anreizkompatible Institutionen, durch die im traditionellen Sektor mobilisiertes Kapital den nationalen globalisierten Wirtschaften der Entwicklungsländern zugeführt wird. ROCSAs sind demnach Institutionen, die sich langfristig formalisieren und schließlich verschwinden, wenn die kapitalistische Ökonomie voll entwickelt ist und der formelle Finanzsektor die Nachfrage auf dem Markt decken kann.

Diese Vorstellung – ROSCAs als Schnittstelle zwischen zwei voneinander getrennten Ökonomien bzw. Handlungsfeldern – findet sich darüber hinaus jedoch auch in vielen wirtschaftsanthropologischen und entwicklungssoziologischen Studien. Angelehnt an Norman Longs „Interface"[6] werden ROSCAs als Institutionen verstanden, die unterschiedliche Handlungsebenen miteinander verbinden.. Im Gegensatz zu Geertz und den ökonomischen Schnittstellenansätzen geht es in diesem Studien aber darum aufzeigen, wie an diesen Schnittstellen neue Bedeutungen ausgehan-

---

4 Vgl. Geertz 1962, S. 261.
5 Vgl. Geertz 1962, S. 270.
6 „Interface studies are essentially concerned with the analysis of discontinuities in social life. Such discontinuities imply discrepancies in values interests, knowledge and power, and typically occur at points where different and often conflicting life-worlds or social domains intersect." (Long 1996, S. 55)

delt werden und häufig eine Relokalisierung im Globalisierungsprozess stattfindet. So zeigt Rowlands auf, wie durch ROSCAs in Kamerun im kapitalistischen Sektor erzielte Einkommen in die Prestigeökonomie zurückgeführt werden.[7]

Ein anderer Schwerpunkt der Diskussion um ROSCAs liegt in dem Nachweis der Vielfältigkeit und Anpassungsfähigkeit von ROSCAs.[8] Schon Shirley Ardener hat in ihrer berühmten Replik auf Geertz auf die Diversität der ROSCAs nicht nur hinsichtlich ihrer organisatorischen Struktur wie Festsetzung der Reihenfolge, Größe und Turnus, sondern auch im Hinblick auf die unterschiedlichen Bedeutungen für ihre Mitglieder hingewiesen.[9]

Die große Verbreitung von ROSCAs in Gesellschaften Afrikas, Asiens, Lateinamerikas und auch unter Migranten und Migrantinnen in Europa gibt zudem Ardener Recht, die auf die Stabilität und Dauerhaftigkeit, dieser Institutionen verweist und damit Geertz' These vom Übergangscharakter der ROSCAs zurückweist. Sie stützt sich auf die lange Geschichte von *Tontines* bzw. *Esusus* in Westafrika oder den *Chit Funds* in Indien. Gemäß Ardener entstehen ROSCAs nicht nur aufgrund einer Anpassungsleistung an die Erfordernisse moderner Geldgesellschaften, sondern entstanden in ganz unterschiedlichen historischen Kontexten.[10]

Ardener streicht heraus, dass nicht alle Übergangsgesellschaften ROSCAs hervorbringen und stellt sich die Frage, warum sie in bestimmten Gesellschaften entstehen und in anderen nicht.[11] Sie betont in einem neueren Artikel die Stabilität dieser Institutionen und ihre Überlegenheit gegenüber Institutionen des formellen Sektors.[12] In diesem Sinne hat die Entwicklung der letzten Jahre Ardener Recht gegeben, denn ROSCAs sind weiter verbreitet und bekannter als sie Mitte der 1960er Jahre waren.[13]

---

7 Vgl. Rowlands, S. 112.
8 Vgl. u. a. Bouman 1994, S. 375.
9 Vgl. Ardener 1964.
10 Vgl. Ardener 1964, S. 222.
11 Vgl. Ardener 1964, S. 221. Ardener nennt an dieser Stelle das Beispiel der Azande, die keine ROSCAs kennen, obwohl sie zum Zeitpunkt ihrer Untersuchung bereits seit 50 Jahren Geld verwenden und bei denen das Sparen von Geld sehr verbreitet ist.
12 Vgl. Ardener 1996, S. 2. Als Beweise für die Parallelität von ROSCAs und formellen Finanzinstitutionen verweist sie auf einen sudanesischen Banker, der Mitglied in einem Sparclub ist.
13 Vgl. Burman/Lebele 1995, S. 24.

Spar- und Kreditgruppen zwischen
Moralökonomie und Marktökonomie

Trotz der Diversivität von ROSCAs überwiegt in der Literatur ein Leitbild, nach dem ROSCAs eine geringe Mitgliederzahl aufweisen, die sich überwiegend kennen, keinen Zugang zu formalen Finanzinstitutionen haben und feste Summen in einen Pool geben, die in regelmäßig stattfindenden Treffen verteilt werden.[14] Die Kreditbeziehungen basieren auf sozialen Beziehungen und Normen und Sanktionen, die auch außerhalb der Gruppen gelten.[15]

In diesem Sinne wird in der entwicklungsökonomischen Studien die Moralökonomie als „social glue"[16] der Spar- und Kreditgruppen bezeichnet. Die Moralökonomie liefert ein anreizkompatibles System aus Normen und verbundenen Wirtschaftsbeziehungen, durch das Vertrauen hergestellt wird, welches wiederum das gemeinsame Sparen und die Kreditvergabe ermöglicht. Dieses Vertrauen wird durch das Pflegen sozialer Beziehungen z.B. durch ein regelmäßiges Treffen, aber auch durch die Einbettung des Sparen in andere Aktivitäten, gestärkt. Viele Autorinnen und Autoren berichten, dass Betrug nicht nur nicht vorkommen, sondern für die Mitglieder dieser Gruppen geradezu undenkbar ist.[17] Als Ursachen dafür werden der soziale Druck, die Homogenität der Mitglieder, verinnerlichte Normen von Ehre und Schande, aber auch öffentliches Bloßstellen, das zum Teil auch von Gewalt begleitet wird, genannt.[18]

Andererseits ermöglichen ROSCAs, so die Entwicklungsökonomen, den Individuen Geld der Moralökonomie zu entziehen und individuellen Nutzungswünschen zuzuführen. Individuelle Kapitalbildung wird möglich, weil dem Beitrag zu einen Sparclub allgemein hohe Priorität zugebilligt wird.[19] Das Zusammenwirken von aus der Moralökonomie generierten Normen und Strukturen und dem Wunsch nach individueller Kapitalbildung wird im entwicklungsökonomischen Diskurs um ROSCAs als deren Erfolgsrezept bezeichnet. Dabei sollen langfristig durch eine Integration in den formalen Sektor, z.B. mittels Kleinkreditprogrammen, die moralökonomischen Elemente verschwinden.

Demgegenüber argumentieren sozialanthropologische Studien, dass

---

14 Vgl. von Pischke 1992, S. 327.
15 Vgl. von Pischke 1992, S. 335.
16 Vgl. Smets 1998, S. 211.
17 Vgl. Nelson 1995, S. 56; Ardener 1995, S. 4; Botei-Dohai/Aryeytei 1995, S. 86.
18 Botei-Dohai/Aryeytei 1995, S. 86.
19 Vgl. von Pischke 1992, S. 328; Hospes 1995, S.143.

die Bedeutung der ROSCAs auch in einer Stärkung der Moralökonomie liegen kann. Durch die ROSCAs wird Geld in die Moralökonomie zurückgeführt und das wirtschaftliches Handeln bleibt eingebettet in die lokalen Organisation.[20] In diesem Zusammenhang wird auch darauf verwiesen, dass sich gerade Frauen, die meist weniger in die Marktwirtschaft integriert sind als die Männer, häufig in Spar- und Kreditgruppen organisieren.

Die geschlechtsspezifische Einbettung von ROSCAs

Obwohl Sparclubs als Frauenselbsthilfegruppen beschrieben werden und ihr emanzipatorischer Charakter hervorgehoben wird, gibt es wenig Untersuchungen, die sich explizit mit der Kategorie Geschlecht im Zusammenhang mit Sparclubs auseinandersetzen. Bei der Untersuchung der geschlechtsspezifischen Einbettung von Spar- und Kreditgruppen geht es im wesentlichen um zwei Fragestellungen. Zum einen geht es darum zu untersuchen, in welch unterschiedlicher Weise Frauen und Männer ROSCAs nutzen und inwieweit sie ihnen unterschiedliche Bedeutungen zuweisen. Auf die Frage nach den geschlechtsspezifischen Unterschieden in der Nutzung und Organisation von Sparclubs geht Michael Rowlands in einem Artikel über Sparclubs in Kamerun ein. Dabei stellt er die unterschiedlichen Organisationsformen und Bedeutungsebenen in den Mittelpunkt. Männliche Unternehmer nutzen zwar je nach Alter ROSCAs auf unterschiedliche Weise, schließen sich aber alle ROSCAs an, um männlich dominierte Netzwerke zu stützen, während „weibliche Hausarbeiterinnen" dies tun, um Geld für die Familie zu sparen.[21] Männlich dominierte ROSCAs – so Rowlands – weisen eine Vielzahl von Organisationsformen auf, während weibliche Sparclubs relativ einheitlich organisiert zu sein scheinen. Dem widerspricht Hospes für Indonesien, indem er auf die Vielzahl der Organisationsformen von Frauensparclubs und die unterschiedlichen Bedeutungen, die ROSCAs für Frauen einnehmen, eingeht.[22]

Zum anderen ist zu untersuchen, inwieweit Sparclubs genutzt werden, um bestehende Geschlechterverhältnisse zu transformieren, neu zu verhandeln und Machtverhältnisse zu unterminieren. In diesem Zusammenhang wird oft darauf verwiesen, dass Frauen und Männer in den Familien in konfliktgeladenen Beziehungen zueinander stehen. Frauen versuchen

---

20 Vgl. Rowlands 1995; Hospes 1995; Ardener 1995, S. 9.
21 Vgl. Rowlands 1995 , S. 113, 117.
22 Vgl. Hospes 1995, S. 144.

in diesem Zusammenhang durch ihre Teilnahme an Sparclubs den Übergriffen der Männer auf ihr Einkommen zu entgehen. Zudem gewinnen Sparclubs im Zuge der Feminisierung der Verantwortung zusehends an Bedeutung und werden zu wichtigen Institutionen der Frauenökonomie.

Spar- und Kreditgruppen in Kenia

Während in Westafrika Spar- und Kreditgemeinschaften eine lange Tradition aufweisen – erste Sparclubs sind in Nigeria seit 1843 bekannt[23] – sind ROSCAs in Kenia erst in der zweiten Hälfte des 20. Jahrhunderts entstanden.[24] Auch wenn Sparclubs in Kenia eine relativ kurze Geschichte aufweisen, sind sie, wie auch in Westafrika, aus traditionellen gegenseitigen Hilfegruppen hervorgegangen, die ebenfalls auf Rotation und Regelmäßigkeit basieren. Bei den Kikuyu gab es beispielsweise feststehende Institutionen, die weibliche Zusammenarbeit begründeten. Sie werden als *ndundus* bezeichnet. Diese Zusammenschlüsse hatten für das tägliche Leben der Kikuyufrauen eine große Bedeutung. *Ngwatio* war die Sitte, sich gegenseitig rotierend bei der Feldarbeit zu helfen. *Matega* bedeutete einer Frau nach der Geburt Feuerholz zu bringen, bis sie wieder in der Lage war, sich selbst zu versorgen.[25]

Diese Zusammenschlüsse haben sich den veränderten Bedingungen, der Migration der Männer, der Auflösung der Familien und dem steigenden Geldbedarf der Frauen angepasst. Beispielsweise bildeten sich *Mabatigruppen* heraus: Anstatt sich rotierend bei der Feldarbeit zu helfen, wurde in diesen Gruppen Geld gesammelt und turnusgemäß an die Mitglieder verteilt, um ihnen den Kauf eines Wellblechdaches zu ermöglichen.[26] Einige dieser Gruppen machen ihren Bezug zu traditionellen gegenseitigen Hilfegruppen durch ihren Namen deutlich. Sie nennen sich *itega,* womit der Brauch, bei Anlässen Geld und Naturalien für eine Familie zu sammeln, bezeichnet wird.[27] Schon diese Gruppen waren nicht auf das Einsammeln von Geld beschränkt, sondern ihr Erfolg wurde gerade auf eine Art „interlinked transactions" zurückgeführt, durch die ihre Mitglieder auf unterschiedliche Weise miteinander in Beziehung standen.[28] Die Mabatigruppen entwickelten sich oft zu dauerhaften Institutionen. Sie wurden

---

23 Vgl. Ardener 1964, S. 204, Nelson 1995.
24 Vgl. Nelson 1995, S. 53.
25 Vgl. Schultz 1990, S. 11.
26 Vgl. Schultz 1990, S. 11.
27 Vgl. Nelson 1995, S. 53.
28 Vgl. Monstedt 1978, S. 53.

zu Sparclubs, starteten Einkommen schaffende Projekte und mit der Welle der Frauengruppengründungen in den 1970er Jahren wurden sie als Frauengruppen registriert.[29] Mit der Mitgliedschaft in diesen Gruppen wurde über die Teilnahme am gemeinsamen Sparen und anderen Gruppenaktivitäten hinaus ein Anspruch auf Hilfe erkauft, gleichzeitig aber auch die Verpflichtung zur Hilfe eingegangen.

Diese Verbindung einer Institutionalisierung traditioneller gegenseitiger Hilfeleistungen und der Möglichkeit am Modernisierungsprozess teilzunehmen ist Kern des Selbstverständnisses der Frauengruppen, die ich Ende der 1980er Jahre besuchte. Das gemeinsame Sparen ist Teil einer Reihe unterschiedlicher Aktivitäten. Gleichzeitig ist das gemeinsame Sparen aber auch zentral, da es zu regelmäßigen gemeinsamen Treffen führt, die für den Zusammenhalt der Gruppen wichtig sind. Das gemeinsame Sparen ist damit die Grundlage für ganz andere Aktivitäten und Bedeutungsmuster, da auf den Treffen nicht nur Geld eingesammelt und verteilt wird, sondern auch Informationen ausgetauscht und andere gemeinsame Aktivitäten geplant werden.

Für eine von mir untersuchte Frauengruppe in Kiambu waren die regelmäßigen Treffen, bei denen die Beiträge der Frauen eingesammelt und an die Gastgeberin ausgezahlt wurden, auch das zentrale Ereignis, um das herum sich die anderen Gruppenaktivitäten organisierten. Die Gruppe blickt auf eine lange Geschichte unterschiedlicher Einkommen schaffender Projekte zurück und versteht sich selbst in der Tradition von Kikuyufrauengruppen. Während der Treffen werden Informationen ausgetauscht und es wird diskutiert, ob ein neues Projekt gestartet werden soll. Das gemeinsame Sparen bietet den Frauen einen Raum andere Dinge gemeinsam zu entwickeln. Die Regelmäßigkeit und die strikte Gegenseitigkeit der Spar- und Kreditaktivitäten basieren auf erprobten Handlungsmustern und stärken dieses gleichzeitig. Wie wichtig für das Funktionieren der Gruppe das regelmäßige Treffen ist, zeigt die Diskussion darüber, wie mit sich einschleichender Unpünktlichkeit und Abwesenheit umgegangen werden kann.

„Bei den Treffen bewirtet die Gastgeberin die anderen Frauen. Meist gibt es das traditionelle Irio[30], Tee und Brot. Es wird viel diskutiert. Lange Ansprachen werden gehalten; es wird gebetet und gelacht. Privates und Gruppengeschäfte vermischen sich. Viele Frauen erschienen jedoch auf den drei Treffen nicht, bei denen ich anwesend war. Es fehlten immer 5 –

---

29 Vgl. Schultz 1990, S. 12.
30 *Irio* ist ein gestampftes Gericht aus Mais, Bohnen und Kartoffeln.

6 Frauen. Die Frauen empfanden die mangelnde Präsens als Problem. Auf einer Sitzung diskutierten sie nahezu 2 Stunden über dieses Thema. Strafe zahlen, wurde als Lösungsmöglichkeit vorgeschlagen."[31]

Dort, wo sich die Gruppenaktivitäten allerdings auf das gemeinsame Sparen beschränkten, beobachtete ich Probleme, da viele Frauen sich weit mehr von der Gruppe versprechen. Zudem wurde ehrenamtliches Engagement, das zentral für das Funktionieren der Gruppen war, in dieser Gruppe in Frage gestellt:

> „Da es keine Projekte gibt, beschränkt sie sich (die Arbeit für die Gruppe) auf das geschäftsmäßige Abwickeln des Sparclubs. Winnie, die diese Aufgabe übernommen hat, erzählte mit von ihrer Unzufriedenheit damit belastet zu sein, ohne dafür entlohnt zu werden. Auch die anderen Frauen sind nicht bereit, viel von ihrer kostbaren Zeit für die Geschäfte der Gruppe zu opfern. Auf der geschäftlichen Ebene des reinen Sparclubs, auf der jede Frau gleichermaßen profitiert........, ist kein Platz für traditionelle Solidarität, Arbeit ohne Gegenleistung und die Forderung nach Entlohnung der Arbeit kommt auf...... Gruppenarbeit bringt für sie (Winnie), Opportunitätskosten, die sie von der Gruppe bezahlt haben möchte."[32]

Auch in dieser Gruppe, die sich allein auf das gemeinsame Sparen beschränkte, haben die Mitglieder Erwartungen an die Gruppe, die darüber hinausgehen. So gibt es Frauen, die ganz explizit ihre Mitgliedschaft mit der Unterstützung, die sie durch die anderen Frauen erhalten, begründen. Alle Frauen erwarteten, dass die Gruppe sich langfristig in eine der vielen Frauengruppen entwickelt, die durch ein Einkommen schaffendes Projekt die Situation ihrer Mitglieder erheblich verbessert. Dabei spielt die entwicklungspolitische Förderungspraxis eine große Rolle, da dadurch Erwartungen an die Gruppenmitgliedschaft geweckt werden.[33]

Die Moralökonomie ist in kenianischen Spargruppen mehr als der Vertrauen stiftende „social glue". Spar- und Kreditgruppen sind aus moralökonomischen Institutionen hervorgegangen und definieren das Verhältnis von unterschiedlichen Handlungsrationalitäten immer wieder neu. Einerseits versuchen die Frauen in den Gruppen die Moralökonomie zu institutionalisieren und damit zu stärken, andererseits setzen sie sich in ihnen permanent mit der Frage auseinander, wie Geld, Kapitalbildung und gegenseitige Hilfe zusammenzubringen sind.

Auch in anderen Studien zu Spar- und Kreditgruppen in Kenia wird auf die Verbindung unterschiedlicher Aktivitäten und Bedeutungsmuster

---

31 Schultz 1990, S.29.
32 Schultz 1990, S. 26.
33 Vgl. Schultz 1989 und 1990.

in den kenianischen ROSCAs verwiesen.[34] Das Sparen ist zudem fester Bestandteil der Aktivitäten von registrierten Frauengruppen.[35] Generell werden ROSCAs in Kenia der *female economy* zugeordnet. Gemischtgeschlechtliche Gruppen sind selten. Die Verwurzelung der ROSCAs in der Frauenökonomie wird als Erfolgsrezept der Gruppen genannt.[36] Die Frauen organisieren ihren Alltag getrennt von ihren Männer, da sie die Beziehungen in ihren Familien oft als konfliktgeladen erleben. Viele der von mit befragten Frauen stellten die Konflikte um die Verantwortung für die Kinder in den Mittelpunkt ihrer Erzählungen. „Kikuyumänner sind nutzlos", so die Aussage einer Frau. Häufig können die von mir befragten Kikuyufrauen kein gemeinsames Interesse zwischen Männern und Frauen erkennen. In den Gruppen versuchen sie auch, ihr Einkommen vor dem Zugriff ihrer Männer zu schützen. Gleichzeitig sind sie bei der Alltagsbewältigung auf andere Frauen angewiesen. Frauengruppen bieten ihnen einen Raum, jenseits von Familie und Verwandtschaft altbewährte Handlungsstrategien beizubehalten und sich neue Handlungsspielräume zu erschließen.

Spar- und Kreditgruppen im Sudan: Institutionen jenseits der Moralökonomie?

Auch im Sudan des Niltals gibt es eine lange Tradition der gegenseitigen Hilfe unter Frauen. Diese ist z.B. in der Institution des *wajib* institutionalisiert. *Wajib* verrichten Männer und Frauen; ihnen sind jedoch unterschiedliche Aufgaben zugewiesen. Frauen verrichten *wajib,* indem sie bei besonderen Anlässen wie Geburt, Tod oder Eheschließungen anderer Frauen und Familien mit Arbeit, Geld und Lebensmitteln unterstützend unter die Arme greifen. *Wajib* beruht zwar auf dem Prinzip der Gegenseitigkeit, folgt aber keinem strengen Rotationsprinzip wie die Arbeitsgruppen der Kikuyufrauen. Das Prinzip der Rotation war im Sudan eher in den landwirtschaftlichen Arbeitsgruppen der Männer (*nafir*) institutionalisiert.

Die sudanesische Form der ROSCAs (*sandugs*)[37] ist jedoch außerhalb dieser Institutionen entstanden. Während in Kenia das Prinzip der Rotation und strikten Gegenseitigkeit und das Prinzip der Hilfe in Notfällen in

---

34 Vgl. Wichterich 1992, Nelson 1995.
35 Vgl. Wichterich 1992, S.11.
36 Vgl. Nelson 1996.
37 *Sandug* bezeichnet die Kiste oder Schachtel, in der das Geld eingesammelt wird.

den Frauengruppen zusammen institutionalisiert sind, sind *sandugs* als Ergänzung zu traditionellen gegenseitigen Hilfeinstitutionen entstanden.

Im Sudan entstanden ROSCAs in einer Zeit und an einem Ort, in dem die Geldökonomie bereits gut etabliert ist. Sie basieren nicht auf traditionellen gegenseitigen Hilfegruppen, wie bei den Kikuyu, sondern wurden erstmals in den 1940er Jahren von Mittelschichtsfrauen in Khartum gegründet. Die ersten *sandugs* rekrutierten ihre Mitgliedschaft überwiegend aus städtischen Frauen, die mit dem Ziel, Gold für die Eheschließung ihrer Töchter zu erwerben, gemeinsam sparen.[38] Der Überlieferung nach orientierten sich diese Frauen eher an dem Vorbild ägyptischer Spar- und Kreditgruppen und weniger an lokalen autochthonen Institutionen.[39]

Während *sandugs* zunächst allein in den „Three Towns" (Khartum, Omdurman, Khartum Nord) vorzufinden waren, sind sie jetzt weit verbreitet und sowohl auf dem Land als auch in der Stadt zu finden. Zudem sind sie nicht mehr reine Mittelschichtsinstitutionen, sondern beispielsweise auch unter armen Frauen in den Flüchtlingslagern in Khartum und Omdurman vorzufinden. Schon in der Anfangszeit gab es neben den Gruppen, die gemeinsam Geld sparten, „Zuckersandugs" oder „Teesandugs", bei denen Frauen der Gastgeberin vorher festgelegte Mengen von Tee und Zucker mitbrachten.[40] Diese Gruppen sind auch heute noch, besonders in ländlichen Gebieten weit verbreitet. Während Nelson die Homogenität der Mitglieder als das Erfolgsrezept der kenianischen ROSCAs beschreibt, wird in den ersten Studien über *sandugs* auf deren ethnische und soziale Heterogenität hingewiesen.[41]

Sudanesische Spar- und Kreditgruppen sind ausschließlich zum Zweck der finanziellen Transaktionen gegründet worden. In diesem Punkt unterschieden sie sich ganz explizit von den in meiner Studie aus dem Jahr 1990 beschriebenen Gruppen in Kenia. Die Gruppen führen keine anderen Aktivitäten durch, als gemeinsam zu sparen. Manche Mitglieder sind in anderen gegenseitigen Hilfegruppen, ethnischen Verbänden oder Einkaufsgemeinschaften organisiert – ein *sandug* ist jedoch ausschließlich als Spar- und Kreditgruppe konzipiert.

Diese „ökonomische" Ausrichtung der *sandugs* wird auch darin deutlich, dass in ihnen ganz explizit dem Selbstverständnis der Mitglieder nach keine soziale Beziehungen gepflegt werden: Mitglieder treffen sich

---

38 Vgl. Ardener 1964, S. 207 f.
39 Vgl. Ardener 1995, S. 35.
40 Vgl. Rehfisch 1980, S. 691.
41 Vgl. Rehfisch 1980, S. 693 f.

nicht regelmäßig und wenn es zu einem geschäftsmäßigen Treffen kommt – etwa um die Reihenfolge festzusetzen – werden keine Getränke oder Essen serviert.

> „Wir treffen uns nicht. Das wäre eine Zeitverschwendung und würde auch eine Menge Geld kosten,"

so Nafisa, die Leiterin eines *sandugs* aus El Fetihab, einem Wohnviertel in Omdurman. Alia, die vor kurzem mit ihren Nachbarinnen einen *sandug* gegründet hat, erklärt auf meine Frage, ob sich die Mitglieder regelmäßig treffen:

> „Es gibt kein solches Programm. Die Mitglieder treffen sich nur, um das Los zu ziehen. Ich gebe ihnen Wasser zu trinken. Manche Leute kommen nicht. Ich kann das Los für sie schreiben und kann ihnen das Geld bringen. Wir vertrauen einander. Es ist zu teuer, Essen zuzubereiten."

Diese klare Trennung zwischen sozialen Verpflichtungen, die z.B. im *wajib* oder gegenseitigen Hilfegruppen institutionalisiert sind, einerseits und den Spar- und Kreditgruppen andererseits wird jedoch nur zum Teil in der Organisationsform der *sandugs* deutlich. Obwohl *sandugs* von ihrer Zielsetzung rein ökonomische Institutionen sind, erfüllen sie nicht alle Kriterien, die Geertz diesen ROSCAs zuschreibt. Zwar wird das Geld meist einer Leiterin in einer bestimmten Zeitspanne, meistens vom ersten bis zum fünften Tag eines Monats, gegeben oder von ihr eingesammelt – Zeichen der Professionalisierung nach Geertz -, gleichzeitig aber wird in vielen Gruppen die Reihenfolge nach den Bedürfnissen der Mitglieder festgesetzt. Andere Frauen, in deren Gruppen am Anfang eines jeden neuen Turnus das Los gezogen und damit die Reihenfolge festgelegt wird, betonen, dass Tausch jederzeit möglich ist. Bei diesem Thema zeigt sich allerdings ganz besonders die Widersprüchlichkeit und Ambivalenz der *sandugs* bezüglich ihrer Einbettung bzw. Ausbettung aus der Moralökonomie.

In Fatimas *sandug*, in dem die Reihenfolge am Anfang eines Turnus durch ein Losverfahren festgelegt wird, wird folgendermaßen vorgegangen:

> „Wenn eine Frau in Not ist, kann sie tauschen. Sie kann zur Leiterin gehen und diese fragen, ob sie jetzt schon das Geld haben kann. Wenn die einverstanden ist, muss noch die Frau zustimmen, die eigentlich an der Reihe ist. Die beiden Frauen können sich auch schon vorher einigen und zusammen zur Leiterin gehen. Wenn sich die Frau aber weigert, das Geld zu geben, darf sich keiner beschweren. Dies war die Vereinbarung von An-

fang an. Dann kann die Leiterin, der Frau, die das Geld braucht, einen Kredit geben, damit sie ihr Problem lösen kann."

In einer Gruppe von Marktfrauen, die täglich Geld einsammelt und an eine der Frauen vergibt, wird das Problem auf eine andere Weise gelöst. Falls einer Frau am Abend nicht das nötige Kapital zur Verfügung steht, um am nächsten Tag wieder ihren kleinen Marktstand zu eröffnen, springt der *sandug* ein:

> „Wir losen aus. Wir schreiben die Namen auf ein kleines Papier und ziehen einen Namen. Wenn eine Frau in Not ist und kein Kapital mehr hat, um Gemüse für den nächsten Tag zu kaufen, dann teilen wir. Die Frau kann die Hälfte des Geldes bekommen. Einige Frauen brauchen das Geld nicht so dringend, sie können dann später dran kommen."

Amel, eine Lehrerin, die in Ha Yussif, einem der unzähligen Wohngebiete, die für die seit Mitte der 1980er Jahre aus den Dürregebieten im Westen und den Kriegsgebieten im Süden nach Khartum gekommenen Flüchtlinge aufgebaut wurden, einen *sandug* gegründet hat, verweist explizit darauf, dass *sandugs* nicht der Logik der Moralökonomie verpflichtet sind:

> „Manchmal gibt eine Frau ihr Geld einer anderen, aber nicht oft. Wir sehen das nicht gern. Wir ändern nicht die Reihenfolge. Ein *sandug* ist kein *trabut* [gegenseitige Hilfegruppe]. Wir sind nur zusammen, um zu sparen."

Diese ökonomische Logik wird auch deutlich, betrachtet man die Bedeutung, die Spar- und Kreditgruppen für ihre Mitglieder haben. Alle Frauen, die ich interviewt habe, und Gespräche mit sudanesischen Kolleginnen und Freundinnen bestätigen dies, betrachten *sandugs* als reine Finanzinstitutionen, in die man ein- und austreten kann, ohne damit zugleich soziale Beziehungen zu konstituieren.

Sandugs ermöglichen damit z.B. kurzfristig einen Kredit zu bekommen und werden nur zu diesem Zweck gegründet. Nora, die Leiterin eines Marktfrauensandugs in El Fetihab, erzählt über die Geschichte der Gründung ihres *sandugs*:

> „Ich hatte ein Problem. Es war ein wirklicher Notfall. Da habe ich ein paar Frauen zusammengerufen und sie gefragt, einen *sandug* zu gründen. Und ich habe als erste das Geld bekommen."

Bei den meisten Frauen steht das Sparmotiv jedoch im Mittelpunkt ihrer

Teilnahme am *sandug*.[42] Sie treten einem *sandug* immer dann bei, wenn sie etwas Geld übrig haben. Die Gruppe zwingt sie zum Sparen. Nihal, eine Frau aus Ha Yussif, die im Laufe der letzten zehn Jahre durch Kleinkredite einen kleinen Lebensmittelladen und Handel aufgebaut hat, tritt immer dann in einen *sandug* ein, wenn sie etwas Geld übrig hat. Ähnlich verhält sich Alia, die aus diesem Grund sogar einen *sandug* gründete:

> „Ich habe Geld. Dieses Geld habe ich für nichts ausgegeben. Ich habe deshalb zu mir selbst gesagt, in einen *sandug* muss ich vom 1.- 4. eines Monats bezahlen. Deshalb habe ich einen *sandug* gegründet.... Zur Bank kann ich gehen oder auch nicht, aber in den *sandug* muss ich einzahlen."

Alias Aussage macht jedoch auch deutlich, dass die pünktliche Zahlung in einem *sandug* zumindest für einen Turnus absolut verpflichtend ist. Diese Verpflichtung den anderen gegenüber wird besonders in den Aussagen der Frauen bezüglich der Möglichkeit von Betrug deutlich. Betrug wird überwiegend als selten bezeichnet, ist aber für die Frauen anders als in einigen der kenianischen Gruppen durchaus vorstellbar. Betrug vermeidet man, wenn man die Mitglieder sorgfältig auswählt:

> „Ich habe die Mitglieder ausgewählt. Ich kenne alle. Von Anfang an habe ich nur Leute gefragt, denen ich vertrauen kann."

Kommt es zu Betrug, dann droht zum einen der Verlust von Kreditwürdigkeit, zum anderen die Schande, dass über einen geredet wird. Saida, eine ältere Frau aus El Fetihab, die ein kleines Schneidergeschäft betreibt, erzählt:

> „In unserer Gruppe ist so etwas noch nie vorgekommen. In unseren *sandug* kann nicht jeder eintreten, sondern nur Leute, die wir kennen. Die Gruppenleiterin kennt alle Leute gut. Z.B. wollte mein Bruder in unseren *sandug* eintreten. Er war jedoch vorher schon in einem *sandug*. Dort sollte er monatlich bezahlen und hat das Geld immer seiner Frau gegeben. Diese hat das Geld einfach ausgegeben.... Jetzt kann er nicht mehr Mitglied in einem *sandug* werden."

Nafisa, betont die persönliche Schmach, die mit einem solchen Verhalten verbunden ist und die Angst, die die Frauen vor der Polizei und den Gerichten haben:

---

42 Dies wird schon am Namen *sandug* deutlich. *Sandug* wird im Alltagsverständnis auch das häusliche Sparen genannt, da das gesparte Geld meist in einer kleinen Kiste aufbewahrt wird.

„Es kommt nie vor, dass die Menschen nicht bezahlen. Die Menschen schämen sich, sie machen so etwas nicht... Hier fürchten sich die Frauen auch vor den Gerichten."

Einige Frauen betonen, dass sie nicht in einen *sandug* eintreten, weil sie den anderen Mitglieder nicht trauen können. Diese Frauen verweisen auch häufig auf schlechte Erfahrungen mit Nachbarinnen, die ihren finanziellen Verpflichtungen nicht nachkommen konnten.

Demgegenüber haben die meisten Frauen Verständnis, wenn eine Frau aus einer finanziellen Not nicht zahlen kann. Es wird versucht, dieses Problem in der Gruppe aufzufangen. Entweder muss die Frau, die gerade das Geld bekommt, warten, bis die Schuldnerin, dazu in der Lage ist oder die Leiterin springt ein. Letzteres ist meist in Gruppen der Fall, wo die Mitglieder einen gewissen finanziellen Spielraum haben und die Leiterin häufig besser gestellt ist als die anderen Mitglieder. Oft ist die Leiterin auch diejenige, die die Mitglieder ausgesucht hat. Sie fühlt sich den anderen gegenüber verpflichtet, weil sie für die Solvenz und Vertrauenswürdigkeit aller Mitglieder garantiert hat.

„Wenn einer nicht zahlen kann, lege ich das Geld aus. Ich bin die Leiterin. Wenn zwei nicht zahlen können, versuche ich es trotzdem aufzubringen. Wenn es nicht geht, dann muss ich mich entschuldigen, und ein anderes Mal, werde ich es bezahlen oder eben die Frau, die nicht bezahlen kann."

Für einige Leiterinnen, wie Mary, eine aus Juba kommende Barifrau, die vom Bierbrauen lebt, wird dies zur Belastung.

„Ich bin die Leiterin, wenn eine Frau nicht bezahlen kann, dann muss ich bezahlen, sonst werde ich in der Nachbarschaft beschuldigt. Ich warte dann zwei oder drei Tage, dann gehe ich zu ihrem Haus und nehme etwas aus dem Haus und verkaufe es... Aber es ist schwierig etwas zu verkaufen. Die Frau wird Angst haben. Sie wird mich nicht beschuldigen, wenn ich etwas aus ihrem Haus nehme, sondern sie wird es akzeptieren. Es passiert sehr oft. Viele Male...."

Aus diesen Aussagen geht hervor, dass auch das Funktionieren der an rein ökonomischen Zielen ausgerichteten *sandugs*, ebenso wie in Kenia, auf dem Vertrauen, das sich die Mitglieder entgegenbringen, basiert. Vertrauen ist hier auf der Sicherheit gegründet, dass man sich immer wieder sieht und dass im Falle eines Betrugs soziale Missachtung und andere Sanktionen folgen können. Die Moralökonomie ist hier der „social glue", der die Gruppe zusammenhält. Auch wenn man durch den Beitritt in einen *sandug* Geld der Moralökonomie entziehen kann, so ist es schwierig deren

Logik aus den Transaktionen herauszulassen. Letztere wiederum ist jedoch die Grundlage, die Geschäftsidee hinter dem *sandug*.

Dieses Dilemma wird zum Teil dadurch gelöst, dass der Leiterin eine besondere Rolle zukommt. Oft handelt es sich dabei um die Gründerin des *sandugs*, eine in der Nachbarschaft angesehene Person, die für die anderen Mitglieder bürgt und damit zusätzlich Vertrauen stiftet. Sie hat deshalb auch häufig das Recht, in Absprache mit den anderen Mitgliedern, die Reihenfolge zu bestimmen, was in einigen Gruppen honoriert wird, in dem sie die erste sein darf, in anderen sie aber zu vornehmer Zurückhaltung zwingt. Der Arbeitsbelastung und dem finanziellen Risiko, denen die Leiterinnen unterliegen, wird in einigen Gruppen Rechnung getragen und die Leiterin mit einem kleinen Entgelt für den Aufwand entschädigt. Trotzdem kann man nicht von einer Professionalisierung sprechen, die Geertz als Zeichen einer zunehmend rein ökonomischen Bedeutung betrachtet. Die Bedeutung der Leitung liegt gerade in ihrer sozialen Stellung, dem Respekt und dem Vertrauen, die andere ihr entgegenbringen. Ihre Autorität ist verwurzelt in den Normen der Moralökonomie, wodurch sie ein wichtiges Bindeglied zwischen *sandug* und der Moralökonomie der Frauen bildet.

Darüber hinaus funktionieren *sandugs*, weil ihre Mitglieder in unterschiedlichen Transaktionen miteinander verbunden sind, weil soziale Nähe und Kontrolle stark ausgebildet und weil z.B. durch den Islam eine Reihe von Normen vorgegeben sind, die Betrug fast unmöglich machen. Allerdings wird peinlich auf die Trennung der „Bank" von anderen sozialen Beziehungen geachtet. Die Mitglieder halten damit dem Druck, ihr Geld der Moralökonomie zur Verfügung zu stellen, besser stand. *Sandugs* existieren so unabhängig von anderen nachbarschaftlichen Organisationen, in denen die Frauen gegenseitige Hilfe – durch Geld und Arbeit – leisten und sich gleichzeitig für individuelle Notfälle absichern.[43]

---

43 Amel, die vehement darauf pocht, dass moralische Verpflichtungen in einem *sandug* keine Rolle spielen, ist gleichzeitig Mitglied in einer gegenseitigen Hilfegruppe. Sie erklärt die Bedeutung und Funktionsweise dieser Gruppen folgendermaßen: „Wir haben auch einen *trabut* gegründet. Diese arabische Wort ist dem des Netzwerks oder der Vereinigung ähnlich. Ein *trabut* hat zum Ziel, die Frauen weiter zu bringen und ihre Probleme zu lösen. Die Gruppe bringt uns zusammen. Die Mitglieder zahlen einmal die Woche 1000 Pfund (ca. 0,40 Euro). Sie nehmen alle Teil bei der Entscheidung, was mit dem Geld passiert. Ein Teil des Geldes haben wir Gasima gegeben, deren Mann gestorben ist. Wir haben darüber diskutiert und ihr 25.000 Pfund gegeben, als wir sie zum ersten Mal besucht haben, dann beim zweiten Mal hat jeder von uns Zucker, Tee und andere Lebensmittel gebracht. Die Frauen haben keinen Streit über das Geld, es gibt keinen Neid, denn es ist kein *sandug*. Es ist Geld für Notfälle."

Auch in den sudanesischen Sparclubs sind Vertrauen und soziale Kontrolle die Grundlage der Zusammenarbeit und der Auswahl der Mitglieder. Anders als in den kenianischen Gruppen ist Vertrauen jedoch mehr die Grundlage einer Zusammenarbeit und muss nicht durch institutionelle Regelungen oder Organisationsformen immer wieder neu gestärkt werden. Es wird außerhalb des *sandugs* durch anderen Beziehungen hergestellt und basiert neben der gemeinsamen Geschichte und einem Normensystem auf einer starken sozialen Kontrolle.

Die von mir untersuchten *sandugs* haben überwiegend weibliche Mitglieder, trotzdem werden sie nicht, anders als in Kenia, als Fraueninstitutionen begriffen, sondern als Spargemeinschaften, die grundsätzlich für alle offen sind. Dies entspricht dem Paradigma, dass *sandugs* ökonomische Institutionen sind. Anders als in den gegenseitigen Hilfegruppen, die reine Fraueninstitutionen sind, betrachten die meisten Frauen es als nebensächlich, welchem Geschlecht die Mitglieder angehören, solange sie vertrauenswürdig sind. Da *sandugs* keine sozialen Beziehungen konstituieren, stehen soziale Normen und Praktiken, gemäß denen die sozialen Räume von Männern und Frauen relativ strikt getrennt sind, einer Mitgliedschaft von Männern und Frauen nicht entgegen. Im Gegenteil sprechen die Erfahrungen der meisten Frauen dafür, dass Männer und Frauen durchaus gemeinsame ökonomische Interessen verfolgen können. Gemäß eines mehr korporativen Familienideals stehen Konflikte zwischen Ehepartnern und Generationen über die Verteilung ökonomischer Ressourcen weniger im Mittelpunkt der Wahrnehmung, als das in Kenia der Fall ist. Zudem entspricht es der Erfahrung der meisten von mir befragten Frauen, dass Männer das Geld der Frauen nicht antasten. In einigen *sandugs* sind dementsprechend zwar einige Männer in ihrer Funktion als Familienvorstand Mitglied. Faktisch geben sie jedoch ihren Ehefrauen das Geld, die wiederum frei über den ersparten Betrag verfügen können.

Allerdings ist der soziale Alltag der Frauen so gestaltet, dass sie überwiegend mit anderen Frauen zusammentreffen. Deshalb werden die meisten Mitglieder für die *sandugs* unter den Frauen – Nachbarinnen, Freundinnen und weiblichen Verwandten – rekrutiert. Diese nachbarschaftlichen *sandugs* weisen deshalb überwiegend eine rein weibliche Mitgliedschaft auf, während *sandugs* unter Kollegen aus Frauen und Männern bestehen.

Die Geschlechterbeziehungen in sudanesischen Familien stellen das Sorgen des Mannes für die Frauen in den Mittelpunkt. In diesem Konzept ist kein Raum für die Aneignung weiblicher Einkommen durch Männer, sondern es ist im Gegenteil allgemein akzeptiert, dass Frauen über ihr Einkommen frei verfügen können. Aus diesem Grund ist es sogar häufig für Frauen einfacher, Geld individuell zu sparen und z.b. in einen *sandug* zu stecken, als dass dies Männern möglich ist, die ihre Verpflichtungen gegenüber Familie und Verwandtschaft erfüllen müssen. Gerade Frauen aus Mittelschichtsfamilien müssen nicht für das tägliche Essen sorgen, sondern zahlen eher für andere Dinge wie Möbel, Haushaltsbedarf oder Schulgebühren.[44]

Die Aussagen der Frauen belegen aber auch, dass Frauen nicht nur ihr eigenes Einkommen in *sandugs* stecken, sondern dass gerade das Haushaltsgeld (*hala*) dafür genutzt wird. Nafisa, die ein relativ großzügiges Haushaltsgeld erhält und selbst ein kleine Schneiderei betreibt, beschreibt dies folgendermaßen:

> „Für den *sandug*...... Das ist das Geld von meinem Mann. Mein Mann gibt mir das Geld nicht für den *sandug*....... Es ist das Haushaltsgeld. Mein eigenes Einkommen bringe ich zur Bank, weil ich mir ein Auto kaufen will. Das mit dem *sandug* ist meine Sache, wenn ich mehr Haushaltsgeld brauche, frage ich meinen Mann."

Auch Adla, eine junge Frau aus Saura, die ein relativ abgeschlossenes Leben führt, spart täglich einen kleinen Betrag aus dem Haushaltsgeld in einem *sandug* in der Nachbarschaft. So erhält sie alle zehn Tage eine Summe von 100.000 sudanesischen Pfund (etwa 40 Euro), über die sie frei disponieren kann, Sie kauft mit diesem Geld Laken, Haushaltsgegenstände und andere Dinge für das Haus. Adla betont dabei, dass sie allein über die Verwendung des ersparten Geldes entscheidet:

> „Ich entscheide allein. Mein Mann mischt sich nicht ein. Das *sandug*-Geld ist mein Geld."

Auch wenn einige Frauen das Haushaltsgeld heimlich in einen *sandug* stecken, ist das Verhalten allgemein akzeptiert. Das umsichtige Wirtschaften der Frauen kommt der Familie zu gute. Einige Frauen fragen sogar ihren Mann ganz explizit nach dem Beitrag, wenn sie selber kein Geld mehr übrig haben.

Einigen Frauen ist es gelungen mit Hilfe von *sandugs* ein eigenes Geschäft aufzubauen. In diesen Fällen wurde das *hala* der Hausfrauen in Geschäftskapital transformiert. Frauen erhalten zudem häufig weiter *hala* von ihrem Ehemann, Vater oder Sohn, wenn sie selber Einkommen erzie-

---

44 Vgl. Schultz 2004.

len.[45] Dadurch wird es ihnen ermöglicht einen Teil ihres Einkommen in einen *sandug* zu stecken. Auch sie profitieren von der Vorstellung, dass der Mann für die Versorgung der Familie zuständig ist. Anstatt ihr Geld für die täglich anfallenden Ausgaben zur Verfügung zu stellen, können sie es sparen und das ersparte Geld für Prestigegüter der *female economy* oder für die Schulgebühren ihrer Kinder ausgeben. Beides macht weibliches Einkommen sichtbar. In vielen Familien wird dementsprechend z.B. auf den finanziellen Beitrag, den Frauen bei der Ausbildung ihrer Kinder geleistet haben, hingewiesen.

Generell konnte ich zwei unterschiedliche Motive für das Sparen in einem *sandug* beobachten. Frauen, die von ihren Männern Haushaltsgeld erhalten, benutzen *sandugs*, um ihr Einkommen oder auch ein Teil des *halas* vor dem eigenen Geldbedarf und dem der Familie zu schützen, Geld in Kapital zu transformieren oder auch mit Hilfe von *sandugs* Konsumgüter zu erwerben. Für sie bieten *sandugs* eine Möglichkeit, weibliches Einkommen sichtbar zu machen und gleichzeitig das Geld ihrer Männer in eigenes zu transformieren. Die Teilnahme an einem *sandug* zwingt darüber hinaus die Männer, immer dann, wenn aufgrund der ökonomischen Krise die männliche Versorgerrolle in Frage gestellt wird, in die Verantwortung, da das Einkommen der Frauen dem Haushalt vorübergehend entzogen wird.

Für viele Frauen, besonders in den Migrantenvierteln in Khartum Nord und Omdurman, sind jedoch alte Geschlechterrollen und –zuständigkeiten ins Wanken geraten. Aufgrund von Migration und Massenarbeitslosigkeit können in vielen Familien die Männer ihrer Versorgerrolle nicht mehr gerecht werden. Frauen werden zu alleinigen Versorgerinnen oder übernehmen einen Teil der vormals männlichen Pflichten und Zuständigkeiten. Diese Frauen können mit Hilfe von *sandugs* effizienter mit ihrem Einkommen umgehen und haben in Notfällen Zugang zu günstigen Krediten. Bei ihnen überwiegt häufig das Kreditmotiv und/oder die Möglichkeit mit Hilfe eines *sandug* zusätzliches Kapital für ihr Geschäft zu generieren.

Insgesamt bietet das Konzept *sandug* Frauen in Zeiten, in denen auch Mittelschichtsfamilien neuen Herausforderungen ausgesetzt sind und an ihre finanziellen Grenzen geraten, Hilfe bei der Alltagsbewältigung und ermöglicht ihnen Zugang zu finanzieller Unterstützung. In den Gruppen der Marktfrauen konnte ich zudem Elemente von organisierter gegensei-

---

45 Vgl. Schultz 2004.

tiger Hilfe finden. Allerdings wird diese außerhalb der *sandugs* organisiert.

Prozesse der Feminisierung der Verantwortung, die die männliche Versorgerrolle in Frage stellen, geben nicht nur *sandugs* eine neue Bedeutung, sondern führen auch zu antagonistischen Geschlechterverhältnissen. Bei einigen Frauen findet sich so auch, ganz ähnlich wie bei den Kikuyufrauen, ein negatives Bild der Männer. Während die meisten Frauen betonen, dass die Vertrauenswürdigkeit und Solvenz nicht unbedingt vom Geschlecht abhängt, verweisen sie auf die Verantwortungslosigkeit der Männer.

> „Wir sind nur Frauen. Ich fürchte mich vor Männern, sie können das Geld nehmen. Manchmal können Männer das Geld nehmen und dann abhauen, Frauen kann man vertrauen."

Schlussfolgerung

Auch wenn *sandug* und *itega* auf der ersten Blick sich gerade in der Bedeutung für ihre Mitglieder ganz erheblich unterscheiden, sind beide eingebettet in moralökonomische Normen und Institutionen. Auch *sandugs* sind keine rein ökonomische Institutionen, sondern in ihnen wird das Verhältnis von individuellem Nutzen und gegenseitiger Verpflichtung immer wieder neu ausgehandelt. Dabei erweisen sich die *sandugs* als flexible und anpassungsfähige Institutionen. Allerdings sind strikte Gegenseitigkeit und generalisierte Reziprozität im Sudan getrennt institutionalisiert, während sie in Kenia unter dem Dach der Frauengruppe eine Einheit bilden.

Spar- und Kreditgruppen haben sich darüber hinaus als sehr leistungsfähig im Hinblick auf die Unterstützung der ökonomischen Unabhängigkeit von Frauen erwiesen, Während sich in Kenia die Frauen durch das gemeinsame Sparen ihren finanziellen Spielraum bewahren, erschließen sich sudanesische Frauen über *sandugs* neue Handlungsspielräume. Allerdings führen auch im Sudan die ökonomische Krise, Strukturanpassung und die Globalisierung zu einer Feminisierung der Verantwortung, in derem Zuge *sandugs* eine neue Bedeutung für Frauen bekommen.

Literatur

Ardener, Shirley: The Comparative Study of Rotating Credit Associations, in: The Journal of the Royal Anthropological Institute of Great Britain and Ireland 94(1964), S. 201 – 229.

Ardener, Shirley: Women Making Money Go Around. ROSCAs Revisited, in: Shirley Ardener/Sandra Burman (Hrsg.): Money-Go Rounds. The Importance of Rotating Savings and Credit Associations for Women. Oxford, 1995, S. 1 – 19.

Bortei-Doku, Ellen/Aryeetey, Ernest: Mobilizing Cash for Business: Women in Rotating Susu Clubs in Ghana., in: Shirley Ardener/Sandra Burman (Hrsg.): Money-Go Rounds. The Importance of Rotating Savings and Credit Associations for Women. Oxford, 1995, S. 77 – 93.

Burman, Sandra/Nozipho Lembele: Building New Realities: African Women and ROSCAs in Urban South Africa, in: Shirley Ardener/Sandra Burman (Hrsg.): Money-Go Rounds. The Importance of Rotating Savings and Credit Associations for Women. Oxford, 1995, S. 23 – 47.

Geertz, Clifford: The Rotating Credit Association: A Middle Rung in Development, in: Economic Development and Cultural Change 10(1962)3, S. 241 – 265.

Hospes, Otto: Women's Differential Use of ROSCAs in Indonesia, in: Shirley Ardener/Sandra Burman (Hrsg.): Money-Go Rounds. The Importance of Rotating Savings and Credit Associations for Women. Oxford, 1995, S. 127 – 148.

Long, Norman: Globalization and Localization: New challenges to rural research, in: Henrietta L. Moore (Hrsg.): The Future of Anthropological Knowledge. London, New York 1996, S. 37 – 59.

Monstedt, Mette: Women's Group in Rural Kenya and their Role in Development, Kopenhagen 1978.

Nelson, Nici: The Kiambu Group: A Sucessful Women's ROSCA in Mathare Valley, Nairobi (1971 – 1990), in: Shirley Ardener/Sandra Burman (Hrsg.): Money-Go Rounds. The Importance of Rotating Savings and Credit Associations for Women. Oxford, 1995, S. 49- 69.

Pischke, J.D. von: ROSCAs. State-of-the-Art Financial Intermedaition, in: Dale W. Adams/D. A. Fitchett (Hrsg.): Informal Finance in Low Income Countries, Baltimore, 1992, S. 325 – 335.

Rehfisch, F.: Rotating Credit Associations in The Three Towns, in: Valdo Pons (Hrsg.): Urbanization and Urban Life in the Sudan, Khartum 1980.

Rowlands, Michael: Looking at Financial Landscapes: A Contextual Analysis of ROSCAs in Cameroon, in: Shirley Ardener/Sandra Burman (Hrsg.): Money-Go Rounds. The Importance of Rotating Savings and Credit Associations for Women. Oxford, 1995, S. 111 – 124.

Schultz, Ulrike: Die Last der Arbeit und der Traum vom Reichtum. Frauengruppen in Kenia zwischen gegenseitiger Hilfe und betriebswirtschaftlichem Kalkül, Diskussionspapiere Nr. 1, Freie Universität Berlin, Fachgebiet Volkswirtschaft des Vorderen Orients, Berlin 1990.

Schultz, Ulrike: Buying Food and Stretching the Money. Changing Gender Relations in Sudanese Households, in: Manfred Schulz/Uwe Kracht (Hrsg.): Food Security and Nutrition in the Process of Globalization, erscheint 2004.

Smets, Peer: Money-Go-Rounds for Women: Finance as Instrument or as Ultimate Goal in Lottery ROSCAs, in: Anthropos 93(1998), S. 209 – 215.

Wichterich, Christa: Moral, Markt, Macht. Frauengruppen in Kenia, in: Peripherie 47/48(1992), S. 7 – 21.

Die Autoren

Holger Albrecht ist wissenschaftlicher Mitarbeiter am Arbeitsbereich Vorderer Orient des Institut für Politikwissenschaft an der Eberhard-Karls-Universität Tübingen. In den Jahren 1998 und 2000 verbrachte er mehrere Monate im Jemen, war Mitarbeiter im Länderbüro der Weltbank und erforschte das dortige Privatisierungsprogramm und das jemenitische Wirtschaftsklima. Er ist Autor mehrerer Publikationen in Fachzeitschriften und einer umfassenden Studie über die Wirtschaftsreformen im Jemen. Zur Zeit arbeitet er hauptsächlich über die Persistenz autoritärer Herrschaft im Vorderen Orient und die Rolle politischer Opposition in Ägypten.

Veröffentlichungen: (mit Oliver Schlumberger; Hrsg.:) 'Waiting for Godot': Regime Change Without Democratization in the Middle East, in: International Political Science Review, Oktober 2004 (im Druck); 1001 Reform im Jemen, Wirtschaftsreformen, Staat und Machterhalt, Hamburg/Münster 2002; The Political Economy of Reform in Yemen, Privatisation, Investment, and the Yemeni Business Climate, in: asien afrika lateinamerika 30(2002), S. 131-150; (mit Peter Pawelka, Oliver Schlumberger:) Wirtschaftliche Liberalisierung und Regimewandel in Ägypten, in: WeltTrends, 16, 1997, S. 43-63; Zahlreiche Länderbeiträge in: Internatinales Handbuch, Munzinger-Archiv, Ravensburg 2001-2004.

Kontakt: holger-albrecht@gmx.de

Noha El-Mikawy studierte Politikwissenschaften an der Amerikanischen Universität in Kairo (AUC) und der Universität von Kalifornien in Los Angeles (UCLA), an der sie auch promovierte. Sie lehrte an Universitäten in den USA, in Ägypten und Deutschland. Zur Zeit ist sie am Zentrum für Entwicklungsforschung der Universität Bonn (ZEF) als Senior Research Fellow und Projektkoordinatorin tätig. Ihre Veröffentlichungen untersuchen u.a. die Konsensbildung im ägyptischen Transformationsprozess, institutionelle Reform und wirtschaftliche Entwicklung in Ägypten, Governance-Tendenzen, Arbeitsgesetze und Globalisierung im arabischen Raum sowie die Frauenemanzipierung und den konservativen Diskurs in Ägypten.

Veröffentlichungen: Governance Trends in den arabischen Staaten, in: Inamo 36, 9 (2003); (mit Heba Handoussa; Hrsg.:) Institutional Reform and Economic Development in Egypt, Kairo 2002; (mit Marsha Posusney:) Labor Representation in the Age of Globalization: Trends and Is-

sues in Non-Oil-Based Arab Economies, in: Heba Handoussa/Z. Tzanna-
tos (Hrsg.), Employment Creation and Social Protection in the Middle
East and North Africa, Cairo; Islamic Economic Thought in Egypt:
Should We Take It Seriously?, Diskussionspapiere 87, Freie Universität
Berlin, Fachbereich Wirtschaftswissenschaft, Fachgebiet Volkswirtschaft
des Vorderen Orients, Berlin 2002; The Informal Sector and the Conser-
vative Consensus in Egypt: a case of fragmentation, in: H. Afshar (Hrsg.),
Globalization and Fragmentation., London: Macmillan 1999; Building
Consensus and the Politics of Transition in Egypt, Kairo 1999.
     Kontakt: N.El-Mikawy@uni-bonn.de

Michaela Kehrer studierte Islamwissenschaft und Ethnologie an der
Eberhard-Karls-Universität in Tübingen und der Freien Universität Berlin. In ihrer Magisterarbeit untersuchte sie das jemenitische Fernsehen im
global village. Ihre Forschungsschwerpunkte sind transnationale Unternehmen im arabischen Raum, die Bereiche Marketing & Kultur und
Ethnomarketing. Derzeit ist sie Promotionsstipendiatin der Heinrich Böll
Stiftung; das Thema ihrer Dissertation lautet „Marketingstrategien transnationaler Unternehmen im arabischen Raum: Eine ethnologische Untersuchung zur Verwendung des Kulturbegriffs am Beispiel Ägyptens".
     Veröffentlichungen: Clash of Corporate Cultures? German Perception
of the Vodafone-Mannesmann Takeover, in: Nabil Shehata (Hrsg.),
Cross-Border Mergers and Acquisitions in the World Economy and its
Impact on the Egyptian Economy, Kairo (im Druck); Marktforschungs-
studie „Deutschtürken 2002", in Zusammenarbeit mit der Gesellschaft für
Innovative Marktforschung (GIM), Berlin; Ägypten, Cleopatra statt
Marlboro, Der Boykott israelischer und amerikanischer Waren nimmt in
Ägypten kuriose Züge an, in: Die Zeit 12, 2003.
     Kontakt: M_Kehrer@gmx.de

Laurence Marfaing studierte Geschichte, Romanistik und Erziehungs-
wissenschaften an den Universitäten Paris X, Nizza und Hamburg. Nach
einem Magisterabschluss an der Universität Hamburg erlangte sie ein
Diplôme d'Etudes Approfondies (DEA) an der Université de Nice und
promovierte am Historischen Seminar der Universität Hamburg zur Entwicklung des Handels im Senegal von 1820-1930. Sie war wissenschaftliche Mitarbeiterin am Institut für Afrika-Kunde in Hamburg und am Historischen Seminar der Universität Hamburg. Zur Zeit ist sie Wissenschaftliche Mitarbeiterin am Zentrum Moderner Orient (ZMO) in Berlin.

Ihr Forschungsschwerpunkte sind die Wirtschafts- und Sozialgeschichte Westafrikas, insbesondere des Senegal, der informelle Sektor, Netzwerke und Handel mit besonderem Interesse für islamische Bruderschaften, die westafrikanische Migration und die französische Kolonialgeschichte. In ihren Forschungsprojekten am ZMO untersucht sie Kleinunternehmer und -händler und ihre Netzwerke zwischen Senegal, Mauretanien und Marokko.

Veröffentlichungen: (mit Steffen Wippel; Hrsg.:) Les relations transsahariennes à l'époque contemporaine, Un espace en constante mutation, Paris/Berlin 2004; (mit Steffen Wippel:) Die Öffnung des Landwegs Dakar – Tanger und die Wiederbelebung transsaharischer Beziehungen (im Druck); Les Sénégalais en Allemagne, Quotidien et stratégies de retour, Paris 2003; Investir au Sénégal, Les Sénégalais résidant en Allemagne entre le retour virtuel et le va-et-vient, in: Migration & Société, Circulation Migratoire et migration sud-sud, 90, 15 (2003); (mit Brigitte Reinwald; Hrsg.:) Afrikanische Beziehungen, Netzwerke und Räume; African Networks, Exchange and Spatial Dynamics; Dynamiques spatiales, réseaux et échanges africains, Münster u.a. 2001; (mit Mariam Sow:) Les opérateurs économiques au Sénégal (1930-1996), Entre le formel et l'informel, Paris 1999; L'Evolution du Commerce au Sénégal, 1820-1930, Paris, 1991.

Kontakt: Laurence.Marfaing@rz.hu-berlin.de

Christian Riedel, M.A., studierte Choreographie an der Kunsthochschule Amsterdam und Geographie, Wirtschaftswissenschaften und allgemeine Linguistik an der Friedrich-Alexander-Universität Erlangen. Zur Zeit ist er wissenschaftlicher Mitarbeiter am Civos Institut für Organisationsforschung, Erlangen/Potsdam und Dozent für Internationales Management am Internationalen Hochschulinstitut in Zittau. Seine aktuellen Forschungsthemen umfassen Interkulturelles Management, Kulturtheorie sowie Wirtschafts- und Sozialgeographie des Nahen Ostens.

Veröffentlichungen: (mit Christoph Dörrenbächer:) Strategie, Kultur und Macht, ein kleiner Streifzug durch die Literatur zur Internationalisierung von Unternehmen, in: Christoph Dörrenbächer/Dieter Plehwe (Hrsg.) Grenzenlose Kontrolle? Organisatorischer Wandel und politische Macht multinationaler Unternehmen, Berlin 2000; (mit Armin Jäger:) Deutsche Heimatbücher made in Britain, Wie der Sutton-Verlag mit einem befremdlichen Produkt in den deutschen Buchmarkt eindrang, in: Christoph Dörrenbächer (Hrsg.): Modelltransfer in multinationalen Unternehmen, Strategien und Probleme grenzüberschreitender Konzernintegration, Berlin 2003; Jordanien nach dem Generationswechsel, Wirtschaftsreformen und Entwicklungsperspektiven, in: Geographische Rundschau 54(2002)2; International Business Cooperation in Jordan, in: Horst Kopp (Hrsg.), Area Studies, Business and Culture, Münster/Hamburg/London 2003.

Kontakt: christian.riedel@civos.de

Nicolai Scherle, Diplom-Geograph, studierte Geographie, Geschichte und Journalistik an der Katholischen Universität Eichstätt-Ingolstadt und an der University of London (Royal Holloway). Er ist wissenschaftlicher Mitarbeiter am Lehrstuhl für Kulturgeographie der Katholischen Universität Eichstätt-Ingolstadt. Seine Arbeitsgebiete und Forschungsschwerpunkte umfassen die Bereiche Kulturgeographische Regionalforschung (Wirtschafts- und Tourismusgeographie), Interkulturelle Kommunikation und Touristische Medien. In einem interkulturellen Forschungsprojekt untersucht er zur Zeit Chancen und Risiken deutsch-marokkanischer Unternehmenskooperationen im Tourismussektor. Seine Studie über die Darstellung kultureller Aspekte in aktuellen deutschsprachigen Marokkoreiseführern und ihr Beitrag zur Interkulturellen Kommunikation wurde im Jahr 2000 mit einem der drei Wissenschaftspreise der ITB ausgezeichnet.

Veröffentlichungen: Gedruckte Urlaubswelten: Kulturdarstellungen in Reiseführern, Das Beispiel Marokko, München/Wien 2000; Die Perzeption eines orientalischen Staates in einem touristischen Massenmedium, Das Fallbeispiel Marokko, in: Martin Tamcke (Hrsg.), Orient am Scheideweg, Hamburg 2003; (mit Hans Hopfinger:) International Co-operation and Competition in Tourist Enterprises: Cultural and Economic Aspects of their Behaviour, in: Horst Kopp (Hrsg.), Area Studies, Business and Culture: Results of the Bavarian Research Network forarea, Münster/Hamburg/London 2003; International Bilateral Business in the Tourism Industry: Perspectives From German-Moroccan Cooperations, in: Tourism Geographies 6(2004)2.

Kontakt: nicolai.scherle@ku-eichstaett.de

Ulrike Schultz studierte Volkswirtschaftslehre und Soziologie in Berlin. Forschungsaufenthalte führten sie nach Kenia (Kiambu und Turkana) für die Promotion über Nomadenfrauen. Sie organisierte Workshops und Summer schools im Sudan, wo sie auch im Rahmen einer Universitätspartnerschaft der Humboldt-Universität zu Berlin mit der Ahfad University for Women zum Thema „Gender and Finance" forscht. Weitere Forschungstätigkeiten im Sudan betrafen Frauenerwerbsarbeit und Geschlechterverhältnisse in Haushalt und Familie sowie Kleinkreditprogamme im Kontext von Migration und ökonomischer Krise. Zur Zeit ist sie Wissenschaftliche Assistentin am Institut für Soziologie an der Freien Universität Berlin.

Veröffentlichungen: (mit Eldaw Ahmed Mohamed; Hrsg.:) Sudanese Identities: Globalisation and Modernisation Processes (im Druck); Buying Food and Stretching the Money: Changing gender roles in Sudanese households, in: Manfred Schulz/Uwe Kracht (Hrsg.), Food and Nutrition Security in the Process of Globalisation (im Druck); Negotiating Gender: Gender Relations and Identities in African Marketplaces, in: Karl Wohlmuth u.a., African Entrepreneurship and Private Sector Development, Münster 2004; „One Day, We Will Return Home" – Turkana Women Migration and Remigration, in: Jacqueline Knörr/Barbara Meier (Hrsg.), Women and Migration, Anthropological Perspectives, Frankfurt/ New York 2000; Nomadenfrauen in der Stadt: Die Überlebensökonomie der Turkanafrauen in Lodwar, Berlin 1996; Die Last der Arbeit und der Traum vom Reichtum – Frauengruppen in Kenia zwischen gegenseitiger Hilfe und betriebswirtschaftlichem Kalkül, Diskussionspapiere 1, Freie Universität Berlin, Fachbereich Wirtschaftswissenschaft, Fachgebiet Volkswirtschaft des Vorderen Orients, Berlin 1990.

Kontakt: uschultz@zedat.fu-berlin.de

Heiko Schuß studierte von 1990 bis 1996 an der Ruhr-Universität Bochum und erhielt dort ein Diplom in Ökonomie und einen Magister Artium in Orientalischer Philologie, Islamwissenschaft und Volkswirtschaftslehre. Von 1997 bis 2000 war er Stipendiat des Graduiertenkollegs „Systemdynamik und Systemeffizienz in Entwicklungsländern" am Institut für Entwicklungsforschung und Entwicklungspolitik der Ruhr-Universität Bochum. Seit Dezember 2001 ist er Wissenschaftlicher Mitarbeiter an der Professur für Gegenwartsbezogene Orientforschung der Universität Erlangen-Nürnberg. Er beschäftigt sich mit Fragestellungen der Institutionenökonomie, der Wirtschaftskultur des Nahen Ostens und der Islamischen Wirtschaft und schreibt zur Zeit seine Dissertationsschrift über das Thema „Vergleich institutionenökonomischer und kulturwissenschaftlicher Ansätze zur Erklärung der wirtschaftlichen Entwicklung in der Türkei und dem Osmanischen Reich", die kurz vor dem Abschluss steht.

Veröffentlichungen: Die Wirtschaftskultur des Nahen Ostens, Ein brauchbares Konzept zur Erklärung wirtschaftlicher Entwicklung oder ein

Klischee? in: Stefan Wild/Hartmut Schild (Hrsg.): Akten des 27. Deutschen Orientalistentages (Bonn – 28. September bis 2. Oktober 1998), Norm und Abweichung, Würzburg 2001; Fiskaltheorie des islamischen Staates – Erläuterung des Zusammenhangs von Staatsaufgaben, Zakat (islamischer Almosensteuer) und weiteren Staatseinnahmen, Diplomarbeit an der Ruhr-Universität Bochum 1995.

Kontakt: hoschuss@phil.uni-erlangen.de

Steffen Wippel studierte Volkswirtschaft, Islamwissenschaft und Entwicklungsökonomie an der Albert-Ludwigs-Universität in Freiburg i.Br. und an der Université Aix-Marseille II in Aix-en-Provence. Nach dem Abschluss als Diplom-Volkswirt war er als wissenschaftlicher Mitarbeiter am Fachgebiet Volkswirtschaft des Vorderen Orients der Freien Universität Berlin tätig, an dem er auch promovierte. Dem folgte eine umfangreiche Lehrtätigkeit an Hochschulen und hochschulnahen Einrichtungen in Berlin und Brandenburg. Von 1998-2003 war er wissenschaftlicher Mitarbeiter am Zentrum Moderner Orient (ZMO) in Berlin, wo er zu transmediterranen und transsaharischen Beziehungen arbeitete; zur Zeit ist er *fellow* des ZMO. Seine Forschungsschwerpunkte sind Wirtschaft und Entwicklung im Vorderen Orient, insbesondere Islamische Ökonomie und unterschiedliche Aspekte von Regionalisierung.

Veröffentlichungen: (mit Laurence Marfaing; Hrsg.:) Les relations transsahariennes à l'époque contemporaine, Un espace en constante mutation, Paris/Berlin 2004; Von „Tanger" bis „Barcelona", Zwischen Abgrenzung und Außenöffnung im marokkanisch-europäischen Verhältnis, in: Henner Fürtig (Hrsg.), Islamische Welt und Globalisierung: Aneignung, Abgrenzung, Gegenentwürfe, Würzburg 2001, S. 213-247; (mit Inse Cornelssen; Hrsg.:) Entwicklungspolitische Perspektiven im Kontext wachsender Komplexität, Festschrift für Prof. Dr. Dieter Weiss, München, Bonn, London 2001; Marokko und der Euro, Folgen der Europäischen Währungsunion für ein assoziiertes Mittelmeer-Drittland, Diskussionspapiere 65, Freie Universität Berlin, Fachbereich Wirtschaftswissenschaft, Fachgebiet Volkswirtschaft des Vorderen Orients, Berlin 1999, Islamische Wirtschafts- und Wohlfahrtseinrichtungen in Ägypten zwischen Markt und Moral, Hamburg/Münster 1997; Gott, Geld und Staat, Aufstieg und Niedergang der Islamischen Investmentgesellschaften in Ägypten im Spannungsfeld von Ökonomie, Politik und Religion, Hamburg/Münster 1994.

Kontakt: steffen.wippel@rz.hu-berlin.de

Anja Zorob (geb. Englert) studierte an der Albert-Ludwigs-Universität Freiburg, der Universität Damaskus und der Ruhr-Universität Bochum und schloss ihr Studium mit einem Magister in Islamwissenschaft, Orientalischer Philologie und Wirtschaftswissenschaft ab. Zur Zeit schreibt sie am Lehrstuhl für Gegenwartsbezogene Orientforschung, Institut für Wirtschaftswissenschaft, Friedrich-Alexander-Universität Erlangen-Nürnberg ihre Dissertation zum Thema „Syrien im Spannungsfeld zwischen der Euro-Mediterranen Partnerschaft und der Großen Arabischen Freihandelszone". Sie ist Koordinatorin des Center of Excellence „Economics, Islam and Development" am Institut für Entwicklungsforschung und Entwicklungspolitik der Ruhr-Universität Bochum. Ihre Arbeitsgebiete umfassen Wirtschaft und Politik in den Staaten der MENA-Region mit Schwerpunkt auf Syrien; Entwicklungspolitik, Außenwirtschaftstheorie und -politik (Schwerpunkt regionale und internationale Integration; Islamische Ökonomie).

Veröffentlichungen: European-Mediterranean Partnership, the Greater Arab Free Trade Area and the Prospects of Increased Foreign Direct Investment in Arab Mediterranean Partner Countries, Paper presented at the Summer School „Economic Integration, Financial Markets and Cooperation: Experiences and Perspectives of Europe and the Arab-Islamic World in the 21st Century", Ruhr-University Bochum, December 6-14, 2003; Die Große Arabische Freihandelszone. Motive und Erfolgsaussichten der neuen Initiative für eine intra-arabische Integration aus arabischer Sicht, Diskussionspapiere 73, Freie Universität Berlin, Fachbereich Wirtschaftswissenschaft, Fachgebiet Volkswirtschaft des Vorderen Orients, Berlin 2000; The Greater Arab Free Trade Area – A New Start of Intra-Arab Economic Integration, Paper prepared for presentation at the Third Triennial Conference of the European Association for Middle Easter Studies (EURAMES), Ghent, Belgium, September 27-29, 1999.

Kontakt: anja.zorob@ruhr-uni-bochum.de

Verzeichnis der bisher erschienenen Diskussionspapiere

Diskussionspapiere
Freie Universität Berlin, Fachbereich Wirtschaftswissenschaft, Fachgebiet
Volkswirtschaft des Vorderen Orients, hrsg. von Dieter Weiss und Steffen
Wippel[*], Klaus Schwarz Verlag Berlin[**] (ISSN 0942-3052)

Nr. 95   Stephan J. Roll: Die Süd-Süd-Integration im Rahmen der Euro-Mediterranen Freihandelszone. Integrationsperspektiven und Integrationsprobleme der
arabischen Mittelmeerpartnerländer. 2004.

Nr. 94   Ines Kohl: Wüstentourismus in Libyen. Folgen, Auswirkungen und lokale Wahrnehmungen. Eine anthropologische Fallstudie aus der Oase Ghat.
2003.

Nr. 93   Bettina Gräf: Islamische Gelehrte als politische Akteure im globalen
Kontext. Eine Fatwa von Yusuf ʿAbdallah al-Qaradawi. 2003.

Nr. 92   Sebastian Gräfe: Privatunternehmer und Unternehmerverbände im Prozess wirtschaftlicher Liberalisierung. Klientelstrukturen, Patronage und Aneignung von Renten im ägyptischen Saatgutsektor. 2003.

Nr. 91   Stephan Manning: Public Private Partnership als Aushandlungsprozess:
Befunde und Implikationen für die Entwicklungspolitik. 2003.

Nr. 90   Jan-Michael Bach: Islam in Indonesia since the mid-1990s. 2003.

Nr. 89   Matthias Lichtenberger: Die Islamisierung der Ökonomie im Sudan.
Wirtschaftspolitik zwischen Markt, Macht und Moral. 2002.

Nr. 88   Pietro Soddu: Inmigración extracomunitaria en Europa: El caso de los
enclaves de Ceuta y Melilla. 2002.

Nr. 87   Noha El Mikawy: Contemporary Islamic Thought in Egypt: Should it be
taken seriously? 2002.

Nr. 86   Corinna von Hartrott: Auswirkungen des Globalisierungsprozesses auf
die Beschäftigten der Freien Produktionszone Mauritius. 2001.

Nr. 85   Svenja Wipper: Möglichkeiten, Grenzen und Erfolgsdeterminanten
volkswirtschaftlicher Regierungsberatung im Reformprozess der VR China.
2001. Nr. 84   Arvid Türkner: Finanzierungspraktiken von Klein- und Mit-
telunternehmen in St. Petersburg. 2001.

Nr. 83   Daniela Stozno-Weymann: Ländliche Entwicklung und europäische Re-
gionalpolitik in Brandenburg. Mit einer Fallstudie zum Oderbruch. 2001.

Nr. 82   Alexander Solyga: Krisenprävention und Friedensdienste in der deutschen Entwicklungspolitik. Offene konzeptionelle Fragen. 2001.

Nr. 81   Stefanie Roemer: Tibetische Flüchtlingsökonomie. Eine Fallstudie der
gewerblichen Siedlung Bir. 2001.

Nr. 80   Dieter Weiss: Zur Verstärkung der wissenschaftlichen Kooperation mit
Entwicklungsländern. Stützung innovativer Eliten, Nachkontakte, Gemeinsa-

---

[*] Ab 1997; bis 1993: Marin Trenk   [**] Zunächst im Verlag Das Arabische Buch, Berlin

me Forschungsprojekte, Auffangpositionen in Phasen politischer Unruhen, Interkulturelle Dialogforen, Eine Rolle für EU-Partnerschaftshochschulen. 2000.

Nr. 79   Ulrich Wurzel: „The Missing Dimension". Implikationen systemischer Innovationstheorien für die Euro-mediterrane Wissenschafts- und Technologiekooperation. 2000.

Nr. 78   Gerd Günter Klöwer: Financial Co-operatives and Credit Insurance in Mongolia. 2001.

Nr. 77   Sebastian v. Eichborn: Lokales Wissen als Chance in der Entwicklungszusammenarbeit (EZ). Soll alles bleiben wie bisher? 2001.

Nr. 76   Uwe Simson: Protestantismus und Entwicklung. Was erklärt die Weber-These? Zum Todestag von Max Weber am 14. Juni 2000. 2000.

Nr. 75   Markus Liemich: Erfolgsfaktoren von Joint Ventures in Rußland. Die Entwicklung eines Mobilfunkanbieters im Großraum Moskau. 2000.

Nr. 74   Hatim Mahmoud: Überleben im Slum. Die Überlebensstrategien von Nuba-Migranten im Slumviertel Ummbada der sudanesischen Stadt Omdurman. 2000.

Nr. 73   Anja Englert: Die Große Arabische Freihandelszone. Motive und Erfolgsaussichten der neuen Initiative für eine intra-arabische Integration aus arabischer Sicht. 2000.

Nr. 72   Gero Gelies: Industrialisierungschancen der Europäischen Peripherie. Die Wettbewerbssituation der portugiesischen Automobilzulieferindustrie. 1999.

Nr. 71   Hsin Chen: Wirtschaftspolitische und unternehmerische Reaktionen in Taiwan auf die Finanzkrise Südostasiens. 1999.

Nr. 70   Verena Dommer: Kooperative Modelle der Berufsausbildung – Theorie und praktische Umsetzung in der Berufsbildungshilfe. Eine Praxisreflexion anhand von drei Projektbeispielen in der Türkei, Tunesien und Nigeria. 1999.

Nr. 69   Tom Weber: Ausländische Direktinvestitionen in Malaysia. Die Bedeutung wirtschaftspolitischer Investitionsbedingungen am Beispiel der deutschen verarbeitenden Industrie. 1999.

Nr. 68   Udoy M. Ghose: Entwicklungspolitische Defizite der höheren Bildung in Palästina. 1999.

Nr. 67   Steffen Wippel: Entwicklung und Probleme der euro-mediterranen Beziehungen aus marokkanischer Sicht. Reaktionen der sozialistischen Opposition zum „Mittelmeerjahr" 1995. 1999.

Nr. 66   Marko Zielonka: Die Entwicklung der Automobilindustrie in Südkorea. Eine Untersuchung unter Anwendung neuerer wettbewerbstheoretischer Konzepte. 1999.

Nr. 65   Steffen Wippel: Marokko und der Euro. Folgen der Europäischen Währungsunion für ein assoziiertes Mittelmeer-Drittland. 1999.

Nr. 64   Katja Birr: Planung und Management von Entwicklungsprojekten als komplexe Systeme in turbulenten Umwelten: Eine Analyse der Zielorientierten Projektplanung im Rahmen eines entwicklungsorientierten Managements. 1999.

Nr. 63   Michael Müller: Entwicklungshemmnisse in der Transformation. Kleine und mittlere Dienstleistungsunternehmen in St. Petersburg. 1999.

Nr. 62   Volker Häring: The Closing of the Chinese Mind? Die Debatte um den „Aufbau der geistigen Zivilisation" in China. 1998.

Nr. 61   Dieter Weiss: Islamistische Bewegungen im Nahen Osten und in Nordafrika. Reaktionen der deutschen Entwicklungspolitik. 1998.

Nr. 60   Sebastian von Eichborn: Der Kosovo-Konflikt aus der Sicht des Konzepts der Gewaltmärkte. Ein Bericht aus dem nordalbanischen Grenzgebiet. 1998.

Nr. 59   Petra Streiber: Internationaler Frauenhandel. Funktionsweisen, soziale und ökonomische Ursachen und Gegenmaßnahmen. 1998.

Nr. 58   Meir Samuelsdorff: Finanzielle Fehlkonstruktionen der staatlichen Förderung von Kooperativen in Israel. Die Krise der Moschwei Owdim. 1998.

Nr. 57   Dieter Weiss: Entwicklungspolitik als Technisch-Wissenschaftliche Kooperations- und Kulturpolitik. 1998.

Nr. 56   Manuel Schiffler: Die Euro-Mediterrane Freihandelszone im Licht neuerer Ansätze der Außenwirtschaftstheorie. 1997.

Nr. 55   Rainer Hermann: Defizite im Investitionsklima Syriens. 1997.

Nr. 54   Sybille Bauriedl: Konstruktionen des Orients in Deutschland. 1996.

Nr. 53   Dieter Weiss: Wissenschaftspolitik und wirtschaftliche Wettbewerbsfähigkeit. Anmerkungen zur Berliner Hochschulpolitik. 1996.

Nr. 52   Thomas Ganslmayr: Flutkatastrophen und Wiederaufbau im ländlichen Indien. Fallstudie des Dorfes Thugaon Deo. 1996.

Nr. 51   Wolfhard Peter Hildebrandt: Die islamische Wirtschaftsideologie. Eine Untersuchung unter besonderer Berücksichtigung des Falls Pakistan. 1996.

Nr. 50   Stefan Bantle und Henrik Egbert: Borders Create Opportunities. An Economic Analysis of Cross-Border Small-Scale Trading. 1996.

Nr. 49   Susanne Butscher: Informelle Überlebensökonomie in Berlin. Annäherung der deutschen Hauptstadt an Wirtschaftsformen der Dritten Welt. 1996.

Nr. 48   Steffen Wippel: Die Außenwirtschaftsbeziehungen der DDR zum Nahen Osten. Einfluß und Abhängigkeit der DDR und das Verhältnis von Außenwirtschaft zu Außenpolitik. 1996.

Nr. 47   Dieter Weiss: EU-Arab Development Cooperation – Scenarios and Policy Options. 1996.

Nr. 46   Sulaiman Al-Makhadmeh: Zur Kritik der Vernunft der arabischen Renaissance. 1996.

Nr. 45   Steffen Wippel: „Islam" und „Islamische Wirtschaft". 1995.

Nr. 44   Birgit Reichenstein: Managementausbildung im Transformationsprozeß der Volksrepublik China. 1995.

Nr. 43   Qays Hamad: Palästinensische Industrialisierung unter unvollständiger Souveränität: Das Beispiel der Bekleidungsindustrie. 1995.

Nr. 42   Klaus Komatz: Förderung von Demokratie und Menschenrechten durch EU-Entwicklungspolitik? 1995.

Nr. 41   Dieter Weiss: Some Conceptual Views on Planning Strategies for Lagos Metropolitan Area. 1995.

Nr. 40   Dieter Weiss: European-Arab Development Cooperation and the Middle East Peace Process. 1995.

Nr. 39   Adel Zaghah: A Monetary Alternative for the Palestinian Economy: A Palestinian Currency. 1995.

Nr. 38   Steffen Wippel: Islam als „Corporate Identity" von Wirtschafts- und Wohlfahrtseinrichtungen. Eine Fallstudie aus Ägypten. 1995.

Nr. 37   Irmgard Nübler: Der Humanentwicklungsindex: Ein adäquates Meßkonstrukt für Humanentwicklung? 1995.

Nr. 36   Ruth Frackmann: Ghanaische Großfamilienhaushalte. Gemeinsamer Nutzen oder getrennte Kassen? Eine Fallstudie. 1995.

Nr. 35   Cornelia Lohmar-Kuhnle: Explorative Projektfindung. Feldstudienerfahrungen bei der Planung ländlicher Handwerksförderung in der Region Elmali/Türkei. 1995.

Nr. 34   Elsaied Nour: Die Rolle des Sozialfonds im Rahmen der Strukturanpassungspolitik in Ägypten. 1995.

Nr. 33   Dieter Weiss: Human Rights and Economic Growth. 1995.

Nr. 32   Christine Böckelmann: Rotating Savings and Credit Associations (ROSCAs). Selbsthilfepotential und Förderungspolitiken. 1994.

Nr. 31   Haje Schütte: Das Konzept des Informellen Sektors aus der wissenschaftstheoretischen Sicht von Thomas Kuhn. 1994.

Nr. 30   Henk Knaupe und Ulrich G. Wurzel: Die Jewish Agency und die IG Farben. Das Haavara-Abkommen und die wirtschaftliche Entwicklung Palästinas. 1994.

Nr. 29   Inse Cornelssen: Vom Bipolarismus zum Multipolarismus: Die EG als Katalysator weltweiter wirtschaftlicher Regionalisierungstendenzen. 1994.

Nr. 28   Elisabeth Grenzebach: Gesicht erwerben und Gesicht verlieren. Die chinesische Alternative zur Tarifautonomie. 1993.

Nr. 27   Marko Curavic: Islamische Banken im Spannungsfeld ihrer Stakeholder. Die BEST Bank / Tunesien. 1993.

Nr. 26   Dieter Weiss: Entwicklung als Wettbewerb von Kulturen. Betrachtungen zum Nahen und zum Fernen Osten. 1993.

Nr. 25   Thama-ini Kinyanjui: „Eating" Project Money. Rural Self-help Projects in Kenya as an Arena of Strategic Groups. 1993.

Nr. 24   Christina Wildenauer: Von Geistern, Gold, und Geldverleihern. Der informelle Finanzsektor Südindiens und Ansätze zu dessen Einbindung in den formellen Finanzsektor. 1993.

Nr. 23   Koko N'Diabi Affo-Tenin: „Susu"-Sparen und Fliegende Bankiers. Finanzielle Selbsthilfegruppen von Händlerinnen und Bäuerinnen bei den Bariba in Togo. 1993.

Nr. 22   Dieter Weiss: Economic Transition from Socialism to Market-Friendly Regimes in Arab Countries from the Perspective of Ibn Khaldun. 1993.

Nr. 21   Dieter Weiss: Structural Adjustment Programs in the Middle East. The Impact of Value Patterns and Social Norms. 1992.

Nr. 20*   Bei fremden Freunden. Erfahrungen aus studentischer Feldforschung. 1992. [erschienen als: M. Trenk u. D. Weiss (Hg.), *Bei fremden Freunden,* LIT-Verlag Münster/Hamburg 1992]

Nr. 19   Günther Taube. Festung Europa oder ein offenes europäisches Haus? 1992.

Nr. 18   Steffen Wippel: Transformation du système économique et investissements directs allemands en Égypte. 1992.

Nr. 17   Dieter Weiss: Zur ökonomischen Transformation der ehemaligen COMECON-Länder. 1992.

Nr. 16   Marin Trenk und Elsaied Nour: Geld, Güter und Gaben. Informelle Spar- und Kreditformen in einem Dorf im Nil-Delta. 1992.

Nr. 15   Armin Liebchen: Überlebensstrategien eines kleinbäuerlichen Dorfes der Bariba am Rande der Sahelzone im Norden Benins. 1991.

Nr. 14   Christoph David Weinmann: The Making of Wooden Furniture in Mozambique: A Short Overview of the Industry Based on Observations in Mid 1989. 1991.

Nr. 13*   Dieter Weiss: Zur Transformation von Wirtschaftssystemen. Institutionelle Aspekte der Selbstblockierung von Reformpolitiken: Fallstudie Ägypten. 1991. [erschienen in: *Konjunkturpolitik* 38.1992]

Nr. 11/12* Dirk Steinwand: Sicherheit und Vertrauen. Informelle Kreditbeziehungen und ländliche Verschuldung in Thailand. Teil 1: Ursachen, Formen, Ausmaß. Teil 2: Eine Fallstudie aus Chachoengsao. 1991. [erschienen als: D. Steinwand, *Sicherheit und Vertrauen,* Saarbrücken/Fort Lauderdale 1991]

Nr. 10   Barbara Igel: Die Überlebensökonomie der Slumbewohner in Bangkok. 1991.

Nr. 9   Fritz Roßkopf: Die Entwicklung des Steuersystems im Iran nach der Revolution von 1979. 1991.

Nr. 8*   Manuel Schiffler: Überlebensökonomie, Wohnungsbau und informelle Kredite in einem tunesischen Armenviertel. 1990. [erschienen in *Orient* 33.1992.1]

Nr. 7   Jochen Böhmer: Die Verschuldungskrise in Schwarzafrika. Ausmaß, Ursachen und Ansatzpunkte für eine Lösung. 1990.

Nr. 6   Dorothea Kübler: Moralökonomie versus Mikroökonomie. Zwei Erklärungsansätze bäuerlichen Wirtschaftens im Vergleich. 1990.

Nr. 5*   Dieter Weiss: Internationale Unterstützung des Reformprozesses in Entwicklungsländern durch Auflagenpolitik und Politikdialog? Probleme politischer Konditionalität am Beispiel Afrikas. 1990. [erschienen in: H. Sautter (Hg.), *Wirtschaftspolitische Reformen in Entwicklungsländern,* Berlin 1991]

Nr. 4   Gitta Walchner: Indiens Elektronikpolitik und die Exportpotentiale der Computerindustrie im Software-Bereich. 1990. [erschienen in: *Internationales Asienforum* 22.1991]

Nr. 3   Jochen Böhmer: Sozio-kulturelle Bedingungen ökonomischen Handelns in der Türkei. 1990.

Nr. 2*   Marin Trenk: „Dein Reichtum ist dein Ruin". Afrikanische Unternehmer und wirtschaftliche Entwicklung. Ergebnisse und Perspektiven der Unternehmerforschung. 1990. [erschienen in: *Anthropos* 86.1991]

Nr. 1   Ulrike Schultz: Die Last der Arbeit und der Traum vom Reichtum. Frauengruppen in Kenia zwischen gegenseitiger Hilfe und betriebswirtschaftlichem Kalkül. 1990.

Zu beziehen über:

Klaus Schwarz Verlag ● Berlin

Fidicinstr. 29, 10965 Berlin

Tel 030 / 322 85 23 · Fax 030 / 322 51 83

(Die mit *gekennzeichneten Nummern sind unter der angegebenen Quelle erschienen und inzwischen nicht mehr im Klaus Schwarz Verlag ● Berlin erhältlich.)

Weitere Reihen in unserem Verlagsprogramm:

ISLAMKUNDLICHE UNTERSUCHUNGEN

ISLAMWISSENSCHAFTLICHE QUELLEN UND TEXTE AUS DT. BIBLIOTHEKEN

ISLAMKUNDLICHE MATERIALIEN

STUDIEN ZUR SPRACHE, GESCHICHTE UND KULTUR DER TÜRKVÖLKER

PHILOLOGIAE TURCICAE FUNDAMENTA

STUDIES ON MODERN YEMEN

ANOR

STUDIEN DES ZENTRUM MODERNER ORIENT

BIBLIOTHECA ISLAMICA

www.klaus-schwarz-verlag.com

www.ingramcontent.com/pod-product-compliance
Lightning Source LLC
Chambersburg PA
CBHW020830210326
41598CB00019B/1860